财政部规划教材

21世纪普通高等教育
法 学 系 列 教 材

# 合同法通论

尹 飞 武 腾 王叶刚 著

中国人民大学出版社
· 北京 ·

# 作者简介

尹飞：中央财经大学教授、博士研究生导师、法学院院长，《财经法学》编委会主任。兼任北京市人大代表，北京市人大城市建设环境保护委员会副主任委员，教育部高等学校法学类专业教学指导委员会委员，中国商业法研究会副会长，北京市法学会不动产法研究会负责人，住房和城乡建设部、国务院国有资产监督管理委员会、国家市场监督管理总局法律顾问，最高人民法院执行特邀咨询专家，自然资源部自然资源统一确权登记与不动产登记工作专家委员会委员等。获中国法学会第十届“全国杰出青年法学家”、第二届“首都十大杰出青年法学家”称号，第十九届北京市高等学校教学名师奖等。入选北京市“高创计划”领军人才、教育部“新世纪优秀人才支持计划”。主要研究方向为民法、不动产与自然资源法。

武腾：中央财经大学教授，中央财经大学不动产与自然资源法研究中心执行主任，《财经法学》责任编辑。兼任北京市法学会不动产法研究会副秘书长。入选北京市法学会“百名法学青年英才”培养计划、中央财经大学“青年英才”培育支持计划。主要研究方向为民法、数字法。在《法学研究》等期刊发表论文多篇，著有《买卖标的物不适约研究》《数据交易的合同法问题研究》。

王叶刚：中央财经大学副教授、博士研究生导师。兼任中国法学会民法学研究会理事、中国法学会海峡两岸关系法学研究会理事、中国法学会民法典分则编纂课题组成员。主要研究方向为人格权法、担保法、数字法。参编教育部马克思主义理论研究和建设工程重点教材《民法学》等教材；参与撰写和主编《合同法》《中华人民共和国民法总则详解》《中国民法典释评》等专著；在《中国人民大学学报》《现代法学》《法学家》《清华法学》等期刊发表论文 30 余篇，部分被中国人民大学复印报刊资料《民商法学》全文转载。承担国家社会科学基金项目、司法部课题等科研项目近 10 项。曾获“佟柔民商法发展基金青年优秀研究成果奖”。

# 前　言

合同是平等主体之间变动财产关系的协议，是交易的法律形式。合同法是民法的重要组成部分，是社会主义市场经济的基础法律制度，在法治实践中具有广泛的适用空间。合同法体系严谨、构造精致，对于培养学生的法治思维和体系化观念具有重要价值。合同法的各项基本原则，与社会主义核心价值观高度契合，《民法典》合同编各项制度设计具有鲜明的中国特色、实践特色和时代特色。合同法课程是法学专业核心基础课程。

本教材是中央财经大学合同法学教学团队在多年研究和授课的基础上形成的成果。团队成员均为首批全国高校黄大年式教师团队主要成员。团队成员全面参与了《民法典》合同编及相关司法解释的起草论证工作，自 2006 年起即承担了中央财经大学法学专业本硕博各类学生的合同法课程的教学工作。团队成员在教学中有机融入社会主义核心价值观，努力实现原则与规则紧密结合、理论与实践相互促进、法律规范与时代精神有机统一。团队成员积极推进教学改革、开展慕课建设，努力推动线上线下相结合的混合教学探索，积极打造一二课堂相贯通的教学模式。团队成员所讲授的合同法课程先后获中央财经大学研究生精品课程及本科生、研究生课程思政项目立项，2020 年 2 月相关慕课在中国 MOOC 平台开通线上教学，2023 年入选国家级一流本科课程。作为该课程的配套教材，本教材入选财政部规划教材。

本教材的体系与内容立基于我国合同法律制度，在撰写中着力体现如下要求：

注重整体把握、培养体系思维。本教材着力揭示《民法典》合同编“通则”按照合同全生命周期构造的基本逻辑，致力于把握合同法在市场经济法律体系中的地位以及其与其他民事制度的关系，引导读者在民法体系框架内理解合同法，培养体系化观念。

注重价值引领、引导交叉研习。努力揭示合同法基本原则和各项制度蕴含的自由、平等、诚信、友善等价值意蕴。引导读者在制度沿革中理解我国合同法律制度发展与经济体制改革间的内在联系，在具体条文规范中理解并认识有效市场和有为政府的内在统一，努力实现法学与经济学的交叉研习。

注重规范目的、提升实践能力。依托团队成员参与相关立法的优势，在具体章节中通过对具体规范目的的阐释、对规范内容的解释、对举证规则的诠释，培养读者预防合同风险、处理合同纠纷的实践能力和思维方法。

注重比较研究、统筹国内涉外。关注《联合国国际货物销售合同公约》《国际商事合同通则》等国际合同法规则，汲取比较法上有益经验，帮助读者拓展国际化视野，更好地理解和把握我国合同法。

本书写作分工如下：尹飞负责撰写第一至四章和第六、七章，王叶刚负责撰写第五章，武腾负责撰写第八章并结合《最高人民法院关于适用〈中华人民共和国民法典〉合同编通则若干问题的解释》修改书稿。

因时间和水平有限，疏漏之处在所难免，敬请读者批评指正。

作者

**2024 年 6 月**

# 缩略语表

| 简称 | 全称 |
| --- | --- |
| 一、法律 | |
| 《民法典》 | 《中华人民共和国民法典》（2020 年 5 月 28 日第十三届全国人民代表大会第三次会议通过） |
| 《民法通则》 | 《中华人民共和国民法通则》（2009 年 8 月 27 日第十一届全国人民代表大会常务委员会第十次会议修正，已失效） |
| 《民法总则》 | 《中华人民共和国民法总则》（2017 年 3 月 15 日第十二届全国人民代表大会第五次会议通过，已失效） |
| 《担保法》 | 《中华人民共和国担保法》（1995 年 6 月 30 日第八届全国人民代表大会常务委员会第十四次会议通过，已失效） |
| 《合同法》 | 《中华人民共和国合同法》（1999 年 3 月 15 日第九届全国人民代表大会第二次会议通过，已失效） |
| 《物权法》 | 《中华人民共和国物权法》（2007 年 3 月 16 日第十届全国人民代表大会第五次会议通过，已失效） |
| 《票据法》 | 《中华人民共和国票据法》（2004 年 8 月 28 日第十届全国人民代表大会常务委员会第十一次会议修正） |
| 《民事诉讼法》 | 《中华人民共和国民事诉讼法》（2023 年 9 月 1 日第十四届全国人民代表大会常务委员会第五次会议第五次修正） |
| 《公司法》 | 《中华人民共和国公司法》（2023 年 12 月 29 日第十四届全国人民代表大会常务委员会第七次会议第二次修订） |
| 《企业破产法》 | 《中华人民共和国企业破产法》（2006 年 8 月 27 日第十届全国人民代表大会常务委员会第二十三次会议通过） |
| 二、司法解释 | |
| 《民法典合同编通则解释》 | 《最高人民法院关于适用〈中华人民共和国民法典〉合同编通则若干问题的解释》（法释〔2023〕13 号） |
| 《民间借贷规定》 | 《最高人民法院关于审理民间借贷案件适用法律若干问题的规定》（法释〔2015〕18 号，法释〔2020〕6 号第一次修正，法释〔2020〕17 号第二次修正） |
| 《民事诉讼法解释》 | 《最高人民法院关于适用〈中华人民共和国民事诉讼法〉的解释》（法释〔2015〕5 号，法释〔2020〕20 号第一次修正，法释〔2022〕11 号第二次修正） |
| 《合同法解释（二）》 | 《最高人民法院关于适用〈中华人民共和国合同法〉若干问题的解释（二）》（法释〔2009〕5 号，法释〔2020〕16 号废止） |

续表

| 简称 | 全称 |
| --- | --- |
| 《买卖合同解释》 | 《最高人民法院关于审理买卖合同纠纷案件适用法律问题的解释》（法释〔2012〕8号，法释〔2020〕17号修正） |
| 《商品房买卖合同解释》 | 《最高人民法院关于审理商品房买卖合同纠纷案件适用法律若干问题的解释》（法释〔2003〕7号，法释〔2020〕17号修正） |
| 《担保法解释》 | 《最高人民法院关于适用〈中华人民共和国担保法〉若干问题的解释》（法释〔2000〕44号，法释〔2020〕16号废止） |

# 目　　录


第一章　合同与合同法 …… 1

第一节　合同的概念 …… 1

第二节　合同的分类 …… 5

第三节　债的关系 …… 10

第四节　合同法的概念、渊源和特点 …… 15

第五节　合同法的基本原则 …… 21

第二章　合同的成立 …… 27

第一节　合同成立的概念和要件 …… 27

第二节　合同条款 …… 29

第三节　要　约 …… 34

第四节　承　诺 …… 41

第五节　合同成立的时间和地点 …… 45

第六节　强制缔约 …… 50

第七节　格式条款 …… 51

第八节　缔约过失责任 …… 56

第三章　合同的效力 …… 61

第一节　合同的成立、有效与生效 …… 61

第二节　合同的效力评价 …… 65

第三节　合同效力的内涵 …… 71

第四章　合同的履行 …… 75

第一节　合同履行概述 …… 75

第二节　合同漏洞补充规则 …… 89

第三节　选择之债 …… 108

第四节　按份之债与连带之债 …… 114

第五节　债的受领主体与履行主体 …… 131

第六节　双务合同履行中的抗辩权 …… 139

第七节　情势变更 …… 149

第五章　合同的保全 …… 156

第一节　概　述 …… 156

第二节　债权人代位权 …… 157

第三节　债权人撤销权 …… 165
第六章　合同的变更和转让 …… 177
第一节　合同的变更 …… 177
第二节　债权转让 …… 179
第三节　债务承担 …… 188
第四节　债权债务概括转移 …… 191
第七章　合同的权利义务终止 …… 194
第一节　债的消灭与合同的权利义务终止 …… 194
第二节　债的消灭事由 …… 198
第三节　合同解除 …… 211
第八章　违约责任 …… 217
第一节　违约责任概述 …… 217
第二节　实际履行 …… 222
第三节　违约损害赔偿 …… 229
第四节　违约金 …… 239
第五节　定　金 …… 243
第六节　减　价 …… 247
第七节　违约责任与侵权责任的竞合 …… 248
第八节　债权人迟延 …… 249

# 第一章 合同与合同法

## 第一节　合同的概念

合同也称契约，是债权发生的主要原因之一，是交易的法律形式。《民法典》第464条第1款对合同的概念进行了界定，“合同是民事主体之间设立、变更、终止民事法律关系的协议”。该条第2款同时强调，“婚姻、收养、监护等有关身份关系的协议，适用有关该身份关系的法律规定；没有规定的，可以根据其性质参照适用本编规定”，这就将身份关系的协议排除在合同之外。据此，合同是平等主体的自然人、法人和非法人组织之间以设立、变更、终止财产权利义务关系为目的的协议。这一概念包括以下几个方面的含义。

### 一、合同主体是平等的自然人、法人与非法人组织

合同主体即合同当事人。《民法典》第464条第1款将合同主体界定为民事主体，结合《民法典》第2条“民法调整平等主体的自然人、法人和非法人组织之间的人身关系和财产关系”的表述，所谓民事主体，即平等的自然人、法人和非法人组织。对此，有下列问题值得探讨。

（一）关于合同主体的平等性

合同法是民法的重要组成部分，合同关系是重要的民事法律关系。我国民法调整平等主体之间的人身关系和财产关系，民事法律关系的特点首要体现为其主体的平等性。民事法律关系是平等主体之间的关系，各民事主体不论是自然人、法人还是非法人组织，不论法人和非法人组织所有制如何，在民事法律关系中都具有平等的法律地位，未经他人同意不得为其课加义务。这与公法上行政主体与行政相对人之间的“命令—服从”关系形成了鲜明的对比。基于主体的平等性，各主体之间的权利义务也往往具有公平性、对等性，绝大多数财产关系都以等价、有偿为原则。因此，《民法典》强调合同主体是民事主体或者说是平等主体。

1. 关于国家机关的行为

我国民法承认机关法人的概念，有独立经费的机关和承担行政职能的法定机构从成立之日起，即具有机关法人资格，可以从事为履行职能所需要的民事活动。机关法人在

社会生活中形成两种法律关系：在其依法行使公权力的过程中，其与相对人之间形成的是具有隶属性的行政法律关系等公法上的法律关系，受公法调整；而其在从事为履行职能所需要的民事活动时，则形成平等的民事法律关系，与其他民事主体处于平等的地位。

在多数情况下，国家机关所实施的究竟是公法上的行为还是民事行为，是比较容易分辨的。但是，在特定情况下，尤其是国家机关通过与他人订立协议的方式约定相关给付时，二者则往往容易混淆。我们认为，可以考虑以如下标准来加以区分：第一，法律有特别规定的，从其规定。《行政诉讼法》第 12 条第 1 款第 11 项将“政府特许经营协议、土地房屋征收补偿协议等协议”纳入了行政诉讼的受案范围，故相关协议应当按照行政协议处理。第二，在法律没有特别规定的情况下，国家机关为实现其公共管理或者社会管理职能而实施的以财产给付为内容的行为，受公法调整。例如：某些地方政府或者政府部门与相关人员约定，完成一定的招商引资任务或者实现某一经济社会发展目标（如 GDP 增长率、就业率），即给予金钱奖励乃至一定比例的提成；公安部门发布悬赏通缉等。第三，在法律没有特别规定的情况下，国家机关受托或者代理实施涉及国家所有权的行为受民法调整，如出让自然资源、政府采购等。

2. 关于企业承包与土地承包

《民法典》虽然强调主体的平等性，但这种平等是指法律地位上的平等。对于实践中存在的企业承包合同（合同双方是企业与其职工）以及农村土地承包合同（合同双方是集体经济组织与作为其成员的农户），虽然合同主体之间具有一定的隶属关系，但其双方的法律地位仍然是平等的，合同也是在双方平等协商基础上订立的，故而这两类合同也应当适用《民法典》中关于合同的规范。

（二）关于非法人组织

民事法律关系的主体也称为民事主体、权利主体，是指法律所承认的能够以自己名义参加民事法律关系，享有民事权利并承担民事义务的人。民事主体首先是自然人，现代法治强调自然人均具有民事权利能力且不容剥夺、限缩，但民法中的“人”并不仅限于自然人。基于社会生活的需要，法律也允许一些社会组织在依法创设之后可以以自己的名义参加民事法律关系，进行民事活动，这些社会组织在《民法通则》中被规定为其出资人只承担有限责任的法人。但是，随着市场经济的发展，法人之外的非法人组织如合伙企业等成为一类新的市场主体，法律也逐渐承认其可以以自己的名义参加民事法律关系，从而非法人组织也可以成为民事主体。

非法人组织，在《合同法》等法律中被称为其他组织，是指不具有法人资格，但是能够依法以自己的名义从事民事活动的组织。非法人组织应当依照法律的规定登记，法律、行政法规规定须经有关机关批准的，应当依法得到批准，这里所言的批准主要是指《律师法》《注册会计师法》等对律师事务所、会计师事务所设立的特殊要求。非法人组织应当有一定的组织机构和财产，在其财产不足以清偿债务的情况下，其出资人或者设立人应当承担无限责任，法律另有规定的，依照其规定。这里所言的法律另有规定，主要是指《合伙企业法》对特殊的普通合伙企业以及有限合伙中有限责任的规定。

就非法人组织的类型，《民法典》列举了个人独资企业、合伙企业以及不具有法人资格的专业服务机构等非法人组织。《民事诉讼法解释》第52条则详细列举了如下不具备法人资格的非法人组织：（1）依法登记领取营业执照的个人独资企业；（2）依法登记领取营业执照的合伙企业；（3）依法登记领取我国营业执照的中外合作经营企业、外资企业；（4）依法成立的社会团体的分支机构、代表机构；（5）依法设立并领取营业执照的法人的分支机构；（6）依法设立并领取营业执照的商业银行、政策性银行和非银行金融机构的分支机构；（7）经依法登记领取营业执照的乡镇企业、街道企业；（8）其他符合前述规定条件（合法成立、有一定的组织机构和财产，但又不具备法人资格）的组织。

需要强调的是，我国民法目前仅承认自然人、法人、非法人组织三类民事主体。至于法人内设机构，如公司内部的业务科室、大学内部的院系、工厂的车间，其并非非法人组织，不具有以自己名义订立合同的资格。其以自己名义订立合同的，如果不能构成对法人的代理，也无法解释为相关自然人的行为，则不能认为当事人之间存在合意，应当按照合同不成立处理。

## 二、合同是平等主体之间的协议

《民法典》第464条明确将合同界定为协议。协议是民事法律行为的下位概念，包括双方法律行为和共同行为。

民事法律行为也称法律行为，是指民事主体以设立、变更、消灭民事法律关系为目的，以意思表示为要素的行为。在法律行为符合法律规定的有效要件，或者说在行为人的意思符合或至少不违背国家意志的情况下，法律允许其发生当事人所意欲发生的法律效果。法律行为与事件或者事实行为不同，后二者并不考虑当事人变动法律关系的意图，而是由法律直接规定构成要件和法律后果，只要符合相应的构成要件，就直接发生法律规定的法律效果。

意思表示是法律行为的要素，民事主体通过意思表示，才能设立、变更或者终止民事法律关系。根据所需意思表示数量、意思表示方向的差别，可以将民事法律行为分为三种类型：单方法律行为、双方法律行为与共同行为。单方法律行为是指仅需单方意思表示即可成立的行为。双方法律行为是指因目标相反的两个或两个以上的意思表示达成一致而成立的行为，如买卖合同、赠与合同、租赁合同等。在双方法律行为中，各方当事人所追求的个人利益是相互对立的，因而意思表示在方向上也是交互的。而共同行为是由双方或多方基于同一方向平行的意思表示一致而成立的行为，如发起人共同设立公司、设立合伙等。[①] 在共同行为中，数个人之间不存在对立的意思表示，每个人的意思表示方向均系相同。换言之，每个人在共同行为中所追求的利益是相一致的，不存在利益对立的问题。[②] 由于合同是基于双方或者多方当事人的意志而产生的，因此它不是一种单方法律行为而是双方法律行为或者共同行为。《民法典》合同编规定的各类典型合同中，合伙合同系共同行为，而其他各类典型合同均系双方法律行为；而《民法典》合

① 韩长印．共同法律行为理论的初步构建：以公司设立为分析对象．中国法学，2009（3）．

② 陈华彬．民法总论．北京：中国法制出版社，2011：365．

同编规定的免除、抵销以及物权编规定的悬赏广告等，均系单方作出的法律行为，都不属于合同的范畴，应当适用《民法典》总则编中有关法律行为的规定。

民法所调整的是平等的自然人、法人和非法人组织之间的人身关系和财产关系。这就是说，只有这些关系才有可能为民法所调整，但应当注意的是，社会关系的调整不仅包括法律调整，还包括道德调整、纪律调整等，并非所有的平等主体之间的社会关系都应当受到法律的调整。通常认为，情谊行为引发的社会关系不受法律调整。例如，某甲邀请某乙看歌剧，某乙欣然同意但届时未去。此种情形下，某甲不能以电影票作废为由而请求某乙赔偿信赖利益损失。因为这种邀请“旨在社交和娱乐，而社交和娱乐是不能通过法律来强求的”[①]。再如，男女之间的恋爱关系通常由道德调整，故而一方违背恋爱期间自己的海誓山盟的，对方不能请求强制履行或者承担损害赔偿责任。这些社会关系既然不受法律调整，自然也不受民法调整。民事法律行为以变动民事法律关系为目的，故而就这些社会关系变动而形成的协议，并不属于合同的范畴。

## 三、合同是以发生财产法上的效果为目的的协议

从《民法典》的规定来看，合同以发生财产法上的效果或者变动财产法律关系为目的。

（一）《民法典》中规定的合同不仅限于债权合同

在《合同法》起草过程中，就如何界定合同的概念，存在较大争议。一种观点认为，合同是当事人之间设立、变更、终止债权债务关系的协议，合同仅发生债权债务关系而不发生其他民事关系；另一种观点认为，尽管合同是产生债的原因，合同关系也是债的一种形式，但合同不仅仅产生、变更、终止债权债务关系，而且也是物权关系等非债权债务关系产生、变更、终止的原因。《合同法》最终没有采纳债权协议的观点。《民法典》沿用了《合同法》对合同的界定。这是因为，如果将合同仅限于债权合同，认为合同只是发生债权债务关系的合意，则合同的概念过于狭窄，从而使许多民事合同关系难以适用《民法典》合同编的规则。例如，《民法典》物权编规定了一些直接发生物权变动效果的合同，如以家庭承包方式设立土地承包经营权的合同、土地经营权合同、地役权合同、动产抵押合同，这些合同一经生效，就直接发生物权变动的效力。这些合同本质上仍然是反映交易关系的，因此当然应受《民法典》合同编相关规则的调整。

需要指出的是，单纯的合意不具有社会典型的公开性，只能约束其当事人，因此，合同作为当事人以其意思表示来设定、变更、终止财产权利义务关系的协议，当事人所能创设的原则上也只能是当事人间的相对权，即债权。在民法领域中任何人不得为他人设定义务，而绝对权的义务主体为权利人以外的任何第三人，除权利人外任何人均要负不作为的义务，因此，绝对权不能仅凭当事人的意思创设。合同原则上是指债权合同，但在法律特别规定的情况下，例如《民法典》物权编所规定的通过合同直接设立物权的情形，由于法律直接赋予了当事人通过合同变动物权的效力，故而合同可以直接发生变动绝对权的效力。

① ［德］迪特尔·梅迪库斯.德国民法总论.邵建东，译.北京：法律出版社，2000：150.

（二）《民法典》中规定的合同是财产合同

民事权利以其客体是否具有财产价值为标准，可以分为财产权和人身权。人身权包括人格权和身份权，一般都具有专属性，原则上不得转让、抛弃和继承。财产权原则上不具有专属性，可以转让、抛弃、继承。

《民法典》第464条第2款规定，“婚姻、收养、监护等有关身份关系的协议，适用有关该身份关系的法律规定；没有规定的，可以根据其性质参照适用本编规定”，这就明确将婚姻、收养、监护等有关身份关系的协议排除在《民法典》合同编的调整范围之外。对于这些协议，应当适用《民法典》以及其他法律中有关身份关系的规定，即便没有规定，也应根据其性质参照适用合同编的规定而不能直接适用合同编。人格权具有专属性，专属于特定人，《民法典》第992条明确规定，“人格权不得放弃、转让或者继承”，因此，人格权不能通过合同来设立、变更或者终止。故而，《民法典》中所言的设立、变更或终止的民事权利义务关系只能是指财产权利义务关系，《民法典》中规定的合同所能引发的法律效果也只能是财产权利义务关系的变动。

（三）合同以发生财产法上的效果为目的

《民法通则》将民事法律行为界定为合法行为或者说有效的民事行为，但《民法典》改变了这一做法。《民法典》第133条规定：“民事法律行为是民事主体通过意思表示设立、变更、终止民事法律关系的行为。”可见，民事法律行为的要素是意思表示，设立、变更、终止民事法律关系则是民事法律行为的目的，行为人以设立、变更、终止民事法律关系为目的而作出意思表示且意思表示一致则构成民事法律行为，但成立民事法律行为并不必然发生行为人所期待的法律后果。这就把民事法律行为这一概念褪去了合法性的外衣，民事法律行为只是一个中性概念，并不包含对其的效力评判。判断民事法律行为的效力，须依据民事法律行为的效力规则进行，最终的结果可以是有效、无效、效力待定或者可撤销。合同是民事法律行为的下位概念，虽然《民法典》第464条将合同界定为平等主体的自然人、法人、非法人组织之间设立、变更、终止民事权利义务关系的协议，但严格地讲，设立、变更、终止财产权利义务关系只是当事人通过意思表示表达出来的变动法律关系的目的，是否能够发生当事人所预期的法律效果，还需要看合同是否符合有效要件和生效条件。只有依法成立且生效的合同，才能够发生当事人所预期的法律效果。无效、被撤销或者确定不生效的合同，虽然也是合同，但并不能发生财产法律关系变动的效果。

## 第二节　合同的分类

### 一、典型合同与非典型合同

典型合同也称有名合同，是指法律上规定了其名称及主要权利义务的合同。《民法典》以及其他法律所规定的各类合同，都属于典型合同。这包括：(1)《民法典》合同编“典型合同”分编所规定的十九类典型合同；(2)《民法典》物权编规定的土地承包经营权合同、建设用地使用权出让合同、居住权合同、地役权合同、抵押合同、质押合同以及人格权编规定的肖像许可使用合同等典型合同；（3）《民法典》之外的配套法、相关法规定的著作权许可使用或者转让合同、商标转让或者使用许可合同、出版合同、劳动合同、保险合同、旅游合同等典型合同。法律对典型合同中当事人权利义务的规定，在性质上是任意性规范。在当事人在合同中没有特别约定或者约定不明确的情况下，才适用法律的这些任意性规范，以补充当事人的意思。

非典型合同也称无名合同，是指法律并未对其名称与主要权利义务予以规范的合同。例如美容合同、到饭店用餐的合同等，都是法律没有规定的无名合同。

基于鼓励交易原则，法律并不禁止当事人订立无名合同。区分典型合同与非典型合同的意义主要在于法律规则的适用。《民法典》第 467 条第 1 款规定："本法或者其他法律没有明文规定的合同，适用本编通则的规定，并可以参照适用本编或者其他法律最相类似合同的规定。"这就是说，无论是典型合同还是非典型合同，其成立、效力、履行、保全、变更和转让、终止以及违约责任等，都应当适用《民法典》合同编"通则"的规定。但对于其合同权利义务等内容，在当事人没有约定或者约定不明的情况下，典型合同当然直接适用法律对其的相关规定；而对于非典型合同，则应当参照适用《民法典》合同编"典型合同"或者其他法律最相类似合同的规定。

## 二、双务合同和单务合同

根据合同当事人是否负有对待给付义务，可以将合同分为双务合同和单务合同。所谓双务合同，是指当事人双方互负具有给付和对待给付关系的义务的合同。换言之，双务合同中，双方当事人不仅互负债务，而且互负的债务之间应当存在对价关系或者说具有牵连性。一方进行给付的目的是为了获得对方的对待给付。

所谓单务合同，是指合同当事人中仅有一方负担给付义务的合同。换言之，其是指合同当事人双方并不互相享有权利和负担义务，而主要由一方负担给付义务，另一方并不负有相对义务的合同。

双务合同是典型的交易形式。《民法典》合同编规定的各类有名合同原则上为双务合同，仅赠与合同、自然人之间的借款合同为单务合同。此外，实践中的借用合同也是单务合同。

区分单务合同和双务合同的意义在于：

第一，确定双务合同履行中抗辩权的适用。《民法典》规定了双务合同履行中的抗辩权，包括同时履行抗辩权、不安抗辩权和后履行抗辩权。这些抗辩权仅能在双务合同中适用。而单务合同中不存在双方权利义务的相互对应和牵连问题，故不能适用这些抗辩权。

第二，确定风险负担规则的适用。风险负担本质上是在不可归责于双方当事人的原因导致合同义务不能履行的情况下，价金风险的承担问题。也就是说，在一方不能履行其给付义务的情况下，另外一方是否还应当继续给付价金。双务合同中，双方的权利义务互相依存、互为条件，如果非因可归责于一方当事人的原因（如不可抗力）其不能履行合同义务，其合同债务应被免除，其享有的合同权利也应归于消灭，相应地也无权要求对方履行，对方的合同债务也因此消灭。如果对方已经作出履行的，则受领给付的一方应将其所得依据不当得利规则返还给对方。而在单务合同中，如果一方因不可抗力而不能履行义务，那么不会发生合同中的风险负担问题。

## 三、有偿合同与无偿合同

根据当事人是否可以从合同中获取某种利益，可以将合同分为有偿合同与无偿合同。有偿合同是指一方要通过合同获得某种利益，需要向对方支付一定对价的合同；无偿合同是指一方通过合同获得某种利益而无须支付对价的合同。有偿合同是交易的典型法律形式，无偿合同则是市场经济条件下的例外情形。

区分有偿合同与无偿合同的意义在于：

第一，确定合同性质。有些合同只能是有偿的，而有些合同只能是无偿的，如果要变有偿为无偿或者变无偿为有偿，则合同性质就要发生根本的变化。例如，买卖合同、供用电水气热力合同、承揽合同、建设工程合同以及租赁合同只能是有偿的，如果变为无偿合同，则变成了赠与合同或者借用合同。相应地，赠与合同、借用合同只能是无偿的，如果有偿，就成了买卖或者租赁等合同。

也有一些合同既可以有偿，也可以无偿。按照《民法典》的规定，借款合同、保管合同没有约定利息、保管费的，推定为无偿合同。对于一方为经营者的合同，例如仓储合同、物业服务合同、行纪合同、中介合同等，则推定为有偿合同。此外，保证合同、抵押合同、质押合同等担保合同，通常为无偿合同。

第二，确定当事人的注意义务。无偿合同中，债务人原则上只应承担较低的注意义务。例如在无偿保管合同、无偿委托合同中，保管人、受托人只在故意或者重大过失的情况下才承担违约责任，而有偿保管合同和有偿委托合同中保管人、受托人则需要承担过错责任。可见，有偿合同中当事人所承担的义务显然要较无偿合同中更重。相应地，对合同条款有两种以上解释，属于无偿合同的，应当选择对债务人负担较轻的解释。

第三，确定合同内容的参照适用规则。如果当事人订立的合同是无名合同，而该合同在性质上又是有偿合同，则依据《民法典》第646条的规定，应当参照适用买卖合同的有关规定；如果是无偿合同，则不发生该参照适用的问题。

双务合同中一方承担给付义务以对方承担对待给付义务为前提，故而双务合同均为有偿合同。无偿合同中一方承担给付义务且不能从对方处获得任何对价，故无偿合同均为单务合同。唯《民法典》第679条规定："自然人之间的借款合同，自贷款人提供借款时成立。"故自然人之间约定了利息的借款合同，虽系有偿合同，但贷款人提供借款的义务在该合同成立时就已经完成，故该合同生效后仅借款人负有返还借款本金和利息的义务，该合同性质上系单务合同。

## 四、诺成合同与实践合同

根据合同成立是否以一方实际交付为要件，可以将合同分为诺成合同和实践合同。诺成合同，是指当事人双方意思表示一致，合同即告成立的合同。实践合同，又称要物合同，是指除当事人双方意思表示一致以外，尚需交付标的物才能成立的合同。

为提高交易效率，现代合同法以诺成合同为原则。从《民法典》来看，原则上承诺生效时合同成立，特殊情况下还需要签订合同书、确认书，合同方可成立，合同书、确认书仍然是当事人意思表示的特殊形式，并不要求实际的给付。我国法律中以诺成合同为一般原则，而实践合同则以法律、行政法规的特别规定或者当事人的特别约定为前提。目前，我国法律中对实践合同的规定主要包括客运合同（自承运人向旅客交付客票时成立）、保管合同（自保管物交付时成立）、自然人之间的借款合同（自贷款人提供借款时成立）以及定金合同（自实际交付定金时成立）。

### 五、要式合同与不要式合同

根据合同成立是否应当以书面形式为标准，可将合同分为要式合同与不要式合同。所谓要式合同，是指按照法律、行政法规的规定，应当以书面形式订立的合同。不要式合同则没有此类要求，当事人既可以口头形式订立合同，也可以书面形式订立合同。为维护交易的便捷，现代合同法对合同形式规定以不要式为原则，以要式为例外。

书面形式，是指合同书、信件、电报、电传、传真等可以有形地表现所载内容的形式。以电子数据交换、电子邮件等方式能够有形地表现所载内容，并可以随时被调取查用的数据电文，视为书面形式。在法律、行政法规要求采用书面形式的情况下，如果当事人没有采用书面形式，且不存在一方已经履行主要义务、对方接受的情形的，合同不成立。

依据《民法典》合同编，自然人之间的借款合同之外的其他借款合同、保证合同、融资租赁合同、建设工程合同、技术开发合同、技术转让合同、技术许可合同、物业服务合同应当采用书面形式。此外，《民法典》物权编中，各类担保物权合同、各类变动不动产物权的合同也均要求采用书面形式。

### 六、主合同与从合同

根据合同相互间的主从关系，可以将合同分为主合同与从合同。所谓主合同，是指不需要其他合同的存在即可独立存在的合同。所谓从合同，就是以其他合同的存在为存在前提的合同。例如，就担保合同而言，设立主债权的合同就是主合同，各类担保合同相对于主债务合同而言即为从合同。由于从合同要依赖主合同的存在而存在，所以从合同又被称为附属合同。从合同必须以主合同的成立并生效为前提。主合同不成立、无效、被撤销或者确定不生效的，从合同也一并无效。

### 七、本约合同与预约合同

预约合同也称预约、预备合同，是指当事人约定在将来一定期限内订立合同的合同；依据预约将来应当订立的合同，称为本约、本约合同或者本合同。本约合同在预约合同成立时尚未成立，预约合同的成立和生效，仅仅只是使当事人负有将来按预约规定的条件订立本约合同的义务，而不负履行本约合同的义务。当事人之所以订立预约合同，是因为某些事实和法律上的障碍，使之暂时不能订立本约合同，为了防止一方当事人将来不订立本约合同，而采取订立预约合同的办法，使一方当事人预先受到订立本约合同义务的拘束。实践中，预约合同多以认购书、订购书、预订书等形式表现出来。如果当事人通过签订意向书或者备忘录等方式，仅表达交易的意向，未约定在将来一定期限内订立合同，则不构成预约合同。

预约合同对当事人具有合同拘束力，依据预约合同，当事人应负有订立本约合同的义务。当事人一方拒绝订立本约合同或者在磋商订立本约合同时违背诚信原则导致未能订立本约合同的，另一方有权请求其承担对预约合同的违约责任。依据《民法典合同编通则解释》第 7 条第 2 款，人民法院认定当事人一方在磋商订立本约合同时是否违背诚信原则，应当综合考虑该当事人在磋商时提出的条件是否明显背离预约合同约定的内容以及是否已尽合理努力进行协商等因素。

当事人一方违反预约合同，对方请求其承担违约损害赔偿责任的，应首先按照当事人的约定确定赔偿额；当事人没有约定的，人民法院应当综合考虑预约合同在内容上的完备程度以及订立本约合同的条件的成就程度等因素。由于在预约合同成立时，本约合同并没有订立，因此非违约方原则上不能要求违约方承担违反本约合同的责任，更不能直接要求其履行本约合同的义务。只不过，在预约合同内容较完备、订立本约合同的条件已经成就时，可以参照违反本约合同的责任确定损害赔偿额。

## 八、为自己订立的合同与利他合同

这是根据订约人订立合同的目的是否为自己谋取利益而进行的分类。

为自己订立的合同，是指当事人订立合同是为自己设定权利义务，使自己直接取得和享有某种利益。在绝大多数情况下，合同当事人订立合同都是为了给自己设定权利和义务，因此合同大多是订约人为自己订立的合同。但特殊情况下，订约当事人并非为了自己设定权利，而是为合同外第三人的利益订立合同，这就是所谓的利他合同或为第三人利益订立的合同。此种合同中，当事人双方约定债务人向第三方履行义务，第三人由此取得直接请求债务人履行义务的权利。由于此类合同中的第三人仅享有权利而不承担义务，因此此类合同又被称为“第三人利益合同”“利他合同”，第三人也常常被称为“受益人”。

此种合同的法律特征如下：

第一，第三人不是订约当事人，其不必在合同上签字，也不需要通过其代理人参与缔约。不过第三人尽管不是订约主体，却可以依据合同享有接受债务人的履行和请求其履行的权利。这就是说，在合同成立并且生效以后，债务人负有向第三人履行的义务，如果债务人不履行义务，第三人有权追究其违约责任。

第二，该合同只能给第三人设定权利，而不得为其设定义务。基于私法自治，任何人未经他人同意，都不能为他人设定义务，擅自为第三人设定的义务不能拘束该第三人。一般来说，权利会给主体带来一定利益，而义务则会给义务人带来一定负担或使其蒙受不利益。如果合同当事人为第三人设定权利，则法律可以推定，此种设定是符合第三人意愿的。但如果为第三人设定义务，则只有在征得第三人同意之后，该义务方可生效。未经第三人同意而为其设定义务，实际上是在损害第三人利益，因此，合同当事人约定的此种义务条款不能对该第三人发生效力。当然，这并不意味着此种合同中第三人不承担任何义务，第三人在取得一定利益时，可能还必须履行一定的义务，例如在运输合同中，托运人为了收货人的利益而与承运人订立运输合同，但收货人在受领货物时也需要履行出示相关单据等义务，当然这种义务通常是与权利或利益的取得相关联的。

第三，该合同的订立，事先无须通知或征得第三人的同意。合同一经生效，该第三人如不拒绝，便可独立享有权利。当然，合同当事人虽可以为第三人设定权利，但不应强迫该第三人接受此权利，第三人可以接受，也可以拒绝。第三人未在合理期限内明确拒绝，则视为接受。如果第三人明确拒绝接受权利，则合同所设定的权利可以由为第三人利益订约的当事人自己享有。在第三人接受权利以后，第三人有权请求债务人向其作出履行，如果债务人不履行义务，第三人可以请求其承担违约责任；债务人对债权人的抗辩，其可以向第三人主张。第三人尽管可以独立享有权利，却毕竟不是合同当事人，因此其无权主张撤销或者变更合同。

## 第三节　债的关系

### 一、债的关系的概念与特点

债的关系是指特定当事人之间请求为特定行为的财产关系。作为一种具体的民事法律关系，债的关系就其内容而言，亦包括权利和义务两方面。就权利角度而言，称为债权关系；就义务方面而言，称为债务关系。

对于民法典中集中规定的调整债的关系的法律规则，各国民法中基于立法者对债的关系规定的不同侧重，有不同的名称。《日本民法典》强调债的关系的权利属性，其第三编的名称为债权。瑞士则将相关制度称为债务法。旧中国“民法典”从社会本位着眼，其第二编的名称为“债”，以兼顾债权、债务两方面，蕴含保护债权人与债务人双方的立法目的。我国《民法通则》则将之纳入“民事权利”一章，称为债权。但综观《民法通则》第 84 条[①]，其规范的着力点首先是在债的关系上，并在此基础上对债权进行了规定。《民法典》第 118 条就其体系地位而言，居于总则“民事权利”一章，故其更为突出权利本位的特点，着重就债权加以描述。

《民法典》第 118 条对债权进行了界定，依据该条：“民事主体依法享有债权。债权是因合同、侵权行为、无因管理、不当得利以及法律的其他规定，权利人请求特定义务人为或者不为一定行为的权利。”从这一规定来看，债权具有以下几个方面的特征：第一，债的主体具有特定性，尤其是债的义务主体是特定的，以此区别于物权等绝对权；第二，债的内容本质上为请求权；第三，债的客体是债务人为或者不为一定行为，即给付；第四，对于债的发生原因，《民法典》明确列举了合同、侵权行为、无因管理、不

① 该条规定：“债是按照合同的约定或者依照法律的规定，在当事人之间产生的特定的权利和义务关系。享有权利的人是债权人，负有义务的人是债务人。债权人有权要求债务人按照合同的约定或者依照法律的规定履行义务。”

当得利以及法律的其他规定，在合同编和侵权责任编独立成编，而债法总则编阙如的情况下，尽力保持了实质上的债法体系。

《民法典》第118条袭自《民法通则》第84条对债的规定，但相较而言，《民法典》第118条扩张了债的发生原因，突出了债务人的特定性，从而凸显了债权作为对人权的特征，强调了债权的相对性。尤其是其明确强调，债权内容为“请求特定义务人为或者不为一定行为”，较为全面地描述了债的客体或者说给付的内涵。但其不足之处在于，在对债的发生原因的规定中，遗漏了合同之外的悬赏广告等单方法律行为。

## 二、《民法典》中的债法规则

### （一）《民法典》对债法规则的建构

所谓债法，是指调整特定当事人之间请求为特定行为的财产关系的法律规范的总称。德国法系一般将普遍适用于各类债的关系的一般规则予以抽象，在债法总则中统一规定，称为“通则”或“总则”。债法总则所规定的是普遍适用于各种债的形式的一般规则。各种债的形式，其规范目的、制度功能等千差万别，之所以能够归纳出债这一高度抽象的概念，根本原因在于其法律效果的相同性，即产生当事人之间得请求为特定给付的关系。

物债两分的权利架构是民法思维的重要基础，也是科学建构民事权利体系、正确处理民事案件的出发点。在合同、侵权法从传统债法中分离出来独立成编后，对于是否在《民法典》中规定债（权）的概念和债法总则，学界存有争议。通常认为，债法总则比合同总则更抽象，更能概括各种债的类型，从而能够为各种以给付请求和给付受领为内容的法律关系提供一般性规则。

但是最终立法者并未采纳这一认识。这主要是因为，一方面，市场是无数交易的总和，合同是交易的法律形式。合同编在作为市场经济基本法的《民法典》中具有举足轻重的地位。合同编紧贴总则编和物权编的体例编排，实际上表明了立法者对市场经济法律调整的高度关注以及对合同规则重要性的认可，也是对坚持社会主义市场经济体制这一基本经济制度的法律宣示。而将侵权责任编置于《民法典》的最后，体现了其对各类民事权利统一保护的态度。合同编与侵权责任编分别处于《民法典》的不同位置，决定了如果单独设立债法总则编，其位置无法安放。另一方面，《合同法》是一部优秀的法律，其基本体系已为法治实践普遍接受，如果另行规定债法总则，势必打乱《合同法》的基本体系。而保留合同编，则有利于尽力保留《合同法》的基本体系，尤其是合同编“通则”按照合同订立先后顺序加以编排的体例。这种做法虽然在一定程度上影响债法总则规则的识别，但对于指导当事人订立、履行合同，处理合同纠纷，以及指引法官根据交易的不同阶段寻找法律规范从而正确处理合同案件具有重要意义。

从《民法典》文本上看，其在分别规定合同编、侵权责任编的同时，并没有单独规定债编或者债法总则编，但立法者仍然通过合理的制度安排，形成了实质上的债法规则，有效弥合了合同、侵权责任独立成编之后因欠缺债法带来的不便。首先，其在《民法典》总则编“民事权利”一章规定了债权，对债的发生原因进行了宣示，从而保留了完整的债权概念，并通过对债的发生原因的规定，形成了统摄合同编、侵权责任编的实质性债法体系。其次，《民法典》第468条明示，“非因合同产生的债权债务关系，适用有关该债权债务关系的法律规定；没有规定的，适用本编通则的有关规定，但是根据其性质不能适用的除外”，从而通过准用合同编“通则”的方式实现对各类债的关系的共通内容的法律调整。再次，在合同编“通则”具体规范的用语上也努力厘清了实质意义上债法总则和合同编“通则”的规范，例如，《民法典》第557条微调文字以区别债权债务终止和合同的权利义务终止。最后，《民法典》在合同编中规定了准合同，对无因管理和不当得利进行了规范。

这样，虽然从《民法典》的编排体例来看，合同编位于第三编，侵权责任编则位于第七编，二者是不同的制度，并且从形式上看并不存在统一的债法规则，但是通过总则编对债权的规定以及前述安排，《民法典》较好缓解了法典编排与实质上债法规则尤其是债法总则规则之间的张力，在保留既有立法成果的基础上实现了债法体系的内在和谐，为债法规则的适用和研究提供了规范基础。

（二）合同编“通则”中的债法总则规范

根据学者的通说以及各国立法的经验，普遍适用于各种债的关系的规则，即实质意义上的债法总则的内容，一般包括债的概念、债的发生、债的标的、债的效力（给付、保全等）、多数人之债、债的移转、债的消灭。[①]

对于《民法典》第468条所言的“本编通则的有关规定”，其具体范围如何，存在争论。大致来说，民法典合同编“通则”第四章对合同履行的规范中，关于双务合同履行中的抗辩权以及关于情势变更、合同管理的规定，显然仅适用于合同，而其他规定则可以普遍适用于各类债的关系；第五章对合同保全的规范属于债法总则中债的保全的规范；第六章除合同变更的内容外，其他债权让与、债务承担、债权债务概括转移等都属于债法总则的内容；第七章关于解除的规定仅适用于合同之债，其他内容属于债法总则中债的消灭的内容。

## 三、债的关系的构成

按照《民法典》第463条的规定，《民法典》合同编调整因合同产生的民事关系。合同一经生效，即发生设立、变更、终止民事权利义务关系的法律效果。故而合同将导致当事人之间特定法律关系的发生。合同为当事人之间的协议，依私法自治原则，原则上只能对当事人发生效力，故而通过合同所能变动的法律关系原则上为债的关系。因此，一般所言的合同关系，即因合同而发生的债的关系。当然，在法律有特别规定的情况下，如设立土地承包经营权合同、地役权合同、动产抵押合同，此类合同生效后还同时发生物权变动的效力。

与其他民事法律关系一样，债的关系也是由主体、内容和客体三要素组成的。

（一）债的主体

债的主体又称为债的当事人，包括债权人和债务人。债权人有权请求债务人依据合同的约定和法律的规定履行其债务；而债务人负有进行特定给付的义务。当然，债权人

① 邱聪智．民法研究：一．北京：中国人民大学出版社，2002：22.

与债务人的地位是相对的。在双务合同关系中，当事人双方互负对待给付义务，即一方所享有的权利，对应着另一方所负有的义务，反之亦然。因此，双方互为债权人和债务人。债的关系的主体都是特定的，债权人只能向特定的债务人基于合同提出请求，合同债权也只能约束特定的债务人。正因如此，债权又称为“对人权”。

（二）债的内容

债的内容包括债权和债务。

债权是指债权人依据合同约定或者法律规定而享有的请求债务人为特定给付的权利。债权本质上是一种请求权，权利的实现依赖于债务人的履行，这与作为支配权的物权显然是不同的。债权请求权又包括给付请求、给付受领和给付保持等权能。除请求权外，债权还包括保全权能（代位权、撤销权）以及处分权能（如债权让与、免除）。

债务是指债务人依据合同约定或者法律规定向债权人为特定给付的义务。合同债务根据不同的标准有不同的种类，如主给付义务、从给付义务和附随义务，明示义务和默示义务等。无论何种义务，债务人都应按照约定履行债务，否则债务人就应承担相应的债务不履行责任。

（三）债的客体

债的客体即债权与债务共同指向的对象。通常认为，债权的客体是给付，即债务人依据合同约定或者法律规定应为的特定行为。从《民法典》对各类典型合同主给付义务的规定来看，给付的类型大致包括交付标的物转移所有权、交付标的物转移使用权、提交工作成果、提供劳务等。虽然在有些给付中涉及物的交付，但这些物只是给付的客体，而非债的客体。

## 四、债的相对性

（一）债的相对性的内涵

债权是相对权，债的关系是特定当事人之间的关系，相对性是债的关系区别于其他法律关系的根本特征。债的相对性是指债的效力仅在特定债的关系的当事人之间发生，申言之，包括以下几个方面。

第一，主体的相对性。债的关系只能发生在特定的主体之间，只有债的一方当事人才能基于债的关系向另一方提出请求。原则上，债的关系之外的第三人不能依据债的关系向当事人提出请求；债的一方当事人也只能向另一方当事人提出请求，而不能向第三人依据债的关系提出请求。

第二，内容的相对性。债的关系中，无论债权人还是债务人，其都是特定的。当事人之间的权利义务是相互对应的，一方的权利就指向另一方的义务，也正是一方承担义务才使另一方享有权利。

第三，责任的相对性。违约责任等债务不履行责任只能在债的当事人之间发生。申言之，其一，债务不履行责任只能由债务人承担。在当事人约定由第三人向债权人履行债务的情况下，第三人不履行债务或者履行债务不符合约定的，应当由债务人而非第三人向债权人承担违约责任。债权人不能向第三人主张违约责任。其二，债务不履行责任原则上只能由债权人主张。在当事人约定由债务人向第三人履行债务的情况下，债务人未向第三人履行债务或者履行债务不符合约定的，除非法律规定或者当事人约定第三人可以直接请求债务人向其履行债务，否则也应当由债权人而非第三人向债务人主张违约责任。其三，在因第三人的行为造成债务不履行的情况下，债务人仍应向债权人承担违约责任。至于债务人与第三人的纠纷，应当依照法律规定或者按照约定另行处理。

债的相对性与物权的绝对性是相对应的，两者不仅确定了债权与物权的一项区分标准，而且在此基础上形成了债法与物权法的一些重要规则，例如：由于债权是相对权，其效力仅发生在特定人之间，所以它可以基于当事人的意思自由设立；既然债权不具有对抗第三人的效力，债权的设立、变更或者消灭也无须公示，各项债权也应当是平等的。物权作为一种绝对权，能够对抗权利人之外的一切人，因此物权的种类和内容必须由法律规定，原则上应当以公示作为设立条件，相应地，也应当以完成公示的时间作为确定物权优先顺序的基础。

（二）债的相对性的例外

债的效力主要是一种对内效力，即在债的当事人之间发生效力。但在特定情况下，法律仍然认可债的关系对第三人发生效力。这些情形主要包括以下四个方面。

1. 保全

债权的实现根本上有赖于债务人的财产。法律为防止因债务人责任财产的不当减少而给债权人造成损害，允许债权人对债务人和第三人的某些行为行使撤销权、代位权，以保护其债权。这两种权利的行使，都涉及债的关系以外的第三人。因此，债的保全效力构成了债的相对性的例外。

2. 为他人利益的合同

债权仅能由债权人主张，但在法律特别规定或者当事人特别约定第三人有权直接请求债务人向其履行债务的情况下，如果第三人并未在合理期限内明确拒绝，则其有权要求债务人向其作出履行，债务人未向第三人履行债务或者履行债务不符合约定的，第三人可以请求债务人承担违约责任。

3. 第三人侵害债权

债的关系具有相对性，故而债权不像物权等绝对权那样具有社会典型公开性。在第三人的过错行为导致债权不能实现的情况下，原则上债权人并不能直接依据侵权责任向行为人提出请求。但如果行为人明知债权的存在，故意以违背公序良俗的方式妨害债权的实现，则通常认为债权人可以追究行为人的侵权责任。从这个意义上讲，债权也打破了相对性的限制。

4. 法律对特定债权效力的特别规定

基于特定考量，法律为保护特定债权人的利益，赋予了某些债权对抗第三人的效力。例如，《民法典》规定了“买卖不破租赁”“抵押不破租赁”的规则，实际上赋予了作为债权的租赁权对抗第三人的效力。再如，《民法典》规定了承包人对工程款的优先受偿权，通常认为，这实际上赋予了承包人就其工程款债权对抗抵押权和一般债权的效力。当然，这种债权物权化的情形只是例外，必须以法律的特别规定为前提。

值得注意的是，债的相对性以债的关系存在为前提。我国法律中合同并不以债权合同为限。基于法律的特别规定，设立土地承包经营权的合同、地役权合同、动产抵押合同等，其不仅发生债的效力，还同时发生物权变动的效力。虽然这些物权变动的效力通常未经登记不得对抗善意第三人，但其仍然能够对抗恶意第三人以及普通债权人。换言之，这些合同实际上能够对合同外第三人发生效力，但此种效力并非对债的相对性的突破，而是其物权效力的体现。也正是基于这一考虑，本书只认可债的相对性，而不使用合同相对性的提法。

有观点认为，产品责任也是对债的相对性的突破。在缺陷产品导致人身或者他人财产损失的情况下，与经营者并无合同关系的消费者也可以基于产品责任向产品生产者、销售者提出请求。但产品责任在性质上是侵权责任，因此其并未突破债的相对性。

## 第四节　合同法的概念、渊源和特点

### 一、合同法的概念

《民法典》第 463 条规定："本编调整因合同产生的民事关系。"第 464 条规定："合同是民事主体之间设立、变更、终止民事法律关系的协议。婚姻、收养、监护等有关身份关系的协议，适用有关该身份关系的法律规定；没有规定的，可以根据其性质参照适用本编规定。"这就明确了《民法典》合同编或者说合同法的适用范围。相应地，合同法是调整因合同产生的民事关系的法律规范的总称，主要规范合同的订立、效力、履行、保全、变更与解除，以及违反合同的责任等交易的动态过程。

历史上，我国长期存在专门的合同立法。但随着《民法典》编纂的完成，《民法典》施行之日即《合同法》废止之时，基本的合同制度已作为合同编被纳入《民法典》当中，构成了《民法典》的重要组成部分。狭义的或者说形式意义上的合同法，即为《民法典》合同编，广义的或者说实质意义上的合同法还包括了《民法典》以及其他法律中调整合同关系的法律规范。

需要指出的是，虽然这里所言的合同是指平等主体之间订立的变动财产权利义务关系的协议，我国法律中的合同也并不仅限于债权合同，但从《民法典》合同编的相关规定来看，其所调整的实际上就是因合同产生的债的关系。虽然合同也可能依据法律的特别规定发生物权变动等效力，但因此而引发的法律关系应当由《民法典》物权编等制度调整。

以下关系不应当由合同法调整：

(1) 政府机关因行使公权力订立的协议。政府机关在从事行政管理活动中采用协议的形式明确的管理关系的内容，如与被管理者订立有关计划生育、综合治理等协议，这些协议并不是基于平等自愿的原则订立的，因此不是民事合同。然而政府机关作为平等的民事主体与公民、法人或非法人组织之间订立的有关民事权利义务的民事合同，如因购买文具、修缮房屋、新建大楼等订立的合同，仍然应受合同法调整。政府机关的各种采购行为尽管要受到政府采购法规范，但其也是一种民事行为，也应当适用合同法。[①] 申言之，当国家以国有资产为基础参与各种民事法律关系时，国家是以民事主体身份出现的；而当国家以主权者和管理者的身份与其他主体发生关系时，其身份显然已非民事主体。

（2）法人、非法人组织的内部管理关系（适用有关公司、企业以及劳动的法律，也不适用合同法）。[②] 例如，企业内部实行生产责任制，由企业及企业的车间与工人之间订立合同，这些都只是企业内部的管理措施，当事人之间仍然是一种管理和被管理的关系，应属于劳动法等法律的调整范围。

（3）身份关系。身份关系并不属于交易关系，不受合同法调整，例如离婚协议由《民法典》婚姻家庭编调整，监护协议则由总则编调整。一方违反该协议中有关身份关系的约定，另一方亦不得基于《民法典》合同编的规定而请求另一方承担违约责任。

## 二、合同法的渊源

法律渊源是指法律规范的表现形式。《立法法》确立了我国多层次的立法体系。从《民法典》以及《立法法》的规定来看，我国合同法的渊源主要包括以下几种类型。

（一）法律与法律解释

法律是由全国人民代表大会及其常委会制定并由国家主席签署主席令予以公布的规范性文件。依据《立法法》第 11 条的规定，民事基本制度只能制定法律。合同是交易的法律形式，合同制度属于民事基本制度的范畴。故而法律是我国合同制度的主要表现形式。目前，《民法典》合同编作为专门调整合同关系的法律，是我国合同法的主要法律渊源；此外，合同作为民事法律行为的下位概念，当然要适用《民法典》总则编尤其是法律行为和代理部分的规定；物权编、人格权编也均涉及与合同相关的调整规则。此外，《民法典》之外的《专利法》《著作权法》《商标法》《保险法》《旅游法》等法律也对与合同相关的内容有所规定。

我国法律解释权属于全国人民代表大会常务委员会。对于法律的规定需要进一步明确具体含义的，或者法律制定后出现新的情况，需要明确适用法律依据的，由全国人民代表大会常务委员会进行解释。法律解释草案表决稿由常务委员会全体组成人员的过半数通过，由常务委员会发布公告予以公布。全国人民代表大会常务委员会的法律解释同法律具有同等效力，故而，法律解释也属于合同法的渊源。

（二）行政法规

行政法规是国务院根据宪法和法律制定并由国务院总理签署国务院令发布的规范性文件。行政法规的名称一般称“条例”，也可以称“规定”“办法”“实施细则”等。合同制度作为民事基本制度虽然应当由法律规定，但全国人民代表大会及其常务委员会有权授权国务院根据实际需要对其中的部分事项先制定行政法规，故而，《民法典》也明

① 胡康生主编. 合同法实用问答. 北京：中国商业出版社，1999：63.

② 顾昂然. 关于《中华人民共和国合同法（草案）》的说明：1999 年 3 月 9 日在第九届全国人民代表大会第二次会议上. 中华人民共和国全国人民代表大会常务委员会公报，1999（2）：152－156.

确承认行政法规为合同法的渊源。比如,《城镇国有土地使用权出让和转让暂行条例》《商业特许经营管理条例》等均对相关合同有所规定。

（三）司法解释

最高人民法院是我国的最高审判机关，依法享有监督地方各级人民法院和各专门人民法院的审判工作的职权。《宪法》没有授予最高人民法院立法权，但是全国人民代表大会常务委员会《关于加强法律解释工作的决议》以及《人民法院组织法》授权最高人民法院对人民法院在审判工作中具体应用法律的问题进行解释。《立法法》对相关解释权的行使进行了规范。司法解释的形式分为“解释”、“规定”、“规则”、“批复”和“决定”五种。对在审判工作中如何具体应用某一法律或者对某一类案件、某一类问题如何应用法律制定的司法解释，采用“解释”的形式；根据立法精神对审判工作中需要制定的规范、意见等司法解释，采用“规定”的形式；对规范人民法院审判执行活动等方面的司法解释，可以采用“规则”的形式；对高级人民法院、中国人民解放军军事法院就审判工作中具体应用法律问题的请示制定的司法解释，采用“批复”的形式；修改或者废止司法解释，采用“决定”的形式。

司法解释经最高人民法院审判委员会讨论通过后，以最高人民法院公告的形式在《最高人民法院公报》和《人民法院报》上公开发布。

最高人民法院制定并发布的司法解释，具有法律效力，人民法院应当作为裁判依据在司法文书中援引，故司法解释是我国合同法的渊源。

唯须注意的是，在我国法的体系中，最高人民法院的司法解释并非《立法法》所规定的法的形式，只是最高人民法院对审判中具体应用法律问题所作出的具有法律效力的阐释和说明。从理论上讲，司法解释并没有确立新的规则，但是对于被司法解释所解释的法律规范，应当按照司法解释的规定理解和适用。因此，司法解释并不被《立法法》所调整，所以，司法解释也未必适用《立法法》第104条对“法律不溯及既往”原则的规定。[①] 最高人民法院《关于司法解释工作的规定》第25条第3款规定，“司法解释自公告发布之日起施行，但司法解释另有规定的除外”，这就明确了司法解释可以有溯及力。各司法解释一般也对其自身溯及既往的效力作出相应的规定。一般而言，对于被解释的法律施行之后、司法解释施行之前发生的案件，哪怕已经完成了一审甚至已经进入二审，只要该案件尚未作出终审判决，在该案件中依法应当适用被其解释的法律的，就应当适用该司法解释来解释法律的含义。但对于司法解释施行之前已经作出终审判决的案件，法院进行再审的，则不能再适用该司法解释。

（四）国际条约和国际惯例

国际条约是两个或两个以上的国家就政治、经济、贸易、军事、法律、文化等方面的问题确定其相互权利义务关系的协议。国际条约的名称包括条约、公约、协定、和约、盟约、换文、宣言、声明、公报等。按照《国际法院规约》第38条，国际惯例是指作为通例（general practice）之证明而经接受为法律者。《民法通则》第142条规定：

① 该条规定：“法律、行政法规、地方性法规、自治条例和单行条例、规章不溯及既往，但为了更好地保护公民、法人和其他组织的权利和利益而作的特别规定除外。”

“涉外民事关系的法律适用，依照本章的规定确定。中华人民共和国缔结或者参加的国际条约同中华人民共和国的民事法律有不同规定的，适用国际条约的规定，但中华人民共和国声明保留的条款除外。中华人民共和国法律和中华人民共和国缔结或者参加的国际条约没有规定的，可以适用国际惯例。”但《民法典》中并未继续规定这一条款，《涉外民事法律关系适用法》也没有类似的规定。故而，对于我国签订或加入的国际条约以及国际惯例是否可以成为我国民法以及合同法的渊源，仍有进一步探讨的必要，在立法进一步明确前，在审判中不宜直接适用。

（五）交易习惯

所谓交易习惯，是指当事人在交易中知悉并且实践的习惯做法，通常包括：第一，地域习惯，即在交易行为当地通常采用并为交易对方订立合同时所知道或者应当知道的做法；第二，行业习惯，即在某一领域、某一行业通常采用并为交易对方订立合同时所知道或者应当知道的做法；第三，当事人之间的交易习惯，即当事人双方经常使用的习惯做法。

《民法典》第10条规定：“处理民事纠纷，应当依照法律；法律没有规定的，可以适用习惯，但是不得违背公序良俗。”这就承认了习惯的法律渊源地位，自然习惯也可以成为合同法的渊源。但并非所有的习惯都可以成为法律渊源，只有经国家认可的习惯，即习惯在不违背公序良俗且不违反法律强制性规定的情况下，才具有民法渊源的效力。严格地说，《民法典》第10条规定的“习惯”与《民法典》第510条等规定中的“交易习惯”存在区别。依据《民法典合同编通则解释》第2条，在不违反法律、行政法规的强制性规定且不违背公序良俗的前提下，《民法典》所称的“交易习惯”包括：(1) 当事人之间在交易活动中的惯常做法；(2) 在交易行为当地或者某一领域、某一行业通常采用并为交易对方订立合同时所知道或者应当知道的做法。能够作为法律渊源的是上述第二种情形，即地域习惯、行业习惯等，而非那些仅仅于当事人之间存在的交易习惯。在合同纠纷中，当事人主张适用交易习惯的，应当由提出主张的一方当事人就交易习惯的存在承担举证责任。

从《民法典》合同编的规定来看，交易习惯的适用是比较广泛的，主要包括以下几个方面：

第一，承诺方式可以根据交易习惯确定。原则上承诺应当以通知的方式作出，但根据交易习惯或者要约的要求，也可以通过行为作出承诺。此种情况下，承诺生效时间为根据交易习惯或者要约的要求作出承诺行为的时间。

第二，合同成立时间可以通过交易习惯确定。例如，客运合同自承运人向旅客交付客票时成立，但当事人另有约定或者另有交易习惯的除外。实践中，依据交易习惯，乘坐公交车、地铁、出租车等，都不适用交付客票时成立合同的一般规则。

第三，交易习惯是合同漏洞补充的重要手段。合同生效后，当事人就质量、价款或者报酬、履行地点等内容没有约定或者约定不明确的，可以协议补充；不能达成补充协议的，按照合同有关条款或者交易习惯确定。

第四，从给付义务可以通过交易习惯确定。例如，买卖合同中，出卖人应当按照约定或者交易习惯向买受人交付提取标的物单证以外的有关单证和资料。保管合同中，寄存人向保管人交付保管物的，保管人应当给付保管凭证，但另有交易习惯的除外。

第五，附随义务可以根据交易习惯确定。在合同履行中，当事人应当遵循诚信原则，根据合同的性质、目的和交易习惯履行通知、协助、保密等附随义务。

第六，交易习惯解释是合同解释的重要方式。当事人对合同条款的理解有争议的，应当按照合同所使用的词句、合同的有关条款、合同的目的、交易习惯以及诚信原则，确定该条款的真实意思。

第七，交易习惯是后合同义务的重要来源。合同的权利义务终止后，当事人应当遵循诚信原则，根据交易习惯履行通知、协助、保密等后合同义务。

## 三、关于合同法的其他渊源的探讨

### （一）地方性法规和行政规章在合同法中的意义

地方性法规是指省、自治区、直辖市、设区的市以及自治州的人民代表大会及其常务委员会根据本行政区域的具体情况和实际需要，在不同宪法、法律、行政法规相抵触的前提下制定的规范性文件。

行政规章包括地方政府规章和部门规章。国务院各部、委员会、中国人民银行、审计署等组成部门和具有行政管理职能的直属机构，可以根据法律和国务院的行政法规、决定、命令，在本部门的权限范围内，制定规章。部门规章规定的事项应当属于执行法律或者国务院的行政法规、决定、命令的事项。没有法律或者国务院的行政法规、决定、命令的依据，部门规章不得设定减损公民、法人和非法人组织权利或者增加其义务的规范，不得增加本部门的权力或者减少本部门的法定职责。省、自治区、直辖市和设区的市、自治州的人民政府，可以根据法律、行政法规和本省、自治区、直辖市的地方性法规制定地方政府规章。

地方性法规和行政规章虽然都是国家机关依据宪法和法律的授权而制定的规范性文件，属于我国法的重要渊源，但其是否属于合同法的渊源，值得讨论。一方面，从立法权限上讲，合同制度属于民事基本制度的范畴，只能由法律规定。行政法规也可以在授权范围内对相关事项进行规定。而地方性法规、行政规章则无此权限。另一方面，合同是交易的法律形式，合同法是交易的基本规则。我国奉行社会主义市场经济体制，市场经济要求规则的统一，这就客观上要求在全国乃至世界范围内统一交易规则。从这一角度上讲，也不能允许地方人大或者政府制定合同法规范。因此，我们认为，地方性法规和行政规章并不属于合同法的渊源。

需要指出的是，虽然地方性法规和行政规章并不属于合同法的渊源，人民法院也不能直接以它为依据作出裁判，但是这并不意味着地方性法规和行政规章在合同法中就没有意义。一方面，部委规章在本部门主管领域内被广泛适用，故而其可能构成行业习惯，地方性法规和地方政府规章在本行政区域内被广泛适用，故而其可能构成地域习惯。在合同漏洞填补或者合同解释中有其适用的空间。另一方面，部委规章往往基于社会公共利益而制定，其相关规范可以作为判断社会公共利益的依据。换言之，在违反部委规章的情况下，法院虽然不能直接依据部委规章宣告合同无效，但其可以在裁判文书的说理部分援用部委规章的规定来论证违反该规定将损害社会公共利益，并以合同违背公序良俗为由宣告合同无效。

（二）关于指导性案例

我国是成文法国家而非判例法国家，原则上并不承认判例为法律渊源。但为总结审判经验，统一法律适用，最高人民法院加强了案例指导工作，先后发布了最高人民法院《关于案例指导工作的规定》及其实施细则。

指导性案例，是指裁判已经发生法律效力，因为社会广泛关注、法律规定比较原则、具有典型性、疑难复杂或者是新类型等，而具有指导作用的案例。其应当认定事实清楚，适用法律正确，裁判说理充分，法律效果和社会效果良好，对审理类似案件具有普遍指导意义。对全国法院审判、执行工作具有指导作用的指导性案例，经由最高人民法院审判委员会讨论通过确定并由最高人民法院统一发布。

指导性案例对各级法院具有一定的拘束力。各级人民法院正在审理的案件，在基本案情和法律适用方面，与最高人民法院发布的指导性案例相类似的，应当参照相关指导性案例的裁判要点作出裁判。在办理案件过程中，法官应当查询相关指导性案例。在裁判文书中引述相关指导性案例的，应在裁判理由部分引述指导性案例的编号和裁判要点。合同案件当事人及其诉讼代理人引述指导性案例作为诉辩理由的，法官应当在裁判理由中回应是否参照了该指导性案例并说明理由。

但指导性案例并非直接的法律渊源，各级人民法院审理类似案件参照指导性案例的，应当将指导性案例作为裁判理由引述，但不得作为裁判依据引用。

## 四、合同法的特点

（一）合同法是创造财富的法

社会主义市场经济体制是我国的基本经济制度。我国之所以将建立社会主义市场经济体制作为经济体制改革的目标，就是要通过市场在资源配置中发挥决定性作用，实现资源的合理配置。市场由无数的交易构成，市场经济条件下，只有通过交易，才能实现财产价值的最大化。合同是交易的法律形式。故而，在合同法的设计上，应当尽量尊重当事人的契约自由、鼓励交易，从而促进财产的流转，充分实现市场在资源配置中的决定性作用。

（二）合同法具有任意性

合同法规范的对象是交易关系，交易必然要遵循市场规律的要求，在平等协商的基础上，按照各自的利益寻求公平的权利义务安排。这就需要遵守平等协商和契约自由的原则。这也决定了合同法主要通过任意性规范而不是强制性规范来调整交易关系。法律确定合同规则并不是代替当事人订立合同，只是指引当事人订立合同、帮助当事人完备合同。故而，合同法只是在当事人没有约定或者约定不明的情况下，帮助当事人对其权利义务作出安排，如果当事人通过合同已经作出了很好的安排，合同法就要尊重当事人的约定。除非涉及公序良俗，合同法中涉及当事人权利义务的绝大多数规范都允许当事人通过协商加以改变。

（三）合同法具有趋同性

市场经济是开放的经济，客观上要求在全国范围乃至全球范围形成公平竞争、统一开放的大市场，从而各类市场主体能够在统一的市场中平等地从事各种交易活动，在更广阔的范围内通过平等竞争实现各类商品要素资源的市场化配置。统一开放的大市场首先就要求市场规则的统一，只有在统一规则下才能真正打破地方保护和市场分割，降低因规则不统一而造成的交易成本，实现公平竞争。这就要求合同法具有国际性的特点，甚至要求合同法在世界范围内逐渐统一。从各国民法来看，各国的物权制度尤其是所有权、用益物权，体现了鲜明的本土色彩；但在合同制度上，则明显在趋同。传统上两大法系在合同规则上存在诸多差异，但是为了适应市场经济全球化的发展，其具体规则相互融合、相互接近，甚至走向统一。《民法典》合同编也充分借鉴了有关国际条约和国际惯例的做法。

（四）合同法既是裁判规则，也是行为规则

合同法为交易当事人从事各种交易行为提供了具体清晰的行为规则，使其充分了解各自的行为自由及其界限，明确了各自依据合同享有的权利义务，明晰了各方违反合同的法律后果，使交易当事人对其行为能够产生合理的预期。合同法也为裁判者正确处理合同纠纷提供了清晰的裁判规范。这有利于市场秩序的建立，从制度上保障了市场经济的良性运转，真正发挥法治“固根本、稳预期、利长远”的作用。

## 第五节　合同法的基本原则

法律原则是指包括立法、司法、执法和守法在内的整个法治活动的总的指导思想和根本法律准则。《民法典》总则编中对民法的基本原则进行了全面规定，这些原则自然也应当适用于合同法，体现于合同编的各项规则中。但合同法作为交易的法律形式，其自身的特殊性也对民法基本原则在合同规则中的体现以及具体内涵有所要求，故有必要在此对合同法中的基本原则及其内涵予以讨论。

通常认为，合同法的基本原则主要包括合同自由原则、诚信原则、合法原则、公序良俗原则和鼓励交易原则。这些基本原则虽然没有确定具体的合同权利和义务，但为交易行为提供了抽象的行为准则，尤其是为合同立法和司法确定了所应遵循的宗旨和标准。

### 一、合同自由原则

《民法典》第5条规定，民事主体从事民事活动，应当遵循自愿原则，按照自己的意思设立、变更、终止民事法律关系。就合同关系而言，当事人自然有权按照自己的意思自由设立、变更、终止合同权利和义务，这就确立了我国合同法中的合同自由原则。合同自由原则包括两个方面的内涵：

（一）当事人的合意具有法律拘束力

债的关系具有相对性，只要不违背公序良俗，当事人当然可以通过平等协商，基于其自由意思自主决定其相互间的财产权利义务关系。因此，依法成立的合同，对当事人具有法律约束力。这种约束力不仅体现为契约必守，而且还表现在当事人的合意具有优先于法律的任意性规范而适用的效力，即约定优先的原则。这也决定了合同法具有任意性，《民法典》合同编中的规则大多可以通过当事人的自由约定而加以改变。

（二）当事人享有广泛的合同自由

合同自由的内容主要包括以下几点。

1. 缔结合同的自由

当事人有权决定是否与他人缔约。这一自由是其他各项合同自由的前提。如果当事人不享有缔结合同的自由，也就谈不上其他合同上的自由。《合同法》第 4 条曾明确宣示当事人依法享有自愿订立合同的权利，并明确要求任何单位和个人不得非法干预。这充分体现了缔约自由的重要性。该规定虽然因《民法典》总则编已对自愿原则进行了规定而未继续保留，但缔约自由显然是合同自由乃至自愿原则的首要内容。

2. 选择合同相对人的自由

当事人有权自由决定与何人订立合同。选择相对人的自由是实现自由竞争的前提，如果不能自由选择合同相对人，也就无法实现自由竞争，无法真正通过市场实现资源配置。如果某一市场为个别人所垄断，则选择相对人的自由就无法得到保证。

3. 决定合同成立与生效方式的自由

当事人可以自由约定合同成立所需要的方式，如要物合同中的交付标的物或完成其他现实给予、通过签订合同书方式订立合同等。当事人也可以自由约定合同的生效条件或者期限。

4. 决定合同内容的自由

当事人有权自由决定合同中的各项权利义务。换言之，当事人可以自由订立合同条款，只要其内容不违背法律、行政法规的强制性规定，不损害社会公共利益，法律就承认其有效。

5. 变更和解除合同的自由

当事人有权通过协商，在合同生效以后变更合同的内容或解除合同。当事人既然可以自由缔结合同，当然也可以通过协商自由解除合同；当事人既然可以自由决定合同的内容，那么同样可以通过协商而变更合同的内容，因而变更和解除合同的自由也是合同自由的组成部分。

6. 选择合同形式的自由

除法律另有规定外，当事人有权自由选择采取书面形式、口头形式或者其他形式订立合同。

7. 选择违约补救方式的自由

当事人可以在合同中就合同解除条件或者解除权作出约定，也可以就违约后的违约损害赔偿计算方式、违约金、违约定金等违约责任作出约定，还可以约定免责条款以限制或者免除相应的责任。

8. 选择纠纷解决方式的自由

当事人有选择仲裁或诉讼解决契约争议的自由。在合同的内容中，一般要包括解决争议的方法的条款，当事人可以就是否提请仲裁、排斥司法管辖作出约定。在选择诉讼方式的情况下，当事人可以就法院管辖作出约定。在涉外合同关系中，当事人还可以就准据法进行约定。

合同自由不是绝对的自由。即便是合同法中，也存在不少强制性规范，对于此类规范，当事人并不能通过约定加以排除。之所以如此，就在于对于不涉及公序良俗的权利义务安排，当然可以由当事人自行约定。法律即便规定相关的任意性规范，也只是为了补充当事人的意思，指引和辅助当事人订立合同。但是，对于涉及公序良俗的内容，就不能任由当事人通过约定来任意处置。法律限制合同自由的目的主要在于保护弱者、维护合同实质的公平。

## 二、诚信原则

诚信原则是指当事人在从事民事活动时，应诚实守信，以善意的方式履行其义务，不得滥用权利及规避法律或合同规定的义务。在大陆法国家，它通常被称为债法中的最高指导原则或“帝王规则”。《民法典》将诚信原则确立为民法的基本原则，第 7 条明确规定，“民事主体从事民事活动，应当遵循诚信原则，秉持诚实，恪守承诺”，其目的就在于弘扬社会主义核心价值观，倡导社会诚信和商业道德，保障合同得到严守，维护市场秩序乃至社会经济秩序。

诚信原则作为直接规范交易关系的法律原则，与债权债务关系尤其是合同关系的联系最为密切。法律确认交易当事人在交易活动的每一个环节，都应该遵循诚信原则，才能使商业交易当事人既能遵循商业道德，又能严格守约和正确履约，从而形成交易关系的正常秩序。《民法典》合同编要求合同当事人在合同的订立、履行、变更、解除等的各个阶段，甚至在合同关系终止以后，都应当严格依据诚信原则行使权利和履行义务，具体表现在以下几个方面：

（一）在合同订立阶段

尽管此时合同尚未生效，当事人之间尚未发生债的关系，但当事人彼此已进入缔约阶段，应依据诚信原则，负有忠实、照顾、协助、保密等先合同义务。当事人应当诚实守信，不得欺诈他人，也不得基于恶意与他人谈判（如假借订立合同而恶意磋商），不得滥用经济上的优势地位和其他手段牟取不正当利益。当事人一方不履行先合同义务造成相对人信赖利益损失的，应当承担缔约过失责任。

（二）在合同生效后至履行前

在该阶段，当事人之间已经发生了债的关系，各方都应当依据诚信原则，严守诺言，认真做好各种履约准备。如果一方在履约前经营不善造成严重亏损，或者存在其他法定情况，另一方可以依据法律关于不安抗辩权的规定，暂时中止合同的履行，并要求对方提供履约担保。但是，其应严格遵循诚信原则及法律规定的条件，不能因为对方支付能力出现暂时的或并不严重的困难，便借故中止合同的履行甚至解除合同，否则其应承担违约损害赔偿责任。

（三）在合同履行阶段

当事人在合同履行中更是应当严格遵循诚信原则。一方面，当事人除应履行法律和合同规定的义务以外，还应履行依诚信原则所产生的各种从义务和附随义务，如相互协作和照顾的义务、瑕疵的告知义务、使用方法的告知义务、重要情事的告知义务、忠实的义务等。另一方面，在法律和合同规定的义务范围内，当事人也应依据诚信原则履行义务。例如，如果标的物为种类物，尽管该批货物质量差异并未超出合同规定的范围，按照诚信原则，债务人不得故意选择其中品质较次者而为履行。再如，在约定的履行时间、地点等范围内，也应当依据诚信原则的要求确定具体的履行时间、地点，原则上不得在厕所交付食品，不能在半夜三更进行交付。此外，对合同条款有争议时，也应当按照所使用的词句，结合相关条款、行为的性质和目的、习惯以及诚信原则确定其含义。

（四）在合同解除环节

解除合同也应遵循诚信原则。如在长期的继续性合同中，任何一方依据合同规定的条件而解除合同的，应当提前通知对方，使对方有充足的时间做好准备。即便发生了合同约定的行使解除权的事由，如果该违约并没有给非违约方造成重大损害，依诚信原则，非违约方也不能享有解除权。

（五）在合同权利义务终止之后

尽管合同已经终止，当事人不再承担合同义务，但亦应根据诚信原则的要求承担某些必要的义务，如保密、忠实等。这种义务属于依诚信原则所产生的后合同义务。

## 三、公序良俗原则

《民法典》第 8 条规定：“民事主体从事民事活动，不得违反法律，不得违背公序良俗。”合同订立虽然自由，但当事人所订立的合同也应当至少不违反公序良俗，当事人的个别利益不得与社会公共秩序和善良风俗相冲突，否则就不能发生相应的法律效力。公序良俗原则在合同法中具体体现为以下几个方面。

（一）当事人在订立和履行合同中不得违法

《民法典》主要是任意性规范，但为了维护公序良俗，《民法典》以及其他的法律或者行政法规也对合同当事人的自由进行了必要的干预。法律、行政法规的强制性规定中的效力性规范实际上是公序良俗的具体体现。在违反法律、行政法规的强制性规定中的效力性规范的情况下，合同无效。违反法律、行政法规的其他强制性规定，虽然不影响合同效力，但也要承担相关行政乃至刑事责任。

（二）法人、非法人组织应当按照国家订货任务和指令性任务订立合同

在计划经济时代，合同是履行国家指令性计划的工具。随着社会主义市场经济体制的建立，合同被确认为是基于平等自愿而进行的市场交易的法律形式，但在特殊情况下，出于社会公共利益的考虑，国家也可能会给有关企业下达指令性任务和国家订货任务。因此，《合同法》第 38 条规定：“国家根据需要下达指令性任务或者国家订货任务的，有关法人、其他组织之间应当依照有关法律、行政法规规定的权利和义务订立合同。”这一条款在撤侨、疫情防控等实践中得到了较为充分的适用。总结相关经验，《民法典》第 494 条第 1 款在《合同法》前述规定的基础上，明确规定：“国家根据抢险救灾、疫情防控或者其他需要下达国家订货任务、指令性任务的，有关民事主体之间应当

依照有关法律、行政法规规定的权利和义务订立合同。”这就进一步明确了国家订货任务、指令性任务的正当性基础，即“抢险救灾、疫情防控或者其他需要”。这里所言的“其他需要”，应当理解为基于社会公共利益的其他急迫需要。在此情况下，当事人负有强制缔约义务，应当依照有关法律、行政法规规定的权利和义务订立合同。这就在很大程度上限制了当事人的合同自由。但需要指出的是，相关法律、行政法规在设定权利义务时以及国家在下达具体国家订货任务、指令性任务时，对合同自由的限制也应当充分遵循比例原则的要求。

（三）当事人在订立和履行合同中不得违背公序良俗

公序良俗原则还要求当事人订立的合同不仅不应违反法律、行政法规的强制性规定，还不应违背公序良俗。法律、行政法规的强制性规定中的效力性规范只是公序良俗在特定领域的具体体现，难免挂一漏万。即便某个方面没有具体规范，当事人在订立和履行合同过程中也不能违背公序良俗。

## 四、鼓励交易原则

合同法的目标在于鼓励交易。高水平社会主义市场经济体制要求市场在资源配置中发挥决定性作用，政府更好地发挥作用，充分实现资源的合理配置。市场由无数的交易构成。交易是市场主体基于平等协商和真实意思而完成的财产交换。通过完成交易才能真正完成价值发现，实现基于市场规则的公平竞争，从而实现资源合理配置。因此，交易越多就意味着市场越活跃、资源配置越合理、社会财富的价值实现越充分。合同是交易的法律形式。故而，合同规则的设计应当以鼓励交易为目标，尽量促成合同的成立和生效，避免公权力不当阻断交易、干预市场，同时又要更好地督促当事人全面履行合同、保障交易的顺利完成，由此才能充分满足高水平社会主义市场经济体制的法治需求。

鼓励交易有其特定内涵。首先，鼓励的是真实的交易。虚构的交易并非真正存在的，自然不能真正发挥交易的功能。其次，鼓励的是平等、自愿的交易，即基于当事人真实意思而产生的交易。基于欺诈、胁迫或其他意思表示有瑕疵的行为而产生的交易，通常并不符合意思表示不真实一方的意志和利益。这种不公平的交易也无法实现基于市场规则的公平竞争、无法真正完成价值发现，故应当通过可撤销等法律规则予以限制和调整。再次，鼓励的是合法的交易。违反法律和行政法规的效力性规范的交易、违背公序良俗的交易，即便符合当事人的真实意思，但其直接损害社会公共利益或者公共道德，不能真正达成通过市场实现资源合理配置的目标，自然也不能为法律所容许。最后，鼓励交易不仅要促成交易，还要保障交易的完成。当事人订立合同的目的在于最终完成交易而非设立债权本身。只有交易顺利完成、合同得到圆满履行，才能真正完成交易，实现当事人的交易目的。

《民法典》合同编充分体现了鼓励交易的原则，努力促成合同的成立、有效及生效。(1) 进一步完善了合同订立制度，在具体规则设计上尽量推动合同成立。例如：规定了承诺对要约的非实质性变更；将要式合同限于法律、行政法规的规定和当事人的特别约定。(2) 严格区分合同的成立与生效，将行为能力、意思表示真实性以及违法性的判断纳入合同有效要件，避免了过多的合同成立要件导致合同不成立，从而无法进入效力评判的阶段。(3) 在合同效力评判上，严格区分了合同有效、可撤销、效力待定和无效，尽量限制合同的无效事由。这就使欠缺相应的行为能力、意思表示不真实的合同，不至于当然无效且效力瑕疵无法得到补正，避免了因合同效力的否定性评价无法达成交易乃至返还财产所造成的损失和浪费。《民法典》第 153 条在规定无效民事法律行为的情形时，有意调整了《合同法》第 52 条对合同无效事由规定的顺序，将违背公序良俗置于违反法律、行政法规的强制性规定之后，其目的就是要突出违背公序良俗对民事法律行为无效判断的基础性意义，以及违背公序良俗的情形为合同无效事由的兜底条款性质。相应地，《民法典》第 153 条在规定“违反法律、行政法规的强制性规定的民事法律行为无效”的同时，特别强调“该强制性规定不导致该民事法律行为无效的除外”，从而将这些强制性规定限于效力性规范。这就意味着评判合同无效的根本依据在于违背公序良俗，只有在违背公序良俗的情况下，才能对合同效力进行否定性评价。《民法典》还删除了无权处分效力待定的规定，避免了通常作为负担行为的合同由于一方欠缺处分权而在效力上受到影响。(4) 在合同生效要件上，强调法定生效要件必须以法律、行政法规的特别规定为前提；将登记排除出生效要件；进一步强化了未生效合同的拘束力，明确未生效不影响合同中履行报批等义务条款以及相关条款的效力。(5) 规定了合同的解释制度和填补漏洞制度。允许法院运用合同解释的方法，探求当事人的真实意思，或者依据漏洞补充规则填补合同条款，从而推进合同的履行。(6) 明确了契约必守的原则。全面借鉴传统民法中的债法规则，对选择之债、连带之债、按份之债、不可分之债等债的履行规则进行了全面的规定，用来填补当事人约定的不足。(7) 进一步强化了债的保全效力，避免债务人的责任财产的不当减少，为债权实现提供了充分保障。(8) 严格限制违约解除的条件。解除从实质上来说是在消灭一项交易，《民法典》将法定合同解除事由严格限制在拒绝履行和根本违约以及按照债的性质不适宜继续履行的情形内，避免了因随意解除合同而轻率消灭交易。(9) 以严格责任为归责原则，全面规定了各项违约责任形态，仅在有法定或者约定免责事由的情况下，违约方才能获得免责，从而敦促当事人切实履行合同。

第二章

# 合同的成立

## 第一节　合同成立的概念和要件

### 一、合同订立与合同成立

《民法典》合同编第二章对合同订立进行了规定。合同本质上是合意，为了达成合意，双方需要就合同条款进行磋商，这一过程就是合同的订立。订立的结果，无非两种：要么成立，要么不成立。合同成立就意味着各方当事人对合同的主要条款达成一致。因此，合同的成立所表现的是合同客观上已经存在的事实状态，它是合同订立的结果，而合同订立是指合同各方当事人之间缔约的动态过程。

### 二、合同成立的意义

合同成立旨在解决合同是否存在的问题，其意义在于：首先，合同的成立是认定合同效力的前提条件，如果合同根本没有成立，就没有必要讨论合同的效力问题。其次，合同的成立时间原则上就是合同的生效时间。根据《民法典》的规定，依法成立的合同，原则上自成立时生效。可见，有效的、可撤销的合同原则上一经成立便生效，合同成立的时间也就是合同生效的时间，因此合同成立的时间原则上就是合同生效的时间。最后，只有合同成立且生效，才有可能进一步讨论合同的履行、变更、解除、违约责任、解释等问题。因此，合同成立是处理合同纠纷的起点，只有确定合同已经成立，才能继续讨论合同的效力、履行、保全、变更、让与、终止以及违约责任等问题。

### 三、合同的成立要件

关于合同的成立要件，学理上有不同的认识，结合《民法典》的规定，我们认为合同的成立要件有如下几项：

（一）*存在双方或多方当事人*

合同当事人即合同主体，是指实际享有合同权利并承担合同义务的人。合同作为双方或者多方法律行为，必须具有双方或者多方当事人。只有一方当事人的话，根本不能成立合同。合同当事人不同于实际缔约人或者说实际订立合同的人。实践中，当事人可以自己亲自订立合同，也可以通过其代理人订立合同，尤其是对于法人或者非法人组织来说，其必须通过其法定代表人或者代理人来订立合同。但代理人本身并非合同当事人，其在代理权限内订立的合同所产生的权利义务由被代理人承担。

（二）当事人对合同主要条款在外在表示上达成一致

合同本质上是一种合意，合同成立也就意味着合同各方当事人就合同内容达成了一致。《经济合同法》第9条曾规定："当事人双方依法就经济合同的主要条款经过协商一致，经济合同就成立。"《合同法》以及《民法典》虽然未再作类似规定，但从其对承诺的定义、承诺生效时合同成立以及承诺生效的具体方式、合同成立时间等的规定来看，也可以得出同样的结论。

由于社会生活的变动和人的预见能力的局限性，合同当事人不可能就合同履行中所可能遇到的所有问题一一作出约定，因此，当事人只要对合同主要条款达成一致即可，其他内容则可以通过各种合同漏洞补充方法来填补。换言之，当事人对合同的主要条款达成一致，合同即能成立。当事人对非必要条款并未达成协议的，不影响合同的成立，应当通过合同漏洞补充规则来填补相关合同漏洞。

需要指出的是，《民法典》合同编将合同的订立和合同的效力分别规定在第二章和第三章，欠缺相应的行为能力以及当事人意思表示不真实作为民事法律行为效力瑕疵只影响合同的效力。因此，《民法典》并没有把欠缺相应的行为能力以及意思表示的瑕疵作为要约与承诺的构成要件。故而《民法典》中所言的合同成立、当事人对合同主要条款达成合意，严格地讲，是指当事人在外在表示上对合同主要条款达成一致。至于当事人是否有相应的行为能力、是否是当事人的真实意思表示、意思表示是否自由等，并不影响合同成立，这些内容应当在合同效力中讨论。

（三）合同的成立一般应经过要约与承诺阶段

《民法典》第471条规定："当事人订立合同，可以采取要约、承诺方式或者其他方式。"可见，要约和承诺是合同成立的基本规则，也是合同成立通常需要经过的两个阶段。如果合同没有经过承诺，而只是停留在要约阶段，则合同不能成立。例如，甲向某编辑部去函，询问该编辑部是否出版了有关司法考试的教材和参考资料，编辑部立即向甲邮寄了考试资料5本，共500元，甲认为该书不符合其需要，拒绝接受，双方为此发生争议。从本案来看，甲向乙去函询问情况并表示愿意购买律师考试资料和书籍，属于一种要约邀请行为，而乙向甲邮寄书本的行为属于现货要约行为。假如该书不符合甲的需要，甲拒绝收货实际上是未作出承诺，因此本案中合同并未成立，因为双方并未完成要约和承诺。

有学者认为，合同成立还应当以当事人有明确的订约目的为条件。我们认为，合同的成立应经过要约和承诺阶段，同时这也意味着当事人应具有明确的订立合同的目的。如果没有明确的订约目的，就不可能形成要约和承诺，故而无须将当事人具有订约目的作为合同成立的要件。

以上三项要件只是合同成立的一般要件。法律还可能就特定类型合同的成立要件进行特别规定，例如：对要物合同来说，应以实际交付物作为其成立要件；而对于要式合同来说，原则上应具备书面形式其才能成立。

# 第二节　合同条款

## 一、合同内容与合同条款

根据《民法典》第 470 条的规定，合同的内容由当事人约定，由各项合同条款构成。故而，合同条款与合同内容是部分与整体的关系，合同条款是合同内容的相对独立结构，是当事人根据一定的标准，将其构成合同内容的合意分解化、条理化、体系化，由此形成的对合同具体内容的约定。

合同条款在实践中通常是以合同书中载明的各个条项的形式表现出来的，但又不限于合同书。根据我国《消费者权益保护法》第 26 条第 2、3 款的规定："经营者不得以格式条款、通知、声明、店堂告示等方式，作出排除或者限制消费者权利、减轻或者免除经营者责任、加重消费者责任等对消费者不公平、不合理的规定，不得利用格式条款并借助技术手段强制交易。格式条款、通知、声明、店堂告示等含有前款所列内容的，其内容无效。"这就是说，合同条款也可以以通知、声明、店堂告示等方式作出，当然这些方式都属于书面形式。《商品房买卖合同解释》第 3 条规定："商品房的销售广告和宣传资料为要约邀请，但是出卖人就商品房开发规划范围内的房屋及相关设施所作的说明和允诺具体确定，并对商品房买卖合同的订立以及房屋价格的确定有重大影响的，构成要约。该说明和允诺即使未载入商品房买卖合同，亦应当视为合同内容，当事人违反的，应当承担违约责任。"实践中，出卖人（开发商）往往通过设置附有比例尺的展板、沙盘、模型来对之加以精确、直观地展现，这些内容对商品房买卖合同的订立以及房屋价格的确定有重大影响的，也应认为是合同条款。合同条款不仅可以由当事人以书面或者口头的方式明示作出，还可以由当事人依法以默示的方式达成。

合同条款应当具体、明确，从而能够表现出合同关系中的各项权利义务。而且，原则上这些条款应当相互之间不存在冲突和矛盾，在当事人对它们存在争议时，应当依《民法典》第 142 条、第 466 条、第 498 条等的规定进行解释。

## 二、合同一般应当具备的条款

《民法典》第 470 条在性质上是一项倡导性规范，其列举了合同一般应当具备的条款，具体包括以下内容。

### （一）当事人的名称或者姓名和住所

当事人是合同关系的主体，合同权利义务最终要落实到具体的当事人身上。没有当事人，合同效力就无从指向，合同关系也难以成立。因此，合同条款应当明确当事人的姓名或名称，尤其是其身份证件号码或者统一社会信用代码，将之特定化。

根据《民法典》第 529 条，债权人变更住所没有通知债务人，致使履行债务发生困难的，债务人可以中止履行或者将标的物提存，此外，当事人的住所对于确定合同的成立地、履行地、诉讼管辖地、涉外合同关系的准据法等也有重要法律意义，因此在合同中也应对当事人的住所加以约定。

（二）标的

标的是合同权利义务指向的对象，也就是当事人通过订立合同所要完成的给付。不同性质的合同中的标的有所不同，在移转财产的合同如买卖合同中，其标的为交付标的物并转移所有权或者使用权；在提供劳务的合同如承揽合同中，其标的为提交工作成果。订立合同必须有一定的标的，否则，合同将漫无边际，无由成立。因此，标的是一切合同的主要条款，缺少该条款，合同将不能成立。在合同中应当明确对合同标的进行约定，以确定合同的标的。

标的不同于标的物，标的物仅存在于以物的交付为标的的债的关系中。这里所言的物，是指物权法意义上的有体物。在移转财产或者提交工作成果的合同中，其既有标的（交付标的物并转移其使用权或所有权、提供劳务）又有标的物，但对于单纯的提供劳务的合同，其只有标的而没有标的物。

（三）数量

数量通常是指作为种类物的标的物的数量，也可以适用于标的为劳务的合同。数量是使合同标的特定化的具体标准。通常情况下，在未规定数量的情况下，合同义务事实上是不确定的。有偿合同中，数量条款是影响合同对价的重要因素，也是判断合同是否显失公平的重要依据。

确定合同的数量条款，首先应当约定明确的计量单位和计量方法，根据标的的性质可以规定合理的磅差和尾差。在当事人没有特别约定的情况下，计量单位原则上应当是国家或国际标准计量单位。

（四）质量

质量通常是对合同标的物的要求，但也可以适用于标的为劳务的合同。在标的物为种类物或标的为提供一般性的服务的情况下，约定质量条款才可以将合同标的进一步具体化和特定化。在有偿合同中，标的物/标的质量的优劣也是决定合同对价高低的重要因素。质量条款对于明确双方的权利义务关系，实现当事人的缔约目的也具有重要意义。例如，买受人购买面粉制作高级糕点，如果面粉质量未达到相关标准，则合同目的可能无法实现。

（五）价款或者报酬

《民法典》针对不同的合同义务的对价规定了不同的名称。价款是移转财产的合同中受领标的物一方应当支付的金钱，而报酬则是提供劳务的合同中受领劳务一方应当支付的金钱。价款和报酬条款适用于有偿合同中，无偿合同没有这类条款。

（六）履行期限、地点和方式

履行期限是当事人履行其合同义务的时间。在有确定的履行期限的情况下，合同生效后履行期限届满前，债务人可以以履行期限尚未届满为由对债权人的履行请求进行抗辩。在双务合同中，除非法律另有规定或当事人另有约定，当事人双方应当同时履行。

履行地点是债务人履行其合同义务以及债权人接受履行的场所。履行地点的确定具有重要的法律意义，例如，补充合同价款或报酬时应当按照订立合同时履行地点的市场价格确定，在买卖合同中确定风险转移的时间、确定合同纠纷的诉讼管辖等。而且，在何地履行往往涉及履行费用的问题，这对当事人的权利义务关系也有一定的影响。

履行方式是指债务人履行其合同义务以及与此相对应的债权人接受履行的方法。履行方式一般由合同的性质和内容来决定，因此履行方式是多种多样的。例如：在买卖合同中，出卖人是一次性完成交付还是分批交付标的物？是现实交付还是观念交付？是债务人直接向债权人交付标的物还是通过邮寄、托运等方式？买受人的付款方式是现金还是支票、银行结算、电子支付？履行方式的不同对履行费用、债权人实现债权的时间等有一定影响，应当在合同中加以明确规定。

（七）违约责任

违约责任是债务人不履行合同义务的法律后果。依据合同自由原则，当事人可以就违反合同义务后应当承担的责任加以约定，从而有效控制违反合同义务时的风险。虽然《民法典》强调违约责任的补偿性，允许法院和仲裁机构对违约金的数额依据当事人的实际损失加以调整，但当事人对违约金和违约损害赔偿额计算方法的约定仍具有重要意义，通过这种约定，非违约方免去了证明自己实际损失的举证责任，节约了进行此项举证的费用。在违约责任条款中，当事人还可以就解除合同的事由进行约定，当解除合同的事由发生时，解除权人可以解除合同，从而避免或减少对方违约给自己造成的损失。

（八）解决争议的方法

合同当事人依法自由约定合同纠纷的解决方法是合同自由的题中应有之义。是通过诉讼还是仲裁来解决争议，在诉讼中选择何地法院作为管辖法院，在仲裁中确定哪个仲裁机构来仲裁，涉外合同纠纷还要选择以何种法律规则作为准据法等，都属于解决争议的方法条款的内容。如果当事人没有加以约定，则在争议发生后，应当通过诉讼解决，依照民事诉讼法的有关规定确定管辖法院。

实践中，市场监督管理部门会同相关政府主管部门就各类合同发布了示范文本。合同的示范文本对提示当事人更好地明确各自的权利义务有积极作用，故《民法典》第470条还规定，当事人可以参照各类合同的示范文本订立合同。这里所言的“可以参照”，既是提示当事人对示范文本予以参照，以节约缔约成本，更是在强调各类示范文本并无强制性，当事人可以参照，也可以不参照。政府主管部门或者一方当事人无权强制当事人按照示范文本订立合同。

## 三、合同的主要条款

合同条款依其对合同成立的意义，有主要条款和非主要条款之分。所谓主要条款，也称必要条款、必备条款，是指合同必须具备的条款，缺少这些条款，合同不能成立。此外的条款即非主要条款。由于社会生活变动不居和人的预见能力的局限性，合同当事人不可能就合同履行中所可能遇到的所有问题一一作出约定，因此，合同成立意义上的各方当事人意思表示的一致，只能是对合同的主要条款的一致，其他内容则可以通过各种合同补充方法来解决。

《经济合同法》第9条规定，当事人双方依法就经济合同的主要条款经过协商达成一致，经济合同就成立。虽《民法典》未再作这种规定，但从合同漏洞补充规则等相关制度来看，其也承认了主要条款和非主要条款之分，认为当事人对合同的主要条款达成一致意见，合同即能成立。尽管《民法典》规定了合同漏洞补充规则以及大量的任意性规定，对当事人未予约定的事项进行补充，但进行漏洞补充应当以合同已经成立为前提。换言之，只有在当事人就合同中的主要条款达成合意的情况下，才能对其他当事人未予提及的事项加以补充。而在当事人未就合同主要条款达成合意或者虽有约定但约定不明的情况下，合同不能成立，因此也没有法律规定的合同漏洞补充规则适用的余地。

合同的主要条款不同于合同一般应当具备的条款。《民法典》第 470 条规定，“合同的内容由当事人约定，一般包括下列条款”，这里所言的“一般包括”表明该条系倡导性规范，故而所述条款并不是每一个合同所必须包含的主要条款。

不同的合同类型中，合同成立所需要的主要条款是不同的。根据合同自由原则，当事人可以自由订立合同，除订立各种典型合同以外，还可以订立各种无名合同。因此，法律不可能一一列举所有类型合同并规定其主要条款，只能根据当事人的缔约目的以及合同的性质来具体判断合同成立所需要的主要条款。对于某一条款是否是合同的主要条款，应当依据下列规则进行判断：

根据合同成立的要求，即内容具体、确定的要求来确定。这里所言的内容具体，即合同约定的给付标的应当是某一类特定的给付类型；内容确定是指该给付的具体内容应当是明确、不可变动的，或者虽然暂未确定，但依据约定的方法能够确定。

《民法典合同编通则解释》第 3 条第 1 款和第 2 款分别规定：“当事人对合同是否成立存在争议，人民法院能够确定当事人姓名或者名称、标的和数量的，一般应当认定合同成立。但是，法律另有规定或者当事人另有约定的除外。”“根据前款规定能够认定合同已经成立的，对合同欠缺的内容，人民法院应当依据民法典第五百一十条、第五百一十一条等规定予以确定。”按照上述规定，在合同条款中，当事人姓名或名称、标的和数量通常构成各类合同都应当具备的主要条款。对于法律规定了相应漏洞补充规则的条款，即便当事人没有约定或者约定不明，也可以通过漏洞补充规则予以补充，并不影响合同成立，故其原则上不是主要条款。需要注意的是，在司法实践中，仍然必须结合交易性质、法律的特别规定、当事人的特别约定具体判断合同的主要条款。

第一，结合交易性质具体判断合同主要条款。以价款或报酬条款为例，虽然《民法典》第 511 条规定了相应的漏洞补充规则，理论上讲，在欠缺价格条款的情况下，可以据此补充合同漏洞。但问题在于，该规定的适用以相关交易存在市场价格为基础，其适用范围是有限的。如果双方当事人都是商事主体，提供的商品或者服务的市场价格通常也比较确定，在价款或报酬没有约定或者约定不明的情况下，进行漏洞补充并无不妥。此种情况下，应当将价款或报酬条款作为非主要条款处理。但如果某类商品或者服务定价的市场化水平较低本身，或者一方当事人是普通自然人，尤其是在双方是经营者与消费者的情况下，就很难想象在双方当事人没有对价格达成合意的情况下，能够成立合同。在此情况下径行进行漏洞补充，恐怕有悖当事人的真实意思。此种情况下，将价款或报酬条款作为主要条款，认定合同不成立，似更为允当。总之，对于当事人、标的和数量条款之外的其他条款，应当根据合同的性质具体判断其是否构成主要条款。

第二，结合法律的特别规定具体判断合同主要条款。法律可能明确规定某条款为某类合同一般应当具备的条款，此时应当依据合同的性质判断其是否为必须。对于依据合同性质并非必需的条款，除非法律明确规定欠缺该条款合同不能成立，否则不能以欠缺该条款为由而认为合同不成立。例如，《民法典》对地役权合同一般应当具备的条款进行了规定，其中供役地和需役地的位置、利用目的和方法，从地役权合同的性质出发，应当认定为主要条款，其他条款则不能认定为主要条款。

第三，根据当事人的意思具体判断合同主要条款。即便某一条款根据合同性质并非该合同应当必备的条款，但在当事人特别约定未就该条款达成合意前合同即不能成立，或者根据当事人的缔约目的可以推断就该条款达成合意前合同不能成立的情况下，该条款也应当被认定为合同的主要条款。

需要指出的是，我国合同法把当事人协议补充作为合同漏洞补充的方法之一，而且是最为优先适用的方法。但如果当事人对合同的个别主要条款欠缺合意，事后又通过补充协议对该主要条款达成了协议，在此种情况下，应当以补充协议达成的时间为准确定合同成立时间。在补充协议达成前，合同因欠缺主要条款而尚未成立。

### 四、明示条款和默示条款

《民法典》第470条规定，合同的内容由当事人约定。但此种约定并不都是通过当事人以口头或书面的形式达成明示的合意来完成的。依据我国法律，即便合同本身没有约定，但基于合同的性质和当事人的缔约目的、法律的补充性规定以及诚信原则，当事人也应承担一定的义务。对此种以默示方式纳入合同的权利义务不妨称为合同的默示条款。默示条款有下列几种渊源：

第一，法律的补充性规定。出于鼓励交易、降低当事人交易成本的考虑，现代各国一般都在法律中规定了各种合同的补充规则，在当事人未予约定的情况下，并不影响合同的成立与效力，可以通过各种补充规则来使合同条款完善。同时，现代法一改近代法对法典的自信，把人类社会生活中法律以外的其他一些行为规范也纳入法律的视野，承认习惯等行为规则的法律效力，将之作为合同的补充规则。《民法典》也在合同履行一章规定了合同漏洞补充规则。而且，现代合同法在尽力扩充有名合同类型的同时，对各有名合同条款也尽可能予以规定。这种规定一般称为法律所作的补充性规范，在当事人未另作特别约定的情况下，这些条款一般就直接补充进合同。因此，在当事人未予特别约定排除的情况下，应当认为当事人默示将法律的任意性规定等合同补充规则所确定的合同权利义务订入合同，这些权利义务也应构成合同的默示条款。

第二，合同的性质和当事人的缔约目的。例如，客运合同以将旅客如期安全运送到达目的地为目的，因此，客运合同中，承运人的主给付义务在于提供运送劳务。而保护义务即保证旅客在运送途中不因运送而遭受损害，是运送义务题中应有之义，否则，一个大活人上车，到达目的地时却因承运人的运送行为而成为一具尸体，就很难认为承运人履行了其主给付义务。当然，在各类有名合同中，基于合同的性质和当事人的缔约目的而产生的默示条款，法律一般都以补充性规定的形式作了规定。因此，实践中这类渊源主要适用于无名合同之中。

第三，诚信原则。在依前两类渊源仍然无法确定当事人之间的权利义务关系的情况下，也可以依据诚信原则对一些附随义务加以确定。

### 五、免责条款

免责条款是指当事人约定免除或者限制其未来责任的合同条款。根据合同自由原则，合同当事人可以自由约定合同内容，即当事人之间的权利义务关系，那么自然也可以就一方违反其合同义务之后的责任问题作出约定。当事人可以根据自己的履约能力等实际情况，在法定免责事由之外约定某些事由导致一方违约时免于承担违约责任，也可以根据具体的违约情形对一方违约时损害赔偿的计算方式、违约金等进行约定。在我国违约责任一般采严格责任的情况下，借助免责条款的约定，债务人可以对未来的风险有明确的把握，这对鼓励交易是十分必要的。此外，法律对违约责任的规定比较抽象、概括，通过当事人的事先约定，区分不同的违约情况，明确不同的责任，有利于当事人方便、快捷地解决违约纠纷，节省交易成本。

从《民法典》的规定来看，其对违约责任制度进行了全面的规定，但同时强调当事人对违约责任的约定应当优先适用。《民法典》第470条也规定合同一般应当具备违约责任条款。可见，我国法律鼓励当事人就免责条款加以约定，从而对法定的违约责任的免责事由、赔偿范围、损害赔偿的计算方式等预先加以明确。

免责条款作为合同内容，应当受到法律行为效力规范的拘束。《民法典》合同编也对免责条款的无效情形进行了明确规定。相关免责条款违反这些规定的，不能发生效力。

## 第三节　要　约

### 一、要约的概念与构成要件

（一）要约的概念

依据《民法典》第472条，所谓要约是指一方当事人以订立合同为目的，向对方当事人所作的意思表示。发出要约的人称为要约人；要约人对之发出要约的人称为受要约人或要约相对人。

意思表示就是表意人将其变动民事法律关系的意图以一定的方式表达于外部的行为。对于意思表示的构成要件，学理上有不同认识，我们认为，从《民法典》对要约的规定来看，意思表示应当包括内心意思和外在表示两阶段，这两阶段中都应当包括法效意思和目的意思两部分。其中法效意思是指行为人作出意思表示或者说进行法律行为时所追求的法律效果，即意欲变动何种民事权利义务关系；目的意思则是指行为人意欲变动的民事权利义务关系的具体内容。就要约而言，《民法典》第472条第1项是对其目的意思的要求，第2项则是对法效意思的要求。

需要指出的是，既然合同成立是指合同当事人于外在表示上对合同主要条款达成一致，在合同成立相关要件的讨论上，也应当限于外在表示这一内涵。申言之，《民法典》第472条中所言的意思表示，在理解上应当为外在表示；“内容具体确定”以及“表明经受要约人承诺，要约人即受该意思表示约束”均须在外在表示中体现出来。外在表示具备这二者，即可构成要约。

要约是意思表示，但并非法律行为。法律行为虽然以意思表示为要素，但要约仅是要约人单方的意思表示。依据私法自治原理，一方不能仅凭自己的意思为他人设立义务，故要约仅能对要约人自己发生拘束力，而不能当然约束对方；而合同作为双方法律行为或者共同行为，对各方当事人都发生法律拘束力。因此，要约作为一方当事人单方的意思表示，必须与受要约人的承诺相配合才能成立合同。

虽然要约本身并非法律行为，但仍可能引发一定的法律后果，即发生要约的拘束力。此外，在要约人进行假借订立合同恶意磋商、作出虚假的意思表示或者诱使对方作出错误的意思表示且要约内容违反法律和行政法规的强制性规定等行为，造成对方信赖利益损失的情况下，可能引发缔约过失责任。当然，这种责任与要约是意思表示还是法律行为，没有本质上的联系，法律之所以要求其承担缔约过失责任，是因为要约人的行为符合缔约过失责任的构成要件，而非要约人主观上有承担该责任的意图。

（二）要约的构成要件

从《民法典》第 472 条的规定来看，构成要约需要具备以下两个条件：

1. 应当表明经受要约人承诺，要约人即受该意思表示约束

要约是希望与他人订立合同的外在表示。要约人发出要约的目的在于和受要约人订立合同，从而发生合同关系。依法成立的合同，对当事人具有法律约束力，订立合同就意味着，合同一旦依法成立，无论是要约人还是受要约人都要受到合同的拘束。因此，要约中订约意图或者说法效意思就体现为《民法典》第 472 条第 2 项要求的“表明经受要约人承诺，要约人即受该意思表示约束”。这就是说，要约人要明确表达“一诺即成”的意思，只要受要约人承诺，双方就成立合同，双方就要受合同关系的拘束。至于合同关系的具体内容，主要是指当事人之间债权债务关系的发生、变更、消灭；在法律特别规定的情况下，还可能包括物权关系的设立、变更、转移、消灭等内容。

要约原则上应当向特定的人发出。要约应当由要约人向其希望与之缔结合同的受要约人发出。要约人希望与谁订立合同，才会向谁发出要约；要约只有向要约人希望与之缔结合同的受要约人发出，才能使受要约人取得承诺的资格，从而可能唤起受要约人的承诺。考虑到要约人履行能力的限制，通常情况下，要约人只能与特定的相对人之间发生合同关系，因此，要约人希望与之缔约的受要约人原则上应当是特定的。如果相对人不能特定，通常就意味着发出提议的人并未选择真正的相对人，该提议自然没有包含缔约意图；其不过是为了唤起他人发出要约，本身并不是要约。特定的受要约人可以是一个人，也可以是数个人，但其必须是要约人选定的特定的人。《民法典》第 473 条明确将拍卖公告、招标公告、招股说明书、债券募集办法、基金招募说明书、商业广告和宣传与寄送的价目表等界定为要约邀请，也正是因为这些提议都是向不特定人作出的，所以通常都不具备一经承诺即受该意思表示拘束的意思。当然，如果向不特定人发出的意思表示本身确实包含了缔约意图，作为例外，法律也承认其构成要约，故而《民法典》第 473 条第 2 款规定，“商业广告和宣传的内容符合要约条件的，构成要约”。

2. 要约的内容具体、确定

根据《民法典》第472条第1项，要约的内容必须具体、确定。这就要求要约中应当对要约人与受要约人之间将要发生的权利义务关系加以描述，而且这些内容应当是具体的、确定的。

所谓要约的内容，也就是要约人与受要约人之间将要订立的合同内容。要约作为希望和他人订立合同的意思表示，其应当具备目的意思，即要约人希望与他人发生的合同关系的内容，尤其是应当包括未来合同的主要条款。如果要约中不包含合同的主要条款，承诺人即难以作出承诺，即使作了承诺，因为这种合意不具备合同的主要条款，合同也不能成立。

所谓"具体"，是指要约的内容中应当明确未来合同设立的债的关系中的具体给付类型。基于合同自由，合同义务由当事人自由约定。但通常而言，可以将合同中的给付义务分为给付标的物转移所有权、交付标的物转移使用权、提供劳务、提交工作成果等类型。在要约中，应当将未来合同中的给付义务的具体类型明确下来。

所谓"确定"，是指该给付的具体内容应当是明确、不可变动的。如果在要约的内容中保留了一定的条件，允许要约人对合同内容任意进行变化，则受要约人根本无法作出承诺，此种意思表示在性质上不是真正的要约，而是要约邀请。或者内容虽然暂未确定，但依据约定的方法能够确定，例如：就一项小麦买卖合同发出要约，要约中直接确定其单价，这显然是确定的；但要约中也不妨设定一项确定价格的方法，例如以履行期前10个工作日郑州期货交易所该类商品平均价格来确定，此种情况下这一价格条款也是确定的。

要约作为意思表示，可以是明示的，也可以是默示的。要约通常以明示的方式来进行，即要约人以语言、文字明示要约一经承诺，其即受该意思表示拘束。要约也可以通过默示的方式来表达。表意人虽未以语言、文字明示经承诺即受约束之意思，但根据其表意行为，结合交易惯例，第三人能够合理相信其有此意思的，虽非明示，也可认为其有订约意图，但通常要约不以沉默方式作出。

需要指出的是，《民法典》中所言的合同成立是指当事人于外在表示上对合同主要条款达成一致。因此，严格地讲，法律对要约的要求是对要约人订立合同的外在表示的要求。只要要约人的外在表示符合法定条件，就应当认定构成要约。至于要约人是否有相应的行为能力、该外在表示是否是要约人的真实意思、其内容是否违法，在所不论。

## 二、要约邀请

### （一）要约与要约邀请的区别

要约邀请，又称要约引诱，根据《民法典》第473条第1款的规定，是指希望他人向自己发出要约的表示。

要约邀请与要约的区别在于：首先，要约邀请的目的只是唤起对方的要约，而非与他人之间发生合同关系。因此要约邀请并不具有一经受要约人承诺即成立合同的意思；他人向自己发出要约也并不导致法律关系的变动，因此，要约邀请并不具有变动法律关系的法效意思。其次，要约邀请的目的意思也不需要完备，换言之，该表示的内容不需要包含未来合同的主要条款，或者说这些条款可以不具体、确定。此外，从法律后果来看，既然要约邀请并不具有目的意思，那么其并不发生要约的拘束力，即便对方对要约邀请作出回应，也不能成立合同，而且，即便双方最终成立了合同，要约邀请的内容也未必包含在最终的合同之中。因此，要约邀请并不发生当事人所意欲发生的法律效果，其效果由法律直接规定，故而其并非意思表示，而只是一种事实行为。

当然，要约邀请仍可能引发一定的法律后果，要约邀请意味着当事人之间已经进入了缔约阶段，如果在该阶段要约邀请人有违反依据诚信原则而产生的先合同义务的行为，在造成对方信赖利益损失的情况下，可能引发缔约过失责任。

（二）要约与要约邀请的区分标准

区分要约和要约邀请的根本标准在于某一外在表示是否具备《民法典》第472条规定的要约构成要件。实践中，区分要约和要约邀请可以从如下几方面着手：

1. 根据法律规定作出区分

《民法典》第473条规定，拍卖公告、招标公告、招股说明书、债券募集办法、基金招募说明书、商业广告和宣传、寄送的价目表等为要约邀请。这些都是向不特定的人发出的订约提议。这是因为要约邀请大多是为了引起不特定的人对其邀请的注意并向其发出要约，因此要约邀请往往是向不特定的人发出的。对于前述法律列举的情形，通常情况下可以直接认定为要约邀请。

值得注意的是，《民法典》第473条第2款规定，“商业广告和宣传的内容符合要约条件的，构成要约”。所谓商业广告和宣传，其内涵并不仅限于《广告法》所言的广告，而是包括了各类向不特定人发出的提议。与《合同法》第15条相比，其在商业广告之外增加了“宣传”，并将相关后果从视为要约改为构成要约，这就扩大了要约的范围。换言之，原则上要约应当向特定的人发出，向不特定的人发出的订约提议原则上为要约邀请，但相对人是否特定并非判断要约的标准。无论是向特定的人发出的，还是向不特定的人发出的，其只要符合要约的条件都能够构成要约。

需要探讨的是，虽然招标、拍卖公告通常应当为要约邀请，但是，实践中有些拍卖公告、招标公告明确规定了投标和竞价方式以及确定中标人、竞买人的标准和方法。这些内容通常是十分具体、确定的，而且基本涵盖了未来竞买过程中的各种程序问题，甚至对如果违反相应的程序将承担的法律责任（如竞买人届时不出价将缴纳违约金或者没收保证金等）进行了明确的约定。而一经对方承诺（实践中通常是通过竞买人实际交纳保证金的方式来进行承诺），竞买公告中所规定的竞买程序就对出让方以及竞买人具有法律拘束力。显然，这样的竞买公告已经具有了要约的性质。故我们认为，在此情况下，竞买公告实际上是就公开竞价交易的程序事宜发出了一项要约。而竞买人按照竞买公告的要求交纳保证金或者书面同意，则构成了承诺。出让方和竞买人之间已经就未来竞买过程中的相关程序等内容达成了协议。这一协议，在性质上属于最终通过公开竞价订立的合同的预约。换言之，《民法典》第473条第1款后句只是表明了立法者对这些情形性质的通常认识，不宜据此认为各种竞买公告一律构成要约邀请。

此外，依据《商品房买卖合同解释》第3条，商品房的销售广告和宣传资料为要约邀请，但是出卖人就商品房开发规划范围内的房屋及相关设施所作的说明和允诺具体、确定，并对商品房买卖合同的订立以及房屋价格的确定有重大影响的，构成要约。该说明和允诺即使未载入商品房买卖合同，亦应当视为合同内容，当事人违反的，应当承担违约责任。《民法典》制定过程中，曾经一度考虑将这一规则扩张适用到各类合同当中，但是考虑到如此扩张与商业交易的常理不符，最终的法律文本中删除了这一规定。但我们认为，结合《民法典》第473条第2款的规定，该规则可以普遍适用于各类经营者与消费者之间订立的合同中。经营者在此前的广告或者宣传中所作出的说明和允诺具体、确定，并对合同的订立以及合同价格的确定有重大影响的，构成要约。即便最终的合同中并未订入相关条款，在经营者违反相关说明或者允诺的情况下，消费者也有权据此主张违约责任。

2. 根据行为人表达的意思作出区分

这就是说，根据行为人表示出来的意思来确定行为人对其作出的表示主观上认为是要约还是要约邀请。行为人在其提议中可以直接声明是要约还是要约邀请，如果没有明确的声明，则要对该提议进行具体分析。要约中应当含有一经承诺即受要约拘束的意思，而要约邀请只是希望对方向自己发出要约，因此，如果当事人在提议中强调“须以我方最后确认为准”或“仅供参考”，则表明当事人不愿接受该提议的拘束力，只能认定为要约邀请而非要约。

3. 根据订约提议的内容作出区分

既然要约邀请的目的不在于和他人订立合同，则其显然不需要具备一经承诺即受该意思表示拘束的法效意思，也不必具备目的意思。要约的内容中应当包含合同的主要条款，这样才能因承诺人的承诺而成立合同。如果某项提议没有包含合同的主要条款或者其内容不具体、不确定，则应当认定其为要约邀请。

## 三、要约的效力

### （一）要约的生效时间

就要约的生效时间，比较法上有不同的做法。英美法系采投邮主义，要约发出即生效；大陆法系则认为，要约作为有相对人的意思表示，到达方可生效。我国继受了大陆法系的做法。《民法典》第474条规定：“要约生效的时间适用本法第一百三十七条的规定。”依据《民法典》第137条的规定，“以对话方式作出的意思表示，相对人知道其内容时生效。以非对话方式作出的意思表示，到达相对人时生效。以非对话方式作出的采用数据电文形式的意思表示，相对人指定特定系统接收数据电文的，该数据电文进入该特定系统时生效；未指定特定系统的，相对人知道或者应当知道该数据电文进入其系统时生效。当事人对采用数据电文形式的意思表示的生效时间另有约定的，按照其约定”。既然要约实际上是要约人意思的外在表示，且有相对人，因此要约必须到达受要约人方可生效。对此需要注意如下几个问题。

第一，要约只有在到达受要约人后才能为受要约人所知悉，从而发生要约的效力。无论要约是以对话方式作出的，还是以非对话方式作出的，都一律适用要约到达受要约人时生效的规则。但就对话要约而言，需要要约人将要约的内容告知受要约人，使其了解其内容；相对人知道其内容时要约方能生效。这里所说的对话，可以是面对面的交谈，也可以是通过电话或者其他通信工具进行的实时、不间断的谈话。但使用即时通信软件进行的非直接通话的间断的交互式对话，不能认为属于对话的方式。

第二，对于非对话要约，则应将要约送达到能够为受要约人所能控制的场所（如受要约人的信箱等），方能认为到达。至于受要约人是否实际拆阅了这些信件或文件，在所不论。

第三，采用数据电文形式订立合同，受要约人指定特定接受数据电文系统的，该数据电文进入该特定系统时，要约生效；未指定特定系统的，受要约人知道或者应当知当该数据电文进入其系统时，要约生效。当事人也可以对采用数据电文形式的意思表示的生效时间另作约定。

（二）要约的拘束力

要约生效后，发生以下拘束力：

1. 要约对要约人的拘束力

要约对要约人的拘束力又称为要约的形式拘束力，在要约生效以后，要约人不得随意撤销要约或对要约内容加以限制、变更和扩张。要约一经承诺就成立合同，要约内容就是合同内容，故而要约生效后，其内容不得再行变动，否则受要约人就无法对订立合同的利弊加以分析，从而无法订立合同。

2. 要约对受要约人的拘束力

要约对受要约人的拘束力又称为要约的实质拘束力。基于私法自治，任何人不得为他人设定义务，故而所谓要约对受要约人的拘束力并不是真正意义上的拘束，其本质上为承诺适格，即要约生效以后，只有受要约人才享有对要约人作出承诺的资格，只有受要约人作出的承诺才能构成承诺。受要约人之外的人作出的所谓承诺，性质上为要约而非承诺。这是因为受要约人才是要约人意欲与其订立合同的对方当事人，允许受要约人以外的人作出承诺，显然妨害了要约人选择合同相对人的自由，有悖合同自由原则。

（三）要约的撤回

既然要约到达受要约人时才生效，因此在要约发出后但未到达受要约人前，要约并未生效，并未对要约人发生拘束力，此时要约人当然可以撤回要约或者修改要约的内容（撤回旧要约，发出新要约）。撤回要约的通知应当在要约到达受要约人之前或者与要约同时到达受要约人。要约被撤回实际上也就意味着要约人从未发出过该要约。

（四）要约的撤销

1. 要约撤销的概念与意义

要约的撤销是指要约到达受要约人之后、受要约人发出承诺通知之前，要约人以通知的方式将要约的效力归于消灭。《民法典》第 476 条规定："要约可以撤销。"但撤销要约的通知应当在受要约人发出承诺通知之前到达受要约人。

英美法系中，要约生效采投邮主义，这就将要约发出后的市场变化的风险完全交给要约人承担，为平衡当事人利益，故而规定了要约撤销的制度，允许要约人在受要约人发出承诺之前撤销要约。大陆法系中要约生效采到达主义，故而通常只规定要约的撤回，而不承认要约的撤销制度。我国《民法典》则兼收并蓄，在规定要约达到主义、要约撤回制度的同时，还规定了要约撤销的制度。这一做法使要约人能够规避要约发出后、受要约人发出承诺之前市场变化的风险，有利于鼓励要约人积极发出要约，从而鼓励交易。

要约撤销制度的存在，能够使要约人有效控制风险。在要约生效后、受要约人发出承诺通知之前，如果市场发生变化，按照要约的内容成立合同对要约人不利的话，要约人可以通过撤销要约来避免承受不利于自己的合同债务。

2. 要约撤销的限制

要约的撤销与撤回不同。撤回发生在要约到达受要约人之前或者要约到达受要约人的同时。此时要约尚未生效，受要约人根本不知道要约的存在，因此，法律没有对撤回的情形予以限制。而撤销则发生在要约已经到达受要约人但受要约人尚未作出承诺之前。虽然要约人原则上有权撤销要约，但是在法定情形下，为了保护受要约人的合理信赖，要约人无权撤销要约。

从《民法典》的规定来看，不可撤销的要约包括以下情形：第一，要约中确定了承诺期限的。确定了承诺期限就意味着要约人自愿承担承诺期限之内的市场风险，允许受要约人进行充分的考虑。因此，其实际上是明示了要约在承诺期限之内不可撤销。第二，要约中以规定承诺期限之外的其他形式表明要约是不可撤销的，例如要约中明确表示“本要约为不可撤销的要约”。第三，尽管要约中没有表明要约不可撤销，但受要约人有理由信赖要约不可撤销，并且已经为履行合同做了合理准备工作的。这里所言的受要约人信赖要约不可撤销的理由，主要是指相关交易中通常不会撤销要约，或者受要约人与要约人之间既往的交易中，要约人从未撤销过要约的情形。除受要约人对要约不可撤销的主观信赖之外，还要求受要约人进行了履行合同的合理准备工作。例如，收到要约后，受要约人已经开始筹集货源或者预订仓库，以便履行合同。合理的履约准备进一步表明了受要约人对要约不可撤销的合理信赖。

要约不可撤销，就意味着即便要约人进行了撤销，撤销通知到达受要约人，也并不影响要约的效力，要约并不因为撤销而失效。因此，受要约人仍然作出承诺的，合同成立。要约人如果拒不履行有效成立的合同，应当承担相应的违约责任。

3. 要约撤销的时间

依据《民法典》第477条的规定，撤销要约的意思表示以对话方式作出的，要约人应当在受要约人作出承诺之前将其撤销要约的意思告知受要约人，该内容为受要约人知道，方可发生撤销的效果。以非对话方式作出的，撤销要约的通知应当在受要约人作出承诺之前到达受要约人。结合《民法典》第480条对承诺方式的规定，这里所言的作出承诺之前，既包括了受要约人以通知的方式作出承诺的情况下，发出承诺通知之前；也包括了受要约人以行为的方式作出承诺的情况下，作出承诺行为之前。

### （五）要约的失效

所谓要约失效，是指要约的法律拘束力终止，不再对要约人和受要约人产生拘束力。要约失效以后，受要约人丧失了承诺资格，即使其向要约人进行了承诺，合同也不能成立。

根据《民法典》第478条，要约失效的原因主要包括以下几个方面。

1. 要约被拒绝

受要约人拒绝要约，表明其不愿与要约人之间发生合同关系，要约的存在已经没有意义，故而要约失效。如果拒绝要约的意思并不明确，则应当依据意思表示解释规则来判断是否构成拒绝。实践中，单纯的询问能否提供更优惠的合同条件，通常认为不构成对要约的拒绝。如果受要约人的回复没有作出承诺，但提出了新的合同条件，这实际上意味着受要约人以其意思将新的内容纳入了主要条款，从而构成新的要约或者说反要约，反要约到达要约人，则原要约失效。当然，此种情形并非要约被拒绝的情形。

唯须注意的是，拒绝要约的通知也是有相对人的意思表示，其生效也采到达主义。拒绝通知到达要约人，方导致要约失效。因此，在受要约人发出拒绝通知之后、拒绝通知到达要约人之前，要约尚未失效，受要约人尚处于承诺适格的状态。其完全可以在拒绝通知达到之前或者到达的同时撤回其拒绝通知而作出承诺，从而成立合同。

2. 要约被依法撤销

所谓依法撤销要约，一是强调对于依法可以撤销的要约，要约人方可撤销要约；二是撤销要约的意思表示应当在受要约人作出承诺之前为受要约人所知悉或者到达受要约人。如果受要约人已经作出了承诺，则撤销要约的通知无效，合同成立。

3. 承诺期限届满，受要约人未作出承诺

承诺期限也就是要约的存续期限。受要约人应当在承诺期限届满前作出承诺，否则要约失效。此后再作出承诺的，原则上应当作为新的要约。这里所言的“作出承诺”，既包括了以通知的方式作出承诺且承诺通知到达要约人；也包括受要约人根据交易习惯或者要约的要求通过行为作出承诺。

4. 受要约人对要约的内容作出实质性变更

受要约人对要约的内容作出实质性变更，就意味着受要约人不同意要约的内容，而重新发出了一个新的要约。此时，原要约自然没有必要继续存在。

## 第四节　承　诺

### 一、承诺的概念和构成

《民法典》第479条规定，承诺是受要约人同意要约的意思表示。从《民法典》的规定来看，构成承诺应当具备以下几个条件：

（一）承诺应当由受要约人作出

选择对方当事人的自由是合同自由原则的重要内容，受要约人即要约人选定的拟与之缔约的相对人。要约生效后，受要约人即享有承诺适格的地位，故而，承诺应当由受要约人作出。受要约人可以是特定的一个人或者几个人，特殊情况下也可以是不特定的人，但无论如何，只有受要约人才可作出承诺。受要约人以外的第三人向要约人作出的承诺，性质上为新的要约。

受要约人也应当向要约人或其代理人作出承诺。受要约人承诺适格的地位来自要约人的要约，既然承诺是对要约人发出的要约所作的答复，因此只有向要约人作出承诺，合同才能成立。如果向要约人以外的其他人作出承诺，则只能认为是对他人发出了要约。

（二）承诺应当表明受要约人与要约人订立合同的意思

承诺作为同意要约的意思表示，应当具备与要约相同的法效意思。正如要约人必须具有与受要约人订立合同的目的一样，承诺中也同样必须明确表示受要约人希望与要约人订立合同、愿意接受合同拘束的意思，这样才能因要约—承诺的完成而使合同成立。

承诺要表明愿意订立合同的意思，就要求受要约人的承诺必须清楚明确，不能含糊。例如，受要约人在答复中提出，“我们愿意考虑你所提出的条件”或“原则上赞成你们提出的条件”等，都不具有明确的订约意图，不能产生承诺的效力。

（三）承诺的内容应当与要约的内容一致

承诺作为同意要约的意思表示，应当具备与要约相同的目的意思，这样才能保证承诺的内容与要约的内容是一致的，这样当事人才能对未来合同的条款形成合意，从而成立合同。因此，《民法典》第488条第一句规定：“承诺的内容应当与要约的内容一致。”

要约中要表明其目的意思，即将来订立的合同内容，而且其内容要具体确定。承诺是对要约的同意，故而承诺中的目的意思应当与要约相同。在承诺中，受要约人应当表明其愿意按照要约的全部内容与要约人订立合同。这就意味着承诺不得附有条件，不得限制、扩张或者变更要约的内容，否则，其不构成承诺，应视为对原要约的拒绝并作出的一项新的要约，或称为反要约。

对于承诺的内容，近代合同法奉行“镜像原则”，要求承诺的内容与要约完全一致。现代合同法中，为促进交易便捷，对镜像规则进行了一定的缓和，允许承诺对要约的内容进行非实质性变更。《民法典》也采纳了这一做法，《民法典》第488条规定，有关合同标的、数量、质量、价款或者报酬、履行期限、履行地点和方式、违约责任和解决争议方法等的变更，是对要约内容的实质性变更。受要约人对要约的内容作出实质性变更的，为新要约。从这一规定来看，《民法典》对实质性变更的范围列举得比较宽泛，对要约中提出的各类合同条款的变更均属于实质性变更的范围。故而解释上，非实质性变更应当是指对价款、报酬或者履行期限等内容的微小变更。此外，在要约—承诺过程中，受要约人在要约内容之外新增加了合同条件的，也应当认为构成新要约。因为受要约人提出新的合同条件，实际上意味着以其意思将新增内容纳入了主要条款，须达成合意方能成立合同，故而需要要约人对此作出承诺。

为了鼓励交易，《民法典》规定承诺对要约的内容作出非实质性更改的，原则上承诺有效，合同的内容以承诺的内容而非要约的内容为准。合同的内容纷繁复杂，当事人对合同内容的认识也各自不同，对于有些非实质性变更，可能一般人都认为不会对当事人的利益有太大影响，但特定的要约人可能对此比较在意。完全任由受要约人作出非实质性变更，可能导致要约人的意思表示不被尊重，反而不利于鼓励要约人积极发出要约、启动交易。因此，法律规定在以下情况下，非实质性变更不能构成承诺：其一，要约人及时表示反对。也即要约人在收到承诺通知后，在合理期限内表示不同意受要约人对非实质性内容所作的变更，此种情况下，受要约人的意思表示不能构成承诺。如果经过合理时间后要约人没有表示反对，则承诺有效。其二，要约人在要约中明确表示承诺不得对要约的内容作出任何变更的，则受要约人作出非实质性变更也不能构成承诺。这就是说，要约人可以预先在要约中对承诺的非实质性变更予以禁止。这体现了对要约人契约自由的尊重。

（四）承诺应当及时作出

要约到达受要约人至承诺期限届满之间的期间，也就是要约的存续期间。承诺期限届满，受要约人未作出承诺的，要约失效，受要约人即丧失其承诺资格。故而承诺应当在承诺期限届满前作出。

1. 承诺期限的确定

《民法典》第 481 条对承诺期限的确定进行了规定。依据该条，承诺期限首先应当依据要约确定。要约生效就意味着受要约人取得承诺资格，要约人单方受到要约的拘束，故而承诺期限应当由要约人决定。如果要约人在要约中具体确定了存续期限（如规定本要约有效期限为十天，或规定本要约于某年某日前答复有效），则该期限即承诺期限。

要约中没有确定承诺期限的，则区分以下两种情况确定①：

其一，要约以对话方式作出的，应当即时作出承诺。这里所言的对话方式，包括了面对面的交谈，以及通过电话、视频等方式对话交谈。此种情况下，受要约人应当即时作出承诺。如果对话结束，受要约人再行承诺，则原则上应当构成新的要约。

值得注意的是，如果当事人在对话中约定，允许受要约人在对话结束后作出承诺的，基于合同自由原则，应当尊重当事人的约定。《民法典》第 481 条删除了《合同法》第 23 条第 2 款第 1 项中“但当事人另有约定的除外”的表述，这主要是考虑到，当事人另有约定的情况下应当尊重其约定是不言而喻的，为了法律条文的精练，删去了这一表述。此外，要约人也可以在对话中直接确定承诺期限，此种情况下，应当适用《民法典》第 481 条第 1 款的规定。

其二，要约以非对话方式作出的，承诺应当在合理期限内到达。承诺可以通过明示即通知的方式或默示即行为的方式作出。以通知方式进行承诺的，由于承诺通知到达后方可生效，因此，该承诺通知应当在合理期限内到达。这种情况下，确定这一合理期限需要考虑三个方面的因素：承诺期限的起算点；受要约人作出承诺所必要的思考和判断时间；以及承诺通知到达要约人所必需的时间。确定承诺的合理时间应当综合考虑承诺的传递方式、行业习惯等多种因素。以行为的方式进行承诺的，该行为应当也在合理期限内完成。这种情况下，确定这一合理期限需要考虑承诺期限的起算点以及受要约人作出承诺所必要的思考和判断时间。

确定受要约人作出承诺所必要的思考和判断时间，主要应当考虑交易的性质、标的额大小、权利义务关系等因素，例如对于无偿合同、单方承受义务的合同、标的额比较大的合同以及权利义务关系更为复杂的合同，显然需要更多的时间来考虑。此外，还应当考虑当事人的因素，例如对公司而言，其签订某些合同依法或者依交易习惯可能需要

① 就其文义而言，《民法典》第 481 条规定的是以通知的方式进行承诺的情形。在以行为的方式进行承诺的情况下，也应当参照该条在承诺期限内及时作出承诺的行为。本部分的论述兼顾了各类承诺方式。

通过召开董事会甚至股东会来决定，在确定承诺期限时显然应当考虑这一因素而给予其更长的时间。

2. 承诺期限的起算

承诺期限的起算点为要约到达受要约人的时间。在计算承诺期限时，要约以信件或者电报作出的，承诺期限自信件载明的日期或者电报交发之日开始计算。信件未载明日期的，自投寄该信件的邮戳日期开始计算。要约以电话、传真、电子邮件等快速通信方式作出的，由于其在途时间可以忽略不计，承诺期限自要约到达受要约人时开始计算。

3. 承诺迟延的法律效果

受要约人超过承诺期限作出承诺（包括发出承诺通知以及作出承诺行为）的，此时要约的拘束力已经消灭，受要约人已经丧失了承诺的资格，故而该“承诺”不能发生承诺的效力。此种情况下合同并未成立。由于该“承诺”表明了希望与原要约人订立合同的意思，且其内容也是具体、确定的，故而性质上应当认定为其新要约。

受要约人在承诺期限内发出承诺，按照通常情形不能及时到达要约人的，结果上与受要约人超过承诺期限作出承诺是相同的，原则上也应当认为构成新的要约。否则，受要约人就可能利用规则漏洞，刻意在承诺期限内选择在途时间较长的传递方式发出承诺通知，从而将市场变化的风险不适当地转嫁给要约人。此种情形在《合同法》中并未被明确规定，《民法典》第486条对此进行了明确。

为鼓励交易，对于迟延的承诺，法律允许要约人收到后及时通知受要约人该承诺有效，此种情况下，承诺通知到达或承诺行为完成时该承诺即已生效，合同成立。

4. 承诺迟到的法律效果

受要约人在承诺期限内发出承诺通知，按照通常情形能够及时到达要约人，但因其他原因承诺到达要约人时超过承诺期限的，此时受要约人并不知道也不应知道其承诺通知迟到的事实，为保护其合理信赖，该承诺有效。这里所言的“其他原因”，是指不可归责于要约人的原因，例如邮局延误、网络故障等。如果是要约人的过错导致承诺通知迟到，例如要约人写错邮寄地址导致承诺信件晚到，则应当按照承诺迟延处理，即除要约人及时通知受要约人该承诺有效以外，原则上认定其为新要约。

但毕竟该承诺通知的到达已经超出了承诺期限，要约人有理由相信该要约已经失效并可能向其他人发出了要约。为保护要约人的利益，法律允许要约人及时通知受要约人因承诺超过期限而不接受该承诺。要约人及时通知的，承诺未生效，合同不能成立。

5. 承诺的方式必须符合要约的要求

承诺的方式是指受要约人通过何种形式作出承诺的表示。《民法典》第469条规定，合同可以采取口头、书面或其他形式，所以承诺也可以在口头和书面形式之外以行为的方式来作出。依据《民法典》第480条的规定，承诺原则上应采取通知方式，包括口头通知和书面通知；该条同时明确，根据交易习惯或者要约表明可以通过行为作为承诺的除外。这就是说，如果交易习惯允许或者要约中表明可以通过行为作为承诺，则受要约人可通过一定的行为作出承诺。如果要约规定承诺必须以一定的方式作出否则承诺无效，那么承诺人作出承诺时，必须符合要约人规定的承诺方式，在此情况下，承诺的方式成为承诺生效的特殊要件。

需要指出的是，《民法典》中所言的合同成立是指当事人在外在表示上对合同主要条款达成一致，因此，严格地讲，《民法典》对承诺的要求也是对要约人订立合同的外在表示的要求。只要受要约人的外在表示符合法定条件，就应当认定其为承诺。至于受要约人是否有相应的行为能力、该外在表示是否是受要约人的真实意思、其内容是否违法，在所不论。

### 二、承诺的生效

（一）承诺的效力

《民法典》第 483 条规定："承诺生效时合同成立，但是法律另有规定或者当事人另有约定的除外。"因此，原则上一旦承诺生效，合同即已成立。依法成立的合同，对当事人具有法律约束力。当事人应当按照约定履行自己的义务，不得擅自变更或者解除合同。

此外，承诺生效的时间常常与合同订立的地点是联系在一起的，而合同的订立地点又与法院管辖权的确定以及选择适用法律的问题密切联系在一起。因此，承诺生效的时间在合同制度中具有重要意义。

（二）承诺生效的时间

承诺是受要约人的外在表示，因此承诺必须作出方可构成承诺。承诺以通知的方式作出的，其生效时间应当按照《民法典》第 137 条的规定来确定。

以对话方式承诺的，相对人知道承诺的内容时方可生效。对于以非对话方式作出的承诺，则将承诺通知送达能够为要约人所控制的场所时方能认为到达。至于要约人是否实际拆阅了这些信件或文件，则不必考虑。采用数据电文形式订立合同，要约人指定特定接收数据电文系统的，该数据电文进入该特定系统时，承诺生效；未指定特定系统的，要约人知道或者应当知道该数据电文进入其系统时，承诺生效。当事人也可以对采用数据电文形式的意思表示的生效时间作出另外的约定。承诺通知一旦到达要约人，合同即宣告成立。

如果承诺是以行为的方式作出的，则根据交易习惯或者要约的要求，受要约人完成交易习惯或者要约要求的行为时，承诺生效。

（三）承诺的撤回

既然承诺通知到达后方可生效，则在到达之前自然可以撤回承诺。承诺撤回的情况下，承诺并未生效。《民法典》第 485 条规定："承诺可以撤回。承诺的撤回适用本法第一百四十一条的规定。"故而撤回承诺的通知应当在承诺通知到达相对人前或者与承诺同时到达相对人。如果承诺已经生效，则合同已经成立，受要约人不能再撤回承诺。

## 第五节　合同成立的时间和地点

### 一、合同成立的时间

（一）确定合同成立时间的一般规则

依据《民法典》第 483 条，原则上承诺生效时合同成立，因此，原则上合同成立的时间即承诺生效的时间。申言之，以通知方式作出承诺的，承诺生效时间即承诺通知到达的时间。承诺以行为方式作出的，则受要约人根据交易习惯或者要约的要求作出承诺行为，承诺即生效；承诺生效时间即承诺行为完成的时间。

（二）合同成立时间的特殊情形

《民法典》第483条特别增加了一项但书，明确“法律另有规定或者当事人另有约定的除外”。法律特别规定的情形，主要是指该法第490条和第491条的规定以及法律对合同成立时间的其他特别规定；当事人另有约定的情形，是指当事人对于合同成立时间的特别约定。具体来说包括以下几种：

1. 以合同书形式订立的合同的成立时间

合同书是以合同条款的方式逐条记载合同权利义务关系的内容，并由合同各方签名或盖章的书面文件。因此，合同书是最正式、最典型也是最重要的合同书面形式。[①] 采用合同书等书面形式订立合同是我国企业间订立合同的一般方式。《民法典》第490条亦对其成立时间进行了特别规定。对此需要把握以下问题。

第一，是否以合同书形式订立合同，应当由当事人自行决定。以合同书形式订立合同，能够比较清晰、全面地展现合同内容，有助于厘清合同权利义务关系。但是否采用合同书形式订立合同，法律并未强制要求。即便对于要式合同，法律也只是要求其采用书面形式，而没有强制当事人签订合同书。实践中一些管理部门或者登记机构强制当事人提交合同书，甚至要求按照其发布的示范文本签订并提交合同书，这种做法侵害了当事人的合同自由。

第二，以合同书形式订立合同，应当以当事人之间完成要约承诺为前提。这就是说，在合同书上签名或者盖章之前，当事人应当已经就合同内容达成了合意。在合同书上签名或者盖章只是对该合意的内容和合同成立所作的进一步确认。如果当事人之间根本没有达成协议，则不能适用《民法典》第490条的规定。例如，甲公司就某项采购起草了合同书，加盖其公章后一式两份寄给乙公司，如果该合同书中表明了一经承诺即受该意思表示拘束的意思且内容具体、确定，则其构成了对乙公司的要约。乙公司收到后盖了自己的公章并将其中一份寄回，这种情况下应当按照《民法典》第483条来处理，该寄回的合同书应当认为是承诺通知，到达甲公司时合同方成立。而不能依据该法第490条认为乙公司盖章时合同即已成立。

第三，一方以合同书形式订立合同的要求须在合同成立之前提出。这是因为如果当事人已经完成了要约—承诺，合同已经成立，一方当事人再提出签订合同书，显然是对已经成立的合同拘束力的否认，构成了对已经依法成立的合同的违反。所以，在合同订立过程中，如果一方当事人有要求采用合同书形式订立合同的意愿，其应当作为合同形式条款在要约或者反要约中提出，并经对方承诺。

第四，当事人采用合同书形式订立合同的，应当签名、盖章或者按指印。这里所言的签名或者按指印，即作为当事人的自然人或者作为当事人的法人或者非法人组织的法定代表人、主要负责人或者当事人的代理人签名或者按指印；这里所言的盖章，是指作

---

① 王利明. 合同法研究：第1卷. 3版. 北京：中国人民大学出版社，2015：497.

为当事人的法人或者非法人组织加盖其公章或合同专用章。单纯加盖法人的法定代表人或者非法人组织的主要负责人的姓名章的，不能认为构成签名或者盖章。签名、按指印与盖章具有同等法律效力，只要具备其一，即可认定合同的成立。不能以作为当事人的法人或者非法人组织仅有法定代表人、主要负责人、代理人的签名或者按指印而没有盖章为由否定合同的成立。《民法典合同编通则解释》第 22 条明确规定，以法人、非法人组织的名义订立合同时，法人的法定代表人、非法人组织的主要负责人或者相关代理人的签名、按指印，与法人、非法人组织的印章，对合同的成立并非缺一不可。只要有真实的合意，且上述人员未超越代表权或代理权，仅有上述人员签名、按指印而无印章，或者仅有印章而无上述人员签名、按指印的，合同仍然成立，并对法人、非法人组织产生拘束力。但是，当事人约定以加盖印章作为合同成立条件的，从其约定。

第五，合同成立时间为在后一方签名、按指印或者盖章的时间。《民法典》第 490 条特别规定，“当事人采用合同书形式订立合同的，自当事人均签名、盖章或者按指印时合同成立”，这就是说，双方当事人签名、按指印或者盖章可能不在同一地点同时进行，故而应当以在后一方签名、按指印或者盖章的时间为合同成立时间。只要在后一方完成签名、按指印或者盖章，合同就已经成立。

2. 以签订确认书形式订立的合同的成立时间

按照我国对外贸易企业的习惯做法，双方以函电方式达成协议后，中方往往还要提出一式两份的销售确认书，邮寄对方交换签字后，才作为合同正式成立的依据。这种销售确认书实质上是一份简单的书面合同。《民法典》第 491 条规定：“当事人采用信件、数据电文等形式订立合同要求签订确认书的，签订确认书时合同成立。”据此可体现为以下几点。

第一，确认书仅适用于当事人采用信件、数据电文等形式订立合同的情况。如果当事人之间以合同书形式订立合同，则由于双方已经在合同书上签名、按指印或者盖章，合同已经成立，显然没有必要重新确认。一方事后再提出确认，将构成违约。

第二，是否要签订确认书应当由当事人自行决定。签订确认书是合同当事人根据合同订立情况和自身利益得出的判断，签订与否并非法律的强制性规定。

第三，签订确认书的要求须在合同成立之前提出。在以信件、数据电文等形式订立合同的情况下，当事人往往通过信件或者数据电文就合同条款反复磋商、讨价还价，这实质上就是一个要约、反要约的过程。在这一过程中，任一方当事人都可以要求签订确认书，经对方同意后，就要以其最终的确认来确定合同的成立以及合同的内容。但如果当事人已经完成了要约—承诺，合同已经成立，一方当事人再提出签订确认书，显然意在否认已经成立的合同的拘束力，构成了对依法成立合同的违反。

第四，签订确认书应当以当事人之间完成要约—承诺为前提。在签订确认书之前，当事人应当已经就合同内容达成了合意。确认书只是对该合意的内容和合同成立进行的进一步确认。当事人之间如果根本没有达成协议，也就谈不上签订确认书的问题。换言之，确认书的签订只是将合同成立时间从通常的承诺生效时推迟到了确认书的签订时。

第五，双方当事人在确认书上签名、按指印或者盖章，即可认为完成对确认书的签订。《民法典》第 491 条虽然只是泛泛提及“签订确认书”，但既然确认书就是一份简单的合同书，其在签订的问题上自然应当与合同书保持一致。所谓“签订确认书时”，是指双方当事人在确认书上签名、按指印或盖章之时。

3. 以实际履行的方式订约的合同的成立时间

对于要式合同，既然法律、行政法规规定或者当事人约定合同应当采用书面形式订立，这就对当事人的合意的严肃性提出了要求，当事人的合意必须以书面的形式表现出来，方可认定合意的存在，因此原则上必须具备书面形式合同才能成立。然而特殊情况下，当事人虽然尚未完成特定的形式，但已经实施了一定实际履行合同的行为，则可以从双方的行为中判断当事人已经形成了合意且通过其行为进一步确认了这种合意的存在，从而成立合同。当事人双方的行为如同书面形式或者合同书一样确认了其合意的严肃性。考虑到当事人的真实意图以及为了鼓励交易，《合同法》第 36 条和第 37 条对以实际履行的方式订约进行了规定。《民法典》第 490 条沿用了《合同法》第 36 条和第 37 条的做法，规定对于要式合同以及当事人采用合同书形式订立合同的，虽不具备相应形式，但当事人一方已经履行主要义务，对方接受的，该合同亦能成立。

对“一方已经履行主要义务，对方接受”，需要把握以下几点：第一，该行为是通过双方的行为来对双方客观上已经达成合意所进行的认定。仅有一方的行为是不够的，必须双方都进行了一定的行为。第二，法律并不要求双方都进行了履行行为，只需要一方进行了履行行为，对方接受即可。这里的接受是指其受领了给付，且没有就合同成立提出异议。第三，一方的履行必须是对主要义务的履行，即一方面，其履行的应当是主给付义务，仅履行了从给付义务或者附随义务尚不足以完成这种认定；另一方面，法律并不要求履行全部义务，只要履行了主给付义务中的大部分义务即可。

还应当强调的是，《民法典》第 490 条的适用以当事人已经完成了要约—承诺且客观上已经形成合意为前提。如果根本没有合意，就不可能存在主要义务的问题。反过来讲，一方履行主要义务且对方接受，所进一步确认的，也是此前形成的合意。例如，双方就买卖合同达成合意并约定采用合同书形式订立合同，在签订合同书之前，买受人提前支付了 80%的货款，出卖人接受。这种情况下，双方的合同已经成立，但合同的价款仍然是原先约定的价款。买受人不能以出卖人接受了其给付、未提出异议为由拒绝支付剩余的价款。

4. 关于电子合同的成立时间

所谓电子合同，是指通过互联网等信息网络订立的合同。随着互联网产业的快速发展，人类已经进入了信息时代。互联网的出现，尤其是近年来移动互联网终端的普及，使人们的生产生活发生了根本性的变化。通过互联网进行交易，从事商品买卖、提供和接受各类服务已成为社会生活尤其是金融服务、日常消费等领域的交易常态。因应这一时代变化，《民法典》第 491 条第 2 款对电子合同成立进行了特别规定，明确“当事人一方通过互联网等信息网络发布的商品或者服务信息符合要约条件的，对方选择该商品或者服务并提交订单成功时合同成立，但是当事人另有约定的除外”。

从这一规定来看，电子合同的成立需要注意如下问题：第一，当事人一方通过互联网等信息网络发布的商品或者服务信息，原则上应当认定为要约邀请，但符合要约条件的，构成要约。值得注意的是，此种要约与通常要约的不同之处在于，一般的要约应当明确合同中的数量条款，此类要约中的数量条款通常由受要约人自行确定。第二，对方选择特定商品或者服务并提交订单，则构成承诺。但这一承诺，并非简单的到达生效，需要提交订单成功才能生效，从而成立合同。第三，该规定是任意性规范，当事人可以另行作出约定。值得注意的是，对于合同成立时间的另行约定，实践中通常是由一方当事人通过互联网等信息网络与商品或者服务信息一并发布的，相对人不能就此与之进行协商。换言之，其通常是以格式条款的方式订立的，对此类条款是否纳入合同、效力及解释等，应当适用《民法典》以及其他法律关于格式条款的相关规定。

5. 法律对合同成立时间的其他特别规定

合同原则上是诺成合同，但我国法律中也有对实践合同的规定，主要包括保管合同（自保管物交付时成立）、自然人之间的借款合同（自贷款人提供借款时成立）以及定金合同（自实际交付定金时成立）。对于这些合同，应当依据法律的特别规定确定其成立时间。

6. 当事人对合同成立时间的特别约定

基于合同自由，当事人可以对合同成立进行特别约定，此种情况下，应当以当事人的约定为准来确定合同成立时间。例如，当事人可以约定以完成公证为合同成立条件，或者约定以一方交付定金甚至一方当事人履行一定的给付义务作为合同成立的条件。

7. 公开竞价交易中形式要件的缓和

公开竞价交易奉行“公开、公平、公正”原则，其是公共采购中采用的主要交易方式，在国有产权交易、艺术品交易等场合也有十分重要的作用。在公开竞价交易中，按照法律规定或当事人约定，合同通常自签订书面合同或成交确认书时成立，而实践中一方当事人可能事后反悔，进而拒绝签订书面合同或成交确认书。过分拘泥于合同成立形式要件的齐备，便会造成公开竞价交易中当事人很容易通过拒绝完成形式要件来逃避合同责任，给交易秩序带来严重不利影响。为此，《民法典合同编通则解释》第 4 条作出专门规定，缓和了招投标、拍卖等公开竞价交易中形式要件的效力。

第一，采取招标方式订立合同，当事人请求确认合同自中标通知书到达中标人时成立的，人民法院应予支持。合同成立后，当事人拒绝签订书面合同的，人民法院应当依据招标文件、投标文件和中标通知书等确定合同内容。

第二，采取现场拍卖、网络拍卖等公开竞价方式订立合同，当事人请求确认合同自拍卖师落槌、电子交易系统确认成交时成立的，人民法院应予支持。合同成立后，当事人拒绝签订成交确认书的，人民法院应当依据拍卖公告、竞买人的报价等确定合同内容。

第三，产权交易所等机构主持拍卖、挂牌交易，其公布的拍卖公告、交易规则等文件公开确定了合同成立需要具备的条件，当事人请求确认合同自该条件具备时成立的，人民法院应予支持。

（三）关于交叉要约

所谓交叉要约，是指订约当事人采取非直接对话的方式，相互向对方发出了内容相同的要约。

对于交叉要约是否可以成立合同，有两种不同观点：一种观点认为，交叉要约缺乏承诺，故不能成立合同。承认交叉要约成立合同也会与要约人享有的要约撤销权发生冲突。另一种观点认为，既然双方已经有相同的意思表示，法律就可推定双方已经作出了承诺。

我们认为，《民法典》第471条规定，“当事人订立合同，可以采取要约、承诺方式或者其他方式”，这就为以除要约—承诺方式之外成立合同的方式提供了充分的制度空间。交叉要约应当属于“其他方式”的范畴。基于鼓励交易的考虑，应当认可交叉要约原则上能够成立合同。但如果其中一个或者两个属于可以撤销的要约，且要约人行使了撤销权的，则该交叉要约不能成立合同。

### 二、合同成立的地点

合同成立的地点和时间常常是密切联系在一起的。由于合同的成立地有可能成为确定法院管辖权及准据法适用等问题的重要因素，因此明确合同成立的地点十分重要。

基于合同自由，当事人可以在合同中对合同成立地进行约定。依据《民法典》第493条的规定，当事人采用合同书形式订立合同的，最后签名、盖章或者按指印的地点为合同成立的地点，但是当事人另有约定的除外。可见，合同约定的合同成立地与实际签名、盖章或者按指印的地点不符的，人民法院应当认定约定的成立地为合同成立的地点。

当事人未就合同成立地进行约定的，应当按照法律的规定来确定合同成立地。《民法典》第492条第1款规定，“承诺生效的地点为合同成立的地点”，可见，一般而言，承诺生效的地点就是合同成立的地点。所谓承诺生效地，在承诺以通知方式作出的情况下，即通知到达地或者说是接受承诺的一方所在地。由于数据电文属于虚拟空间，无法确定其到达地，该法第492条第2款特别规定：采用数据电文形式订立合同的，收件人的主营业地为合同成立的地点；没有主营业地的，其住所地为合同成立的地点。当事人另有约定的，按照其约定。

当事人采用合同书形式订立合同的，双方当事人签字、按指印或者盖章的地点为合同成立的地点。如果当事人双方不在同一地点签字、按指印或者盖章的，则以在后一方签字、按指印或者盖章的地点为合同成立地。

## 第六节　强制缔约

《民法典》第494条对强制缔约义务进行了规定，依据该条：“国家根据抢险救灾、疫情防控或者其他需要下达国家订货任务、指令性任务的，有关民事主体之间应当依照有关法律、行政法规规定的权利和义务订立合同。依照法律、行政法规的规定负有发出要约义务的当事人，应当及时发出合理的要约。依照法律、行政法规的规定负有作出承诺义务的当事人，不得拒绝对方合理的订立合同要求。”该条具体表现为以下几点。

第一，就第1款规定的情形而言，一方当事人如果拒绝订立合同，不仅应当按照相关法律的规定承担相应的行政责任乃至刑事责任，对方当事人也有权直接要求其按照法律、行政法规的规定履行合同义务。双方签订了合同，但在具体权利义务的安排上与法律、行政法规规定的权利和义务不一致的，虽然该条规定在“合同的订立”一章，但也不能直接认定该合同不成立，应当根据其违反的法律、行政法规有关规定的性质来判断：如果属于强制性规定且属于效力性规范，则对于不一致的部分应当认定无效；如果为管理性规定或者任意性规定，且未具有其他合同效力瑕疵的，则可认定其有效。

第二，就第 2 款规定的强制要约义务而言，这些义务主要是指证券法律中的相关规定。行为人如果违背法律、行政法规的规定，拒绝发出要约或者发出的要约内容明显不合理，则应当按照具体法律、行政法规的规定承担相应的法律责任。但此种情况下，并不存在合同成立的问题。

第三，就第 3 款规定的强制承诺义务而言，如果当事人拒绝了对方合理的订立合同要求，我们认为，可以考虑按照合同已经成立进行处理，对方有权追究其违约责任。

## 第七节　格式条款

### 一、格式条款的成因和法律控制

在简单商品经济中，交易双方往往对合同的各项条款逐一磋商以达成合意。但在交易频繁的情况下，这种做法消耗的时间和费用过多，已经无法适应经济生活的需要。随着现代工业的发展，产品和服务的提供渐趋标准化、系统化。面对成千上万的客户，大企业提供的产品和服务的内容和品质是相同的，并不因相对人不同而有所区别。为节约交易成本，其往往预先拟定一定的合同条款，对众多的交易相对人适用相同的交易条件。相对人往往只有是否接受该条款的自由，而无法与之就其中的个别内容加以协商修改。此种条款即格式条款。

格式条款的广泛适用，一方面使拟定条款一方无须与其相对人进行个别的谈判，从而大大节约了其谈判时间、费用等交易成本，明确了当事人之间的交易基础；另一方面却严重限制了拟定条款一方相对人的合同自由，其只有是否缔约的自由，而失去了就合同形式、内容等协商的权利，尤其是这些条款由一方单独拟定，合同相对人并未参与其中，往往可能忽略一些对自己不利的内容。但在竞争充分的情况下，如果提供商品或服务的一方制定的格式条款对相对人严重不利，相对人可以选择与其他人缔约，因此格式条款的拟定方迫于竞争的压力，其拟定的格式条款尚不至于过分侵害相对人的利益。

然而，现实中拟定条款一方往往在经济上居于强势地位，甚至处于垄断地位，例如，某地可能只有一家自来水厂，如不接受其格式条款，当地居民根本无法生存，此时相对人已经失去了选择对方当事人的自由甚至是否缔结合同的自由。在不对等的地位之下，格式条款中往往含有损害相对人利益的内容，而消费者只能被迫接受，任人宰割。因此，格式条款很容易成为经济地位上强势一方假借合同自由之名盘剥弱者的工具。这就违反了合同自由原则，也有悖法律对公平、正义的追求。

为保护经济地位上处于弱势的社会群体的利益，现代民法突破了传统民法对形式意义上的合同自由的追求，转而强调实质意义上的合同自由。这一转变最突出地体现在法律对格式条款的规制上。这种规制主要表现为赋予某种合同当事人以强制承诺的义务、强调合同的特定书面形式、规定某些严重损害相对人利益的条款无效等。这就是说，一方面，法律认可格式条款对明确交易基础、节约交易成本方面的重要意义，原则上承认其效力；但另一方面，又从不同角度对之加以限制，避免过分限制相对人的合同自由，侵害弱势群体的利益。这种做法，虽然一定程度上限制了拟定格式条款一方的合同自由，但唯其如此，才能对合同当事人悬殊的经济地位加以矫正，维系真正的平等自由。

## 二、格式条款的概念与特征

对于格式条款，比较法上有一般交易条款、一般契约条款、附合合同、标准合同、定型化契约等不同的称谓。我国《消费者权益保护法》曾使用格式合同的提法，但因不能准确指称相关内涵，故我国现行法均采用了格式条款的表述。按照《民法典》第 496 条的规定，格式条款是指当事人为了重复使用而预先拟定，并在订立合同时未与对方协商的条款。可见，格式条款具有下列特征：

第一，由一方当事人预先拟定。这就是说，一方面，格式条款在当事人进入缔约阶段之前即已被拟定；另一方面，该条款并非由双方通过协商来确定的，而是由一方单方拟定的。拟定的一方往往是提供大批量产品或者类型化服务，在经济上居于强势地位甚至垄断地位的企业，包括公用事业单位。但当事人预先拟定，并不以其自行拟定为必要。实践中一些格式条款往往是由政府有关部门、行业协会等拟定相关合同示范文本，再由相关企业采用，此种情形也属于一方预先拟定。

第二，为了重复使用而拟定。格式条款并非仅适用于某一特定交易，也不是仅对特定的相对人适用，而是在一定时期针对不特定的相对人反复使用，为同一类业务设定了同样的交易条件。因此，格式条款具有定型化的特征，其内容具有稳定性，在一定时期不会发生变化。需要指出的是，为了重复使用而拟定该条款，只是对格式条款经济功能的描述，并非格式条款的构成要件，在合同纠纷中，相对人只需要举证证明某条款为对方单方拟定且不能协商，即可认定该条款为格式条款。相对人无须就该条款系拟定条款一方为了重复使用而拟定承担举证责任。依据《民法典合同编通则解释》第 9 条第 2 款，从事经营活动的当事人一方仅以未实际重复使用为由主张其预先拟定且未与对方协商的合同条款不是格式条款的，人民法院不予以支持。尤其是，在经营者与消费者之间，前者预先拟定的合同条款均是为了重复使用。

由于格式条款是为了对不特定人重复使用而拟定的，因此其一般也具有公开性，其内容往往可以为不特定的公众所知悉。所以，格式条款往往以书面形式表现出来，其既可以表现为合同书中的一个或几个条款，也可以印刷于一定文件（如车船票、飞机票、电报稿、保险单）之上，还可能通过“价目表”“使用须知”“通知”“说明”“告示”等形式张贴于一定的营业场所。此外，开发商在预售房屋的售楼处通过播放宣传片、安置大型沙盘模型等来介绍未来小区建设规划时涉及的相关权利义务可能构成格式条款。

第三，订立合同时对方不能与之协商。《民法典》第 496 条强调格式条款是订立合同时未与对方协商的条款，但“未与对方协商”并不意味着对方不能和条款拟定方进行协商。在经济生活中，某些合同条款由一方单方拟定并适用于不特定的相对人时，尽管可能在订立合同时拟定方未就该条款与相对人协商，但相对人完全可以对该条款提出异议，并要求对之进行变更，其之所以未要求协商可能是因为对该条款比较满意，也可能是误认为不能进行协商。这种情况下相对人并非居于附从地位。因此，《民法典》第496条应被解释为：格式条款是相对人不能与条款拟定方协商的条款。

对方不能与之协商也就意味着对于格式条款的内容，相对人只能表示完全的同意或拒绝，而不能对之加以修改、变更。这充分体现了格式条款的附从性，相对人居于附从地位。法律之所以对格式条款进行规制，主要是因为其限制了对方当事人的合同自由。如果相对人并未居于附从地位，可以通过协商修改该条款，或者一方是根据另一方的要求而起草的合同条款，则其合同自由并未受到限制，法律也就没有必要对之进行特别的保护。因此，附从性是格式条款最根本的特征。

实践中，需要区分格式条款与合同示范文本。我国有关国家机关、行业协会等单位为了便于合同当事人明了有关合同的内容，便于当事人确定权利义务关系，往往就特定物品的买卖或服务的提供制定了合同示范文本。合同示范文本虽然也是为了重复使用而预先拟定的，但其当事人可以就其具体条款提出协商，要求变更。这与格式条款中相对人居于附从地位，不能与拟定条款一方协商显然是大相径庭的。《民法典》第470条第2款规定："当事人可以参照各类合同的示范文本订立合同。"这就明确表明合同的示范文本只对当事人有参照的意义，当事人可以就合同中的有关条款通过协商加以修改或者增减。但如果一方采用合同示范文本，但拒绝另一方就相关条款进行协商，则这实际上改变了合同示范文本的性质，依据《民法典合同编通则解释》第9条第1款，此种情形也属于一方预先拟定的格式条款。

## 三、《民法典》对格式条款的规制

《民法典》对格式条款的适用从以下几方面进行了限制。

（一）格式条款提供方的义务

依据《民法典》第496条，采用格式条款订立合同时，提供格式条款的一方应承担以下义务：

1. 遵循公平原则确定当事人之间的权利和义务

合同是交易的法律形式，市场经济之下，"你给则我与"为基本规则，因此，大多数合同中双方当事人的利益是直接对立的。在订立合同时，一个理性的经济人显然会竭力实现自己利益的最大化，这就包括在拟定合同条款时尽可能体现自己一方的利益。这种做法在双方当事人实力均衡的情况下是无可厚非的，因为对方当事人也是理性的经济人，也会为自己争取最大化的利益。合同双方当事人正是在追求自身利益最大化的博弈中实现双赢，实现合同的公正。"契约即公正"即源于此。但在以格式条款订立合同时，由于相对人往往欠缺交易经验且处于经济上的弱势地位，甚至因提供条款的一方的垄断地位而只能任人宰割，因此，法律要求拟定格式条款的一方应当遵循公平原则确定当事人之间的权利和义务，以避免其滥用合同自由，损害对方利益。

2. 采取合理的方式提请对方注意与对方有重大利害关系的条款

这些条款主要是指免除或者减轻拟定格式条款的一方之责任的条款。实践中，拟定格式条款的一方往往将免除或者减轻自己责任的条款放在合同文本的背面、边角处等不易为人察觉的地方，甚至将这些条款故意以小字呈现让相对人无法辨认。有的情况下，格式条款往往并非一条或几条，其内容往往密密麻麻有数十页之多，免除或者限制自己责任的条款放在格式条款中间也难以为相对人所发现。例如，某电信服务商在其提供的某类充值卡的使用说明中规定“储值卡超过有效期3个月的，将被视为自动放弃该号码及所封存的余额”，而且只用一般的文字标注，该使用说明长达30多页，除非细致阅读，否则很难发现。因此，法律要求拟定格式条款的一方承担以合理方式提请对方注意的义务。

提请注意义务的内容具体包括以下内容：

第一，提请注意的时间，应当在合同成立前。

第二，提请注意的内容，一是要明确告知相对人该条款将成为合同内容的一部分。实践中，不少免责条款被置于使用说明等文件中，相对人通常情况下往往认为该内容只是对使用方法的介绍，而非合同内容的一部分，所以，格式条款提供方应当对此负提示义务。二是要明确告知相对人注意该条款免除或者限制了自己的责任。实践中，不少经营者虽以特殊字体标明免责条款，看似尽了提请注意的义务，但其行文给人的感觉却是像给予了相对人一定的优惠，欠缺专业经验的相对人往往对此无法辨别。因此，格式条款提供方应当正面、明确告知该条款免除或者限制了相对人的责任。

第三，提请注意的方式应当根据合同订立的方式而定。通常情况下，格式条款提供方采取的是与相对人逐一订约的方式，此时，提请注意应当采用个别提请注意的方式，如在合同文本中对这类条款以特殊颜色、符号、字体、字号加以标明，将其列在显著位置。不过，在通过互联网订立合同的情况下，通过弹窗、勾选等特别方式提醒并不当然满足提示义务的要求，仍要结合合同文本中所采用的字体、字号等，具体判断格式条款提供方是否已进行合理提示。例外情况下，格式条款提供方无法采用个别提请注意的方式或者个别提请注意在经济上显然不合理时，则可以采用公开张贴提请注意的方式，例如，将该条款悬挂在缔约场所中清晰可见的地方，并告知前来缔约的相对人前往观看。

第四，提请注意的程度，《民法典》第496条强调应当以“合理的方式”提请注意。所谓“合理的方式”，是指该方式足以使普通消费者或者一般的相对人在尽通常注意义务时，能够注意到该免除或者限制责任条款的存在。因此，提请注意的程度是一个客观标准，应当结合与之缔约的相对人身份来确定方式的合理性。依据《民法典合同编通则解释》第10条第1款，采用通常足以引起对方注意的文字、符号、字体等明显标识，提示对方注意免除或者减轻其责任、排除或者限制对方权利等与对方有重大利害关系的异常条款的，可认定为格式条款提供方履行了提示义务。

值得注意的是，《民法典》第496条将提请注意的内容扩展到了各种“与对方有重大利害关系的条款”。这些条款不以免责条款为限，参考《消费者权益保护法》第26条，还包括“商品或者服务的数量和质量、价款或者费用、履行期限和方式、安全注意事项和风险警示、售后服务、民事责任等”与对方有重大利害关系的内容。

3. 按照对方的要求，对与对方有重大利害关系的条款予以说明

相对人通常情况下并非专业人士，对于免除或限制责任条款的含义未必清楚，在其有疑问时，格式条款提供方应当承担说明义务。但这一义务的承担以相对人的要求为前

提，否则，将不适当的增加格式条款提供方的交易成本。依据《民法典合同编通则解释》第 10 条第 2 款，提供格式条款的一方按照对方的要求，就与对方有重大利害关系的异常条款的概念、内容及其法律后果以书面或者口头形式向对方作出通常能够理解的解释说明的，可以认定其已经履行了说明义务。

在判断格式条款的效力时，首先需要考察该格式条款是否已经被订入合同，成为合同内容的一部分。故而，在格式条款提供方未尽提示或者说明义务的情况下，应当认为该条款并未纳入合同。既然该格式条款不成为合同的内容，自然不能依据该格式条款确定当事人之间的权利义务，也无须对该格式条款作出效力评判。

（二）格式条款的无效

《民法典》第 497 条对格式条款无效的情形进行了列举式规定。依据该条，法定的普遍适用于各类合同和合同条款的无效事由也同样适用于格式条款；同时，基于格式条款的特殊性，法律也对格式条款设置了一些特殊的无效事由：

一是格式条款符合《民法典》总则编规定的民事法律行为无效情形以及合同编第 506 条规定的免责条款无效情形的。

二是提供格式条款一方不合理地免除或者减轻其责任、加重对方责任、限制对方主要权利的情形。与《合同法》的规定相比，这里增加了“不合理”的限制，增加了“减轻其责任”“限制对方主要权利”两种表现形式，而将“排除对方主要权利”排除在外。从该条文来看，责任所对应的是权利，因此这里所言的责任宜解释为合同义务以及相应的违约责任。“加重对方责任”是指不合理地给相对人课加通常情况下不应承担的合同义务。“限制对方主要权利”，是指对相对人依据合同应当享有的合同主要权利进行了限制。权利是否是合同的主要权利，应当依据合同的性质来判断。

如前所述，格式条款的适用有其合理性。免责条款更是法律所鼓励的。但如果通过格式条款免除或者减轻格式条款提供方的责任、加重对方责任或者限制对方主要权利，已经完全超出了公平原则所能容忍的范围，达到了“不合理”的地步，那么该格式条款应当无效。

三是提供格式条款一方排除对方主要权利的情形。这一情形是从《合同法》第 40 条中单列出来的一种情形。排除对方主要权利，是指使相对人失去了其依据合同应当享有的合同主要权利。是否为主要权利，应当依据合同的性质来判断。在此情形下，无须如前一情形那样通过“合理性”加以限制，只要达到了排除对方主要权利的地步，格式条款就直接无效。

当然，格式条款被确认无效，并不意味着含有该条款的整个合同也必然随之无效。根据《民法典》第 156 条的规定，在合同中部分条款无效的情况下，如果该部分的无效不影响其他部分效力，其他部分仍然有效。但如果该部分的无效影响到其他部分效力，则整个合同都应无效。

（三）格式条款的解释

《民法典》第 142 条对意思表示解释规则进行了一般性规定，而依据该法第 466 条，当事人对合同条款的理解有争议的，应当依据第 142 条第 1 款的规定，确定争议条款的含义。基于格式条款的特殊性，该法第 498 条对格式条款的解释规定了以下特殊规则。

第一，解释规则的适用以当事人对格式条款的理解存在争议为前提。这就是说，法官或仲裁员在审理案件时，不能主动援引《民法典》第498条对合同中的格式条款进行解释。即便该条款的内容与通常的理解有很大差异，但在当事人未就此发生争议时，法官或仲裁员也不得对之主动加以解释，否则，无异于以法官或仲裁员的意志取代当事人之间的合意。

第二，按通常理解予以解释。在当事人就格式条款的含义存在争议时，首先应当按照通常理解进行解释。在对格式条款予以解释时，也应当按照《民法典》第142条的规定，按照格式条款所使用的词句，结合相关条款、行为的性质和目的、习惯以及诚信原则，确定格式条款的含义。而在具体词句内涵的理解上，首先应当依据该法第498条按照通常理解加以确定。这是因为格式条款并非针对某一特定的当事人而适用，而是针对不特定的人反复适用的同一交易条件，因此，对格式条款的解释不能如对一般的合同条款那样以探求每一个具体的当事人的真实意图为目的。这里的通常理解并非格式条款提供方作为专业人员参照其行规所作的理解，而应当是社会一般公众或者该条款可能适用的不特定的社会群体对该用语的理解。实践中，格式条款提供方一般是经营者，其作为从事某类产品或服务经营的专业人士，可能对某些用语有其独到的理解，甚至这种理解为其行业规定所认可。但当其在格式条款中使用这些行业、专业术语时，由于该条款适用的相对人往往并非专业人士，不具备相应的专业知识，因此原则上不能依据该行业专业人士的理解来进行解释。当然，如果格式条款提供方能够举证证明具体的相对人属于该行业的业内人士，则通常理解应当是该行业专业人士对该条款的理解。

第三，对格式条款提供方作不利解释。格式条款提供方作为一个理性的经济人，在拟定合同条款时必然要尽可能实现自身利益的最大化。因此，通过此项规则，可以迫使其尽量使用清晰、明白的语言来表达合同的内容。尤其在格式条款中，提供方更容易利用相对人不能与之协商的优势，使用有歧义的语言为自己牟取利益。因此，法律规定了这一解释规则以实现当事人利益的均衡。

第四，非格式条款优先。格式条款的根本特征在于其不可协商性，相对人只有被动的接受或拒绝的自由，而不能对条款的内容提出自己的意见。非格式条款意味着双方当事人就该条款进行了协商，其较之于格式条款更能体现出双方当事人的合意，也更能维护当事人之间的利益均衡。因此在同一合同中，当格式条款与非格式条款的含义发生冲突时，应当根据非格式条款来确定当事人之间的权利义务关系。

## 第八节　缔约过失责任

### 一、缔约过失责任的概念与构成

根据《民法典》第500条，缔约过失责任是指在合同订立过程中，一方因违背其依据诚信原则所产生的先合同义务，而致其他当事人信赖利益损失时，应当承担的损害赔偿责任。

构成缔约过失责任应当具备以下要件：

（一）缔约过失责任发生在合同订立过程中

缔约过失责任与违约责任的区别在于，此种责任发生在合同订立过程中。所谓合同订立过程，是指从当事人进行缔约磋商即发出要约邀请，到合同生效的全过程。只有在合同不成立，或者虽然成立但因违反有效要件而被确认为无效或被撤销，或者虽然有效成立但确定不生效的情况下，才可能发生缔约过失责任。如果合同已经生效，则应当发生违约责任。需要指出的是，在附生效条件的合同中，在条件尚未成就以前，一方恶意阻碍或延续条件的成就的，这种做法严格地讲也属于违反诚信原则的行为，但由于法律明确规定此种情况下视为条件已经成就，这就意味着合同已经生效，所以应当追究违约责任而非缔约过失责任。

缔约过失责任发生在合同订立过程中，这是因为当事人之间已经具有某种订约上的联系，换言之，为缔结合同，一方实施了具有某种法律意义的行为（如发出要约或要约邀请，且要约或要约邀请到达受要约人或者相对人），这种情况下，另一方才可能产生合同能够成立并生效的合理信赖。只有在当事人具有某种缔约上的联系以后，一方才能对另一方负有诚信原则所产生的义务。若双方无任何法律上的联系，无从表明双方之间具有缔约关系，则因一方的过失而致他方损害的，不能适用缔约上的过失责任。

（二）一方违背其依诚信原则应负的先合同义务

缔约过失责任严格地讲是缔约过错责任，也包括了行为人故意的主观心理状态，基于举轻以明重的考虑，通常称为缔约过失责任。

《民法典》第 500 条详细列举了各类应当承担缔约过失责任的情形，并将缔约过失明确界定为违背诚信原则的行为。因此，缔约过失责任中的过失实际上是一种客观过失而非通常所言的主观过失。所谓客观过失，是指依据行为人的行为是否违反了某种行为标准而确定其是否具有过失。缔约过失责任中的过失表现在当事人在订立合同过程中实施了违背诚信原则的行为或者说违反了依据诚信原则所负有的先合同义务，这些先合同义务通常认为包括通知、协助、保密等。行为人是否具有缔约上的过失，应当由受害人举证证明。只要受害人能够证明对方违背了其负有的依据诚信原则产生的先合同义务并造成自己损失，就构成缔约上的过失，对方应当承担缔约过失责任。

（三）造成他人信赖利益的损失

缔约过失责任以损害赔偿为其主要责任方式，损害赔偿责任以损害的发生为前提，故而，损害的发生也是缔约过失责任的构成要件。由于缔约过失行为直接破坏了缔约关系，因此其所引起的损害是指他人信赖合同的成立、有效及生效，但基于合同不成立、被撤销、无效或者不生效的结果所受到的损失，此种损失即信赖利益的损失。

缔约上的过失行为所侵害的对象乃是信赖利益，因此，只有在信赖人遭受信赖利益的损失，且此种损失与缔约过失行为有因果关系的情况下，信赖人才能基于缔约上的过失而请求损害赔偿。

需要指出的是，缔约过失虽然是一项独立的请求权，但由于其赔偿范围受局限，通常认为其适用具有补充性。如果能够适用合同上的请求权和侵权上的请求权，则通常不适用缔约过失请求权。缔约过失责任仅仅是赔偿信赖利益的损失，既不能赔偿履行利益的损失，也不能赔偿人身伤害等维持利益的损失。

## 二、缔约过失责任的类型

根据《民法典》第500、501条，缔约过失责任主要有如下几种类型。

（一）假借订立合同，恶意进行磋商

所谓“假借”就是行为人本身并没有与对方订立合同的目的，但仍然故意与对方就订立合同进行磋商，最终，当事人之间并没有成立合同。如果当事人之间最终成立了合同，则不构成此种缔约过失形态。

构成此种缔约过失形态，必须行为人在主观上具有恶意。此种恶意在于，行为人主观上并没有订立合同的意图，但其在明知自己不会订立合同的情况下，仍然故意与对方进行缔约磋商。通常恶意磋商会拖延时间甚至使对方丧失商业机会，该恶意并不以行为人有损害对方的利益的目的为必要。

（二）故意隐瞒与订立合同有关的重要事实或者提供虚假情况

此种形态实际上包括以下两种情形：

一是故意隐瞒与订立合同有关的重要事实。申言之，其一，该事实是与订立合同有关的重要事实。相关事实了解与否应当直接关涉合同订立或者对合同价格有重大影响。其二，行为人对该等事实须负有披露义务。这种披露义务，应当依据法律规定、交易习惯或者诚信原则来确定。其三，行为人未尽告知义务。其四，行为人主观上须为故意，即明知系与订立合同有关的重要事实且其负有披露义务而不披露。

二是故意提供虚假情况。也即行为人客观上实施了提供虚假情况的行为，且其主观上为故意，即明知为虚假情况仍然提供。

这两种情形都属于严重违背诚信原则的行为，在造成对方信赖利益损失的情况下，应当承担缔约过失责任。

（三）泄露或不正当地使用商业秘密

《民法典》第501条对此种情形进行了规定。缔约中的泄露和不正当使用商业秘密或者其他应当保密的信息的行为应当符合如下要件：

1. 行为人知道或者应当知道其知悉的信息属于商业秘密或者其他应当保密的信息

根据《反不正当竞争法》第9条的规定，所谓商业秘密，是指不为公众所知悉、能为权利人带来经济利益、具有实用性并经权利人采取保密措施的技术信息和经营信息。商业秘密须经权利人采取保密措施，权利人在缔约过程中，出于缔约必要向对方透漏时，应当明确其作为商业秘密的性质。如果权利人根本未提及、从缔约的客观情势也无法合理地判断其属于商业秘密，就很难认为权利人采取了保密措施，也就不能认为行为人负有不披露以及正当使用该商业秘密的义务。所谓其他应当保密的信息，是指当事人在订立合同过程中明确约定，权利人明示或者根据交易习惯，行为人应当保守秘密的信息。

2. 行为人泄露或不正当使用了商业秘密或者其他应当保密的信息

泄露是指将商业秘密或者其他应当保密的信息披露给他人，这一披露是违背权利人的意思的。所谓不正当使用，是指未经授权而使用该秘密或信息，或将该秘密或信息转让给他人。无论行为人是否因此而获取一定的利益，都有可能构成缔约过失责任。

3. 因泄露和不正当使用商业秘密或者信息而给商业秘密或者其他应当保密的信息的权利人造成了损失

在知道或者应当知道该信息系商业秘密或者其他应当保密的信息的情况下，行为人基于诚信原则，应当保守秘密并正当地使用该商业秘密或者其他应当保密的信息。如果其违反了这一先合同义务，则其应当承担赔偿责任。

（四）其他违背诚信原则的行为

除上述三种情况以外的各种违反诚信原则、造成他人信赖利益损失的缔约过失行为，在实践中主要包括如下几种情况：

1. 违反要约邀请造成他人损害

例如，招标人在发出招标文件以后，又随意取消招投标，对于投标人因制作标书、提供保证金等而受到的损失，其应当承担缔约过失责任。

2. 合同无效和被撤销时，过错方的赔偿责任

在合同无效或者被撤销以后，如果一方有过错并给另一方造成损失，也可以按照缔约过失责任承担赔偿责任。因为，从根本上来说，有过错的一方之所以应负损害赔偿责任，是因为其在缔约阶段具有过错，并给另一方造成损失，从而应当按照缔约过失责任承担赔偿责任。如果双方都有过错，应当按照过错分担损失。

3. 合同不生效时，负有报批义务一方的赔偿责任

《民法典》第 502 条第 2 款规定："依照法律、行政法规的规定，合同应当办理批准等手续的，依照其规定。未办理批准等手续影响合同生效的，不影响合同中履行报批等义务条款以及相关条款的效力。应当办理申请批准等手续的当事人未履行义务的，对方可以请求其承担违反该义务的责任。"有义务办理申请批准或者申请登记等手续的一方当事人未按照法律规定或者合同约定办理申请批准或者申请登记的，属于违反报批义务。报批义务属于合同中已经生效的义务，而非缔约过程中的义务。一方当事人违反报批义务的，依据《民法典合同编通则解释》第 12 条，对方当事人可以请求违约方继续履行报批义务，违约方仍不履行的，对方当事人可以解除合同并参照违约责任请求其承担赔偿责任。由此可见，违反报批义务的赔偿责任属于违约责任，而非缔约过失责任。

## 三、缔约过失责任的赔偿范围

关于缔约过失责任的承担方式，《民法典》将其明确为损害赔偿责任，即责任人应当对其造成的信赖利益损失予以赔偿。此外，对于违反报批义务的情形，依照法律、行政法规的规定经批准才能生效的合同成立后，一方因违反报批义务而合同不生效的，应当承担违约责任。

（一）信赖利益的具体范围

缔约过失造成的是信赖利益损失，因此，在缔约过失责任中，应当以信赖利益作为赔偿的基本范围，信赖利益的损失限于直接损失，直接损失就是指因为信赖合同的成立和生效所支出的各种合理费用，具体包括：第一，因信赖对方的要约邀请和有效的要约而与对方联系、赴实地考察以及检查标的物所支出的各种合理费用。第二，因信赖对方将要缔约，为缔约做各种准备工作并为此所支出的各种合理费用。例如，因信赖对方将

要出售家具，而四处筹款借钱所支出的各种费用。第三，为谈判所支出的劳务的价值。第四，为支出上述各种费用所失去的利息。

（二）关于机会损失赔偿

关于缔约过失责任人是否应当赔偿机会损失，存在争议。所谓机会损失，是指缔约一方本能够获得其他缔约机会，但因另一方缔约过失行为丧失这些机会所受到的损失。例如，因为合理信赖对方将要出售房屋，而没有考虑购买其他房屋，最后房屋买卖合同未能成立，因房价上涨而受到的损失。机会损失原则上不应当包括在信赖利益的范围内，因为缔约行为通常没有排他性，当事人完全可以同时开展多项缔约磋商，很难确定机会丧失与缔约过失行为之间的因果关系；而且，机会损失的赔偿可能诱发当事人与第三人恶意串通、索赔巨额机会损失的道德风险。但对于假借订立合同、恶意进行磋商的行为，可以考虑赔偿机会损失。主张机会损失赔偿的当事人，应当对其他缔约机会的现实可能性以及损失的大小承担举证责任。

需要指出的是，缔约过失责任赔偿的只是信赖利益，因此机会损失赔偿不应超出合同生效之后对方当事人因履行合同而获得的履行利益的范围，故缔约过失责任的赔偿数额不得超过合同生效之后违约责任的赔偿数额。

（三）关于维持利益损害的赔偿

民事主体就其人身权或者物权等绝对权，享有不受侵害或者妨害的权利。此种利益即维持利益。对于维持利益受到的损害，通常通过侵权责任予以保护。在缔约过程中，一方违反保护义务造成对方人身或者财产损害的，就此种损害，比较法上允许通过缔约过失责任予以赔偿。

就体系观之，《民法典》规定了包括违约责任、侵权责任和缔约过失责任在内的完整的民事赔偿责任体系。违约责任保护的是履行利益，侵权责任保护的是维持利益，而缔约过失责任保护的是信赖利益，不同的责任方式对应的赔偿范围是不同的。在同时符合不同责任构成要件的情况下，原则上也只能构成责任竞合，由受损害方进行选择而不能一并适用。《民法典》并未明确将违反保护义务作为缔约过失责任类型予以列举，相反，该法第1198条规定了经营场所、公共场所的经营者、管理者或者群众性活动的组织者的安全保障义务，违反安全保障义务的责任属于侵权责任。《消费者权益保护法》第18条规定，“经营者应当保证其提供的商品或者服务符合保障人身、财产安全的要求”，在违反该义务时，通常认为构成产品责任和违约责任的竞合。故而，我们认为我国法律中，不能对维持利益通过缔约过失责任予以保护。

交易当事人在订约中因一方未尽到保护、照顾等附随义务而致他方的生命健康及所有权遭受损害的，理论上可以构成缔约过失。因为在此情况下，一方未尽保护义务违背了诚信原则，也会使另一方对合同成立的信赖落空。例如，出卖人在交付商品时，不慎将商品掉下来砸伤买受人，合同也因此而不能订立。对此，应由出卖人依缔约过失就买受人信赖利益的损失负赔偿责任。但是，受害人如果希望赔偿维持利益，即其生命健康及所有权受到侵害导致的实际损失以及精神损害，则只能基于侵权行为提起诉讼，因为此种损害根本不属于信赖利益的范围。而且就受害人的举证责任而言，主张违反安全保障义务的侵权责任或者产品责任更为便利，其无须就是否处于缔约过程加以举证。因此，在我国法律体系中，这种理论上的设想没有太大必要性。

# 第三章
# 合同的效力

## 第一节　合同的成立、有效与生效

### 一、合同效力评判与合同有效

合同成立意味着当事人在外在表示上就合同主要条款达成了合意。但这并不意味着当事人已经具备了订立该合同的行为能力，且该合意就是当事人真实意思的体现，更不意味着当事人的合意不违反公序良俗。因此，对于已经成立的合同，法律必须通过效力制度进行评价。

意思表示的真实性以行为人具有相应的行为能力为前提，故而法律对合同的效力进行评价，首先应当确认当事人具有相应的行为能力；在此基础上进而对其意思表示是否真实进行考察，以判断合同是否为当事人真实的合意；最后再就当事人的合意是否违背公序良俗进行考察。欠缺前述有效要件的合同，效力被分别认定为效力待定、可撤销或者无效。最终结果完全符合法定有效要件的合同，其效力被认定为有效。因此，合同有效是对已经成立的合同，法律所进行的效力评判的结果之一。

对合同效力进行评判为判断何种情况下合同才能生效奠定了基础：只有依法成立的合同，才有生效的可能。换言之，依法成立的合同，包括有效合同以及可撤销但当事人尚未行使撤销权的合同，原则上一经成立即生效，法律将运用其强制力保障当事人缔约目的的实现。

### 二、合同的有效要件

已经成立的合同，必须符合法律规定的有效要件才能被评价为有效。按照市场经济规律的客观要求，一个有效的合同应当是在双方或多方当事人平等基础上，通过当事人之间自由、真实的意思表示达成的合意。同时，法律还会援引法律上的强制性规定以及公序良俗原则，对合同进行审查，符合上述条件的，将被认定为有效。法律规定的这些条件，即合同的有效要件。

《民法典》合同编没有规定合同的有效要件，但是《民法典》第 143 条规定：“具备下列条件的民事法律行为有效：（一）行为人具有相应的民事行为能力；（二）意思表示真实；（三）不违反法律、行政法规的强制性规定，不违背公序良俗。”合同乃民事法律行为的下位概念，对其有效与否的判断，自然应当遵循该要求。

值得注意的是，《合同法》把当事人具有相应的民事权利能力和民事行为能力规定在“合同的订立”一章（《合同法》第 9 条），这也引发了其系合同成立要件的误解。但就欠缺相应的民事行为能力而言，其法律后果并非合同不成立，而是合同效力待定，属于合同效力评价的问题，故《民法典》合同编“合同的订立”一章删除了《合同法》第 9 条的表述。

具有相应的民事权利能力和民事行为能力，主要是对作为合同当事人的自然人的要求。法人、非法人组织在其民事权利能力范围内不存在欠缺相应民事行为能力的问题。单纯的超越经营范围并不能影响合同的效力，如果违反了法律关于限制经营、特许经营以及禁止经营等强制性规定，则合同因违反法律的强制性规定而无效。此外，如果法律对法人、非法人组织民事权利能力范围进行了特别限制，例如依据《民法典》第 97 条，机关法人的民事权利能力限于“从事为履行职能所需要的民事活动”，则其民事行为能力也限于此。如果其从事担保行为，则这显然超出了其民事权利能力和民事行为能力的范围，相关担保合同无效。就完全民事行为能力人而言，其对于各类合同都有相应的民事行为能力。就限制民事行为能力人而言，其订立的合同应当与其年龄、智力、精神健康状况相适应。

所谓意思表示真实，指表意人的外在表示应当真实反映其内心的真实意思。根据意思表示不真实产生的原因，可以将其分为当事人意思与表示不一致以及当事人意思表示不自由。意思与表示不一致，指表意人的外在表示和其内心的真实意思不一致，它是由表意人自身的故意或过失造成的，而非外来因素，例如双方以虚假的意思表示订立的合同、因重大误解而订立的合同。而意思表示不自由，是指虽然其外在表示和内心意思一致，但这种意思表示并非表意人自愿作出的，而是他人不正当干涉，如欺诈、胁迫等的结果。

“不违反法律、行政法规的强制性规定，不违背公序良俗”也可简称为合法性或者适法性。合法性主要是指合同内容的合法，但在例外情况下，也要考虑合同订立的目的，如一方当事人明知对方为开设色情服务场所而租赁房屋却仍与之订立的合同，合同的标的——交付房屋、转移其使用权本身并不违法，但其订立目的违法，因此无效。公序良俗则是一个抽象的概念，“凡我国社会生活的政治基础、社会秩序、道德准则和风俗习惯等，均可列入其中。”① 之所以如此，是因为立法的滞后性以及人的认识能力的非至上性所导致立法存在漏洞，需要通过这样的一般条款引入社会的其他规范来对合同关系进行调节。但是，考虑到我国在较长时间内还是要把保护当事人的经济自由，尤其是排除公权力对合同自由的妨害置于合同法的诸价值的首位，司法实践中应当审慎适用这一一般条款。

此外，《民法典》将无权代理的合同规定为效力待定的合同，因此，在通过代理人订立合同的情况下，代理人具有代理权也构成相应合同的有效要件。

### 三、合同生效

合同生效是指依法成立的合同发生了合同效力，即按照当事人在合同中表达的设

---

① 王家福. 中国民法学：民法债权. 北京：法律出版社，1991：323.

立、变更或者终止财产权利义务关系的目的而发生相应的法律效果。通常情况下，合同生效所发生的是当事人之间债的效力，包括给付、保全、处分等效力。在法律特别规定的情况下，合同还可以直接发生物权变动的效力。

依法成立的合同，原则上同时生效，其特例在于：第一，对于法律和行政法规规定须完成批准等生效条件方可生效的合同，自完成该条件时合同方能生效。唯须注意的是，未办理批准等手续影响合同生效的，不影响合同中履行报批等义务条款以及相关条款的效力。应当办理申请批准等手续的当事人未履行义务的，对方可以请求其承担违反该义务的责任，此种责任，性质上为违约责任。第二，当事人对合同生效附有一定条件或期限的，则须待该条件成就或者期限届满，方可生效。第三，对于某些实践合同，《合同法》规定当事人必须完成一定的给付方能生效。例如，自然人之间的借款合同自贷款人提供借款时生效，定金合同自实际交付定金时起生效。但《民法典》修改了相关规定，将完成特定给付一律规定为成立要件。故实践合同中，未履行特定给付将导致合同不成立，自然不会涉及生效的问题。

## 四、合同成立、有效与生效的关系

合同成立是合同订立的结果，即双方当事人完成合意的客观状态。合同是否成立意味着合同在客观上是否存在。长期以来，我国民法理论和实践一直坚持合同成立和有效的同一论，对合同的成立要件和有效要件不加区分。但在《合同法》颁行后已少有人提及此观点。

我们认为，合同成立、有效与生效是不同的，主要表现在以下几个方面。

第一，三者的内涵、要件和性质并不相同。合同成立是合同订立的结果，即双方当事人在外在表示上达成合意的客观状态。合同是否成立意味着合同在客观上是否存在。合同的有效是指对已经成立的合同完成了效力评判。合同的生效是指依法成立的合同发生合同效力。正因为三者是完全不同的概念，因此，合同成立要件、合同有效要件和合同生效要件也是不同的。一般认为合同的一般成立要件应当包括：其一，具有双方或者多方当事人；其二，当事人在外在表示上就合同主要条款达成合意；其三，一般通过要约—承诺方式达成了合意。合同有效要件则为：具有相应的行为能力，意思表示真实，不违反法律、行政法规的强制性规定且不违背公序良俗。合同生效要件通常为合同依法成立，即合同成立且有效或可撤销但尚未被撤销，特殊情况下还需要法定或者约定生效条件成就或者生效期限届满。

当事人订立合同的目的在于设立、变更、终止相互间的财产权利义务关系，即要使合同生效以发生当事人所预期的法律效力，而其生效以合同有效或可撤销为前提。可见三者具有密切的联系，但是已经成立的合同并不是当然有效的，其有效与否取决于国家通过合同有效要件对已经成立的合同表达的态度和评价。只有通过这种评判的合同才有生效的可能。因此，合同成立主要体现的是当事人的意志；而合同有效则体现了国家意志对已成立的合同的评判；合同生效则是对当事人合同目的的实现，使其履行得到国家强制力的保障。

第二，三者所处的阶段不同。法律对合同进行效力评价，显然应当以合同已经存在为前提。如果合同根本没有成立，则客观上根本就不存在合同，自然也无法去判断合同是否有效。而对于依法成立的合同，才会去讨论其是否生效的问题。因此，尽管通常情况下，合同依法成立即生效，绝大多数情况下合同成立、有效和生效客观上是在同一时间完成的，但从观念上，仍然应当将成立、有效、生效三者的先后顺序区分开来。而在法律有特别规定或当事人有特别约定的情况下，合同成立后即便符合法定有效要件，也并不生效，这更明显地体现了三者逻辑上的先后顺序。

第三，三者的法律评价机制及后果不同。合同的成立解决的是合同是否存在的问题，其法律评价只有成立与不成立二种；但对于合同效力来说，法律规定了多种效力形态，即有效、可撤销、效力待定、无效等；对于合同生效而言，则包括了合同生效和不生效两种形态。在合同不成立的情况下，仅发生民事责任（返还原物的责任、缔约过失责任、不当得利返还责任）；而在合同无效的情况下，则因违背公序良俗，还可能发生行政责任甚至刑事责任；而在合同不生效的情况下，主要产生缔约过失赔偿责任，但违反报批义务的，还可能产生违约责任。

## 五、区分合同成立、有效与生效的意义

区分合同的成立、有效与生效在理论上和实践中都具有重要意义：

第一，区分合同成立、有效与生效，能够建立完整的合同效力评价体系，从而尽可能维护当事人的合同自由，实现合同法鼓励交易的目标。合同成立乃一事实判断，其判断结果非此即彼，要么成立，要么不成立。如果将成立与有效合一，则对合同的效力判断只有有效（成立）和无效（不成立）二者。根本不存在效力待定的合同和可撤销合同这两种中间状态。因此，如果不区分合同的成立与有效，则效力待定的合同、可撤销的合同根本没有存在的空间。这就不利于对当事人意志和利益的维护，也就无法维护合同自由。而合同法在长期的发展中逐渐形成了包括无效、效力待定、可撤销、有效在内的多层次的效力判断体系。通过赋予欠缺某种有效要件的合同以不同的评价结果，允许当事人按照自己的意志对合同的效力进行选择（如追认合同有效或者请求撤销合同），就能够在最大限度内尊重当事人的意志与利益，维护交易安全。而合同生效一方面充分考虑了当事人的意思，允许当事人通过约定生效条件和始期，对合同生效时间作出合理安排。另一方面，通过法定生效要件制度，为国家对特定领域契约自由的干预（批准等法定生效要件），尤其是行政主管机关自由裁量权的应用预留了空间，将私法自治与国家对市场特定领域的干预有机地结合起来。

第二，合同成立、有效制度的区分能够有效兼顾法律对个人自由和交易安全的维护。个人自由和交易安全的价值取向是背道而驰的。如果合同成立与有效合而为一，则法律只能在这两项价值之间选择其一：要么放任当事人以维护个人自由为名任意请求宣告合同无效；要么为了维护交易安全而强令合同有效，从而牺牲欠缺相应行为能力的当事人和意思表示不真实的当事人的利益。在区分合同成立与有效的情况下，一方面，在合同成立制度中贯彻表示主义立场，可以最大限度地促成合同的成立，有利于维护交易安全并进而实现合同法鼓励交易的价值目标；另一方面，在合同效力制度中总体上采意思主义原则，则便于维护表意人的真实意思和利益。因此，合同成立与有效的区分，最

大限度地结合和容纳了维护个人自由和保障交易安全这两种截然相反的法律价值取向。[①]

第三，区分合同成立、有效与生效，才能确立判断合同效力的基本思维方式，明确合同成立、效力和生效制度中意思自治和国家干预的范围。对合同自成立到生效的判断，实际上包括四个阶段：首先，是对合同是否成立即外观表示上是否形成合意的判断。其次，在确认合同已经成立的基础上，对合同当事人的行为能力和意思表示进行考察。再次，是对该合同是否违反法律或社会公共利益进行考察，如果违反，则合同无效，而且不允许补正。前两项是对意思自治原则的具体阐释和保障，所体现的主要还是意思自治的要求，法院不能主动对之加以审查。第三个阶段所体现的则主要是国家的干预。最后，再考虑国家对于特定领域契约自由干预的必要性并结合当事人的意思，确定其是否以及何时生效。构建高水平社会主义市场经济体制，核心任务是充分发挥市场在资源配置中的决定性作用，更好发挥政府作用，这就需要在交易中进一步明晰意思自治和国家干预的范围。明确政府作用发挥的着力点在于合同无效事由和法定生效条件，方能进一步优化和完善相关制度，在真正尊重意思自治、尊重市场的基础上，更好发挥政府作用。

第四，区分合同成立、有效与生效，对实践中区分合同的不成立、无效与不生效有着重要意义。我国司法实践中长期不区分合同的成立、效力与生效问题，往往把合同不成立与无效相等同，把大量已成立但个别非主要条款不齐备或不明确而当事人并未对之发生争议的合同认定为无效，或者将已成立但尚不具备一定生效条件的合同作无效处理，从而消灭了许多本可实现的交易。

## 第二节　合同的效力评价

对于已经成立的合同，应当按照民事法律行为的效力要件进行效力评价，最终评价的结果包括效力待定、可撤销、无效和有效四种形态。具体制度主要在相关民法总则教材中阐述，于此不赘。在此，我们主要对各种形态的合同的具体内涵加以简述。

### 一、效力待定的合同

效力待定的合同，是指已经成立的合同因合同当事人或实际订立人欠缺一定的权限或能力，其效力评价暂处于无效状态，须经特定人追认才能有效。其法律特征表现为以下几个方面。

第一，合同效力待定的原因在于合同实际订立人或合同当事人欠缺一定的权限或能力。其具体包括合同当事人欠缺相应的民事行为能力、合同的实际订立人欠缺相应的代理权以及无权代表且相对人恶意的情形。这些权限或能力的欠缺一般并不涉及国家利益或者社会公共利益，因此不能将合同作无效处理。但存在此种欠缺的情况往往会损害当

① 尹飞. 合同成立与生效区分的再探讨. 法学家，2003（3）.

事人或合同外特定第三人的利益，因此法律不允许其成立后即发生效力，而是将该合同是否应当有效的判断权交给可能因之受损或者负有某种保护义务的人，由其通过行使追认权来使合同溯及既往地有效，或者拒绝追认而使合同确定无效。

第二，效力待定的合同未经追认，仍然处于无效状态。效力待定的合同成立后，在权利人未追认前，合同仍然处于无效状态，自然也不能生效，当事人也不能履行该合同。这与可撤销合同在效力上存在明显的区别：可撤销合同成立后、撤销权人行使撤销权之前，合同实际上处于有效的状态，原则上自成立时生效；但一经撤销权人行使撤销权，即溯及既往地无效。

第三，效力待定的合同一经追认，合同即溯及成立时而有效，原则上也应当同时生效。这与无效合同是不同的，无效合同确定无效，不能通过事后追认而有效。

效力待定的合同，包括限制行为能力人超越其行为能力范围订立的合同和狭义无权代理而订立的合同，以及无权代表且相对人恶意的合同。三者分别规定在《民法典》总则编的民事法律行为制度、代理制度以及合同编的合同效力制度当中。对于无权代理，未经被代理人追认的，对被代理人不发生效力。《民法典》第 503 条规定，“无权代理人以被代理人的名义订立合同，被代理人已经开始履行合同义务或者接受相对人履行的，视为对合同的追认”，这是对以默示方式作出意思表示的规定。也就是说，在无权代理行为发生后，如果被代理人实施了履行或者接受履行的行为，这就表明被代理人实际上认可了该合同，愿意接受该合同的拘束。被代理人的行为应当视为对无权代理的追认，被代理人不能再以无权代理为由提出抗辩。

《民法典》第 504 条对无权代表订立的合同的效力进行了规定。法人和非法人组织作为社会组织体，对外发出或接受意思表示必须通过一定的自然人进行。依照法律或者章程的规定，法人的法定代表人可以对外代表法人进行民事活动，非法人组织的负责人也有权代表该组织从事民事活动。可见，在法人或非法人组织的目的范围内对外签订合同是法定代表人或负责人依法享有的职权，原则上无须法人或非法人组织的特别授权。因此，其对外签订合同原则上不存在超越法定权限的问题，合同的法律后果应当由法人或非法人组织承担。当然，在法律、行政法规对法定代表人或者负责人的代表权限进行明确限制的情况下，需要根据相对人是否尽到合理审查义务进行具体分析。依据《民法典合同编通则解释》第 20 条第 1 款，法律、行政法规为限制法人的法定代表人或者非法人组织的负责人的代表权，规定合同所涉事项应当由法人、非法人组织的权力机构或者决策机构决议，或者应当由法人、非法人组织的执行机构决定，法定代表人、负责人未取得授权而以法人、非法人组织的名义订立合同，未尽到合理审查义务的相对人无权主张该合同对法人、非法人组织发生效力并由其承担违约责任。相对人已尽到合理审查义务，构成表见代表的，人民法院应当依据《民法典》第 504 条的规定处理。

法人或非法人组织的内部也可能对法定代表人或负责人对外签订合同的权限范围进行限制，此种限制对法定代表人或负责人是有拘束力的，其如果超越该范围对外缔约，则构成无权代表，自然应当向法人或非法人组织承担相应的责任。但是，就合同相对人而言，由于法人或非法人组织内部对法定代表人或负责人所作的限制一般无法为外人所知悉，所以，相对人通常是善意的，而且原则上不负有审查相关决议文件的义务。为了保护交易安全，法律规定法人或非法人组织对法定代表人或负责人权限的限制不能对善意相对人产生拘束力。但是，如果相对人知道或者应当知道法定代表人或负责人没有签订该合同的权限这一事实的，则其主观状态上为恶意，法律对此种恶意不应保护。因此《民法典》第504条规定："法人的法定代表人或者非法人组织的负责人超越权限订立的合同，除相对人知道或者应当知道其超越权限外，该代表行为有效，订立的合同对法人或者非法人组织发生效力。"所谓代表行为，是指法定代表人或负责人依据其代表权限以法人或非法人组织名义对外实施的法律行为。即便合同效力不因法定代表人或负责人越权而受影响，但其还可能因意思表示瑕疵或违法而无效或可撤销。因此，对该条所言"该代表行为有效"应当作限缩解释，即合同效力不因法定代表人、负责人超越权限而受影响。

在无权代表的情况下，原则上合同效力不因法定代表人、负责人超越权限而受影响。依据《民法典合同编通则解释》第20条第2款，合同所涉事项未超越法律、行政法规规定的法定代表人或者负责人的代表权限，但是超越法人、非法人组织的章程或者权力机构等对代表权的限制，相对人主张该合同对法人、非法人组织发生效力并由其承担违约责任的，人民法院依法予以支持。但是，法人、非法人组织举证证明相对人知道或者应当知道该限制的除外。在相对人知道或应当知道法定代表人、负责人越权的情况下，法律对合同的效力问题未作规定。我们认为，此种情况下，从理论上讲，合同有效与否牵涉的主要是法人或非法人组织的利益，应当允许其根据自己的利益加以选择，因此，合同应当是效力待定的，须待法人或非法人组织追认方可生效。但实践中，如果法人或非法人组织认为该合同对自己有利，其会直接接受该合同，而不会以法定代表人或负责人的越权为由对合同效力提出异议。如果法人或非法人组织举证证明相对人为恶意，则显然表明其不欲接受该合同，此种做法应当视同拒绝追认。对于相对人的恶意，法人或非法人组织应当承担举证责任。

## 二、可撤销合同

可撤销合同是指因当事人在订立合同过程中存在意思表示瑕疵，法律赋予一方当事人撤销权的合同。其法律特征表现为以下几点。

第一，合同可撤销的原因在于其订立过程中当事人意思表示不真实。意思表示真实是我国法律规定的法律行为的有效要件之一。当事人在合同订立过程中出现意思表示不自由、意思与表示不一致时，一般不涉及国家利益和社会公共利益，因此法律不宜将之确定为无效或效力待定，而是赋予当事人撤销权。

第二，撤销权性质上属于权利，需权利人主动行使。意思表示是否真实属于主观范畴，外人难以察觉，需要表意人的主张方可判断，因此法律赋予其撤销权，该权利需权利人主动行使，法院或仲裁机构在审理合同纠纷时不能依职权对当事人意思表示是否真实进行审查并撤销合同。

第三，撤销权须通过人民法院或者仲裁机构来行使。撤销权性质上是形成权，仅凭撤销权人单方意思表示即可导致合同归于无效。但考虑到合同的严肃性，法律对此种权利的行使方式进行明确的限制，即只能通过人民法院或者仲裁机构来行使，而不能如解除权那样由权利人直接通过通知的方式来行使。从《民法典》“有权请求人民法院或者仲裁机构予以撤销”的表述来看，行使撤销权须以撤销权人提起诉讼或者仲裁的方式来进行，而不能在诉讼或仲裁中为对抗对方的诉讼或者仲裁请求，以抗辩的方式行使撤销权。

第四，在撤销权行使前，合同是有效的，原则上自成立时生效，只是因合同被撤销而溯及既往的无效。因此合同未被依法撤销前，当事人仍应依合同规定履行义务。当事人不得以合同是可撤销合同为由拒绝履行其合同义务。这与无效合同中的合同当然无效显然是不同的，与效力待定合同成立后仍然处于无效状态，待追认后溯及既往地有效也是不同的。《民法典》中所言的“依法成立的合同”，就包括了有效合同以及可撤销但撤销权人尚未行使撤销权的合同。

根据《民法典》总则编的规定，可撤销事由包括欺诈、胁迫、重大误解和显失公平，对于相关构成以及撤销权的归属等具体内容，于此不赘。值得注意的是，《民法典》删除了可撤销合同中可变更的规定，这主要是考虑到这种做法容易形成公权力对私人权利领域的不当干扰，甚至导致自由裁量权的滥用。[①]

## 三、无效合同

### （一）无效合同的概念与特点

无效合同是指已经成立的合同，因违反法律、行政法规的强制性规定中的效力性规范或违背了公序良俗，而自始、当然、确定地不发生效力。无效合同的特征表现为以下几点。

1. 违法性

所谓违法性，是指合同违反了法律、行政法规的强制性规定中的效力性规范或违背了公序良俗。违法性是无效合同的根本特征。

《民法典》对已经成立的合同建立了多层次的效力评价体系，其中法律对无效合同的否定性评价是最强的，其原因就在于无效合同的违法性。在可撤销与效力待定的合同中，其效力瑕疵的原因在于欠缺相应的能力、权限或者意思表示存在瑕疵，当事人所表示出来的可能并非其真实意图。因此，其尚属私法自治的范畴，法律自然应当允许当事人通过自己的意思进行选择，即通过追认使效力待定的合同有效，或者行使撤销权使已经生效的合同溯及既往地无效。可见，法律对效力待定和可撤销合同的相关规定，其本质仍然是对私法自治原则的维护和补充。但对于具有违法性的合同，如果任其履行，则将侵害法律体系所建构和保护的整体法秩序，因此法律唯有将之宣告无效。可见，法律对无效合同的规定，体现了国家意志对私法自治范围的限制和对自由意志的强制。

2. 自始无效

《民法典》第155条规定：“无效的或者被撤销的民事法律行为自始没有法律约束力。”对于无效的合同，自该合同成立时起，即不发生当事人所意欲发生的效力。当事人不能基于无效的合同请求对方履行或者要求对方承担违约责任。对已经履行的无效合

① 石宏主编. 中华人民共和国民法总则条文说明、立法理由及相关规定. 北京：北京大学出版社，2017：352.

同，应当通过返还财产、赔偿损失等方式使当事人的财产状况恢复到合同订立之前的状态。

应当注意的是，如果在合同成立时依据当时法律的规定该合同应当被认定无效，而在合同被法院依法确认无效前由于法律的修改该合同又应当被认定为有效，则基于鼓励交易原则以及对私法自治原则的维护，应当认为该合同有效。我国《民法典》均在既往法律规定基础上进一步限制了合同无效的事由，导致不少合同适用合同成立时的法律，合同应当被认定无效，而适用新法则合同有效的状况。《民法典时间效力规定》第 8 条规定："民法典施行前成立的合同，适用当时的法律、司法解释的规定合同无效而适用民法典的规定合同有效的，适用民法典的相关规定。"第 9 条规定："民法典施行前订立的合同，提供格式条款一方未履行提示或者说明义务，涉及格式条款效力认定的，适用民法典第四百九十六条的规定。"这一做法与《立法法》第 104 条（法律、行政法规、地方性法规、自治条例和单行条例、规章不溯及既往，但为了更好地保护公民、法人和其他组织的权利和利益而作的特别规定除外）的规定也是一致的。毕竟无效是国家基于公序良俗对当事人合同自由的限制，在法律赋予当事人更多自由的情况下，应当按照新法处理，而不能僵化地强调法律不溯及既往。

3. 当然无效

无效合同具有违法性，任何人都可以主张该合同无效，而且对于无效合同，无须任何人主张，其当然不发生效力。因此，在合同纠纷处理中，法院或仲裁机构应当依职权主动对合同效力加以审查，而无须当事人主张。

需要指出的是，对于恶意串通损害第三人利益的合同，由于通常不涉及公序良俗，故应当由受害人主张，而不能由法院或仲裁机构依职权主动宣告无效。换言之，此类无效合同并非当然无效。

4. 确定无效

无效的合同自其成立时起即不生效。由于其违法性，即便当事人缔约时不知该合同违法，或者当事人依照该合同各自履行了其合同义务，也不能发生效力。如果当事人通过合意对违法的内容加以变更，使之合法，则应当认为当事人重新订立了一个合同，其原则上应当于当事人变更合意达成时生效。

（二）无效合同的类型

《民法典》总则编对虚假行为、恶意串通以及违法的具体内涵都进行了全面的规定，于此不赘述。合同编第三章则对超越经营范围订立的合同效力以及免责条款无效进行了特别规定，在此予以介绍：

1. 关于超越经营范围订立的合同效力

《民法典》第 505 条规定："当事人超越经营范围订立的合同的效力，应当依照本法第一编第六章第三节和本编的有关规定确定，不得仅以超越经营范围确认合同无效。"这就是说单纯地超越经营范围并不影响合同效力，在超越经营范围的情况下，还是应当按照《民法典》总则编对民事法律行为效力的规定以及合同编关于合同效力的规定来进行效力性评判。如果合同违反了国家限制经营、特许经营以及法律、行政法规禁止经营的规定，该规范又是效力性规范，则应当宣告其无效。但如果该合同涉及的经营领域并不涉及前述情形，或者虽然法律、行政法规对经营范围进行了强制性规定，但该规范只是管理性规范，则不能认为该合同无效。

2. 造成对方人身损害的免责条款无效

现代民法强调对人格权的保护。人的生命、健康、身体是自然人人格所依附的生物基础，因此生命权、健康权、身体权在人格权体系中居于首要位置。在人格权与财产权出现冲突时，应当对人格权进行优先保护。对免责条款的约定属于合同自由的一部分，其关涉的仍然是财产权利，因此，在当事人就合同履行造成人身损害约定免责条款时，基于强调保护人权的价值考量，法律特别规定该免责条款无效。否则，则无异于鼓励当事人利用合同自由来侵害相对人的人格权。

值得讨论的是，是否所有造成对方人身伤害的免责条款，不区分加害人的主观状态而都应一律宣告无效。例如医疗服务合同履行过程中，由于医学科学尚处于经验科学的阶段，如对各种临床症状与特定疾病之间的因果关系、特定治疗方法与特定疾病之间的因果关系尚无清晰的认识，医疗活动受到仪器设备、药物、治疗手段和手术方法、对疾病本质认识等因素的局限，这就使医疗行为充满风险。如果不允许医疗机构适用免责条款，则其可能顾及未来的风险，而不敢采用一些比较新、风险也更大的医疗手段。这从根本上是不利于对人格权的保护的。因此，我们认为，司法实践中对法律的这一规定应当作限缩解释，即免除因故意、重大过失以及一般过失造成对方人身伤害的责任的免责条款无效。但对于当事人免除因轻微过失造成对方人身伤害的责任的条款，则应承认其效力。

3. 因故意或者重大过失造成对方财产损失的免责条款无效

如果允许当事人自由约定因故意或者重大过失造成对方财产损失仍然可以免责，则无异于一方当事人赋予另一方随意侵害自己财产的权利，这就减弱了当事人履行合同义务时尽量避免损害发生的责任感，不仅不符合民法中的诚信原则，而且纵容了当事人的疏忽和懈怠，造成了不必要的浪费，从根本上危害了社会公共利益。因此，对于基于故意或者重大过失造成对方财产损失的免责条款，也应宣告其无效。

当然，一方故意造成对方财产损失，而后当事人通过约定免除了侵害人的责任的，则此时并未对未来的责任予以免除，这种约定也并非《民法典》第506条所言的免责条款，而是双方通过协议消灭了其相互之间已经存在的债权债务关系，自然不能适用《民法典》第506条关于免责条款的规定，宣告该条款无效。

### 四、解决争议条款效力的独立性

所谓有关解决争议方法的条款主要是指仲裁条款、对管辖法院的选择条款、涉外合同关系中对准据法的选择条款等。合同当事人依法自由约定合同纠纷的解决方法是合同自由的题中应有之义。《民法典》明确允许当事人在合同中就此进行约定。《民法典》第507条规定："合同不生效、无效、被撤销或者终止的，不影响合同中有关解决争议方法的条款的效力。"可见，这些条款具有独立性，不因合同不生效、无效、被撤销或者终止而影响其效力。

## 第三节　合同效力的内涵

合同是私法自治最充分的体现，对于已经成立的合同，要通过合同效力制度来对之进行评价。对于依法成立的合同，法律允许其发生法律效力，以保障该合同能够发生当事人所预期的法律效果。

### 一、合同的对内效力和对外效力

合同的效力是指合同有效成立并生效后，为实现当事人的合同目的，法律所赋予的效果或权能。可见，合同效力的根源在于法律，合同作为一种法律行为，在其所蕴涵的当事人的合意与法律所体现的国家意志不相违背时，法律赋予其实现当事人缔约目的的效力。

尽管学者对《民法典》调整的合同是民事合同还是债权合同存在争议，但即便是主张民事合同的学者，在讨论合同效力问题时所论述的仍然是债的效力的内容。这是因为，单纯的合意不具有社会典型公开性，只能约束其各方当事人，因此其当事人所能创设的只是当事人间的相对权。在民法领域中任何人不得为他人设定义务，而绝对权的义务主体为权利人以外的任何第三人，除权利人外他人均要负不作为的义务，因此，民事主体原则上不能直接通过合同来创设绝对权。尽管我国法律规定了有些合同，如地役权合同，一经生效即产生物权创设的效力，但实际上真正使之具有对抗效力的，并非当事人之间单纯的合意，而是法律的特别规定，这种情况下，物权效力的发生实系基于法律的特别规定而非单纯的合同本身。因此，我们认为，在特殊情况下，尽管某些合同可能产生物权、人格权等绝对权变动的效力，但这些效力实际上是法律特别赋予的，合同的效力通常是指债的效力，包括对内效力和对外效力。

（一）合同的对内效力

为了实现合同目的，债务人应当按照合同约定全面进行给付，债权人应当全面受领。因此，合同的对内效力即给付效力，是指法律对当事人履行其债务的要求，表现为给付和受领以及在债务人不履行或履行不符合约定时违约责任的保障。具体而言包括以下几个方面。

1. 给付请求力

根据《民法典》第118条的规定，债权是“权利人请求特定义务人为或者不为一定行为的权利”。因此，债权的中心是请求权，债权人有权根据法律规定和合同的约定请求债务人为特定给付，债务人应当按照合同约定及法律规定和诚信原则的要求履行其给付义务。给付请求力是合同的首要效力。

给付请求不但可以以意思表示的方式作出，也可以通过诉讼或者仲裁方式作出。债权的实现有赖于债务人的全面履行，合同法是执行当事人的允诺和协议的法律①，“合

①［美］迈克尔·D.贝勒斯.法律的原则.张文显，等译.北京：中国大百科全书出版社，1996：143.

同法的目的是通过强制履行承诺帮助人们实现他们的私人目标”[①]。因此，给付请求力也体现在，在债务人不履行或履行不符合约定的情况下，债权人有权请求国家予以保护，通过国家权力强制债务人承担继续履行、采取补救措施或者赔偿损失等违约责任。在债权人拒绝受领或受领迟延的情况下，法律也令其承担一定的赔偿责任或不利后果。在诉讼时效届满时，债务人可以主张诉讼时效期间届满的抗辩，法院审查确认后应当作出驳回诉讼请求的判决。

需要注意的是，强制执行虽然是民事诉讼法中的制度，但其实体法的依据仍然是合同效力中的给付请求力，故而理论上强制执行应当仅适用于给付判决或者裁决的执行。

2. 给付受领力

合同债权的实现，不仅需要债务人履行其给付义务，而且需要债权人的受领。基于债权，债权人有权受领给付，原则上也可委托第三人代为受领。只有在法定情形下，方可剥夺债权人的受领资格，故给付受领力也是债的效力的重要内容。当然，对于无须受领的合同，如标的为不作为的合同，则无此效力。

对于受领是否是债权人的义务存在争议，有观点认为受领只是债权人的权利，也有人认为受领同时也是义务。我们认为，受领本质上是债权人的权利，但在债权人无正当理由拒绝受领致使债务人履行困难时，债务人可以将标的物提存，从而消灭自己的债务并使债权人受到一定的不利益。

3. 给付保持力

给付保持力是指债权人保持所受领的给付的效力。债权人就其受领给付所获得的利益，不构成不当得利。《民法典》第 985 条规定，“得利人没有法律根据取得不当利益的，受损失的人可以请求得利人返还取得的利益”。这里所说的“法律根据”主要就是债权。基于债权的给付保持力，对于债权人受领的标的物或者其他利益，债务人不得以债权人没有合法根据为由请求返还不当得利。反过来，债务人不知诉讼时效期间届满而进行了给付，事后又提出返还请求的，法院不予支持。这是因为诉讼时效期间届满只是导致抗辩权的发生，债权人的债权仍然存在，债权人依然享有给付保持力，故而债权人受领的给付不构成不当得利，债务人没有请求返还的请求权基础。

此外，合同义务不以给付义务为限。合同生效后，当事人已经进入一个比较紧密的法律关系之中，当事人需要遵循诚信原则，并根据合同的性质、目的和交易习惯履行通知、协助、保密等附随义务。这些义务属于合同上的义务，但其系基于法律的直接规定或依据诚信原则而发生的，其存在之意义在于辅助实现给付义务，因此，也属于合同效力的内容。

（二）合同的对外效力

通常情况下，合同依法成立所发生的只是债的效力，只能约束当事人。但例外情况下，合同也会对当事人以外的第三人发生效力，此即合同的对外效力，具体包括以下几个方面。

---

① ［美］罗伯特·考特，托马斯·尤伦. 法和经济学. 张军，等译. 上海：上海人民出版社，上海三联书店，1994：314.

1. 保全效力

债的保全是指因债务人的行为其责任财产不正当减少或应该增加而不增加，债权不能实现的，债权人可以行使代位权或者撤销权，以维持或者回复债务人责任财产的制度。保全是债权的权能之一。代位权系向相对人主张，撤销权撤销的是债务人与第三人之间的法律行为，因此，保全效力已经突破了债的关系的相对性的限制，而及于当事人以外的第三人，属于债的对外效力。[①]

2. 处分效力

债权是财产权，债权人原则上有权依法处分自己的权利，故债权的处分权能也是债的效力之一。处分债权的方式包括抵销、免除、债权让与等。

3. 债权的不可侵性

现代各国民法普遍承认了第三人侵害债权制度，认为债权作为一种民事权利，也同样具有不可侵性。第三人不得违背公序良俗而故意实施侵害债权的行为，否则，应当承担侵权责任。债权的不可侵性是债权作为民事权利本身所固有的效力。《民法典》第120条规定，“民事权益受到侵害的，被侵权人有权请求侵权人承担侵权责任”，这就为债权的侵权法保护预留了空间。债权的不可侵性是对当事人以外的第三人的效力，属于债的对外效力。基于债的相对性，构成第三人侵害债权，须以加害人主观上存在故意以及行为方式上违反公序良俗为前提，否则将过分扩张债的效力，使人动辄得咎，影响行为自由。

上述权能为债权的一般效力，不仅普遍适用于合同之债，不当得利之债、无因管理之债、侵权之债等各类债权均有上述效力。此外，不同的合同亦有其特殊的效力，比如，就双务合同而言，其还发生同时履行抗辩权、不安抗辩权以及后履行抗辩权等效力。就各类有名合同而言，依《民法典》合同编“典型合同”的规定，亦有一些特殊效力。

此外，我国法律中的合同不以债权合同为限，在法律特别规定的情况下，合同可以直接发生物权变动的效力。

## 二、合同效力与合同的法律约束力

《民法典》同时使用了合同效力与法律拘束力两个概念。《民法典》第119条规定：“依法成立的合同，对当事人具有法律约束力。”所谓“依法成立的合同”，即成立且有效或者可撤销的合同。合同只要依法成立，就对当事人发生法律约束力。根据《民法典》第158条、第160条和第502条的规定，对法律、行政法规规定应当办理批准等手续才能生效的合同，当事人约定附生效条件或生效期限的合同，即便已经依法成立，具有了法律约束力，但仍然不生效。显然，我国法律中合同的法律约束力与合同的效力在内涵上有一定差异。

从《民法典》的规定来看，合同的法律约束力强调的是合同对当事人的拘束。《民

---

① 有日本学者认为，保全效力仍然是合同当事人之间的对内效力，对合同外第三人发生作用，不过是其反射作用而已。但通说认为保全是合同的对外效力。

法典》第465条第2款强调，“依法成立的合同，仅对当事人具有法律约束力，但是法律另有规定的除外”。可见，合同的法律约束力原则上仅仅是针对合同当事人而言的，这与合同的效力不仅包括对当事人发生效力，还包括对外效力有明显区别。就其内容来看，合同的法律约束力强调的是契约必守，即依法成立的合同，除有法定或约定事由且经法定程序外，不允许任意一方当事人请求解除、撤销、变更合同。换言之，基于合同的法律约束力，当事人所承担的实际上是尊重依法成立的合同的消极不作为的义务，而不包括旨在实现债权的合同的效力。如果认为合同的约束力包括了合同的效力，则一旦合同依法成立，就应当认为合同已经发生了给付请求力等效力，这不符合《民法典》对有效成立的合同生效时间的特殊规定。

因此，《民法典》所言的合同的“法律约束力”和“合同的效力”，二者之间乃一并列关系而非属种关系，共同构成了依法成立的合同所发生的全部法律效果。一个依法成立的合同，当然具有法律约束力，而且一般情况下，也都发生合同的效力，但在法定的或当事人约定的特别情形下，如合同须审批方能生效时，则暂不发生合同的效力。但该合同仍然具有法律拘束力，当事人不得随意变更或者解除合同。

# 第四章 合同的履行

## 第一节　合同履行概述

《民法典》合同编第四章虽然名为“合同的履行”，但其并非仅适用于合同之债。该章关于双务合同履行中的抗辩权以及关于情势变更、合同管理的规定，显然仅适用于合同，而其他规定则可以普遍适用于各类债的关系。对比《合同法》，该章是《民法典》合同编中增补内容最多的部分。该章全面借鉴了比较法上的做法并且吸收了我国司法实践中的经验，新增了金钱之债、选择之债、按份之债、连带之债、为第三人利益的合同、第三人代为履行、情势变更、债务加入等一系列详细的、富有可操作性的履行规则。

### 一、履行的概念

履行是指债务人自愿依照当事人的约定或者法律规定为其确定的债务作出某种行为，以实现债权。债的关系主要基于合同而发生，就合同而言，合同是交易的法律形式。正如谢怀栻先生所言，债的发生就是为了消灭的，双方当事人订立合同原则上是为了发生债权债务关系，但是，发生债的关系的根本目的并非发生债权本身，而是通过当事人履行债务来最终实现财产和劳务的流转，从而完成交易。只有通过合同的全面、适当履行，才能够使合同当事人的设立债的关系的目的或者说合同目的得到正常实现。因此，履行是债的效力的核心，也是合同目的实现、债的关系消灭，从而实现债权的基本途径。

合同履行的概念是对当事人依照合同义务作出某种行为的高度抽象。就合同履行的形态而言，既有积极的作为，也有消极的不作为，例如，邻居之间约定不在某个时间段演奏钢琴。在作为中，其又包括标的物所有权的移转、标的物使用权的移转、完成约定的工作并交付工作成果、劳务的提供等。

《民法典》合同编单列“合同的履行”一章对履行进行了全面规定，从其条文的结构和内容来看，其适用于履行合同义务的全过程。因此，合同的履行是一个动态的过程：在履行期到来之前，当事人应当做好履行的准备工作；履行期届满，当事人应当全面履行其义务。对于即时清结的合同，通过简单的一次性履行即可实现合同目的；但对于大多数合同来说，其履行需要通过多次或者长期的履行行为方能完成。例如，分期付款买卖合同中买受人付款义务的履行，雇佣合同中雇员提供劳务义务的履行。

履行是债务人自愿的、在不具有外部的强制的情况下作出的。在违约责任中，规定了继续履行这一责任形态。履行和继续履行是不同的，继续履行也称为强制履行，是债务人不履行或迟延其合同义务的后果，即在不履行情况下法院强制其履行债务。虽然同样是由债务人履行其合同义务，但继续履行是由国家强制进行的，因此，《民法典》将继续履行作为违约责任的一种承担方式。而且，基于法律的规定、当事人的约定以及债务的性质，对于有些债务，债权人不能要求继续履行，只能要求损害赔偿。

履行是一个中性的概念，它只是指债务人按照债的内容去从事一定的行为，至于这种行为全面履行完毕后能否实现债权人的债权，则并不在履行的概念所能包括的范围之内。因此，《民法典》合同编“合同的履行”一章中开宗明义，在第509条确立了全面履行、诚信履行和绿色履行的原则，强调当事人应当全面履行、诚信履行合同义务，并在履行合同过程中，遵循绿色原则，避免浪费资源、污染环境和破坏生态。在债务人全面履行其债务的情况下，方可构成清偿，从而实现债权、消灭债的关系。

## 二、履行、给付与清偿

民法理论和审判实践中，在履行这一概念之外，还经常使用给付和清偿的概念。对这三者，有必要加以辨别。

（一）履行与给付

给付一词可以作为名词使用，即债务人履行其债务的行为，或者说债的关系中债务人所负的给付义务，包括交付物并移转其所有权或使用权、提供劳务、完成工作或提交工作成果、移转其他财产权利等。此行为不以有财产价值为限，包括作为和不作为。在不同的债的关系类型中，给付义务可能是单纯的实施某种行为的义务，也可能还包括提供某种结果的义务。作为债权人所能请求而债务人所应当承担的行为，给付是债的标的或者说是债的关系的客体。此外，给付也可作为动词使用，即对给付义务的履行。

履行只能作为动词使用，即债务人自愿按照其基于债的关系所负义务作出某种行为，以实现债权。给付是债的效力的核心内容，合同法中债务人履行的义务主要是给付义务。当然，债务并不限于给付义务，还包括附随义务等，因此，使用履行债务或者说履行合同义务的表述更为贴切。

（二）履行与清偿

清偿是债的消灭原因之一。清偿表述的是债的双方当事人全面、适当履行其债务之后的客观状态，是一个静态的概念，而且清偿本身就包含着对债务履行的全面性、适当性方面的价值评判。虽然《民法典》第557条在对债的消灭事由的列举中并未使用清偿的概念，但《民法典》有大量条文使用了“清偿”的表述；就其文义而言，显然是将清偿作为债的消灭事由来对待的。

从《民法典》相关规定来看，清偿包括下列几方面的含义：

第一，清偿是指债务人全面履行其债务。债务人应当按照合同约定以及法律的规定所确定的履行地点、履行时间、履行方式等全面履行其各项合同义务。对于已经有效成立的合同，在当事人对其非主要条款没有约定或约定不明的情况下，应当根据合同漏洞补充规则确定当事人的权利义务并加以履行。履行主体与受领主体应当适格。

第二，清偿还要求债务人适当履行其债务。当事人应当遵循诚信原则，根据合同的性质、目的和交易习惯履行合同中的各项附随义务。在合同约定或法律规定的范围内具体履行给付义务时，也应当遵循诚信原则。在一方违反附随义务造成对方损害的情况下，合同目的并未完全实现，受害人有权请求对方承担损害赔偿责任，因此也很难认为构成清偿。

第三，清偿是债的双方当事人全面且适当履行其合同债务。这就是说，清偿是给付行为与给付结果的统一。清偿不仅需要债务人全面且适当履行其给付义务，还需要债权人全面、适当履行其受领义务。债务人将标的物送交到履行地，其给付行为已经完成，但需要债权人受领，方能发生给付效果，因此仅有给付行为，并不能发生清偿，从而消灭债的关系的效果。在双务合同中，双方当事人互负合同义务，其互为债权债务人。所以只有双方当事人都全面、适当履行各自的义务，且对方都受领，才能使合同目的实现，从而消灭合同关系。如果仅仅是一方全面且适当履行，而另一方没有作出履行或者履行不符合约定或者拒绝受领，这不能导致合同权利义务终止，更不能导致债的关系的消灭。在单务合同中，即便债务人一方全面且适当履行其合同义务，但债权人拒绝受领的，也不能构成清偿，无法发生债的关系的消灭的效果。在债权人没有正当理由拒绝受领的情况下，债务人可以通过提存来消灭债的关系。

履行是一个动态的过程，而且只是一个中性的概念，只有履行完债务，且全面、适当履行了这些义务，才能够使债的关系消灭，即实现清偿。两者强调的重点不同，清偿强调的是债权得到实现这一结果的评价，而履行所侧重的是债务内容的实现过程和行为。

### 三、合同履行的原则

合同履行的原则，是当事人在履行合同义务时所应遵循的基本准则。只有遵循这些准则，当事人的履行才能够真正实现债权人的债权和合同订立目的。从《民法典》第509条来看，《民法典》确立了下列合同履行的原则：

（一）全面履行原则

1. 全面履行原则的内涵

全面履行一直是我国法律对于合同履行的基本要求。自1982年起施行的《经济合同法》（已失效）第6条规定："经济合同依法成立，即具有法律约束力，当事人必须全面履行合同规定的义务，任何一方不得擅自变更或解除合同。"《涉外经济合同法》（已失效）第16条和《技术合同法》第16条也有类似的规定。《合同法》则将《经济合同法》第6条的规定分拆规定在第8条和第60条，《合同法》第60条（"合同的履行"一章）第1款规定，"当事人应当按照约定全面履行自己的义务"，从而确立了合同履行中的全面履行原则。《民法典》第509条第1款沿袭了这一规定。

全面履行原则是合同效力的集中体现。当事人之间通过自由、真实的意思表示达成的合意，经过法律的效力性评价后即可发生法律效力，此种效力主要是债的效力，其主要内容就是给付请求力。故而，一旦合同生效，当事人即负有信守诺言、履行合同的义务，除非遇到不可抗力或者合同明确约定的免责情形，债务人都应当按照约定全面履行债务。

严格地讲，全面履行原则是商事合同中的一项基本要求。我国合同立法史上，《经济合同法》是对企业之间商事合同的规定，《涉外经济合同法》《技术合同法》也主要适用于商事主体之间。《合同法》虽然旨在统一既有的合同法律制度，其一般的主体并不仅限于商人，但是其起草势必受到既有的合同法律的影响，尤其是其具体规范内容较多地借鉴了《国际商事合同通则》的规定，由此沿袭下来的全面履行原则本身就深刻地体现了商事合同的烙印。商事合同预设合同双方当事人都是商人，作为商人，合同双方当事人对于自身的利益都有着比较清晰的认知和计算，对于合同履行中的风险都有着较高的预见能力，其在订立合同的过程中，就双方当事人之间的权利义务尤其是履行中可能的风险或者说免责情形都应当作出比较清晰、全面的安排，因此在合同有效成立之后，双方当事人都应当全面履行各自的合同义务。在当事人都是商人的预设基础上确立全面履行原则，也就意味着在违约责任上采严格责任原则。一旦出现了不履行或者不完全履行的情形，而这种情形又不是合同预先约定的免责条款所规定的情形，那就意味着一方当事人违背了契约必守的要求，即便其能够证明该违约行为并非其过错造成的，也应当承担相应的违约责任。

根据全面履行原则，合同当事人应当按照约定来全面履行其合同义务。这就是说，合同当事人必须按照合同约定的标的、质量、数量，履行方法、时间、地点，以及方式等全面履行其合同义务。除非有法律的特别规定，如发生了情势变更的情形，或者当事人之间另行协议变更，否则当事人只能按照既有的约定履行债务，不得对债务内容进行变更。合同有效成立后，合同对非主要条款，如质量、价款或者报酬、履行地点等内容没有约定或约定不明的，应当依据法律规定的合同补充规则和法律的补充性规定来加以确定，并按照确定后的义务进行履行。

契约必守要求双方当事人都要严格受到合同的约束，不能因自身情况的变化而影响合同的法律约束力。实践中，受传统的“新官不理旧债”观念的影响，经常发生在一方当事人的姓名、名称变更或者法定代表人、负责人、承办人变动后，新的法定代表人、负责人或者承办人以自己不了解情况等为借口拒绝履行债务的情形。《合同法》第76条针对实践中的此种情形，明确宣示当事人不能以此为借口拒绝履行债务。《民法典》第532条沿用了这一做法，特别强调“合同生效后，当事人不得因姓名、名称的变更或者法定代表人、负责人、承办人的变动而不履行合同义务”，从而对契约必守作了进一步的强调。

全面履行原则在《民法典》的表述中只是要求当事人按照约定履行合同义务，之所以如此，是因为将其规定在合同法律中，能凸显契约必守的内涵。这一原则的适用并不仅限于合同之债。全面履行是实现债权的根本手段，在各种法定之债中，虽然债务内容来自法律的直接规定，但债务人同样要全面履行自己的债务。

2. 合同义务群

全面履行原则不仅要求对给付义务（包括主给付义务和从给付义务）的全面履行，

还要求对依据诚信原则产生的附随义务以及其他义务的全面履行。

债务的全面履行意味着债权的实现及合同目的的达到。从这一意义上讲，合同法的各项规则实际上是围绕着合同义务的履行而构建的，因此合同义务具有重要意义。近代民法强调契约即公正，当事人之间签订的合同具有法律的效力，因此，合同义务原则上限于当事人在合同中明确约定的义务。但随着现代合同法的发展，尤其是诚信原则在民法中尤其是在合同法中的基本原则地位日渐重要，合同义务摆脱了单纯的当事人约定义务的范围，其来源渐趋多元化，从而形成了合同上的义务群的概念。

《民法典》合同编在强调合同内容由当事人约定的同时，明确规定当事人行使权利、履行义务应当遵循诚信原则，并规定了合同补充和解释规则；同时，《民法典》合同编对合同履行中的附随义务的产生依据、判断标准以及具体的义务内容进行了列举规定。给付义务、附随义务以及下文所言的不真正义务、先合同义务、后合同义务等，共同构成了我国法上的合同义务群。对于这些义务，依据全面履行原则，债务人均应当履行。

3. 给付义务

《民法典》第 118 条将债权界定为“权利人请求特定义务人为或者不为一定行为的权利”。这就明确把债的客体界定为给付，即债务人的特定行为，包括作为和不作为。可见，债务的最主要的内容是给付义务。当事人一方不履行给付义务或者履行给付义务不符合约定的，应当承担继续履行、采取补救措施或者赔偿损失等违约责任。

根据给付的不同性质和合同的不同目的，当事人承担的给付义务是不同的。有些合同中，债务人承担只是行为性义务，只要完成一定的行为并尽到合理的注意，不论是否实现债权人的预期利益，即可认为完成了其给付。例如，医疗服务合同中，只要医疗机构在医疗活动中尽到了勤勉尽责的义务，即便患者病情并未好转甚至死亡，也不能认为医疗机构没有履行或没有完全履行给付义务。患者仍然要支付其医疗费用。再如，根据《民法典》第 880、881 条的规定，在技术咨询合同中，受托人应当按照约定的期限完成咨询报告或者解答问题，提出的咨询报告应当达到约定的要求。这里约定的主要是对受托人注意义务方面的要求，通常不应是对依照该咨询报告作出的决策的正确性的要求。对于委托人按照受托人符合约定要求的咨询报告和意见作出决策所造成的损失，如无相反约定，应当由委托人承担。可见，此种合同中之给付义务是行为性义务。有些合同中，债务人承担的是结果性义务，例如承揽合同中，承揽人必须按照定作人的要求完成工作并交付工作成果，才完成其给付。买卖、赠与、租赁等合同中的给付也是如此。

根据给付义务对债的关系的影响，可以将之分为主给付义务与从给付义务。所谓主给付义务，是指债的关系（尤其是合同关系）所固有、必备的，并用以决定债的关系（合同）类型的基本义务。《民法典》第 528 条、第 563 条都提及了“主要债务”的概念，解释上应当是指主给付义务。

主给付义务是依据合同类型来具体判断的。在法律没有作出规定且当事人也没有特别约定的情况下，应当依据合同的性质来确定该合同的主给付义务。《民法典》合同编“典型合同”分编对各类有名合同均进行了定义性的规定，这种定义实际上是依赖对合同当事人的主给付义务的规定来作出的，换言之，法律对有名合同的界定实际上就意味着对当事人主给付义务的规定。具体来说，“典型合同”分编实际上是对社会生活中各类典型的交易类型，将其一方当事人的主给付义务按照交付标的物并转移所有权、交付标的物并转移使用权、提交工作成果、提供劳务等典型的给付义务加以具体化，从而确定为各类有名合同中一方当事人的主给付义务；而对其相对人的主给付义务（除单务合同外）则统一规定为给付金钱，从而实现了对各类有名合同的定义性规范。因此对于各类有名合同的主给付义务，可以直接依据法律的规定而确定。

例如，《民法典》第595条规定，买卖合同是出卖人转移标的物的所有权于买受人，买受人支付价款的合同。显然，出卖人转移标的物的所有权于买受人和买受人支付价款即分别为买卖合同双方当事人的主给付义务。再如，《民法典》第961条规定，中介合同是中介人向委托人报告订立合同的机会或者提供订立合同的媒介服务，委托人支付报酬的合同。这里中介人向委托人报告订立合同的机会或者提供订立合同的媒介服务的给付义务，直接决定了该合同的类型为中介合同，因此，其为主给付义务。当然，此类合同中，委托人一方给付金钱的主给付义务被具体化为支付报酬的给付义务。还如，出租人将租赁物交付承租人使用、收益和承租人支付租金，则分别为租赁合同双方当事人的主给付义务（《民法典》第703条）；承揽人按照定作人的要求完成工作并交付工作成果和定作人给付报酬，为承揽合同双方当事人的主给付义务（《民法典》第770条）；等等。

欠缺主给付义务，则合同类型不能确定，合同不能成立。换言之，《民法典》第472条对要约“内容具体确定”的要求，实际上就是要求要约中应当明确未来合同中的主给付义务。这里所说的“具体”，就是说主给付义务应当是具体的某一给付类型；这里所言的“确定”，就是说给付的内容应当是确定或者可得确定的。在此情况下，才可能构成要约从而成立合同。如果根据某一协议文本无法确定当事人双方的主给付义务，则合同不能成立。

此外，主给付义务的意义还表现在：在双务合同中，双方当事人各自所负的主给付义务构成对待给付义务。这主要涉及同时履行抗辩权、后履行抗辩权和不安抗辩权的行使，在此情况下行使抗辩权的一方有权拒绝对待给付；因不可归责于当事人的原因（除非法律另有规定或当事人另有约定，原则上为不可抗力），不能或不能完全履行合同的，部分或者全部免除其责任，对方当事人也免为对待给付义务。在判断合同解除时，也有主给付义务的适用，如预期违约和默示拒绝的情况下的合同解除权。按照《民法典》第563条，在履行期限届满之前，当事人一方明确表示或者以自己的行为表明不履行主要债务的；当事人一方迟延履行主要债务或者主给付义务，经催告后在合理期限内仍未履行的。对此，对方当事人有权解除合同。此外，《民法典》第563条第1款第4项所言的“当事人一方迟延履行债务或者有其他违约行为致使不能实现合同目的”的情形，通常也是指对主给付义务的迟延履行或者其他履行不完全。

所谓从给付义务，是指主给付义务之外的给付义务。从给付义务不能决定合同的类型，其效用在于补充主给付义务，以确保债权人利益获得最大满足。因此，从给付义务的欠缺并不影响合同的成立。

从给付义务一般也不影响当事人订约目的的实现，因此，从给付义务原则上与相对人的给付不构成对待给付，不履行或不完全履行从给付义务也不会构成根本违约，非违约方也不能借此解除合同，而只能要求继续履行或损害赔偿。但特殊情况下，从给付义务也可能直接影响当事人订约目的的实现，则此时应当认为从给付义务与相对人的给付构成对待给付。例如，在买卖小狗时，交付血统证明如无当事人特别约定，只是从给付义务（《民法典》第599条），但无血统证明的交付，相对人的订约目的可能无法实现。此时，相对人可因该从给付义务的不履行或不完全履行而主张同时履行抗辩权或者后履行抗辩权，在由该从给付义务的不履行导致缔约目的不能实现时，可以主张解除合同。

从给付义务可以基于下列渊源而发生：

第一，当事人的约定。例如，在买卖合同中，当事人之间可以约定交付标的物时应当一并交付提取标的物单证以外的有关单证和资料，出卖人应当按照约定进行交付（《民法典》第599条）。此种约定也可以是不作为的义务，例如，甲将其套房中的一间租给小提琴手乙，并约定每日22时以后乙不得在房间中练琴。

第二，合同漏洞补充规则。《民法典》第510条和第511条对合同补充规则进行了规定。在合同没有约定或约定不明且不能达成补充协议的情况下，应当按照合同有关条款或者交易习惯确定合同权利义务。例如，根据《不动产登记暂行条例实施细则》，在商品房买卖时，特定情况下不动产登记可以由买受人单方申请，但其必须提交房屋权属证书以及相关的证明等文件，而这些文件往往在出卖人手中。因此，即便当事人没有在买卖合同中约定，但从合同目的以及交易习惯出发，出卖人也负有交付这些文件的义务。

第三，法律的任意性规定。《民法典》合同编在“典型合同”分编中规定了大量补充性规定。在当事人未作相反约定的情况下，将这些规定直接订入合同，成为合同内容的一部分。其中不少义务不能直接决定合同性质，应当认为是从给付义务，例如：货运合同中，托运人对货物的包装义务（《民法典》第827条）；委托合同中，受托人对委托事务的报告义务（《民法典》第924条）等。

从给付义务不同于从义务。从给付义务与主给付义务同属于一个合同中，共同构成同一合同的给付义务。而所谓从义务，其是与主义务相对而言的，是根据义务之间的从属关系来确定的。主义务是能够独立存在的义务，从义务只能从属于主义务而存在。从义务与主义务分属不同的合同关系。例如：保证责任相对于主债务而言，属于从义务，其系基于保证合同而产生，而主债务是基于主合同而产生的。二者并非同一合同关系中给付义务的不同组成部分。

4. 提前履行

全面履行原则或者说契约必守原则是《民法典》合同编“通则”第四章开宗明义确定的履行的基本原则。这一原则是合同效力的集中体现，也是诚信原则的必然要求。《民法典》对提前履行的规定，就是契约必守原则在我国合同法律中的突出体现。

按照通常的理解，债务人对履行期限享有一定的期限利益，例如，甲向乙出售一栋房屋，如果提前两个月履行债务，则意味着其将失去对该房屋两个月占有、使用的利益。如果要求债务人提前履行，则将对债务人的期限利益造成损害。因此，在履行期限到来前，债务人可以对债权人的履行请求提出履行期限尚未届满的抗辩。换言之，提前履行应当认为是债务人对其期限利益的放弃。当事人设立债权，其目的不在于债权本身，而在于债权的实现。债务人提前履行债务，将使债权提前得到实现，通常情况下，这显然是有利于债权人的。因此，就法理而言，对于债务人提前履行的请求，原则上应当允许。只是在提前履行可能损害债权人的利益时，例如对受领的标的物并无立即使用的必要或可能增加其保管费用，债权人方能拒绝。从比较法来看，德国法系诸民法在对不当得利请求权的规定中，规定提前清偿所带来的利益不构成不当得利，债务人不得请求返还。这实际上就承认了债权人原则上不得拒绝债务人提前履行债务，只是债务人不得就其放弃的期限利益要求返还而已。

但《民法典》强调契约必守原则，其第530条第1款规定："债权人可以拒绝债务人提前履行债务，但是提前履行不损害债权人利益的除外。"这就是说，提前履行本身也是违反合同约定期限的行为，故基于契约必守原则，债权人原则上可以拒绝，只是在不损害其利益的情况下，依据诚信原则，债权人不能拒绝债务人提前履行的请求。当然，此时如果因债务人提前履行债务而给债权人增加了费用，则该费用应当由债务人负担。此种做法，虽然就结果而言，与比较法上的做法并无二致，但行文表述上却突出了契约必守的要求。

5. 部分履行

在法律、交易习惯没有另行规定，双方没有另行约定且合同性质允许的情况下，原则上债务人应当一次履行其给付义务。在当事人没有约定分期给付时，债务人不得分多次履行其义务，债权人有权拒绝债务人分期给付的请求。

比较法上考虑到诚信原则的要求，对于分期清偿在不损害债权人利益的例外情况下，也予允许。《民法典》奉行契约必守原则，其第531条原则上禁止部分履行，但基于诚信原则的要求，如果债务人的部分履行并不损害债权人的利益，则债权人不能拒绝债务人的部分履行。债务人部分履行债务给债权人增加的费用，也应当由债务人负担。

（二）诚信履行原则

1. 诚信原则与诚信履行原则

《民法典》第7条规定："民事主体从事民事活动，应当遵循诚信原则，秉持诚实，恪守承诺。"这里所说的民事活动，当然包括履行债务的行为。据此，第509条第2款对于债的履行明确要求"当事人应当遵循诚信原则，根据合同的性质、目的和交易习惯履行通知、协助、保密等义务"。由此确定了债务履行中的诚信履行原则。

需要指出的是，虽然我们把《民法典》第509条第2款的内涵直接表述为诚信履行原则，但并不是说，只有诚信履行原则才体现了诚信原则的要求。全面履行原则也叫契约必守原则，它本身就是民法中诚信原则的直接体现。在我国法律语境下，秉持诚实、恪守承诺其本意就是契约必守。现代交易中合意的完成（合同的成立）与其实际的履行往往在时空上相分离，合同能成为交易的主要法律形式，主要是由于其作为一种可期待的信用，能够把未来的财富引入现实的交易之中，这就需要法律对当事人之间脱离了现实交付的合意赋予法律的拘束力和效力，从而以法律的强制力赋予其履行合同的信用或者说保障合同目的实现的功能。这就使当事人能够对未来合理预期，从而能够进行无须即时交付甚至交易时标的并不存在的交易，这也将期待利益引入了现实的社会财富和交易之中，增加了社会财富的总量。因此，现代的合同主要是指双方对于未来进行给付的合意。这也就意味着，依照合同约定和法律规定全面履行合同义务，本身就是对信用的维护，是法治“固根本、稳预期、利长远”功能的具体体现。所以，严格地讲，全面履行原则也是诚信原则在合同履行制度中的表现。

诚信履行原则，主要是指当事人对依据诚信原则确定的法定附随义务的履行。附随义务虽不影响合同目的的实现，但起着辅助实现主给付义务的作用。在根据合同的性质、目的和交易习惯而负有附随义务的情况下，合同当事人也应遵循诚信原则加以履行。诚信履行原则，是现代民法依据诚信原则对全面履行原则所作的进一步补充和完善。在传统民法中，全面履行强调的是对合同约定的义务进行全面、适当的履行。而诚信履行原则尤其是依据诚信履行原则所发展出的附随义务，则进一步补充和完善了合同义务，从而形成了合同义务群的概念。

诚信履行原则，首先要求债务人在履行债务过程中，不仅要按照全面履行的要求，履行合同约定的义务或者说给付义务，还要全面履行依据诚信原则所发生的附随义务。

在合同必须严守的同时，基于诚信履行原则，《民法典》合同编“通则”第四章对当事人的履行也有一些特别规定。这主要表现为，特定情况下对合同义务可以提前履行或部分履行，以及履行过程中债权人自身发生重大事项时的通知义务。对于这些义务，债务人要依据诚信履行的原则加以履行，债权人也要依据诚信履行原则的要求，负有一定的容忍义务。

此外，既然诚信原则是民法的基本原则，按照通常的理解，当事人在合同约定或法律规定的范围内具体履行给付义务时，也应当遵循诚信原则。正如《德国民法典》第242条所言，“债务人有义务依诚实和信用，并参照交易习惯，履行给付”。例如，在履行期限之内，债务人选择具体履行时间时不能要求半夜履行或者在债权人营业时间之外履行。在给付种类物的合同中，债务人不得在合同约定的质量范围内故意选择较差的标的物交付。[①] 再如，在交付地点的选择上，不能在厕所等不洁之处交付食品。借款合同中，债权人与债务人约定在任何地点皆可履行还款义务的，借款人选择在共同遭遇强盗时向贷款人还款，解释上即违反诚信原则。[②]

2. 附随义务

（1）附随义务的概念。

传统民法中，债务主要是给付义务。《合同法》直接在立法中对附随义务进行了规定，《民法典》第509条第2款沿用了这一做法。从该款规定来看，附随义务是指合同当事人依据诚信原则所产生的，根据合同的性质、目的和交易习惯所应当承担的通知、协助、保密等义务。

（2）附随义务的特点。

附随义务具有下列特点：

第一，附随义务是附随于主给付义务的义务。附随义务不影响合同类型的确定，也不影响合同成立，其意义在于辅助实现主给付义务，使债权人的利益得到最大满足。依据《民法典》第509条第2款，附随义务是诚信原则在合同履行过程中的具体体现，但

---

① 王家福主编. 民法债权. 北京：中国社会科学出版社，2015：393.

② 林诚二. 民法债编总论：下. 台北：瑞兴图书股份有限公司，2001：12.

其内容应当依据合同的性质、目的和交易习惯而确定。由于合同的性质和目的体现在主给付义务之中，因此附随义务必须以主给付义务的存在为前提，依赖主给付义务而存在。这与合同生效前即已依据诚信原则而产生的先合同义务以及合同终止后依据诚信原则而产生的后合同义务，显然是不同的。

第二，附随义务并非由当事人约定而产生，而是依据法律规定基于诚信原则而发生的。国外多是按照诚信原则的要求，通过司法判例来确定不同合同中的附随义务。《民法典》第 509 条第 2 款直接规定了当事人应当遵循诚信原则，履行附随义务，并列举了部分附随义务类型，且在“典型合同”分编中根据不同的合同类型对一些不同履行阶段中特定情况下的附随义务进行了具体规定。例如：租赁合同中，第三人主张权利时承租人有通知义务（《民法典》第 723 条），承租人对租赁物有妥善保管义务（《民法典》第 751 条）；承揽合同中，承揽人应当妥善保管定作人提供的材料以及完成的工作成果（《民法典》第 784 条）等。但这并不是说附随义务并不以法律的具体规定为限，实践中仍然应当依据《民法典》第 509 条第 2 款的规定，遵循诚信原则，根据合同的性质、目的和交易习惯来具体确定不同的附随义务。

第三，附随义务不能与对方当事人的给付义务构成对待给付。因此，不能以对方不履行附随义务为由主张同时履行抗辩权和后履行抗辩权。附随义务不能决定合同的类型，其履行与否一般也不会导致合同目的的不能实现，因此，违反附随义务不构成解除合同的法定事由，相对人只能请求继续履行或赔偿损失。

附随义务虽然附随于主给付义务，但其系法定义务，依据诚信原则根据合同的性质、目的和交易习惯来具体确定，故而合同成立时，主给付义务虽然已经确定，但附随义务则可能未必同时产生。在不同类型的合同中，其主给付义务是不同的，如租赁合同就不像买卖合同那样以移转所有权为主给付义务，而附随义务则广泛存在于各类合同中，只是在不同合同类型中其具体类型和内容有所不同。此外，在合同的不同阶段，附随义务亦随着主给付义务的履行而不断变化其内容。

附随义务与从给付义务在很多情况下，内容是相似的。通常认为二者的主要区别在于：不履行从给付义务，相对人可以请求继续履行；而附随义务的不履行只能导致赔偿损失的效果。例如：承揽合同中，承揽人按照定作人的要求完成工作并交付工作成果为主给付义务；完成承揽工作后，承揽人交付必要的技术资料和有关质量证明的义务为从给付义务，其不履行的，定作人有权要求其继续履行；而依诚信原则，承揽人应当对工作成果的使用方法等问题负有告知义务，此义务为附随义务。其未尽说明义务导致损害发生的，定作人有权请求赔偿而无法请求继续履行。

（3）附随义务的类型。

根据《民法典》以及相关法律的规定，附随义务一般包括下列类型：

1）通知义务。合同履行过程中，对于可能损害相对人利益的事项，当事人负有及时通知的义务，以便相对人及时准备、避免损失，例如，供用电合同中，供电人基于供电设施计划检修、临时检修、依法限电或者用电人违法用电等原因，需要中断供电时的通知义务（《民法典》第 652 条）。

2）告知义务。严格地讲，告知与通知并无不同，都是一方将某一信息或者意思传达给另一方。但就一般语言习惯而言，告知是指当面告知，更多强调双方面对面的情形。而通知则通常是指双方需要借助一定的媒介来完成信息的传递。告知义务一般是在合同订立过程中所负有的先合同义务，不履行此义务可能构成欺诈。但在合同成立后，依照诚信原则，为辅助实现主给付义务，当事人也负有告知义务，此时该义务为合同义务中的附随义务。例如，货运合同中，承运人负有及时告知有关不能正常运输的重要事由和安全运输应当注意的事项的义务（《民法典》第 819 条）。

3）协助义务。合同有效成立后，当事人处于一种密切的关系之中，其相互之间负有协助义务。例如，在债务人交付买卖合同标的物时，债权人应当及时受领。融资租赁合同中，承租人按照约定享有索赔的权利时，出租人负有协助义务（《民法典》第 741 条）。当然，给付标的为不作为的债务时，则不存在协助的问题。

4）保密义务。这里所指的秘密主要是履行过程中知悉的商业秘密以及其他重要秘密。例如，在医疗服务合同中，医疗机构及其医务人员应当对患者的隐私负有保密义务。承揽合同中，承揽人对加工过程中知悉的秘密应定作人的要求负有保密义务。技术合同中，当事人对于履行合同过程中知悉的技术秘密负有保密义务。

5）保管义务。在保管合同、仓储合同中，保管义务是主给付义务。但在其他相关合同中，往往存在一方当事人依据合同的约定合法占有对方财产的情形。此种情况下，占有人依据诚信原则，也应当负有妥善保管的义务。如果违反这一义务造成标的物的毁损、灭失，占有人应当承担赔偿责任。例如，《民法典》第 610 条规定："……标的物不符合质量要求，致使不能实现合同目的的，买受人可以拒绝接受标的物或者解除合同。买受人拒绝接受标的物或者解除合同的，标的物毁损、灭失的风险由出卖人承担。"这里所言的"拒绝接受标的物"，是指送货上门或者自提这种出卖人和买受人直接见面的情形。在此情况下，买受人发现标的物质量不合格导致根本违约的，有权拒绝接受该标的物。但是，如果标的物需要运输，货到之后买受人发现标的物质量不合格导致根本违约的，这种情况下其有权解除合同，同时应当对收到的标的物妥善保管。在保管期间，基于不可归责于双方当事人的原因导致标的物毁损、灭失，则应当依据风险负担规则处理。但是如果买受人保管不善导致标的物毁损灭失，买受人应当负有赔偿责任，不能再按照风险负担规则来处理。

3. 其他义务类型

（1）不真正义务。

合同中的义务，除前述主给付义务、从给付义务、附随义务之外，还有所谓的不真正义务。民法上的义务一般以责任为其不履行之后果。但在有些情况下，虽然某人依法应当进行某种行为（包括作为和不作为），但相对人不能请求其履行，其不履行时相对人也不能请求其承担损害赔偿等民事责任，而只能使其遭受权利丧失或减损的不利益。此即学理上所言的不真正义务。对于不真正义务，当事人也应当予以全面履行，否则将自己承担相应的不利后果。

《民法典》合同编也规定了一些不真正义务，主要包括：第一，一方当事人违约后非违约方的避免损害扩大的义务（《民法典》第 591 条）。如果非违约方违反此义务，只是发生非违约方不得就扩大的损失要求赔偿的法律后果，而没有损害赔偿责任的发生。

第二，履行过程中债权人自身发生分立、合并或者变更住所等重大事项致使履行债务发生困难时的通知义务（《民法典》第529条）。债权人怠于履行此义务的，债务人不能请求其承担违约责任，但可以中止履行或者将标的物提存。对于由此造成的损失，债权人应当自行负担。

（2）先合同义务与后合同义务。

依据诚信原则，订立过程中以及合同权利义务终止后，还发生先合同义务及后合同义务，在此一并介绍。

在合同订立过程中，尽管合同尚未成立，但缔约双方已经从单纯地负有不得侵害他人义务的一般人进入了一种比较密切的社会关系，其相互之间已经存在一定的信赖关系，因此合同法依据诚信原则对缔约双方规定了一定的先合同义务。违反这些义务并造成对方信赖利益损失的，应当承担缔约过失责任。《民法典》第500条对缔约过失责任进行了规定，并明确缔约过失责任的承担以违反诚信原则为前提，从而依诚信原则确立了先合同义务。

在合同权利义务关系终止后，原合同当事人仍然负有一定义务，以维护给付效果，或协助相对人处理合同终止后的善后事务。此即学理上所言的后合同义务。比较法上主要是法院在裁判中创设规则，并未在立法上规定。我国《合同法》第92条则将其直接规定为立法上的规则。《民法典》第558条进一步明确为："债权债务终止后，当事人应当遵循诚信等原则，根据交易习惯履行通知、协助、保密、旧物回收等义务。"例如：甲与乙公司之间的劳动合同解除后，对于寄到乙公司的甲的私人信函，乙公司仍然负有合理的保管并通知甲来领取的义务；对于前来查询其去向的人员，除非甲有明确交代，否则乙公司应当告知；而甲对于其在乙公司工作期间因工作而知悉的技术秘密等，也应当负有保密义务。

在违反后合同义务造成他人损害的情况下，有学者认为应当承担违约责任。但我们认为：一方面，后合同义务发生于合同终止之后，原合同当事人之间已经不再存在合同这一紧密的关系，因此其不属于合同义务，对之的违反不宜认为构成违约行为；另一方面，违反后合同义务所造成的损失，只能是维持利益的损失而非预期利益的损失，因此即便适用违约责任也不能加以补救。我国法律仅对原合同当事人赋予了后合同义务并对该义务的内容进行了规定，但未规定其责任后果。此种情况下应当按照《民法典》第1165条第1款关于侵权责任的一般条款的规定，来判断责任是否构成。由于原合同当事人负有后合同义务这种法定义务，在其违反法定义务的情况下，自然能够推定其存在过错，此时应当承担侵权责任。当然，当事人也不妨在合同或者解除协议中对违反后合同义务的责任进行约定，此种情况下，一方可以要求违反后合同义务的另一方承担相应的违约责任。

先合同义务和后合同义务的存在，不以合同主给付义务的存在为前提，因此它们不属于附随义务。这些义务发生时，合同或者尚未成立，或者已经终止，因此不能认为这些义务属于合同义务的一部分。但是，考虑到这些义务与合同之间的密切关系，《民法典》合同编也对它们进行了规定，因此，这些义务也可以称为合同法上的义务。

4．履行过程中债权人自身发生重大事项时的通知义务

通常情况下，债权人的自身发生变动时，并不影响合同的履行，债务人不得以此为由拒绝或迟延履行债务。因此，《民法典》第532条规定："合同生效后，当事人不得因姓名、名称的变更或者法定代表人、负责人、承办人的变动而不履行合同义务。"否则，债务人应当承担违约责任。

但当债权人自身发生的某些事项直接影响合同履行时，则债权人就此负有通知债务人的义务。这一义务也是诚信履行原则的具体体现，《民法典》第529条对此进行了规定。

（1）债权人分立、合并时的通知义务。

所谓债权人的分立、合并，是指作为法人或者非法人组织的债权人，所发生的分立或者合并的情形。

法人分立，是指一个法人分成两个或两个以上的法人。分立包括新设分立与派生分立。所谓新设分立，是指原法人分立为两个或者两个以上新的法人，原法人不复存在；所谓派生分立，是指原法人仍然存在，但从原法人中分立出来一个新的法人。

法人合并，是指两个或两个以上的法人，合并为一个法人或合并为一个新的法人。合并包括新设合并与吸收合并。新设合并是指几个法人合为一个法人，原法人均不存在；吸收合并是指一个或多个法人归并到一个现存的法人中去，被合并的法人资格消灭。

依据《民法典》第67条的规定，法人合并的，其权利和义务由合并后的法人享有和承担。法人分立的，其权利和义务由分立后的法人享有连带债权，承担连带债务，但是债权人和债务人另有约定的除外。这实际上是对法定的债权债务概括转移的规定。债的关系的一方当事人为非法人组织而发生合并、分立的，按照《民法典》第108条关于"非法人组织除适用本章规定外，参照适用本编第三章第一节的有关规定"的规定，也应当作此理解。从该法第67条来看，只要发生了法人合并或者分立的事实，就直接发生债权债务概括转移的后果，而无须征得债的关系的另一方当事人的同意。

由于法定的债权债务概括转移无须征得另一方当事人的同意，所以作为相对人的债务人完全可能不知道自己的债权人已经发生了变化。这就可能对其债务的履行造成一定的不利影响甚至产生障碍。基于诚信原则的要求，发生分立、合并的债权人应当负有就其分立、合并的事实以及新的债权人的姓名、名称、住所等及时通知债务人的义务。

（2）债权人变更住所时的通知义务。

债权人变更住所的情况可能会造成当事人之间通讯联络的不便，尤其是在当事人采用书面信函的方式相互传递意思表示的情况下，往往可能导致相关信息的迟延，从而影响债务人的履行。例如，在债务人询问具体的交付地点等安排时，债权人由于变更住所没有及时收到询问的信函，从而没有及时回复，影响债务人的履行。尤其是，在合同没有对履行地点作出明确约定，而按照标的性质又系赴偿债务的情形中，这就意味着，合同的履行地是债权人所在地或者说债权人的住所。债权人变更住所而没有通知债务人的话，可能导致债务人送达原先的债权人住所后无人受领的情况，从而导致债务人履行困难。基于诚信原则的要求，《民法典》第529条对债权人变更住所时的通知义务进行了规定。

(3) 怠于履行通知义务的后果。

从《民法典》第529条来看，在债权人未尽此通知义务时，债务人有权作出选择：一方面，债务人可以中止履行，等待阻碍履行的事由消灭后，如已经确知债权人的住所之所在、确认债权人的权利义务承受人等，再继续履行。由此造成的迟延，债务人不负相应的违约责任。另一方面，债务人也可以将标的物向提存部门提存，从而消灭债权债务关系。

债务人的中止履行或提存应当以债务已届履行期为前提，否则无法判断是否为债权人的怠于通知致使履行债务发生困难。对于债务人的提存，还应注意的是：在双务合同中，债务人的提存通常应当以债务人应当先履行，或者债权人已经按照约定履行完其合同义务为前提，否则，债务人可以直接行使同时履行抗辩权或后履行抗辩权，而无须将标的物先行提存。

《民法典》第529条所规定的通知义务，虽然是依据诚信原则由法律直接规定的义务，但从该条所规定的法律后果来看，债权人怠于履行此项义务时，债务人不能请求其承担相应的违约责任，而只是使债权人遭受了一定的不利益，因此此项义务在性质上属于不真正义务而非附随义务。

（三）绿色履行原则

《民法典》第509条第3款系《民法典》较之于《合同法》第60条新增的内容。《民法典》第9条将绿色原则纳入民法基本原则当中，强调“民事主体从事民事活动，应当有利于节约资源、保护生态环境”，将环境资源保护上升至民法基本原则的地位，具有鲜明的时代特征，既贯彻了宪法关于保护环境的要求，也是落实新发展理念的具体举措。绿色原则被确定为民法的基本原则，其意义在于：一是确立国家立法规范民事活动的基本导向，即要以节约资源、保护生态环境作为重要的考量因素；二是要求民事主体本着有利于节约资源、保护生态环境的理念从事民事活动，树立可持续发展的观念；三是司法机关在审判民事案件，适用民事法律规定时，要加强对节约资源、保护生态环境的民事法律行为的保护。①

为了落实绿色原则，在相关立法中，针对实践中快递行业过度包装、资源浪费的问题，《电子商务法》第52条第3款对于快递物流提供者提出了“按照规定使用环保包装材料，实现包装材料的减量化和再利用”的要求。《民法典》合同编更应当体现《民法典》总则编中作为基本原则的绿色原则的要求：第509条第3款对于合同履行提出了“当事人在履行合同过程中，应当避免浪费资源、污染环境和破坏生态”的要求，第558条较之于《合同法》也增加了“旧物回收”的后合同义务类型。

既然《民法典》第509条第3款将绿色履行规定为合同履行的基本原则，那么在合同履行过程中，在当事人没有特别约定而且法律没有明确的补充性规定的情况下，在具体权利义务的安排上，当事人应当遵循绿色履行原则的要求，避免浪费资源、污染环境和破坏生态。尤其是在涉及包装方式、包装材料等内容时，当事人应当尽量顾及环保要求和资源回收利用的要求。当事人在成本差别不大的情况下，在包装材料的选择上，应

① 石宏. 中华人民共和国民法总则条文说明、立法理由及相关规定. 北京：北京大学出版社，2017：22.

当尽量使用可再生产品；在包装方式上，要避免过度包装；对于履行合同过程中产生的垃圾、废料，即便没有特别约定或者法律的特别规定，也应当予以回收或者清理，由此产生的费用，在没有特别约定的情况下，应当由履行债务的一方承担。

需要注意的是，与《民法典》总则编对绿色原则“应当有利于”的表述一样，第509条第3款对绿色履行原则的表述使用了“应当避免”的表述，在具体义务内容上“浪费资源、污染环境和破坏生态”也与绿色原则“节约资源、保护生态环境”基本上形成了对应关系。这种表述与《民法典》第509条前两款“应当”的强硬要求存在一定区别，为解释留下了空间。换言之，实践中，应当在避免浪费资源、污染环境和破坏生态及由此增加的成本上作出合理的平衡，在适用绿色履行原则来确定当事人相关义务时，应当合理考虑经济社会发展水平，避免因此而显著增加当事人的成本或者造成当事人权利义务明显失衡。

## 第二节　合同漏洞补充规则

### 一、合同漏洞的内涵

全面履行原则要求当事人按照合同约定全面履行自己的债务。但问题在于：由于社会生活的变动不居，加之当事人的经验、预见能力乃至法律知识的限制，当事人很难在合同订立时对未来合同履行过程中可能遇到的问题进行详尽无遗漏的考量，合同对权利义务的约定难免存在一定欠缺；而且从交易便捷、节约缔约成本的角度出发，也没有必要要求当事人对于将来合同中可能出现的情形以及各种情形下的权利义务事无巨细地作出约定。这就需要通过合同漏洞补充规则对合同约定中的不足加以补充和完善。

依据《民法典》第510条，所谓合同漏洞是指对于已经生效的合同，当事人对其非主要条款没有约定或约定不明的情形。

首先，合同漏洞补充以合同生效为前提。所谓合同生效，自然以合同依法成立为前提。进行合同漏洞补充，目的是全面履行合同。如果合同并未成立，所谓皮之不存毛将焉附，显然没有进行合同漏洞补充的必要。如果合同无效、被撤销或者不生效，则其并不发生履行的效力，也没有必要填补合同漏洞、确定合同权利义务。

其次，合同漏洞应当是合同中非主要条款的欠缺或者约定不明。合同漏洞补充以合同的成立为前提。合同条款依其对合同成立的意义，有主要条款和非主要条款之分。所谓主要条款，也称必要条款、必备条款，是指合同必须具备的条款，缺少这些条款，合同不能成立；其他条款即非主要条款。合同类型不同，当事人的缔约目的不同，合同成立所需要的主要条款也是不同的。根据合同自由原则，当事人可以自由订立合同，除订立各种有名合同外，还可以订立各种无名合同。因此，在法律所列举的各有名合同以外，还存在大量的无名合同。这样，法律就不可能一一列举所有各类合同并规定其主要条款，只能根据当事人的缔约目的以及合同的性质来具体判断合同成立所需要的主要条款。如果欠缺主要条款，则合同不能成立。即便事后当事人对欠缺的主要条款达成了补充协议，也应当以补充协议达成的时间为合同成立时间。在补充协议达成前，合同因欠缺主要条款而不成立，自然谈不上漏洞补充的问题。《民法典》第510条明确将漏洞限于“质量、价款或者报酬、履行地点等内容”，其目的就在于指明这些内容系合同的非主要条款。当然，这些条款只是在通常情况下属于非主要条款，在特定情况下也可能成为主要条款，但可以用作漏洞补充的条款必须是非主要条款。

最后，合同漏洞包括了非主要条款的欠缺以及非主要条款的约定不明。所谓欠缺，即合同中对于某些非主要条款没有约定，当事人在缔约时完全忽略了该事项，或者寄希望于相关漏洞补充规则而未予约定。所谓约定不明，是指对于非主要条款虽然有约定但含糊其词、无法通过合同解释来确定其意旨，或者虽然有约定但前后矛盾。需要注意的是，如果当事人在合同中，对某一条款具体内容虽然没有约定，但是约定了将来可以确定的方法，这种情况下，不能认为构成合同漏洞，而应当按照约定的方法对相关条款予以确定。

## 二、按照当事人意思补充合同漏洞的具体规则

### （一）确认合同已成立及合同漏洞的存在

合同漏洞的填补以合同的依法成立为前提。因此，在进行合同漏洞填补之前，首先要确定的是合同的成立，或者说当事人已经对合同的主要条款达成了合意。如果对合同的主要条款尚未达成合意，这种情况下即便当事人对合同主要条款又进行了补充协议，这一补充协议也并不是《民法典》第510条所称的补充协议，而仍然是合同的订立，补充协议成立的时间才是合同的成立时间。

在判断当事人对合同主要条款是否达成合意时，首先要确定哪些内容属于合同的内容。当事人在缔约过程中可能使用了合同书、附件、备忘录、信件、往来传真、确认书等多种多样的文件，并为订约可能登载过一些广告。在这些文件和广告中，并非所有的内容都是合同的组成部分。这就需要确定哪些属于双方当事人已经达成合意的合同条款，在此基础上进行合同成立的判断。此外，也要考虑合同原则上可以以口头的形式订立，意思表示还可以以行为方式作出。

在确认合同成立后，就需要进一步确认合同是否存在漏洞，换言之，在合同中是否存在当事人对某些非主要条款没有约定或者约定不明的情形。这一过程主要是依据合同解释规则对当事人之间的约定内容加以确认和厘清，从而判断合同中是否对某一条款没有约定，或者对某一条款的约定是否不明确。如果合同中的个别条款看似没有约定或者约定不明，但完全可以结合合同整体、当事人的缔约目的等内容确定其内涵，这种情况下就不能认为存在漏洞。

### （二）协议补充

依据《民法典》第510条，在当事人没有约定或约定不明的情况下，首先应当由当事人通过补充协议来对之加以明确。这是因为，合同本质上是当事人的合意，是当事人依据其自由意志来设定、变更或终止彼此之间的权利义务关系。尽管法律也设定了相应的补充性规定，但基于私法自治原则，合同中当事人的约定应当优先适用，在合同存在漏洞的情况下，应当首先由当事人自行通过合意补充。

当事人达成的补充协议，可以是书面的，也可以是口头的，但补充协议对于合同漏

洞的填补应当是明确的、具体的，否则仍然不能解决合同条款的争议。补充协议也可能通过双方当事人的行为成立。合同中虽然没有对某一条款进行约定或者约定不明，但是在一方进行了履行，对方受领并且没有提出异议的情况下，通常可以考虑当事人以行为就相关条款达成了合意。例如在租赁合同到期后，承租人向出租人交付了 3 个月的租金，出租人受领了该租金，这种情况下，应当认为双方当事人就续租期限为 3 个月达成了合意。

（三）根据合同相关条款补充

依据《民法典》第 510 条后半句，在不能达成补充协议的情况下，应当按照合同相关条款或者交易习惯来确定合同中遗漏或者不明确的非必要条款。所谓“按照合同相关条款”确定，就是说将合同视为一个整体，依据合同目的和合同性质，对合同进行整体解释，从而探求当事人的意思、确定遗漏或者不明确的非必要条款的内容。可见，与该法第 510 条前半句规定的当事人直接进行协议补充不同，根据合同相关条款进行合同漏洞补充，实际上是在当事人无法达成补充协议的情况下，由法官或者仲裁员根据合同的有关条款、合同性质、合同目的来探求当事人的意思。

既然根据相关条款进行漏洞补充，本质上是通过探求当事人的意思来补充合同，这就需要结合意思表示解释规则来进行。《民法典》第 142 条规定了意思表示的解释规则。该条第 1 款对有相对人的意思表示解释规则进行了规定，这一规定要求“按照所使用的词句，结合相关条款、行为的性质和目的、习惯以及诚信原则，确定意思表示的含义”。依据《民法典合同编通则解释》第 1 条第 1 款，在解释合同条款时，“应当以词句的通常含义为基础，结合相关条款、合同的性质和目的、习惯以及诚信原则，参考缔约背景、磋商过程、履行行为等因素确定争议条款的含义”。据此，对合同的解释首先要按照其所使用的词句进行文义解释。考虑到语言字句本身的不精确性，对合同的解释不能仅仅依据词句本身，还要结合合同的相关条款对合同进行总体解释，尤其是要结合合同的性质和目的、习惯以及诚信原则来确定当事人的真实意思所在。

需要注意的是，在进行漏洞补充时，法官或者仲裁员应当避免直接援用诚实信用原则来拟制当事人的意思。在狭义的合同解释中，虽然就相关条款内容的理解存在争议，但被用作解释的当事人的合意仍然是存在的，在文义解释、目的解释、整体解释、习惯解释的基础上，通过诚实信用原则对当事人的真实意思加以探求甚至进行调整，有其正当性基础。但是在合同漏洞补充中，当事人本身对相关条款就没有约定或者约定不明，如果直接援用诚信原则拟制当事人的意思，便可能过分侵犯了当事人的意思自治。

申言之，通过探求当事人意思来补充合同漏洞要通过以下方式来进行：

1. 文义解释

对合同相关条款的解释，当然要依托相关条款的词句来进行。在这一过程中，首先需要强调的是，应当对相关词句按照通常的理解进行解释，即应当按照一个合理的人的标准来进行解释，法官应当考虑一个合理的人在此情况下对有争议的合同用语所能理解的含义，以此作为解释合同的标准。法官既不能根据当事人一方的理解来解释合同，更不能根据起草这一方对合同所作的理解来解释合同，而应当以一个合理的人对合同用语的理解进行解释。一个合理的人既可能是社会的一般人，也可能是在一定的地域、行业中从事某种特殊交易的人。如果属于后一种情形，则法官应当按照在该地域、行业中从事某种特殊交易的合理的人的标准来理解该用语的含义。例如，若买卖双方对交货的计量标准“车”的含义发生争执，则应当考虑当事人双方是从事何种活动的买卖，并按照从事该种行业的合理的人对“车”的理解来进行解释。不过，如果双方当事人对合同条款有不同于词句的通常含义的其他共同理解，一方主张按照词句的通常含义理解合同条款的，人民法院不予支持。

2. 目的解释

解释合同应当首先判断当事人的目的。按照私法自治原则，民事主体可以在法律规定范围内，为追求其目的而表达其意思，并通过双方的协议，产生、变更、终止民事法律关系。合同订立的目的是当事人从事交易行为所希望达到的目的，合同不过是当事人实现其目的的手段。在解释合同时，应当特别考虑当事人的合同目的，即通过合同能够为人所认知的目的，而非仅仅隐藏于内心的纯粹动机。在合同书中，通常在合同序言部分会对合同目的加以描述。在进行目的解释时，对此应予注意。

3. 体系解释

所谓体系解释，又称为整体解释，是指将合同的全部条款以及各个构成部分作为一个完整的整体，根据各个条款以及各个部分的相互关联性、争议的条款与整个合同的关系、在合同中所处的地位等各方面因素进行考虑，来确定所争议的合同条款的含义。易言之，在运用合同的整体解释方法时，需要将合同的所有条款综合考虑，准确地把握合同条款的真实含义。因为作为当事人意思的反映，合同的各个条款并不是孤立存在的，尽管当事人没有就某一特定事项达成合意，但合同其他条款中可能隐含着当事人对此的真实意思。这就有可能通过对合同其他相关条款含义的分析，对当事人的合同目的以及据此产生的权利义务关系进行整体的把握，推断出当事人对没有明确约定的内容的真实意思，从而实现补充合同漏洞的目的。

整体解释要求合同解释不能局限于合同的字面含义，也不应当仅仅考虑合同的条款，更不能将合同的只言片语作为当事人的真实意图，断章取义。这就要求考虑合同的订立过程，即综合考虑当事人订约的时间、地点、背景等情况，考虑当事人作出的各种书面的、口头的陈述，或当事人已经作出的行为，考虑当事人先前的交往过程和履约过程等。如果合同中的数个条款相互冲突，应当将这些条款综合在一起，根据合同的性质、订约目的等来考虑当事人的意图，尤其是对当事人在合同中所使用的语言文字，必须联系起来考察，不能孤立地探究每一句话或者每一个词的意思，而应当将上下语句所使用的其他词语联系起来。

此外，依据《民法典合同编通则解释》第 1 条第 3 款，对合同条款有两种以上解释，可能影响该条款效力的，人民法院应当选择有利于该条款有效的解释；属于无偿合同的，应当选择对债务人负担较轻的解释。该规定中的有效解释原则有助于维持合同的有效性，有利于鼓励交易，通常也符合当事人的真实意思，因为当事人订立合同，一般是希望建立有效的交易关系，否则双方为订立合同、履行合同而花费的时间、金钱便付之东流。

（四）根据交易习惯补充

所谓习惯，是指在一定地域、行业范围内，长期为一般人所确信并普遍遵守的民间习惯或者商业惯例。交易习惯则是指在某时某地某一行业或者某一类交易关系中，为人们所普遍采纳的惯常做法，或者特定当事人之间既往交易中的惯常做法。

《民法典》合同编多处规定了交易习惯可以作为填补合同漏洞、解释合同的依据，主要包括：第一，承诺方式可以根据交易习惯确定。原则上，承诺应当以通知的方式作出，但根据交易习惯或者要约的要求也可以通过行为作出承诺。此种情况下，承诺生效时间为根据交易习惯或者要约的要求作出承诺的行为时。第二，合同成立时间可以通过交易习惯确定。例如，客运合同自承运人向旅客交付客票时成立，但当事人另有约定或者另有交易习惯的除外。实践中，依据交易习惯，乘坐公交车、地铁等公共运输工具，乘坐网约车、出租车等，都不适用交付客票时合同成立的一般规则。第三，交易习惯是合同漏洞补充和合同解释的重要手段。第四，从给付义务可以通过交易习惯确定。例如，买卖合同中，出卖人应当按照约定或者交易习惯向买受人交付提取标的物单证以外的有关单证和资料。保管合同中，寄存人向保管人交付保管物的，保管人应当给付保管凭证，但另有交易习惯的除外。第五，附随义务可以根据交易习惯确定。在合同履行中，当事人应当遵循诚实信用原则，根据合同的性质、目的和交易习惯履行通知、协助、保密等附随义务。第六，交易习惯是后合同义务的重要来源。合同的权利义务终止后，当事人应当遵循诚实信用原则，根据交易习惯履行通知、协助、保密等后合同义务。《民法典》物权编对交易习惯的适用也有规定。

在商事领域和民间生活中，不少行业、领域往往会形成一定的交易习惯。在双方当事人都知悉某种交易习惯而对该交易习惯所确定的权利义务没有另行明确约定的情况下，一般可以推断当事人愿意将之纳入合同之中。因此，应当按照该习惯来补充当事人的约定。《民法典》第510条明确允许使用交易习惯填补合同漏洞。

使用交易习惯进行合同漏洞补充时应当注意以下问题：

1. 关于交易习惯的识别

司法实践中通常认为，交易习惯的内涵包括了两个方面：

一是通常意义上或者说一般的交易习惯，即交易行为当地或者某一领域、某一行业中通常采用并为交易对方订立合同时所知道或者应当知道的做法。申言之，第一种是地域习惯，即交易行为发生当地的交易习惯。在一些地方的社会生活中，对于某一类交易，可能存在特定的习惯。在双方当事人均处于该地域时，有地域习惯适用的空间。第二种是行业习惯。我国过去长期对各种行业实行分行业管理。尽管随着政府管理体制改革的深入，各行业管理部门已经不再列入政府机关序列，但由其转化而成的行业协会仍然在发挥一定的作用。这些行业协会主持制定的一些交易规则虽然大多不再具有法律的强制力，但仍然被该行业从业者广泛采纳。这些规则的内容实际上是以行业交易习惯的形式在社会生活中存在着，尤其在双方均为该行业经营者的情况下，往往会适用这些习惯。第三种是领域习惯。这类习惯超越了既有国民经济行业管理的范畴，是在社会生活或者交易实践的某一领域中，由相关经营者发起和形成的一些惯常做法。与行业习惯不同，这类习惯的民间色彩更为明显，多发生在近年来互联网、快递等一些新兴产业的交易实践当中。

需要注意的是，我国采用多层次的立法体制，《立法法》规定了法律、行政法规、地方性法规、自治条例和单行条例、规章等法的渊源。实践中，地方各级政府及其主管部门在此之外还制定有大量的规范性文件。部委规章以及部委制定的其他规范性文件在本部门主管领域内被广泛适用，故而其可能构成行业习惯；地方性法规和地方政府规章在本行政区域内被广泛适用，故而其可能构成地域习惯。在合同漏洞填补或者合同解释中有其适用的空间。

二是当事人双方经常采用的习惯做法。这类习惯在英美法系中被称为系列交易。严格地讲，这一类习惯被纳入交易习惯，是司法解释所进行的扩张解释。与通常所言的交易习惯不同，此类习惯实际上是特定当事人之间的惯常做法，在没有明确约定的情况下，通常应当理解为当事人还会继续沿用的过去的做法。在合同漏洞补充上与交易习惯一样，系列交易能够为法官提供探求当事人合意的依据。故而这种做法有其法理上的基础。但显然，这一类交易习惯是不能作为法源来对待的。

2. 关于相对人的主观状态

适用交易习惯补充合同漏洞，本质上是对当事人真实意思的推断。就合同当事人而言，如果双方都知道某一交易习惯的存在，这就意味着当事人对该交易习惯将用于本次交易是有心理预期的。如果一方不愿意适用该交易习惯，其应当主张在合同中另行作出约定，从而排除交易习惯的适用。在没有作出相反约定的情况下，就可以合理推断当事人意欲该交易习惯适用于本合同。因此，对于一般的交易习惯，虽然其存在于交易行为当地或者某一领域、某一行业，但是只有双方当事人都知悉该交易习惯的存在，且在没有相反约定的情况下，才可以推断当事人在该交易中愿意适用该习惯确定双方在该合同中的权利义务，从而才能够适用该交易习惯来填补合同漏洞。

当事人双方经常采用的习惯做法存在于特定的合同当事人双方之间。长期合作的特定合同当事人之间，存在在交易中适用既往习惯做法的心理预期。在其没有通过另行约定加以排除的情况下，可以合理推断当事人存在继续适用该习惯的意图，从而可以适用该习惯填补合同漏洞。对于当事人双方经常采用的习惯做法，当事人明知是不言而喻的。

此外，对于当事人主观状态的要求也切合了交易习惯的时间性，显然交易习惯用于补充合同漏洞只能以合同发生纠纷时存在为依据，而不能以过去的或者已经过时的习惯为依据。

3. 关于交易习惯的举证责任

对于交易习惯的适用，按照谁主张谁举证的证明责任分配原理，应当由提出主张的一方当事人承担举证责任。这一举证的内容，就一般的交易习惯而言，其不仅要证明该做法在交易行为当地或者某一领域、某一行业通常被采用，更要就交易对方订立合同时明知该习惯进行举证；就当事人双方经常采用的习惯做法而言，其应当对此前双方曾在类似的交易或者类似的事项上经常采用该做法加以举证。

4. 关于交易习惯的合法性

交易习惯的适用，以其不违反法律、行政法规的强制性规定，不违背公序良俗为前提。适用交易习惯进行合同漏洞补充，其目的是填补合同漏洞，弥补当事人之间约定的不足。

即便当事人明确作出了约定，该约定也会因为违反法律、行政法规的强制性规定或者违背公序良俗而无效。在适用交易习惯推断当事人的意思或对合同漏洞进行补充时，自然更应当如此。所以，在交易习惯违反法律、行政法规的强制性规定或者违背公序良俗的情况下，当然不能适用该交易习惯填补合同漏洞。实践中，在一些新兴领域如电子商务领域，在市场秩序尚不规范的情况下，往往可能形成一些严重损害消费者权益的交易习惯。此外，对于个别行业主管部门以及一些过去的行业主管部门转换而成的行业协会主导之下形成的一些交易习惯，受传统过分注重行业发展、轻视消费者权益保护的旧思维的影响，也可能不合理地免除或者限制经营者一方责任，加重消费者责任，以及限制消费者主要权利。在进行合同漏洞补充时，应当注意对这类交易习惯的合法性审查。

5. 关于《民法典》第510条后半句适用的顺序

《民法典》第510条后半句在表述时，虽然将按照合同相关条款填补合同和适用交易习惯填补合同漏洞以并列的方式加以规定，但在行文先后上是将适用合同相关条款置于前面，在适用交易习惯之前使用了“或者”一词。这一表述并非无意之举。

在进行合同漏洞补充时，应当先对合同进行解释以确定当事人的意思；在仍然无法确定的情况下，才有交易习惯的适用。因为合同相关条款是当事人的合意，如果能结合合同性质、合同目的从而推导出合同中欠缺或者不明的条款，其结果可以说就是当事人的合意，只是没有直接表述清楚而已。而适用交易习惯填补合同漏洞，本质上是对当事人意思的推断，虽然有其正当性，但毕竟与当事人的合意隔了一层。从尊重私法自治的角度来看，也应当先按照合同相关条款填补合同，而后才能适用交易习惯。

## 三、合同漏洞补充法定规则

### （一）补充合同漏洞时的顺序

《民法典》第511条强调，当事人就有关合同内容约定不明确，依据该法第510条的规定仍不能确定的，方可适用第511条对于法定合同漏洞补充规则的规定。这就明确界定了《民法典》第511条任意性规范的性质。对于该法第510条三种漏洞填补方式的适用顺序，在前文已有介绍。在此需要讨论交易习惯与包括该法第511条规范在内的各任意性规范的适用顺序问题。

《民法典》第10条规定：“处理民事纠纷，应当依据法律；法律没有规定的，可以适用习惯，但是不得违背公序良俗。”显然在规范适用的先后顺序上，应当首先依据法律的规定来处理。这里所言的法律是广义的法，即各种具有法的拘束力的规范性文件，包括了法律解释、行政法规、地方性法规、自治条例和单行条例、规章等。在法律没有规定的情况下，才可以适用习惯。而《民法典》第511条则规定，当事人就有关合同内容约定不明确，依据该法第510条规定仍不能确定的，方可适用法律的相关补充性规定。在《民法典》合同编对于各类典型合同的规定中，也屡屡提及在出现合同漏洞时，首先应当依据该法第510条的规定进行漏洞补充，依据第510条规定仍不能确定的，才能依据各类有名合同中的任意性规范来填补合同漏洞。这就是说，在出现合同漏洞的情况下，应当首先依据该法第510条的规定，对合同进行漏洞补充，包括适用交易习惯来填补合同漏洞；实在不行的情况下，才能适用法律的任意性规范。

应当指出的是，《民法典》第10条和第511条看似矛盾，但实际上并不存在规范冲突。在《民法典》立法过程中，第10条“处理民事纠纷”的表述一度曾表述为“处理民事关系”，但最终采用了目前的表述。之所以如此，就是因为《民法典》第10条的规定“旨在为人民法院、仲裁机构等在处理民事纠纷时提供法律适用规则。至于民事主体之间处理民事法律关系，基于意思自治的原则，当事人有很大的自主权，且民法规定很多为任意性规定，法律并未强制要求当事人适用”①。换言之，法律规定任意性规范的目的在于填补当事人的意思，因此，《民法典》第510条作为确定或者推断当事人意思的规则，其当然优先于任意性规范而适用。在进行合同漏洞补充时，虽然也是由人民法院、仲裁机构来进行，但是其本质上是对当事人意思的判断，自然应当适用该法第510条。

（二）关于质量的法定补充规则

质量通常是对合同标的物的要求，也可以适用于标的为劳务的合同。在标的为种类物或一般性的服务的情况下，约定质量条款才可以将合同标的具体化和特定化。在有偿合同中，标的质量的高低也是决定合同对价大小的重要因素。在给付内容确定后，无论是物的交付，还是劳务的提供，都涉及对质量的要求。依据《民法典》第511条第1项，合同对于质量条款约定不明且依据该法第510条仍然不能确定的，应当适用下列规则加以补充：

1. 优先适用强制性国家标准

标准（含标准样品），是指农业、工业、服务业以及社会事业等领域需要统一的技术要求；是根据当前科学技术成果和实践经验，通过权威形式规定的衡量某种技术规范的标志和准则。②《标准化法》要求对工业产品、重要农产品的品种、规格、质量、等级，生产、检验、包装、储存、运输、使用的方法及其生产、储存、运输过程中的安全、卫生等内容；有关环境保护的各项技术要求和检验方法，建设工程的勘察、设计、施工、验收的技术要求和方法等方面需要统一的技术要求都要制订标准。

按照《标准化法》的规定，标准包括国家标准、行业标准、地方标准和团体标准、企业标准。国家标准分为强制性国家标准、推荐性国家标准，行业标准、地方标准是推荐性国家标准。强制性国家标准必须执行。国家鼓励采用推荐性国家标准。

按照《标准化法》的要求，对保障人身健康和生命财产安全、国家安全、生态环境安全以及满足经济社会管理基本需要的技术要求，应当制定强制性国家标准。强制性国家标准由国务院有关行政主管部门依据职责负责其项目提出、组织起草、征求意见和技术审查。国务院标准化行政主管部门负责强制性国家标准的立项、编号和对外通报。省、自治区、直辖市人民政府标准化行政主管部门可以向国务院标准化行政主管部门提出强制性国家标准的立项建议，由国务院标准化行政主管部门会同国务院有关行政主管部门决定。社会团体、企业事业组织以及公民可以向国务院标准化行政主管部门提出强制性国家标准的立项建议，国务院标准化行政主管部门认为需要立项的，会同国务院有

① 石宏. 中华人民共和国民法总则条文说明、立法理由及相关规定. 北京：北京大学出版社，2017：25.

② 杨立新，等. 合同法总则：上. 北京：法律出版社，1999：203.

关行政主管部门决定。强制性国家标准由国务院批准发布或者授权批准发布。

强制性标准是为了保障人身健康和生命财产安全、国家安全、生态环境安全以及满足经济社会管理基本需要的技术要求，确立的是相关领域各类商品和服务的最低标准，任何产品或者服务，其质量都应当不能低于强制性标准。因此《标准化法》第 25 条规定："不符合强制性标准的产品、服务，不得生产、销售、进口或者提供。"第 36 条要求："生产、销售、进口产品或者提供服务不符合强制性标准，或者企业生产的产品、提供的服务不符合其公开标准的技术要求的，依法承担民事责任。"

既然强制性国家标准具有强制性，必须执行，因此《民法典》第 511 条规定，在当事人对于质量要求不明确的情况下，应当首先按照强制性国家标准来履行。

2. 推荐性国家标准的适用

国家标准包括强制性国家标准和推荐性国家标准。对满足基础通用、与强制性国家标准配套、对各有关行业起引领作用等需要的技术要求，可以制定推荐性国家标准。推荐性国家标准由国务院标准化行政主管部门制定。推荐性国家标准的技术要求不得低于强制性国家标准的相关技术要求。在没有强制性国家标准的情况下，《民法典》第 511 条要求按照推荐性国家标准履行。

3. 行业标准的适用

行业标准是对没有推荐性国家标准而又需要在全国某个行业范围内统一的技术要求，由国务院有关行政主管部门制定，并报国务院标准化行政主管部门备案的标准。同样，行业标准的技术要求不得低于强制性国家标准的相关技术要求。在没有推荐性国家标准的情况下，应当依据行业标准来确定合同的质量要求。

4. 通常标准或者符合合同目的的特定标准的适用

对于没有国家标准、行业标准的，《民法典》第 511 条要求按照通常标准或者符合合同目的的特定标准履行。所谓通常标准，是指在没有国家标准和行业标准的情况下，某一特定行业、领域、地域或者某一类合同通常适用的标准。在考虑通常标准的适用时，应当考虑价格与质量之间的关联关系，通常标准应当是同一价格的中等质量标准。在合同对于相关的商品或者服务有特殊要求的情况下，应当按照符合合同目的的特定标准来履行，例如为制作糕点而采购面粉，就应当考虑到这一合同目的对于面粉质量的特殊要求。

需要注意的是，《标准化法》在国家标准、行业标准之外，还规定了地方标准和团体标准、企业标准。所谓地方标准，是指为满足地方自然条件、风俗习惯等特殊技术要求，由省级人民政府的标准化行政主管部门，或者设区的市人民政府的标准化行政主管部门根据本行政区域的特殊需要，经省级政府标准化行政主管部门批准制定的标准。所谓团体标准，是指学会、协会、商会、联合会、产业技术联盟等社会团体协调相关市场主体共同制定的满足市场和创新需要，由本团体成员约定采用或者按照本团体的规定供社会自愿采用的标准。企业标准则是指企业根据需要自行或者联合其他企业共同制定的标准。无论是地方标准、团体标准还是企业标准，技术要求均不能低于强制性国家标准的相关技术要求。国家鼓励社会团体、企业制定高于推荐性标准相关技术要求的团体标准、企业标准。在适用通常标准或者符合合同目的的特定标准时，应当根据给付内容或者合同目的、履行地等因素，考虑前述标准的适用。

需要强调的是，我们认为《民法典》第 511 条第 1 项的规定忽略了当事人的真实意思。因为，在具体适用上，在当事人对合同的质量要求没有约定或约定不明，且依据《民法典》第 510 条的规定仍然不能确定的情况下，首先应当依据合同性质以及合同目的来确定相应的质量标准。在没有符合合同目的的特定标准的情况下，才应当依次适用通用标准、行业标准和推荐性国家标准。当然，无论是适用前述哪一标准，该标准对质量的要求都不能低于强制性国家标准的相关技术要求。如果该标准技术要求低于强制性国家标准的相关技术要求，则不能再适用该标准，而应当适用强制性国家标准。

此外，依据《标准化法》第 27 条，企业应当对其实际执行的各类标准予以公开，在其执行企业标准的情况下，还应当对其产品、服务的功能指标和产品的性能指标予以公开。这种公开实际上构成了合同中提供商品或者服务的一方就其执行的标准的单方允诺，其应当按照自己公开的标准的要求提供商品或服务。如果当事人在合同中对于质量有高于前述企业公开的标准的约定，当然应当按照约定办理。但如果当事人对于质量的约定低于企业公开的标准，我们认为除非提供商品或者服务的一方当事人向对方明确作出了提示或者从价格优惠等方面能够合理判断当事人之间就此作出了特别约定，否则应当按照提供商品或者服务的一方单方允诺的标准来履行合同。

### （三）关于价款和报酬的法定补充规则

我国法律针对不同合同中主给付义务的对价规定了不同的名称。价款是移转财产的合同中受领标的物一方应当支付的金钱，而报酬则是提供劳务以及提交工作成果的合同中受领劳务一方应当支付的金钱。价款和报酬条款仅适用于有偿合同。通常情况下，价款或者报酬条款并非合同的主要条款，不影响合同的成立。合同是交易的法律形式，故以有偿为原则，除赠与、借用等个别无偿合同之外，都涉及价款的问题。在价款不明确且依据《民法典》第 510 条无法确定的情况下，该法第 511 条第 2 项区分市场定价以及执行政府指导价或者政府定价两种情形进行了规定。

#### 1. 市场定价的情形

市场定价在《价格法》中也称市场调节价。我国奉行社会主义市场经济体制，强调要让市场在资源配置中发挥决定性作用，因此对交易价格的确定，原则上应当通过市场来形成，即由经营者自主制定，通过市场竞争形成价格。

市场定价的情况下，价款或者报酬不明确的，应当按照订立合同时履行地的市场价格履行。这一规定主要是基于对当事人缔约目的和公平原则的考虑，对价款或者报酬规定的客观判断标准。需要注意的是：第一，确定该价款或者报酬的时间点是合同订立时，而非合同履行时或者争议发生时。这是因为，合同订立时的价格是缔约时交易环境的一部分，更能体现当事人缔约时的真实意思。第二，确定该价款或者报酬的空间点是合同的履行地。在市场经济条件下，各地价格并不相同，以履行地来确定合同价款或者报酬，更能体现当事人缔约时的真实意图，保障当事人的利益均衡。第三，应当以市场价格为依据来确定。这就确立了一个客观标准，体现了对双方的利益平衡。至于在种类物买卖中是以批发价格还是零售价格为准，应当视合同的标的是单个转让还是批量买卖等具体情况而定，不宜一概论之。

2. 执行政府定价或者政府指导价的情形

所谓政府指导价，是指依照《价格法》的规定，由政府价格主管部门或者其他有关部门，按照定价权限和范围规定基准价及其浮动幅度，指导经营者制定的价格。政府定价，是指依照《价格法》规定，由政府价格主管部门或者其他有关部门，按照定价权限和范围制定的价格。《价格法》第 18 条规定："下列商品和服务价格，政府在必要时可以实行政府指导价或者政府定价：（一）与国民经济发展和人民生活关系重大的极少数商品价格；（二）资源稀缺的少数商品价格；（三）自然垄断经营的商品价格；（四）重要的公用事业价格；（五）重要的公益性服务价格。"政府指导价、政府定价中的定价权限和具体适用范围，以中央的和地方的定价目录为依据。中央定价目录由国务院价格主管部门制定、修订，报国务院批准后公布。地方定价目录由省、自治区、直辖市人民政府价格主管部门按照中央定价目录规定的定价权限和具体适用范围制定，经本级人民政府审核同意，报国务院价格主管部门审定后公布。省、自治区、直辖市人民政府以下各级地方人民政府不得制定定价目录。政府指导价、政府定价的具体适用范围、价格水平，应当根据经济运行情况，按照规定的定价权限和程序适时调整。消费者、经营者可以对政府指导价、政府定价提出调整建议。

依法应当执行政府定价或者政府指导价的，应当按照相应的规定来履行。这就是说，对于此类合同，即便当事人对价款进行了约定，但该约定应当遵从政府的定价或者在政府指导价所允许浮动的范围之内，合同中约定的价格条款如果未按照政府定价或者超出了政府指导价允许浮动的范围，则应当按照政府定价来确定价格，或者参照该价格条款的约定按照政府指导价的上限或者下限确定合同价格。如果当事人对价款或者报酬没有约定或者约定不明，在执行政府定价的情况下，当事人应当直接按照政府定价确定合同价格；在执行政府指导价时，当事人的补充约定或者根据交易习惯等确定的价格也不能超出指导价的浮动范围。

此外，根据《民法典》第 513 条的规定，对于执行政府定价或者政府指导价的合同，在合同约定的交付期限内政府价格调整时，按照交付时的价格计价。逾期交付标的物的，遇价格上涨时，按照原价格执行；价格下降时，按照新价格执行。逾期提取标的物或者逾期付款的，遇价格上涨时，按照新价格执行；价格下降时，按照原价格执行。这一规定把逾期造成的损失加诸违约的一方，其目的在于对违反全面履行原则迟延履行合同的一方当事人加以制裁，维护诚信守约的一方当事人的利益。

对于执行政府指导价的合同，在具体适用《民法典》第 513 条时，仍然要尽量尊重意思自治。这就是说，如果合同约定的价格并未超出政府指导价调整后的浮动范围，则并无该法第 513 条适用的空间。但如果合同约定的价格超出了政府指导价调整后的浮动范围，则要尽力减少价格调整对合同的影响。申言之：一方逾期交付标的物，遇价格下降时，应当按照政府指导价调整后的浮动上限确定合同价格；一方逾期提取标的物或者逾期付款的，遇价格上涨时，按照政府指导价调整后的浮动下限确定合同价格。

国家对市场价格的干预还体现在价格干预措施和紧急措施方面。《价格法》第 30 条规定："当重要商品和服务价格显著上涨或者有可能显著上涨，国务院和省、自治区、直辖市人民政府可以对部分价格采取限定差价率或者利润率、规定限价、实行提价申报制度和调价备案制度等干预措施。省、自治区、直辖市人民政府采取前款规定的干预措施，应当报国务院备案。”第 31 条规定：“当市场价格总水平出现剧烈波动等异常状态时，国务院可以在全国范围内或者部分区域内采取临时集中定价权限、部分或者全面冻结价格的紧急措施。”对于国家在依法实施价格干预措施或者紧急措施期间订立或者履行的合同，应当遵守相关措施的要求，在进行合同漏洞补充时，也要按照相关措施的要求来进行。对于在前述措施执行之前订立或者按照合同约定本应当在前述措施执行之前履行完毕的合同，一方当事人迟延给付或者迟延受领，导致价格受到影响的，也应当参照《民法典》第 513 条规定的精神，由违约的一方承担因采取价格干预措施或者紧急措施带来的不利后果。

#### （四）关于履行地点的法定补充规则

##### 1. 履行地点的意义

履行地点也称清偿地，是指债务人履行其债务以及债权人接受履行的场所。

履行地点的确定在法律上具有重要意义，具体体现在：第一，履行地点涉及运输等相关费用的负担问题，如《民法典》第 511 条第 6 项所言，在没有特别约定的情况下，履行费用应当由履行义务的一方负担。此外，还可能涉及当事人前往履行地的时间、费用以及诸多不便等。因此，履行地点的确定对于当事人在合同中的权利义务安排有重要意义。第二，如《民法典》第 511 条第 2 项所言，补充合同价款或报酬时应当按照订立合同时履行地的市场价格确定。第三，既然履行地点的约定是合同的重要内容，债务人未在约定的履行地点进行履行行为就构成违约。债权人未到约定的履行地点进行受领，也会构成受领迟延，不仅要承担相应的违约责任，在买卖合同等合同中还可能承担由受领迟延导致的风险负担提前转移的后果。第四，在买卖合同等以转移标的物所有权为目的的合同中，原则上以交付作为所有权以及风险负担转移的时点，交付地点也就是履行地点。债务人将标的物按照约定置于交付地点，债权人违反约定没有收取的，标的物毁损、灭失的风险自违反约定时由债权人承担（《民法典》第 608 条）。第五，依据《民事诉讼法》，在民事诉讼中，因合同纠纷提起的诉讼，由被告住所地或者合同履行地人民法院管辖（《民事诉讼法》第 24 条）；在不违反《民事诉讼法》对级别管辖和专属管辖的规定的前提下，合同或者其他财产权益纠纷的当事人可以书面协议选择合同履行地等与争议有实际联系的地点的人民法院管辖（《民事诉讼法》第 35 条）；因合同纠纷或者其他财产权益纠纷，对在中华人民共和国领域内没有住所的被告提起的诉讼，如果合同在中华人民共和国领域内履行，可以由合同履行地人民法院管辖（《民事诉讼法》第 276 条）。

##### 2. 履行地点漏洞的补充规则

履行地点约定不明确，依据《民法典》第 510 条的规定仍然不能确定的，则要依据该法第 511 条第 3 项确定。第 511 条第 3 项规定，“履行地点不明确，给付货币的，在接受货币一方所在地履行；交付不动产的，在不动产所在地履行；其他标的，在履行义务一方所在地履行”。由此可见，在履行地点的确定上，我国法律以往取债务为原则，即原则上在履行义务一方所在地履行。之所以如此，是考虑到尽量减轻债务人的负担。

在以往取债务为原则之外，对金钱债务的履行或者说给付货币，则以接受货币的一方所在地为履行地。之所以如此，一方面，在通常情况下，履行交付标的物或者提供劳务的义务的一方，往往也是受领金钱的一方。如此规定，实际上可以使双务合同双方在同一履行地履行，从而在双务合同的履行中“一手交钱、一手交货”。另一方面，也是考虑到金钱传送过程中可能存在一定的风险，如此规定则将该风险交由债务人负担，债务人可以选择更为妥善的给付方式以规避风险。当然，对特定金钱债务的履行，例如通过汇票的方式付款时，则要遵守法律的特别规定。例如，根据《票据法》第 23 条的规定，汇票上未记载付款地的，付款人的营业场所、住所或者经常居住地为付款地。

往取债务原则的另一个例外是不动产的交付。不动产不能移动，其交付只能在不动产所在地进行，故《民法典》第 511 条第 3 项特别规定，在交付标的物是不动产的情况下，合同的履行地点是不动产的所在地。与动产物权按照交付变动物权不同，不动产的物权变动，原则上以登记为条件，仅凭交付并不足以变动不动产物权。依据《民法典》第 210 条，不动产登记由不动产所在地的登记机构办理。因此，在合同履行中涉及物权变动的，除交付不动产外，当事人还要到不动产所在地的登记机构申请办理登记。

（五）关于履行期限的法定补充规则

履行期限是当事人履行其合同义务的时间。在有确定的履行期限的情况下，合同生效后履行期限届满前，债务人可以以履行期限尚未届满为由对债权人的履行请求进行抗辩。在双务合同中，除非法律另有规定或当事人另有约定，当事人双方应当同时履行。

履行期限约定不明确，依据《民法典》第 510 条的规定仍然不能确定的，依据该法第 511 条第 4 项，债务人可以随时履行，但其提出履行时，应当给债权人必要的进行受领准备的时间；债权人也可以随时要求履行，其在履行请求中确定履行期限时，也应当给对方必要的履行准备时间。必要的准备时间的确定，应当根据交易习惯、给付类型、标的额等因素判断。

（六）关于履行方式的法定补充规则

履行方式是指债务人履行其债务以及与此相对应的债权人受领给付的方法。履行方式一般由合同的性质和内容来决定，因此履行方式是多种多样的。例如在买卖合同中，出卖人是一次性完成交付还是分批交付标的物；是现实交付还是拟制交付；是债务人直接向债权人交付标的物还是通过邮寄、托运等方式；买受人的付款方式是现金还是支票、银行结算；等等。履行方式的不同对于履行费用、债权人实现债权的时间等有一定影响，有必要在合同中加以明确规定。

履行方式约定不明确，依据《民法典》第 510 条的规定仍然不能确定的，依据该法第 511 条第 5 项，当事人应当按照有利于实现合同目的的方式履行。例如，某钢铁厂向某汽车制造厂出售钢板，标的数数量很多，采取一次性交付的方式，不仅会对钢铁厂的生产造成困难，也造成了汽车制造厂的保管之累，因此，宜分期支付。[①] 再如，对于存放在买受人所在地某仓库的大宗物品的买卖，买受人受领后需要保管且自己又没有仓库保管的，则宜由出卖人在仓单上背书并经保管人签名或者盖章后，将仓单交付给买受人，以履行其合同义务。如果采取现实交付，由出卖人将标的物提出并交付买受人，买

① 吴合振，等. 合同法理论与实践应用. 北京：人民法院出版社，1999：137.

受人再将之交给仓库保管，则徒增交易成本。

（七）关于履行费用负担的法定补充规则

履行费用的负担约定不明确，且依据《民法典》第510条的规定仍然不能确定的，依据该法第511条第6项，应当由履行义务一方负担。这是因为，履行费用本系履行合同义务时所应支出的成本，原则上自应由履行义务一方承担。而且，这种做法也从经济上减少了履行义务一方在确定履行方式等方面违反诚信原则、滥用履行费用的可能，从而节约交易成本。

需要指出的是，《民法典》第511条第6项在《合同法》第62条第6项的基础上增加了“因债权人原因增加的履行费用，由债权人负担”的规定。这是因为，《民法典》第511条第6项旨在约束债务人自觉节约履行费用，但在因债权人原因增加履行费用的情况下，该支出并非债务人自愿选择的结果，自然应当由债权人承担。这里所说的“债权人原因”，可能是债权人的违约行为，例如，由于债权人受领迟延，债务人多支付了保管费用。对于这种情况，即便没有第511条第6项的规定，也可以通过违约责任来解决。但导致履行费用增加的情形，也可能是债权人违约行为之外的原因。例如，在当事人特别约定履行地为债权人所在地的情况下，债权人在合同订立后，又变更了住所，导致运输费用增加。在这种情况下，恐怕不能适用违约责任来解决问题。此时，实际上就意味着当事人在订立合同时对于由此增加的运输费用没有约定，依据第510条的规定仍然不能确定的情况下，应当依据第511条第6项由债权人承担该费用。

（八）一般规则与特别规则的适用顺序

《民法典》第511条是对法定合同漏洞补充规则的一般性规定。在法律对于某一类合同另行规定合同漏洞补充规则的情况下，依据特别法优于一般法的规则，应当适用特别规定。这些特别规定主要体现在《民法典》合同编对各类典型合同的规定上。

基于不同类型的合同中其权利义务关系的特殊性，《民法典》合同编对各类典型合同中的合同权利义务也作了补充性规定，对有些条款的确定规定了一些特殊的规则。在这种情况下，应当优先适用特别规则填补合同漏洞。这些规则有三种情形：第一，《民法典》合同编“通则”中规定了具有普遍适用性的规则。例如，根据《民法典》第525条，在双务合同中，双方当事人履行合同义务的先后顺序不明确的，应当同时履行。这一规则普遍适用于各类双务合同。第二，对于仅适用于特定类型合同的规则，法律在特定典型合同中加以规定。例如，在买卖合同中，通常涉及标的物的包装问题，出卖人应当按照约定的包装方式交付标的物。对包装方式没有约定或者约定不明确，当事人不能达成补充协议且无法按照合同有关条款或者交易习惯确定的，应当按照通用的方式包装，没有通用方式的，应当采取足以保护标的物的包装方式（《民法典》第619条）。再如：在凭样品买卖的合同中，出卖人交付的标的物应当与样品及其说明的质量相同；买受人不知道样品有隐蔽瑕疵的，即使交付的标的物与样品相同，出卖人交付的标的物的质量仍然应当符合同种物的通常标准（《民法典》第635、636条）。第三，基于某一典型合同的特殊情况，法律在《民法典》第511条一般性规定之外，针对该类合同另行作出了更为具体的规定。例如，关于买卖合同中标的物的交付地点，《民法典》第603条规定，“当事人没有约定交付地点或者约定不明确，依据本法第五百一十条的规定仍不能确定的，适用下列规定：（一）标的物需要运输的，出卖人应当将标的物交付给第一承运人以运交给买受人；（二）标的物不需要运输，出卖人和买受人订立合同时知道标的物在某一地点的，出卖人应当在该地点交付标的物；不知道标的物在某一地点的，应当在出卖人订立合同时的营业地交付标的物”。这一规则仍然坚持了《民法典》第 511 条的往取债务原则，但根据买卖合同的具体情况，进行了更加具体的类型化处理。

对于已经有效成立的各种无名合同，按照《民法典》第 467 条的规定，应当适用《民法典》合同编“通则”的规定，并可以参照适用合同编“典型合同”或者其他法律最相类似合同的规定。但需要指出的是，对这一规定不能机械适用。在合同漏洞补充的问题上，首先应当检索合同编“典型合同”或者其他法律最相类似合同的规定中是否有合同漏洞补充的特别规则，如果存在此种特别规则，首先还是应当考虑适用特别规则填补合同漏洞。例如，双方当事人约定，一方提供某种劳务以获得对方的一批货物，在交付地点不明的情况下，就应当按照买卖合同中相关的规定来确定交货地点。

## 四、关于电子合同履行的特殊规则

所谓电子合同，是指通过互联网等信息网络订立的合同。《民法典》第 512 条对电子合同依据给付类型的不同，将电子合同完成给付的时间区分三种情形进行了规定：

第一，对于标的为交付商品并采用快递物流方式交付的电子合同，收货人的签收时间为交付时间。此种情形实际上就是通过互联网订立买卖合同的情形。此处所言的商品显然是指动产。在当事人约定通过快递物流方式交付的情况下，以收货人的签收时间为交付时间。依据《民法典》物权编的规定，在没有特别约定的情况下，动产的交付时间就是所有权的转移时间；而依据合同编“典型合同”中买卖合同的规定，标的物风险负担的转移也以交付为准。在通常的买卖合同中，标的物需要运输的，在当事人没有特别约定的情况下，出卖人将标的物交付给第一承运人就意味着完成了交付，风险负担随之发生转移。而《民法典》第 512 条的规定则将风险负担的时间大大推后，由出卖人承担标的物的在途风险，其目的显然在于保护网购买受人的利益。

需要指出的是，《民法典》第 512 条强调的签收主体是收货人，这里的收货人包括了快递的收件人以及收件人指定的代收人。《电子商务法》第 52 条第 1 款和第 2 款强调，在电子商务当事人约定采用快递物流方式交付商品的情况下，快递物流服务提供者为电子商务提供快递物流服务，在交付商品时，应当提示收货人当面查验；交由他人代收的，应当经收货人同意。《快递暂行条例》第 25 条也要求，“经营快递业务的企业应当将快件投递到约定的收件地址、收件人或者收件人指定的代收人，并告知收件人或者代收人当面验收。收件人或者代收人有权当面验收”。实践中，比较多地存在快递员未经收件人同意直接将快件交给邻居或者物业服务企业代收的情形。此种情况下，不能认为已经完成签收，换言之，不能认为出卖人履行了交付义务。近年来还出现了快递员将快件置于收件柜，然后通知收件人取件的情形。这种做法有其合理性。但是，单纯地置于收件柜并不能认为已经签收，具体签收时间应当以收件人或者代收人实际领取货物为准。

第二，对于标的为提供服务的电子合同，生成的电子凭证或者实物凭证中载明的时间为交付时间；前述凭证没有载明时间或者载明时间与实际提供服务时间不一致的，实际提供服务的时间为交付时间。与物的交付不同，劳务或者说服务的提供具有无形性，严格地讲，服务的提供并不涉及交付的问题。这里所说的交付时间应当理解为完成服务的时间。在电子合同中，按照通常的交易习惯，一方按照约定完成提供服务的义务后，应当向对方出具电子凭证或者实物凭证，凭证之上应当载明服务完成的时间。依据《民法典》第 512 条，凭证上载明的时间原则上就应当被认定为提供服务一方履行完毕服务义务的时间。这就意味着电子凭证或者实物凭证对于服务完成时间具有较强的证明力。即便相对人对此有异议，其也应当就实际完成服务的时间与载明时间不一致承担举证责任。作为提供服务的一方，其应当主动提供电子凭证或者实物凭证并在上面载明完成服务的时间。相对人一方在收到凭证时，应当及时检查其载明时间是否准确并及时提出异议。

考虑到这些凭证是由提供服务的一方单方出具的，尤其是这些服务往往是由一方当事人在线提供的，由于技术、网络、计算机系统等原因，提供服务一方的履行时间未必与接受服务一方实际享受到服务的时间一致，《民法典》第 512 条强调，在这些凭证上未载明时间或者载明时间与实际提供服务时间不一致的情况下，以实际提供服务的时间或者说实际完成服务的时间作为履行完毕服务义务的时间。

第三，电子合同的标的物为采用在线传输方式交付的，合同标的物进入对方当事人指定的特定系统并且能够检索识别的时间为交付时间。这里合同标的物是通过网络传输的内容或数据信息，如在线影视、音乐、网游道具、各类软件等。此类合同的特殊性在于，其交付的标的物并非有形物，而是数据，能够通过网络传输。对于此类标的物，《民法典》第 512 条明确以合同标的物进入对方当事人指定的特定系统并且能够检索识别的时间为交付时间。

对此需要强调的是：其一，这里所说的特定系统，是指买受人单方指定的特定信息系统，至于该系统是否归收件人所有以及控制，在所不论。其二，该特定系统应当由买受人指定。这里的系统，可以是买受人在其意思表示中明确确定的；依据交易习惯，也可以是买受人没有特别指出时，在订立合同过程中发出意思表示的系统。这与《民法典》第 137 条第 2 款以数据电文作出意思表示的规则是不同的。以数据电文作出意思表示时，在未指定特定系统的情况下，发往相对人任一系统都是可以的，只是在相对人知道或者应当知道该数据电文进入其系统时，该意思表示才生效。其三，作为合同标的物的数据不仅应当进入该特定系统，而且应当能够检索识别。单纯地向该特定系统发出数据，或者虽然进入该系统，但无法检索识别，都不能认为完成了交付。换言之，由网络等原因导致发出的数据没有进入特定系统，或者无法识别的，应当由出卖人承担相应的后果。这与前述标的为交付商品并采用快递物流方式交付时，由出卖人承担在途风险的规则是一致的。

此外，电子合同当事人对交付方式、交付时间另有约定的，按照其约定。这就是说，前述三项规则性质上属于任意性规范，当事人可以另行作出约定。但需要指出的是，电子合同的一个重要特点在于，其内容通常是商品或者服务的提供者单方提供的格式条款。因此，在存在另行约定的情况下，通常应当依据《民法典》第 496 条和第 497 条的规定，确定该条款是否属于格式条款，以及属于格式条款的情况下其是否订入合同以及其是否无效；在当事人对其内容有争议时，应当依据该法第 498 条作出解释。

需要指出的是，《民法典》第 512 条虽然在具体内容上与《电子商务法》第 51 条是相同的，但是在《民法典》中作出规定，就大大扩张了相关规则的适用范围，为电子商务合同之外的电子合同的履行提供了依据，从而更能适应数字时代对法治的需求。

电子合同的范围远远超出了电子商务合同的范畴。一方面，就给付标的而言，电子合同较之于电子商务合同更为广泛。《电子商务法》第 2 条第 3 款第二句对其适用范围进行了限制，“金融类产品和服务，利用信息网络提供新闻信息、音视频节目、出版以及文化产品等内容方面的服务，不适用本法”。显然，对于通过互联网等信息网络订立的以金融类产品或者服务为给付标的的电子合同，以及以提供新闻信息、音视频节目、出版以及文化产品等内容方面的服务为给付标的的电子合同，并不适用《电子商务法》。之所以如此，主要是考虑到相关业态是否属于电子商务的范畴，通过互联网提供相关服务是否如一般的电子商务那样值得鼓励以及其监管和监管部门的特殊性。但这两类合同显然属于电子合同，应当适用电子合同的订立和履行规则。另一方面，就其主体而言，电子合同也并未如电子商务合同那样仅限于经营者和消费者。《电子商务法》第 2 条将电子商务界定为“通过互联网等信息网络销售商品或者提供服务的经营活动”。相应地，其第 9 条对电子商务经营者进行了界定：“本法所称电子商务经营者，是指通过互联网等信息网络从事销售商品或者提供服务的经营活动的自然人、法人和非法人组织，包括电子商务平台经营者、平台内经营者以及通过自建网站、其他网络服务销售商品或者提供服务的电子商务经营者。本法所称电子商务平台经营者，是指在电子商务中为交易双方或者多方提供网络经营场所、交易撮合、信息发布等服务，供交易双方或者多方独立开展交易活动的法人或者非法人组织。本法所称平台内经营者，是指通过电子商务平台销售商品或者提供服务的电子商务经营者”。该法第 20 条规定，“电子商务经营者应当按照承诺或者与消费者约定的方式、时限向消费者交付商品或者服务，并承担商品运输中的风险和责任。但是，消费者另行选择快递物流服务提供者的除外”。这就明确将电子商务合同的双方当事人限于经营者和消费者。而电子合同的当事人还包括其他民事主体。事实上，《电子商务法》第 2 条排除的情形中，在以提供新闻信息、音视频节目、出版以及文化产品等内容方面的服务为给付标的的电子合同中，很多情况下提供服务的一方并非经营者。

因此，虽然在具体规范内容上有所重合，但《民法典》第 512 条的规定与《电子商务法》第 51 条在调整范围上有着较大差异，第 512 条的规定极大地克服了《电子商务法》第 51 条在适用上的局限性。

## 五、关于金钱债务及其履行中币种的确定规则

### （一）金钱与金钱债务

金钱债务的债务人必须以给付一定货币履行债务。金钱债务的给付是物的交付，即交付标的物转移所有权，但其标的物是货币或者说金钱。作为特殊的物，货币的特点在

于其是一般等价物，据此，为了保障交易安全，在物权制度中，虽然没有明文规定，但通说均认为，无论占有合法与否，对货币的占有即所有。故而，对于货币不适用善意取得规则，亦不能以货币为质物设立质权，但以特户、封金、保证金将货币特定化的除外。

以金钱为给付标的物的情形在我国合同制度中普遍存在。作为一般等价物，无论是商品还是劳务，其在市场上交易的对价均应当体现为一定数量的金钱，即所谓价款或者报酬。《民法典》合同编的一大特色在于其直接规定了各类典型合同的定义。在这些定义中，对于一方当事人的主给付义务，按照交付标的物转移所有权、交付标的物转移使用权、提交工作成果、提供劳务等典型的给付义务加以具体化，从而确定为各类有名合同中一方当事人的主给付义务，而将各类双务合同中相对人的主给付义务则统一规定为给付金钱。换言之，各双务典型合同中受领标的物或工作成果或者接受劳务的一方，其所负债务均被典型化为金钱债务。这种立法技术，对清晰识别不同类型的给付义务，从而确定各类合同的性质，具有重要意义。

货币不仅是对商品或者服务对价的体现，作为一般等价物，货币或者说金钱是计量价格的标尺。各类财产损失可以而且最终也只能以金钱来计算。在一方当事人违约的情况下，无论是赔偿损失还是支付违约金或者定金，其给付的标的物也均系金钱。至于侵权责任、无因管理以及不当得利引发的债的关系，其给付标的物原则上也应当是金钱。

（二）金钱之债的特点

《民法典》第579条规定："当事人一方未支付价款、报酬、租金、利息，或者不履行其他金钱债务的，对方可以请求其支付。"较之于《合同法》第109条"当事人一方未支付价款或者报酬的，对方可以要求其支付价款或者报酬"的规定，从《民法典》第579条的规定来看，一方面，其直接使用了"金钱债务"的概念，并对金钱债务的具体类型进行了比较全面的规定，避免了过去列举式规定无法涵盖其他各类金钱债务的不足。另一方面，对于金钱债务的继续履行，法律未作限制。这与《民法典》第580条对违反非金钱债务时继续履行的适用限制规定形成了鲜明对比。

金钱之债只会发生履行迟延，不会发生履行不能。这是因为金钱是一般等价物，货币之债履行中也无须对作为标的物的金钱予以特定化，故不会发生履行不能的问题。即便在某一债权所确定的货币在履行时已经不再流通的情况下，也并不发生履行不能的问题，而是应当由债务人以其他通行货币加以履行。在履行迟延的情况下，金钱债务也不可能出现《民法典》第580条所言的不能履行、标的不适于强制履行或者履行费用过高、债权人在合理期限内未请求履行等不能继续履行的情况，故其债权人可以要求继续履行。

金钱之债的另一特点在于，其不发生因不可抗力免责的问题。金钱之债是以支付一定数额的货币为标的的债，而货币作为一般等价物，既不存在特定之债的标的物灭失问题，也不会发生种类之债的标的物全部灭失问题，故而金钱之债不会因不可抗力不能履行，自然谈不上相应的免责。实践中并不排除不可抗力导致金钱债务履行迟延，就此种迟延的违约责任，债务人可以援用不可抗力来免责。

（三）金钱债务中币种的确定

金钱债务的标的物为货币或者金钱。从货币流通效力来看，货币有本国法定货币和外国货币之分。法定货币，比较法上也称为通用货币，是依特定国家法律规定，在其法域内具有强制流通效力的货币。发行货币为国家主权的重要体现，现代意义上的法定货币早已脱离了最早金银的范畴，而是依赖发行国政府的信用为其背书，也依赖发行国的法律而在其境内强制流通。故合同中对不同币种的选择对当事人的利益影响甚巨。

依据《人民币管理条例》第 3 条，我国的法定货币是人民币。以人民币支付中华人民共和国境内的一切公共的和私人的债务，任何单位和个人不得拒收。《外汇管理条例》第 8 条则明确宣示，“中华人民共和国境内禁止外币流通，并不得以外币计价结算，但国家另有规定的除外”。据此，就我国而言，外国货币、特种货币属于限制流通物。在我国国内交易中，货币之债应当以人民币交付，如果是涉外交易，当事人可以约定以外币交付。但需要指出的是，随着我国金融管制尤其是外汇管制的放开，对于外币计价结算的开放需求程度也将与日俱增。

从《民法典》第 514 条规定来看，其允许在除法律另有规定或者当事人另有约定外的情况下，推定以实际履行地的法定货币来履行金钱债务。对此需要注意把握的是：第一，这里的“法律另有规定”，解释上不仅包括我国的法律和行政法规，也包括了可能涉及的其他国家法律，尤其是债务实际履行地的法律。如果法律明确规定在实际履行地必须使用法定货币之外的某种货币，则只能按照该规定执行。例如，我国在外汇短缺时期，曾要求对于某些交易必须使用外汇或者外汇兑换券。在这种情况下，自然不能按照《民法典》第 514 条执行。第二，此处所言的“当事人另有约定”，是指对实际给付货币的特别规定。按照《民法典》第 514 条的立法意旨，仅仅在合同中约定以某一货币计价，并不等于可以排除《民法典》第 514 条的规定。当事人必须在合同中明确约定，在实际给付金钱时必须支付某一货币。当然，这一特别约定以不违反前述法律强制性规定及公序良俗为前提。如果该约定因违法而无效，则该特别约定自然不能适用。第三，《民法典》第 514 条所强调的是具体履行时使用货币的类型。依据《民法典》第 514 条，只要当事人没有特别约定应当使用某一货币履行债务，法律也没有对某一类金钱债务的履行作出特别的强制性规定，在具体履行金钱债务、给付货币时，都可以实际履行地的法定货币来履行债务，而无论合同中约定的计价货币是何种货币。例如，当事人在合同中约定价款以美元计价，在当事人没有对实际交付的货币作出特别约定的情况下，如果该合同在我国境内履行，债务人完全可以给付人民币以清偿债务。

《民法典》第 514 条的表述方式，强调的是以给付实际履行地的法定货币为原则，这就在基本民事法律中充分展示了我国金融开放的态度。依据《民法典》第 514 条，即便在我国现行外汇管制之下，如果当事人在不具有涉外因素的合同中约定了以外币作为计价依据，该约定并不因其违反前述《人民币管理条例》第 8 条的规定而无效或不能履行，债务人可以依据《民法典》第 514 条给付人民币以清偿其金钱债务。

值得注意的是，《民法典》第 514 条着重强调，在按照其他货币计价的情况下，金钱之债的债务人原则上也有权给付实际履行地的法定货币。但是，在具体金额的确定上，《民法典》第 514 条并未作出规定。我们认为，不能因货币类型的转换损害债权人的利益，故而在依据《民法典》第 514 条支付实际履行地的法定货币时，应当依据合同中关于计价货币和金额的约定，按照履行当日履行地的市场汇率来加以换算。

关于金钱之债的履行，还值得注意的是，货币流通效力变化的情况下该如何履行。例如，当事人在合同中明确约定以某一货币清偿，但履行时由于法律规定的变化，该货币已经失去强制通用的效力，换言之，已经失去了法定货币的地位。此种情况下，债务人应当使用其他法定货币进行清偿。

## 第三节　选择之债

### 一、简单之债与选择之债

根据债的标的有无选择性，学理上把债分为简单之债与选择之债。这种划分的意义，主要在于明确两者的标的的确定是否须经选择以及能否发生履行不能等。

（一）简单之债

简单之债又称单纯之债，是指债的标的只有一种，当事人只能按照该种标的履行的债。债的客体为给付，即债务人的特定行为。按照具体内容不同，给付可以分为若干不同类型。债的关系成立以给付具体、确定为要件。简单之债中，由于给付只有一种，且必须是具体、确定的，故债权人只能请求债务人履行该给付义务，债务人也只能就该给付履行从而实现清偿。在简单之债中，当事人只能按约定的标的履行，不能以其他标的代替。同时，当事人在履行时间、方式、地点等方面也都无可选择的余地，所以简单之债又称为不可选择之债。

简单之债为债的常态，现实生活中所发生的债多为简单之债。简单之债的当事人对债的履行没有选择的余地，债务人应当按照法律规定和当事人约定的标的履行债务。当事人之间在债的履行方面的关系比较简单，直接适用或者参照适用《民法典》合同编通则的相关规定即可，故各国民法均不对简单之债作出特别规定。简单之债的标的只有一个，如果该给付在法律上或者事实上不能履行，就会发生债的履行不能。债权人只能请求违约赔偿或者支付违约金、定金，而不能要求继续履行原给付，也不能请求为其他给付。

（二）选择之债

实践中，考虑到履行过程中的各种商业风险，当事人也可能约定多个给付，允许债务人履行其中之一，即可构成清偿。此种情形中，在债的关系成立时，标的并未确定。但在履行之前，则必须通过一定的规则对之加以确定，使选择之债成为简单之债，从而使之能够得到履行。故而，各国民法普遍对选择之债加以规定，以明确其标的特定的方法。

《民法典》实施前我国立法对选择之债并未规定，但学理上对选择之债的概念、特点及特定化方法并无太大争议。近年来，商业实践中出现了同时订立商品房买卖合同和借款合同，约定允许借款人在偿还借款和履行商品房买卖合同之间作出选择的案件。对此，法院在裁判上认定不一，司法解释直接按照借款关系处理的规定则略显简单化[1]，学界也莫衷一是。《民法典》第515条和第516条借鉴了比较法上的做法，对选择之债进行了规定，对于实践中此类问题的解决具有重要意义。

所谓选择之债，是指债的标的为两个以上，债务人全面履行其中之一即可构成清偿的债的关系。按照通常的理解，选择之债是指在债的成立之始就有两个以上的标的可供选择。可供选择的数个标的，必须在内容上有所不同，方有选择的必要。其可以是数个不同类型的给付，如在给付金钱或提供劳务中作出选择，抑或前述实例中在偿还借款和交付商品房、转移商品房的所有权（履行商品房买卖合同）之间作出选择；也可以是在同类给付中，允许在数种标的物的交付中作出选择，例如交付10吨大米抑或15吨小麦；还可以是同一给付，但当事人在合同中确定数个标的物，允许当事人在履行时选择其中一个标的物作出履行，例如，合同规定甲方将房屋借给乙方使用，在实际交付房屋时，甲方既可以交付A房，也可以交付B房。标的的不同，还可以是指履行时间上的不同、履行方式上的不同、履行地点上的不同。凡在标的的种类、特征、履行时间、履行方式、履行地点等诸方面可供选择的债，都为选择之债。

关于选择之债的性质，学说上有不同的认识，主要有复数之债说、单一之债说与折中说。我们认为，选择之债中虽然标的有数个，但债务人只要履行其一即可完成清偿，故其本质上是一个债而不是数个债，故为单一之债。

需要强调的是，选择之债强调的是标的可供选择，如果条件成就或某一标的履行不能等行使选择权之外的原因导致标的特定，则选择之债已经转化为单一之债，不能再认为其系选择之债，自然也不再有选择权的问题。

（三）选择之债与种类之债、任意之债

所谓种类之债，即给付内容为交付种类物的债。种类之债的特点在于给付的标的为交付种类物。法学上所谓“种类”与自然科学上的定义有所不同，植物、动物等因为不能由数量加以确定，由此不属于法律上所说的“种类”。种类是指按照一般交易观念，具有共同特征的物品。

种类之债于债的关系成立之时，当事人仅以一定的数量和质量确定标的物，质量条款虽为非必要条款，可以通过漏洞补充规则补充，但数量条款是必要条款，于债的关系成立之时，当事人需要明确标的物的数量。标的物的数量不确定或者不能确定，则可能导致债的关系不能成立。

种类之债的标的物只有在特定之后才能履行。尽管当事人在合同中约定交付种类物，但在其履行时，必须将种类物中作为履行标的物的部分从该种类物中分离出来，加以具体确定，否则将无法实际履行。种类之债特定的时间，通常认为应当依债的履行地决定标的物特定的时间，债务人完成自己一方为履行所必要的行为时，标的物才为特定。此外，种类之债也可以按照当事人约定的方法来特定化。按照合同自由的原则，当

[1] 《民间借贷规定》第23条第1款规定：“当事人以订立买卖合同作为民间借贷合同的担保，借款到期后借款人不能还款，出借人请求履行买卖合同的，人民法院应当按照民间借贷法律关系审理。当事人根据法庭审理情况变更诉讼请求的，人民法院应当准许。”这一做法显然忽视了此种行为中当事人达成选择之债的合意的可能性，有悖私法自治。故而该解释施行后，实践中亦不乏按照选择之债处理的案例。

事人之间可以通过合同规定的方法来使种类之债特定化，即当事人根据合同选定具体的标的物，将种类物的一部分与其他部分加以区别和分离，从而使标的物特定。依合同规定的方法而特定又可以分为两种情况：一是当事人双方约定赋予某人以指定的权利。此种指定，可以由一方指定，或者由第三方来指定。指定权人行使指定权即将种类物中的一定数量的部分与其他部分相分离，标的物就特定了。二是由双方当事人共同指定，或者由一方当事人指定并经过对方当事人的同意。当然，无论采取哪一种方式，都需要通过合同明确规定。

种类之债与选择之债有一定近似之处，但二者的区别仍然是比较明显的，选择之债的确定不同于种类之债的特定。具体来说：第一，选择之债的标的为数种，须标的确定后才能得到履行。而种类之债的标的是确定的，只是给付的标的物是种类物而已。基于对物权支配性的要求，最终履行当然需要种类物的特定化，但这种特定化通常恰恰是通过交付等履行行为来完成的。第二，选择之债的标的，包括各类给付，在给付为物的交付时，其标的物可能是特定物，也可能是种类物。而种类之债的标的则为物的交付，只是其标的物为种类物。选择之债的确定，只是多个可能的给付被确定为某一给付，从而使选择之债确定为简单之债。给付的标的物仅以种类确定，而未对具体品质作出指定的，为种类之债；如果被确定的标的为种类物的给付，则仍需进一步特定，而不能仅由选择权的行使而直接使其成为特定之债。第三，选择之债的选择具有重要意义，经由选择方可变更为简单之债并得到履行。种类之债本身就是简单之债，其给付本身就是确定的，只是作为标的物的种类物需要通过履行等进一步特定化，不涉及选择问题。第四，选择之债的选择具有溯及效力，种类之债的特定不发生溯及力。第五，选择之债可因履行不能而确定。种类之债不会由履行不能导致标的物特定。

任意之债是指债的标的虽然仅为一种，但当事人可以以其他标的来代替履行的债。看似任意之债的标的也同样具有可选择性，但其和选择之债并不相同，其区别在于：第一，在选择之债中，履行标的在债的关系成立时并未确定，尚待选择等加以确定；而任意之债的标的在债的关系成立时即已确定。第二，在选择之债中，债的标的为数种，行使选择权时，并无优先顺序，各标的都处于平等地位。而任意之债的标的只有一种，只是当事人可以以其他标的代替履行，这种用来代替的标的实际处于补充的地位。第三，在选择之债中，如因可归责于当事人一方的事由，某种标的发生履行不能，当事人须选择其他标的履行，不发生损害赔偿之债。只有在数种标的都发生履行不能时，才可能发生损害赔偿之债。而在任意之债中，如当事人约定的标的因可归责于债务人的事由而发生履行不能，可以发生损害赔偿之债。

## 二、选择之债的确定

### （一）选择之债的确定方式

选择之债的确定，可以通过当事人的特别约定或者说变更协议而为之；也可能因可供选择的其他标的均履行不能且仅余一种标的而确定；还可能是因《民法典》第 515 条规定的选择权的行使而确定。

（二）通过行使选择权确定

1. 选择权的意义

选择之债的数个标的的不同，或者表现为给付的形态不同，或者表现为交付的标的物不同，或者表现为给付手段不同，或者表现为履行期不同等。正是因为选择之债的数个给付具有不同的特点，选择之债的标的，在债的关系成立时确定为数个，数个标的具有不同的内容，因此有选择的必要。

选择之债在没有选择之前，给付的标的是不确定的，债务人根本无法履行，须于债的履行标的确定后才能履行。选择之债的履行标的虽有数种，但当事人只能从中确定一种，也只有在履行标的确定后当事人才能履行债。如无须确定债的履行标的就可以履行，则该债不为选择之债。

选择之债因选择权的行使，而最终确定一个给付为债的标的。一般来说，选择分为如下情况：一是提供劳务与物的交付之间的选择。例如，甲、乙双方当事人约定，甲支付给乙人民币3万元，而乙可以向甲作一次演讲或者向甲交付一幅画。二是对标的物的选择。对物的选择又可以分为种类物与种类物之间的选择（例如，双方约定允许出卖人可以在交付光盘与录音带之间进行选择）；特定物与特定物之间的选择（例如，双方约定出卖人可以在交付A房与B房之间进行选择）；特定物与种类物之间的选择（例如，双方约定交付大米100斤或A马）。三是不同劳务的提供之间的选择。例如，约定一方可以保管某物若干时间以待另一方往取，或者将该物直接送交另一方。换言之，其可以在保管和运输之间作出选择。四是权利的选择。例如，甲、乙约定买卖货物，并在契约中约定，如果甲违约，则返还定金，并负损害赔偿责任，或者解除契约并加倍返还定金。

2. 选择权的归属

《民法典》第515条第1款是对选择之债中选择权归属的规定。依据该条，选择之债中的选择权的归属既可以由法律直接规定，也可以由当事人特别约定。选择权原则上由当事人一方享有，不得从选择之债分离而独立让与第三人，但法律并未禁止当事人特别约定由债的关系之外的第三人享有选择权。在法律特别规定或者当事人特别约定选择权归属于第三人的情况下，则第三人享有选择权。

如果法律规定或合同约定一方有选择权，则应当由有选择权的一方享有并行使选择权。但如果法律没有规定且合同没有特别规定，《民法典》第515条第1款借鉴了比较法上的经验，将选择权归属于债务人。这主要是因为，债务毕竟是由债务人实际履行的，在债务人履行债务之前，如果选择之债规定的数种选择不能确定，债务人不能做履行的准备，从而也就不能很好地履行债务。将选择权归属于债务人既有利于保护债务人的利益，也有利于债务的履行，尤其是基于“经济人”的假定，债务人在作出选择时，应当会作出对其最为有利的选择。既然其为选择之债，就意味着无论债务人选择何种标的，对债权人的效用都是相同的；而某一选择对债务人最有利，显然意味着双方福利的最大化，也是社会效用的最大化。

3. 选择权的移转

选择权性质上是形成权，仅凭选择权人单方的意思表示就可以使选择之债成为简单之债，其长期存在将威胁社会关系的稳定性，故而选择权的存续应当受到一定期间的限制。选择权人迟迟不行使权利，将令债务人无法履行债务，或者使债权人无法追究对方的违约责任，故而，法律不仅要规定选择权应当在一定期限行使，逾期不行使选择权人的选择权将消灭，还应当规定选择权人逾期不行使权利时该选择权应当由谁行使。

依据《民法典》第 515 条第 2 款，享有选择权的当事人在约定期限内或者履行期限届满未作选择，经催告后在合理期限内仍未选择的，选择权转移至对方。这具体表现为以下两个方面。

第一，选择权的存续时间可以由当事人约定，在约定的选择权行使期限内未行使的，从《民法典》第 515 条第 2 款来看，其要求约定期限届满后仍然需要相对人的催告，经催告后在合理期限内仍未选择的，方可发生选择权转移至对方当事人的效果。当然，这种做法是否有悖当事人特别约定行使期间之本意，不无疑问。但在法律明文规定的情况下，唯有在实务操作中，对催告的“合理期限”结合已经存在行使期限的约定予以考虑，以尽力压缩该期限的时间为宜。

第二，当事人没有约定选择权行使期限的，考虑到选择权的行使旨在使选择之债得到确定，以便债务人履行，在履行期限届满之前，要让选择权人有权衡的时间。但履行期限届满时，如果仍然不作出选择，则作为相对人的债务人无从履行，作为相对人的债权人无从受领。因此，履行期限届满时，相对人有权催告选择权人在合理期限内行使选择权。该期限届满而选择权人未行使选择权的，其选择权改由对方当事人享有。该期限的合理性，应当根据标的金额等因素合理确定。

值得讨论的是，第三人享有选择权时应当如何处理。从《民法典》第 515 条第 2 款的规定来看，其规定的选择权转移规则仅在债的关系的当事人之间适用。在享有选择权的第三人不能或者不愿选择的情况下，或者在约定期限内或者履行期限届满未作选择的情况下，我们认为：应当参照第 515 条第 2 款，由债务人或者债权人催告其在合理期限内行使选择权；如果第三人经催告后在合理期限内仍未选择，则应当参照第 515 条第 1 款之意旨，由债务人享有选择权，以便及时确定债的关系。

4. 选择权的行使

选择权一经行使，则意味着选定的标的就成了应当履行的标的，选择之债转化为简单之债，此时其他标的已不再构成可能的选项，换言之，即便被履行也是非债清偿。因为选择权的行使系以一方当事人的意思变更债的关系，所以，选择权属于形成权。但在选择权确定以后，如何行使选择权？由于选择权行使将使选择之债变成简单之债，选择直接关系如何履行合同义务的问题，因此其对双方当事人关系重大，在法律上有必要确定选择的方式。

依据《民法典》第 516 条，选择权的行使，应当由选择权人以意思表示为之。选择权的行使属于有相对人的意思表示，如果债的关系一方当事人享有选择权，则无论是债权人还是债务人享有选择权，该当事人行使选择权时，都应当向相对人作出意思表示。该意思表示到达对方当事人，发生选择的效力。

如果选择权由第三人享有，我们认为，第三人行使选择权时应当向债权人和债务人作出选择的意思表示，仅向债的关系的一方当事人为意思表示的，不发生选择的效力。

这主要是考虑到，选择权一经行使，就导致选择之债确定地成为简单之债，不仅需要债务人提前进行履行债务的准备，也应当给债权人予以受领的必要准备时间。

对于行使选择权的形式，法律并没有提出特别要求。故其形式上以明示、默示、口头、书面均可。

行使选择权的意思表示作为有相对人的意思表示，于到达时生效，从而标的确定，该选择之债即自始成为简单之债。基于该意思表示的此种效力，因此，该意思表示原则上不得撤销。因为如果允许选择权人撤销其行使选择权的意思表示，则将使已经确定的债的关系又重新回到选择之债的状态，使相对人无所适从。不得撤销自然也就意味着选择权人不能另行地作出选择。但是，基于私法自治的原则，债的关系的当事人之间当然可以另行协议对已经确定的债务标的加以变更，故《民法典》第 516 条但书规定，“经对方同意的除外”。这里所说的“对方”，我们认为是指行使选择权的相对人，在一方当事人享有选择权的情况下，是指对方当事人。在第三人享有选择权的情况下，是指债的关系的双方当事人。

《民法典》未规定选择权行使的溯及力。我们认为，享有选择权的人一经作出选择，则该选择不仅确定将来的履行，而且选择的效力溯及债权债务发生时。选择之债只是法律或当事人所作的一种特殊安排，在其履行前，标的仍然需要通过选择权的行使或法定的事由的发生而确定。但一经确定，就应当发生溯及的效力，选择之债确定后，自该债的关系发生时，就应当认为该债的关系系简单之债，该债的关系自始只有被选定的一个标的；未被选择的其他标的视为自始不存在，当事人不能再以曾经存在的其他给付来加以抗辩。

（三）给付不能导致确定

依据《民法典》第 516 条第 2 款，在选择之债的数个标的中，如果有履行不能的情形，债的关系仅在剩余的标的中存在。但给付不能的事由可归责于无选择权的当事人的，不在此限。这是因为，选择之债的特殊之处在于其标的为数个，选择权人可以通过选择权的行使而使选择之债成为简单之债，并由债务人加以履行。但是，如果选择之债的数种给付中的一个或数个因不可抗力等原因而不能履行，则选择权人只能就剩余的给付加以选择。如果只有一种可以履行而其他均发生履行不能，则当事人并无选择的余地，只能按可以履行的标的履行。此时，选择之债也就自然成为简单之债，而无须另行选择。

但是，此种不能履行应当以不可归责于无选择权的当事人为限，否则，将令无选择权的当事人逃脱其本应承担的责任。因此，如果该履行不能因无选择权的当事人的行为所致，则选择权人仍然有权就该不能履行的给付加以选择。申言之，如果选择权人为债务人，则其可以通过选择不能履行的给付而免于承担自己的合同义务；如果选择权人为债权人，则其可以通过选择不能履行的给付而解除合同，追究对方的违约责任。

如果各标的均不能履行，则选择权人无法再选择这些标的进行履行进而要求对方履行，其应当依据《民法典》第 516 条第 2 款的精神，以债务人对各标的履行不能的发生是否有可归责事由为依据，来判断是否能够要求其承担支付违约金、违约损害赔偿等继续履行之外的违约责任。如果各标的的履行不能均由不可抗力导致，则只能解除合同而不能要求债务人承担违约责任。

与选择权的行使发生溯及效力不同，学理上通常认为，给付不能导致选择之债特定时，并不发生溯及效力。

## 第四节　按份之债与连带之债

以同一给付为标的，债权人或者债务人甚至债权人和债务人都是两个或者两个以上人的债的关系，学理上称为复数主体之债。债法规范通常以债权人和债务人都是单一主体为预设前提。故对于复数主体之债，就任一主体给付或者受领的行为，在债权人与债务人之间的关系上发生何种效力以及因此在复数主体之间的法律关系上发生何种效力，都需要法律予以特别规范。《民法典》第 517 条至第 521 条对此进行了规范，直接规定了连带之债、按份之债两种复数主体之债，同时隐含了不可分之债这一复数主体之债的类型。

### 一、可分之债与不可分之债

与《民法通则》不同，《民法典》第 517 条第 1 款在界定按份之债时，明文强调该区分以“标的可分”为前提，从而将可分之债与不可分之债的区分纳入我国法律规范当中。与比较法上对不可分之债予以特别规定不同，《民法典》并未提及不可分之债的概念，更未对不可分之债直接予以特别规定，故有必要对可分之债、不可分之债的内涵及其规则予以讨论。

#### （一）标的及其可分

标的可分，是指同一标的分为数个标的时，无损于其性质或价值。判断标的或者说给付是否可分，应当主要考虑如下因素：第一，要从当事人的合同目的来考虑是否可以分割。例如，买受人为了购买出卖人的一台车床，是为了运用整个车床来制造产品，所以出卖人就不能仅交付各个车床的零部件而不交付整个车床。义务的分割不损害其债的目的的，为可分给付，否则为不可分给付。第二，要考虑当事人是否在合同中特别约定禁止对合同义务进行分割。甲、乙、丙三人向 A 借贷十万元，三人约定均对 A 负给付十万元之义务，此种约定实际上意味着禁止对义务进行分割，在民法上称为连带给付。第三，要按照交易习惯和用途等，考虑标的物本身是否可以分割。比如基于钥匙与锁的关系，不能仅交付其一。关于判断同一标的是否可分的时点，通说认为，应以履行时作为判断时点，即只要标的在履行时是可分的，即可构成可分之债。

区分标的是否可分，对债务的设定和履行的意义在于：第一，对于可分标的来说，可以成立按份之债，债务人可以依其份额向债权人分别作出履行。但对不可分标的来说，通常不能成立按份之债。例如，不作为债务应当为不可分债务，不能成立按份之债。第二，就部分履行而言，不可分给付不得进行部分履行，而可分给付依据法律规定或合同约定可以分割履行。因此，如果法律和合同没有特别的规定，对于可分标的也可以分别履行。第三，对于可分标的来说，可以实行部分的免除、抵销等，但对不可分债务不能实行部分的免除、抵销。《民法典》虽然把不可分之债纳入连带之债一并予以调整，但是对不可分之债与作为可分之债的连带之债，在履行上的上述区别不可不察。

（二）可分之债

可分之债又称分割之债或者联合之债，是指数人负担同一债务或者享有同一债权而其标的为可分的债。其中，数人享有同一债权且标的可分的，为可分债权；债务人数人负担同一债务且标的可分的，为可分债务。

可分之债的构成，首先要求债权人或者债务人一方须为数人。其次，债的关系须有同一标的。所谓同一标的，是指基于同一发生原因导致给付的同一，如甲、乙、丙三人共同购买1吨柑橘，其标的就是基于同一合同关系所产生的。基于同一原因发生的同一给付，不以同时发生为限。例如，甲、乙共同购买1吨柑橘，后丙参与，由三人共同购买，亦属于基于同一原因所生的标的。再次，同一标的须可分。所谓可分，是指同一标的分为数个标的时，无损于其性质或价值。就是说，可分标的的各部分与原标的仅在数量有所不同而已，而其性质或价值并没有改变。当然，标的在性质上虽可分，但如果当事人约定或法律规定为不可分之债，其亦为非可分之债。

理论上讲，可分之债系连带之债和按份之债的上位概念，在标的可分的前提下，才根据多数债的关系中当事人之间的关系将之分为按份之债和连带之债。《民法典》第517条在界定按份之债时，明确将"标的可分"作为要件，阐明了这一意旨，但在对连带之债的界定中又将不可分之债纳入了连带之债规则调整的范围。我们认为，此种做法只是立法者为了条文简约而为之，解释上以及逻辑上仍然应当依据标的可分与否区分可分之债和不可分之债，再将可分之债分为按份之债和连带之债。关于可分之债的效力，自然也应当依据其究竟系按份之债抑或连带之债分别加以讨论。

唯须注意的是，可分之债只是基于同一发生原因导致给付的同一，但从债的关系来看，当然就各个主体而各自独立存在，相互之间并没有主从之分。因此，可分之债在性质上属于复数之债。故而，就其本质而言，多数债权人或债务人之间并无连带关系，各债权或债务均各自独立。申言之，在可分之债中，就其内部关系而言，多数债权人或多数债务人之间，除法律另有规定或合同另有约定外，各债权人或各债务人之间应平均分享债权或分担债务。就其外部关系而言，在面对债的关系的另一方当事人时，多数债权人或者债务人也应当按照各自的份额享有债权或者承担债务。因此，当债权人为多数时，各债权人仅得就其分享部分请求履行，债务人亦只能向各债权人依其分享部分为履行，对于超过部分则无履行的义务；当债务人为多数时，债权人对各债务人只能请求履行其分担部分，对于超过部分则无权受领。对当事人一人所生效力的事项，如履行迟延、受领迟延、履行不能、免除、混同、时效完成等，对其他人不产生效力。同时，如当事人中存在无效或撤销的原因，亦仅于该当事人分享部分或分担部分因无效或被撤销而归于消灭，对其他人分享部分或分担部分并没有影响。而连带关系的成立，则以法律的特别规定或者当事人的特别约定为前提，《民法典》第518条第2款明示"连带债权或者连带债务，由法律规定或者当事人约定"即源于此因。连带关系的范围，或者说外部关系中某一多数债权人或者债务人能够对其他债权人、债务人发生绝对效力的事项，应当以法律对连带之债效力的特别规定为依据。

可分之债虽然因为给付的可分，导致多数债权人或者债务人之间并没有牵连关系，但是其发生原因毕竟是同一的，因此一般认为，其解除权、同时履行抗辩权的行使，仍然是不可分的。也就是说，行使解除权时，应当由多数的当事人一方共同进行，或者向多数的当事人一方共同主张。在多数的当事人一方没有进行全部对待给付之前，有权拒绝自己的给付。[①]

（三）不可分之债

1. 不可分之债的概念

不可分之债是指数人负担同一债务或者享有同一债权，而其标的为不可分的债。其中，数人享有同一债权且标的不可分的，为不可分债权；数人负有同一债务且标的不可分的，为不可分债务。

与可分之债相比，不可分之债基本特点在于其标的不可分。所谓标的不可分，是指一个标的客观上不可分，如果分为数个，则有损于其用途或价值。标的之所以不可分，主要取决于标的的客观性质。例如，债务人甲、乙应向债权人给付汽车一辆，该标的即属不可分。标的虽客观上可分，但性质上不适宜分为数个标的的，或者依当事人特别约定为不可分的，亦属于不可分。

不可分之债不同于连带之债。连带之债与不可分之债同为多数人之债，但不可分之债是从债的标的上的特征对多数人之债进行的分类，强调的是债的标的的不可分性。连带之债以标的可分为前提，只是基于法律的特别规定或者当事人的特别约定而发生，其强调的是多数的一方当事人之间的连带权利义务关系。在连带之债中，债务人可以向全体债权人或部分债权人清偿全部或部分债务，债权人也有权请求全部债务人或部分债务人履行全部或部分债务；而在不可分之债中，债务人不能为部分清偿，债权人亦无权请求为部分清偿。《民法典》尚未对此明确规定，但基于不可分之债的特点，解释上也应作如此理解。

2. 不可分债权

《民法典》在对连带债权和连带债务的界定中，实际上将不可分之债纳入了连带之债的范围，因此，不可分债权应当适用连带债权的相关规则。这就是说：

一方面，在内部关系上，不可分之债的债权人之间的份额能够按照法律规定或者合同约定确定的，从其规定或约定；难以确定的，视为份额相同。实际受领超过自己份额的不可分之债的债权人，应当按比例向其他债权人返还。当然，基于不可分之债标的不可分的特点，如果该给付并非由全部债权人共同受领，则通常只能由一个债权人受领全部给付。实际受领的债权人只能将所受领的超出自己份额的给付变价向其他债权人返还。

另一方面，在外部关系上，不可分之债的债权人有权请求债务人向其履行全部义务。部分债权人受领债务人的履行、对债务进行抵销，债务人为债权人中一人提存的，由此消灭的债权，对其他债权人发生效力。但部分债权人免除债务人债务的，仅在该债权人的份额内发生债的消灭的效力；在扣除该债权人的份额后，不影响其他债权人的债权。

---

① 邱聪智. 新订民法债编通则：下. 北京：中国人民大学出版社，2004：391.

3. 不可分债务

从《民法典》来看，不可分之债应当适用连带之债的规则。故而，就不可分债务的效力而言：

一方面，在内部关系上，即就不可分债务中多数债务人之间的关系而言，不可分之债的债务人之间的份额能够按照法律规定或者合同约定确定的，从其规定或约定；难以确定的，视为份额相同。承担债务超过自己份额的不可分之债的债务人，有权就超出部分在其他债务人未履行的份额范围内向其追偿，并相应地享有债权人的权利，但是不得损害债权人的利益。其他债务人对债权人的抗辩，可以向该债务人主张。基于所为给付的不可分，在不可分之债中通常是由某一债务人清偿了全部债务。其可以分别向其他各债务人就其份额内的债务予以追偿。此种追偿的请求标的显然不再是与债务人所为给付同一性质的给付，而应当是金钱的给付。

另一方面，在外部关系上，即就债务人与债权人之间的关系而言，部分债务人履行、抵销债务或者提存标的物的，其他债务人对债权人的债务在相应范围内消灭；该债务人可以依据就超出自己份额的部分向其他债务人追偿。部分债务人的债务被债权人免除的，在该债务人应当承担的份额范围内，其他债务人对债权人的债务消灭。部分债务人的债务与债权人的债权同归于一人的，在扣除该债务人应当承担的份额后，债权人对其他债务人的债权继续存在。债权人对部分连带债务人的给付受领迟延的，对其他连带债务人发生效力。

值得注意的是，如果不可分之债因某种法律事实变更为可分之债，应当如何处理？我们认为，不可分债务虽准用连带债务的规定，但其只是形式上与连带债务相同，是因为客观上无法将给付进行分隔才不得不负担全部的给付。因此，一旦该给付可分，则各债务人承担全部债务的客观基础已经不复存在，故各债权人只能就自己的部分请求履行，各债务人亦只就其负担部分履行债务。

4.《民法典》对不可分之债的规范

《民法典》并未提及不可分之债的概念，亦未对不可分之债直接予以特别规定，但值得注意的是，与该法第 517 条对于按份之债规定时强调标的可分不同。《民法典》在规定连带债权和连带债务时，并没有提及标的是否可分的问题，而是仅依据债权人向债务人请求履行债务的范围，对连带债权和连带债务的内涵或者说连带债权和连带债务规范的适用范围进行了界定。换言之，无论标的可分与否，只要是债权人为二人以上，部分或者全部债权人均可以请求债务人履行债务的，都应当认定为连带债权；只要是债务人为二人以上，债权人可以请求部分或者全部债务人履行全部债务的，则都应当认定为连带债务，从而适用前述《民法典》对于连带债权和连带债务的规定。

我们认为，这种做法并非无意而为之。《民法典》实际上采用了广义的连带之债的概念，将比较法上的不可分之债、不真正连带之债，都纳入了连带之债的范围，统一适用《民法典》对于连带债权和连带债务的规则。这种做法，虽然乍看上去，在概念的体系上、形式逻辑的严谨性上略有不足，但符合我国司法实践中混同连带之债、不真正连带之债、不可分之债的一般认识，相关规则也并无太大不妥，足以满足法律适用的需要。至于相关概念的进一步细分，完全可以交由学理加以建构。

就不可分之债来说，《民法典》第 517 条已经提及了标的可分，在逻辑上自然存在标的不可分的情形。因此，学理上承认不可分之债在法典上有其规范基础。通过对《民法典》第 518 条的理解，尤其是对照该法第 517 条，完全可以得出不可分之债应当适用《民法典》对于连带债权和连带债务的规则的结论。从而在《民法典》没有直接对不可分之债予以特别规定，甚至完全没有提及不可分之债的概念的情况下，在学理上构建不可分之债的理论体系。对于学理上普遍认可的不真正连带之债，也应作如此处理。

## 二、按份之债

### （一）按份之债与连带之债的区分

对于可分之债，根据复数的一方当事人享有权利和承担义务的情况，又可分为按份之债与连带之债。

按份之债和连带之债在债权享有或债务履行的范围、多数当事人之一的行为能否对他人发生效力等方面都有很大区别，实务中按份之债和连带之债的适用也颇为广泛。鉴于按份之债和连带之债普遍适用于各种债的关系，德国法系诸民法普遍在债法总则中对它们予以规定。

《民法典》总则编的“民事权利”一章则仅就债的概念以及债的发生原因进行了列举，包括按份之债和连带之债在内的传统民法中的多数人之债的规则，则被作为债的履行的特殊规则，纳入合同编“通则”部分予以规定。虽然其体系上居于合同编“通则”当中，但多数人之债的各项规则系各类债的关系的一般性规则，依据《民法典》第 468 条，其普遍适用于合同之债以及非因合同产生的各类债权债务关系。

### （二）按份之债及其履行规则

按份之债是指债的一方当事人为多数，各自按照一定的份额享有债权或者负担债务的可分之债。债权人为二人以上，各自按照一定的份额享有债权的，为按份债权；债务人为二人以上，各自按照一定的份额负担债务的，为按份债务。

如前述，可分之债在性质上属于复数之债，债的关系分别独立存在于多数当事人当中，只是基于同一发生原因导致给付的同一。故而，可分之债的多数当事人之间的债权债务原则上是各自独立存在的。因此，可分之债原则上应当是按份之债。连带之债的成立，以法律的特别规定或者当事人的特别约定为前提。

《民法典》第 517 条对按份之债的规定，明确体现了可分之债的本质特点：就按份债权而言，各债权人只是按照其份额享有债权。换言之，任一债权人只能请求债务人就其份额内的债权予以清偿；对于超出其份额的部分，债务人并无清偿的义务，当然有权拒绝履行请求。就按份债务而言，各债务人也是按照其份额分别负担债务。换言之，债权人只能分别请求各债务人履行各自份额内的债务；对于超出自己份额的债务，债权人并无权请求，债务人同样可以拒绝履行。

在按份之债中，各债权人的债权或各债务人的债务各自独立，相互之间没有连带关系，对某一债权人或某一债务人发生效力的事项，包括清偿、提存、抵销、混同、免除等债的消灭事由，对其他债权人或债务人不发生影响。例如，某一债权人接受债务人的履行超过自己分享的权利份额的，除可认定为第三人接受履行外，构成不当得利，其他债权人的权利并不消灭；某一债务人履行义务超过自己分担的份额的，除可认定为第三人履行外，只能向接受其履行的债权人请求返还不当得利，其他债务人的债务并不消灭。

虽然法条并未规定，但基于按份之债作为可分之债的本质，解释上认为，鉴于其给付的同一性，其解除权、同时履行抗辩权的行使，仍然是不可分的，应当由复数的当事人一方共同进行，或者向复数的当事人一方共同主张。[①]

对于多数债权人或者债务人之间的份额，应当依据法律的规定或者多数当事人之间的约定来确定；如果不能确定，则应当依据《民法典》第 517 条第 2 款的规定，推定为份额相同。换言之，按份债务的，由各债务人平均负担债务；按份债权的，由各债权人平均分享债权。

## 三、连带之债

### （一）连带之债概述

#### 1. 连带之债的概念

所谓连带之债，是指债的一方当事人为多数，多数债权人中的任何一人都有权请求债务人履行全部债务，或者多数债务人中的任何一人都有义务向债权人履行全部债务的债。连带之债包括连带债权和连带债务。连带债权，是指债权人为二人以上，各债权人均可以请求债务人为全部给付的债权；连带债务，是指债务人为二人以上，各债务人均对债权人负全部给付义务的债务。具体表现为以下几个方面。

第一，连带之债须为多数人之债。必须有多数债权人或多数债务人，才能形成连带之债，这也是连带之债成立的先决条件。

第二，连带债权的行使或者连带债务的承担，存在连带关系。这就是说，法律直接规定了发生绝对效力的事项，这些事项就多数债权人或者多数债务人中一人发生效力，对于其他债权人或者债务人也发生同样的效力。故而，就连带债权而言，任一债权人均有权请求债务人向其为全部给付；就连带债务而言，任一债务人均对债权人负有全部清偿义务。

第三，《民法典》第 518 条对于连带债权和连带债务的界定，并没有强调以标的可分为前提，而是仅依据债权人向债务人请求履行债务的范围，对连带债权和连带债务的内涵作出了规定。这就意味着，不可分之债、不真正连带之债，都被纳入了连带之债的范围，统一适用《民法典》关于连带债权和连带债务的规则。

#### 2. 连带之债的发生

连带之债作为可分之债，性质上属于复数之债，就其本质而言，债的关系分别独立存在于多数当事人当中，只是基于同一发生原因导致给付的同一。因此，就其本质而言，多数当事人之间的债权债务应当是各自独立存在的。民法奉行私法自治原则，每个人都应当对自己的行为负责，而连带之债中各多数当事人之间一人的行为能够对其他当事人的行为发生效力，这显然突破了自己责任的内涵。发生绝对效力事项的存在，也就

① 邱聪智. 新订民法债编通则：下. 北京：中国人民大学出版社，2004：391.

意味着任一多数当事人的行为的效果及于其他人，故而，这种多数当事人之间的连带关系或者说发生绝对效力的事项的具体范围，应当以法律的特别规定为前提。尽管对于发生绝对效力事项存在严格限制，但毫无疑问，连带之债对责任自负存在突破，尤其是在奠基于反对封建株连的近代民法上，各国民法严格限制连带之债：一方面，就连带之债多数当事人之间发生绝对效力的事项，委诸法律予以特别规定；另一方面，则要求连带之债的发生以当事人的特别约定或者法律的特别规定为前提。《民法典》第 518 条第 2 款亦明确规定："连带债权或者连带债务，由法律规定或者当事人约定。"对于此项规定，尚有如下几点值得注意：

第一，依据该款，连带之债的发生，无论是连带债权还是连带债务，都需要以法律的特别规定或者当事人的特别约定为前提。在连带债务的情况下，任一债务人均负有清偿全部给付的义务，这隐隐与近代民法努力突破封建株连、实现责任自负的努力不符。即便是连带债权，任一连带债权人的行为导致债的关系消灭的，其他债权人无法再行向债权人请求，这亦是对责任自负的违背。因此，其正当性要么依据当事人的意思来证成，要么需要国家意志的背书。

第二，该款是对连带之债发生原因的规定，依据该款，连带之债的发生必须以法律的特别规定或者当事人的特别约定为前提。

第三，基于契约自由，多数债的关系的当事人之间当然可以就相互之间是否构成连带债权或者连带债务进行约定。所谓当事人的特别约定，就连带债权而言，是指多个债权人共同对连带债权作出约定。连带债权的存在，意味着债务人向任何一个债权人进行给付，都能够对所有债权人发生债务关系消灭的效果，对债务人清偿更为便利，故我们认为，只需要多数债权人全体一致同意就可以创设连带债权，而无须债务人的同意。就连带债务而言，是指多个债务人之间共同就其债务的连带性作出约定。同样，连带债务对债权人更为有利，因为债权人可以要求任何一个债务人对其作出履行，故其成立也无须债权人的同意，而只需要全体债务人一致同意。这种全体债务人的一致同意，可以是在发生债权债务时各个债务人共同作出约定，也可以是债权债务关系发生后，新的债务人加入进来，成为共同的债务人。此外，多数债的关系的当事人也可以一并约定连带债权和连带债务。①

鉴于连带债务的发生，将使各债务人均需负有清偿全部给付的义务，对于债务人的利益影响巨大，我们认为：一方面，债务人关于连带债务的约定必须是明确的，各债务人必须就承担连带债务作出明确的意思表示；另一方面，就该约定的形式而言，虽然《民法典》并未对此作出特别规定，但解释上该约定应当采用书面形式，从而与《民法典》对保证合同应当采用书面形式的要求保持一致。

第四，关于法律对连带责任的特别规定。我们认为，其一，该款所言的"法律"，应当是指狭义的法律，即由全国人民代表大会及其常务委员会制定并由国家主席签署主席令予以公布的规范性文件。依据《立法法》第 11 条，民事基本制度只能制定法律。

---

① 例如，《招标投标法》第 31 条规定：两个以上法人或者其他组织可以组成一个联合体，以一个投标人的身份共同投标。联合体中标的，联合体各方应当共同与招标人签订合同，就中标项目向招标人承担连带责任。这里所言的连带责任，我们认为，既应当包括连带债务，也包括连带债权。

连带之债尤其是连带债务极大加重了当事人的负担，且突破了现代民法私法自治尤其是责任自负的基本原则，故有关其发生情形的规定应当属于基本民事制度，由法律规定。其二，该款所言的“法律规定”，即法律对于事实行为的规定。换言之，法律不仅要直接规定构成要件，法律还要直接规定行为的法律后果尤其是承担连带责任的效果。从我国现行法律观之，法律直接规定连带债务或者说连带责任的情形，主要是侵权法中对于共同侵权的规定。其相关规定的正当性来自行为人共同加害的意思联络。此外，对于不真正连带责任，我国法律也往往直接规定为连带责任。① 如前文所指出的，《民法典》对于连带之债的规定，不仅包括了通常所言或者说狭义的连带之债，还实际上纳入了学理上的不真正连带债务以及不可分之债，这种扩张连带之债范围的做法，与我国其他法律中将不真正连带债务直接规定为连带责任的做法是一脉相承的。其三，法律对连带债务的规定不以直接规定承担连带债务或者连带责任为限。既然不真正连带债务亦属于连带债务，故法律对不真正连带债务的规定，或者说基于多个规范的不同规定而导致多个债务人分别因不同原因而负内容相同的不同债务的，亦不妨认为是法律对连带债务进行的规定。

法律对连带债权的直接规定比较少见。《民法典》第 923 条规定：“经委托人同意，受托人可以转委托。转委托经同意或者追认的，委托人可以就委托事务直接指示转委托的第三人。”此处所言的“就委托事务直接指示转委托的第三人”，就包括了委托人对该第三人关于委托事务履行的直接请求权；而受托人基于委托，对该第三人亦有直接请求权，从该条规定委托人仅就“其对第三人的指示”，也可以推断出这一意旨。此种情况下，委托人、受托人对该第三人均有同一债权，且均得请求为全部给付，故构成连带债权。当然，此种情况下，该给付的利益存在最终的归属者即委托人。此种情形与不真正连带债务有近似之处。②

3. 不真正连带之债

所谓不真正连带之债，是指多个债务人基于不同的发生原因而对债权人负同一内容的给付义务，各债务人均须负履行全部债务的义务，但任一债务人的清偿均使债务全部消灭的债。申言之：

第一，多数债务人分别基于不同的原因而对债权人负有不同的债务。这些债权债务关系是各自独立的，是基于不同的发生原因而分别发生的。这与通常的连带之债不同，通常的连带之债产生的原因是同一的，如基于合同约定或某种共同侵权行为而产生连带债务。

第二，不真正连带之债的数个债务偶然联系在一起。也就是说，各个债务人之间并

① 例如，《食品安全法》第 130 条规定：“违反本法规定，集中交易市场的开办者、柜台出租者、展销会的举办者允许未依法取得许可的食品经营者进入市场销售食品，或者未履行检查、报告等义务……使消费者的合法权益受到损害的，应当与食品经营者承担连带责任。”这里所言的集中交易市场的开办者、柜台出租者、展销会的举办者的责任，严格地讲，是未尽法定保护义务的侵权责任；而经营者的责任可以是违约责任或者侵权责任。法律明确规定的所谓连带责任，严格地讲，是一种不真正连带责任。类似地，该法第 131 条规定的网络食品交易第三方平台提供者因未对入网食品经营者进行实名登记、审查许可证，或者未履行报告、停止提供网络交易平台服务等义务而与食品经营者承担的连带责任，也是如此。

② 邱聪智. 新订民法债编通则：下. 北京：中国人民大学出版社，2004：406.

未共同实施某种行为，或者共同作出某种约定（如约定承担连带责任），数个债务发生密切联系是一种偶然的巧合。

第三，数个债务的给付类型是相同的。一方面，数个债务的给付类型应当是同一的。只有在给付类型相同的情况下，才可能出现任一债务人都负有全部清偿义务的可能。另一方面，就相同类型的给付，其量上可能存在差异，此种情况下，数个债务人仅就最低数量内的部分债务承担不真正连带债务。例如，质量不符合约定造成损害的，销售者因质量瑕疵承担合同责任，标的物的生产者则因缺陷承担产品责任。由于我国法律把产品责任的赔偿范围限于人身、缺陷产品以外的其他财产损失[①]，而违约责任所赔偿的则是缺陷产品以及利润损失，二者虽然给付类型相同，均为金钱债务，但范围上不重合，故不能发生不真正连带责任。当然，此种情况下，受害人可以基于《民法典》第1203条对产品责任的特别规定，就产品责任向生产者或者销售者主张不真正连带责任。再如，一方实施直接加害行为，另一方未尽安全保障义务，法律明确规定安全保障义务人承担的是补充责任，自然也没有不真正连带债务的发生。

第四，债权人分别对各个债务人享有数项请求权，债权人如果实现了某一项请求权，就不能再向债务人提出请求。也就是说，在不真正连带债务中，尽管债权人对各个债务人享有分别的请求权，但因为数个债务人的给付内容是相同的，债权人的一项债权实现后，其利益基本已得到实现，因而不应再向其他债务人提出请求。只有在债权人向某一个债务人提出请求但不能得到清偿的情况下，方可向其他债务人提出请求。可见，就其履行或者说债权人与债务人之间的关系而言，不真正连带债务亦完全符合《民法典》第518条对连带债务的界定。我国法律在规定不真正连带之债时，也往往直接规定各债务人负连带责任。

依据《民法典》第518条，不真正连带之债被纳入了连带债务的范围，适用连带债务的规则。唯在各连带债务人内部份额的划定上，如下文所述，其并不适用《民法典》第519条第1款的推定规范，而应当按照相关法律的规定来确定连带债务人各自的份额。

### （二）连带债务的内部关系

#### 1. 连带债务人的内部份额及其确定

连带之债作为复数之债，多数当事人之间的债权债务是各自独立存在的，只是由于法律的特别规定或者当事人的特别约定，狭义的连带之债基于同一发生原因而导致给付的同一，广义的连带之债如不真正连带债务，更是基于不同的发生原因，只是在结果上发生相同的给付。故而连带之债只是在债权人与债务人之间的关系上，存在发生绝对效力事项，某一连带债务人或者连带债权人发生的此类事项能够对其他多数债的关系当事人发生效力。换言之，在对外关系上，即连带债权人与债务人或者连带债务人与债权人之间，连带之债因法律的特别规定或者当事人的特别约定而有连带关系的问题，但就其内部关系而言，多数当事人仍然各自享有债权或者负担债务，多数当事人之间仍然按照

① 《产品质量法》第41条第1款规定：“……产品存在缺陷造成人身、缺陷产品以外的其他财产（以下简称他人财产）损害的，生产者应当承担赔偿责任。”

各自的份额享有债权或者承担债务。

就连带债务而言，连带债务中每一连带债务人均负有清偿全部债务的义务，但这只是连带债务人与债权人之间的效力。在其清偿或通过其他方式消灭债务的情况下，如果特定债务人承受全部责任而不能从其他债务人处获得补偿，这显然对其是十分不公平的。因此，尽管连带债权债务在外部关系上是连带的，但从连带之债的内部关系上说，连带债权人和债务人之间又是按份的，各债务人之间仍然应当按照各自的份额确定相互关系。基于私法自治原则，全体债务人也可以就其内部份额的承担作出约定，鉴于法律、行政法规并未对其提出书面形式的要求，该约定不以书面为必要。在没有约定亦没有法律对份额确定直接作出规定的情况下，《民法典》第519条第1款规定："连带债务人之间的份额难以确定的，视为份额相同。"这是对连带债务人之间份额的推定性规范。该款所谓"确定"，是指按照法律的规定来确认或者由全体债务人加以约定连带债务人之间的份额。我国法律对连带责任的规定中，也可能涉及其内部追偿或者分摊的问题。这其实就是对份额确定规则的规定。

需要强调的是，就各类不真正连带债务而言，虽然《民法典》将其纳入连带债务中，对其外部效力或者说债权人与连带债务人之间的关系尤其是发生绝对效力事项进行了一并规定，但是在各连带债务人内部份额的分担上，严格地讲，并不适用《民法典》第519条第1款。对于绝大多数不真正连带债务而言，基于法律的规定（例如各类承担相应保护义务的一方就实际加害人的侵权行为承担的责任）或者合同的约定（如保证人、保险人），都存在终局债务人或者说最终责任人。终局债务人之外的其他不真正连带债务人实际承担债务后，有权就其承担的全部债务向终局债务人追偿。而终局债务人自行实际承担债务之后，则并无追偿权。

2. 连带债务人的追偿权

就连带债务而言，因为各债务人都有清偿全部债务的义务，但在各债务人内部关系中，应当按照一定份额分担债务，所以，清偿债务超过自己应分担的份额的，债务人有权向其他债务人追偿。履行了义务的债务人享有的请求其他债务人偿还其应承担份额的权利，即为债务人的追偿权。

依据《民法典》第519条第2款"实际承担债务超过自己份额的连带债务人，有权就超出部分在其他连带债务人未履行的份额范围内向其追偿"的规定，追偿权的发生应当具备以下条件：第一，债务人实际承担了债务。这里所言的实际承担债务，包括清偿、提存、抵销、混同等各种发生绝对效力的事项。第二，其他债务人因该债务人的实际承担而全部或者部分消灭了债务。第三，债务人实际承担的债务超出了其应当承担的份额。即便只是实际承担部分债务，但只要超过自己应承担的份额的，其超过部分也属于为其他债务人履行债务，因而也有权向其他债务人追偿。

既然连带债务内部是按份的，那么一方面，就承担债务超出自己份额的部分，债务人有权向其他债务人追偿。追偿的范围为债务人实际承担债务超出其应承担的份额的部分，包括自清偿等事由导致债的关系消灭之日起的利息，以及履行债务时所支出的运输费、包装费等应由债务人共同承担的费用和诉讼费、执行费等因实际承担债务而支出的费用。就费用而言，应当以不可归责于实际承担债务的债务人为限。另一方面，在其他债务人有多个的情况下，追偿权所对应的债务是按份债务，追偿权人应当分别向各债务人主张其应当承担的份额。申言之，追偿权人承担债务导致全部债务消灭的，其有权分别请求其他债务人承担各自应当承担的份额，但就追偿权某一债务人超出自己份额清偿的，不能对其他债务人发生绝对效力。追偿权人承担债务导致部分债务消灭的，其应当就超出自己份额的范围的部分，向其他债务人在其应当承担的份额内行使追偿权。

3. 连带债务人的代位权

为保障追偿权的实现，合理平衡各连带债务人之间的利益，维护求偿权人的追偿权，《民法典》第 519 条第 2 款明确规定享有追偿权的连带债务人“相应地享有债权人的权利”，这就赋予了连带债务人代位权。换言之，在某一连带债务人以其实际承担债务的行为导致债的关系全部或部分消灭而就超出自己份额的部分向其他债务人追偿时，其就自动取得了债权人的相应权利，包括担保物权、保证债权等。

关于代位权的构成与行使，需要注意如下几点：

第一，代位权的行使，以追偿的范围为限。代位的目的在于保障追偿权的实现，故而只能在追偿的范围内来代位行使债权人的权利，《民法典》第 519 条第 2 款中的“相应”就是这一意思。申言之，追偿权人只能就其实际承担的债务超出了其应当承担份额的部分行使代位权。针对特定的其他债务人，由于追偿权所对应的都是按份债务，追偿权人也只能在向各债务人主张的份额内分别行使代位权，而不能以“相应地享有债权人的权利”为由主张各债务人就其追偿权承担连带债务。在第三人对某一债务人的债务承担担保责任的情况下，追偿权人只能就该债务人承担的份额主张担保责任。

第二，既然该权利已经由实际承担债务超过自己份额的连带债务人“享有”，故而不妨在理解上认为其系法定的权利转移。在行使相关权利时，该债务人应当以其自己的名义而非债权人的名义行使。

第三，代位权是将“债权人的权利”转由该债务人（追偿权人）享有，故该权利并非如追偿权一样，是一项新发生的权利，而是债权人的既有权利。因此，其他连带债务人对债权人的抗辩，可以向该债务人主张。例如，某一其他连带债务人对债权人享有适于抵销的债权，其自然可以向追偿权人来主张抵销；债权人对连带债务人负有对待给付义务的，其他债务人也不妨向追偿权人主张同时履行抗辩权。相应地，作为新发生的权利，追偿权的诉讼时效应当自权利成立时起算，而代位权的诉讼时效则应当依据债权人的权利发生及履行情况来判断。

（三）连带债务的外部关系

1. 连带债务外部关系上的相对效力原则

连带债务本质上是复数之债，故而就连带债务人中之一人所发生的事项，原则上对其他债务人不应发生效力。此即连带债务的相对效力原则。虽《民法典》第 520 条未对相对效力原则直接作出规定，但考量其立法意旨，尤其是该条对发生绝对效力事项的穷尽式列举，我们认为，《民法典》亦认可此项原则。

连带之债之所以被冠以“连带”，就是因为绝对效力事项的存在。在某一债务人发生绝对效力事项的情况下，会影响其他债务人。基于相对效力原则，对于绝对效力事项，应当由法律作出列举式规定。这根据《民法典》第 520 条，绝对效力事项限于清偿、抵销、提存、免除、混同等债的消灭的情形，以及债权人的受领迟延，换言之，绝对效力事项限于债的消灭方面或效力减弱的相关事项。这是因为，连带债务的债务人承担着十分沉重的义务，基于公平考量，法律在减轻其负担方面允许各债务人的事项相互发生效力，而且，如果不允许发生绝对效力，可能使得法律关系过于复杂。

值得注意的是，除法律规定的事项以外，绝对效力事项也不妨由当事人特别约定。此处所言的特别约定，应当是指债权人与全体债务人共同进行的约定。在当事人特别约定于法定事项之外的某事项发生绝对效力的情况下，基于合同自由原则，自然应当尊重当事人的约定，允许发生绝对效力。

2. 清偿的绝对效力

《民法典》第 520 条第 1 款开宗明义地将债务人的履行作为绝对效力事项之首而加以列举。关于债的消灭原因，虽然《民法典》第 557 条第 1 项表述为“债务已经履行”，但在解释上，应当理解为在债务人全面、适当履行其债务的情况下，方可构成清偿，从而实现债权，消灭债的关系。

《民法典》第 520 条第 1 款与第 557 条第 1 项在表述上是一致的，都使用了“履行”，但考虑到作为构成绝对效力事项的核心标准是债的消灭或者效力减弱，加之该法第 520 条也将提存、抵销等债的消灭事由都进行了明确列举，尤其是第 520 条将债权人受领迟延也明确作为绝对效力事项单独予以规定，这里所言的履行也与《民法典》第 557 条第 1 项一样，应当解释为清偿，否则，在债务人履行不符合约定，并未消灭或者部分消灭债权的情况下，对其自己尚不能发生消灭债权的效力，更何谈对其他债务人的效力；在债权人受领迟延乃至无正当理由拒绝受领的情况下，就要以履行而非受领迟延或者提存来确定绝对效力，否则有架空这两项绝对效力事项之嫌。

在连带债务人之一清偿的情况下，债权人的债权已经实现，自然没有理由继续存在，自然各连带债务人对债权人的债务也一并消灭。即便只是部分清偿，在清偿的范围内，各连带债务人的对债权人的债务也一并消灭。比较法上对此有一致认识，《民法典》亦作如此规定。

3. 抵销的绝对效力

抵销是双方当事人互负同种类债务时，使各自债务在相等数额内一并归于消灭的法律制度。在抵销的情况下，互负债务的双方当事人的债权同时得到满足，因此，其与清偿具有相同的意义。《民法典》第 557 条第 2 项进一步明确“债务相互抵销”为债权债务终止或者说债的消灭的原因。该法第 520 条第 1 款亦明确规定抵销为连带债务中发生绝对效力的事项。

4. 提存的绝对效力

提存是指因债权人的原因债务人难以履行其到期债务的，债务人依法将合同标的物交付给提存部门保管，从而消灭其债务的制度。《民法典》第 557 条将“债务人依法将标的物提存”明确规定为债权债务终止或者说债的消灭的原因。

就提存而言，其只是在因债权人不受领而无法清偿时的一种变通处理，就债务人方面而言，其与清偿实无二致，因此发生与清偿相同的效力。故而，在连带债务人之一进行提存的情况下，也应当发生绝对效力。《民法典》第 520 条第 1 款亦明定提存为发生绝对效力事项。

5. 免除的绝对效力

免除是指债权人向其债务人表示其免除对方部分或全部债务的意思，而使债的关系部分或全部的消灭。作为一种财产权利，权利人自然可以对其债权加以处分。免除实际上是债权人对其债权的抛弃，抛弃权利是债权人对自己权利进行处分的题中应有之义。既然免除系债的消灭的原因，故其应发生绝对效力。如果免除不能够发生绝对效力，则在债权人免除之后，承担全部清偿责任的债务人仍然有权按照内部关系，请求被免除的债务人分担其应当承担的份额。这就使免除失去了其应有的意义。因此，《民法典》第520条第2款明确规定了免除的绝对效力。

就债权人免除绝对效力的范围，比较法上有不同的做法。依据《民法典》第520条第2款，债权人对部分债务人债务的免除，就被免除的债务人应当承担的份额，对其他连带债务人发生绝对效力。对此应当注意把握如下几点：

第一，该法第520条第2款是对免除绝对效力范围的规定，既然免除发生绝对效力的范围限于被免除的债务人应当承担的份额，故而就其余部分，债权人仍然可以继续向连带债务人主张。鉴于免除的绝对效力，债权人有权向债务人请求的，也仅限于该份额以外的部分。

第二，虽然发生绝对效力的仅为该债务人应当承担的份额，但基于禁反言原则，债权人自然不能再向被免除的债务人提出主张。故而就其余未被免除的部分，债权人只能向其他债务人主张。

第三，就该债务人应当承担份额发生绝对效力，就意味着该债务人已经就其份额实际承担了债务。故而在内部关系上，其他实际承担债务的债务人也不能再向其追偿。即便出现某一债务人不能履行、追偿权无法实现的情形，如前文所讨论的，该部分的份额也应当由债权人承担。

需要指出的是，考虑到免除系债权人对其债权的处分，在其明确表示消灭全部债务的情况下，基于私法自治原则，自然应予尊重。解释上，在债权人向某一连带债务人作出免除的意思表示，且明示免除全部债务的情况下，该免除发生绝对效力的范围自然及于全部债务而非仅限于该债务人应当承担的份额。因此，该法第520条第2款在性质上只是一项补充性规范而非强制性规范。

如果债权人明确免除了债务人的全部债务，则各连带债务人与债权人之间的债权债务关系消灭。值得讨论的是：在该意思表示仅向某一债务人作出的情况下，该债务人能否以其实际承担债务超出自己份额为由而主张对其他债务人的追偿权和代位权呢？我们认为，此种情况下应当根据债权人的意思而定。如果其只是基于对某一特定债务人的特别考量而免除全部债务，换言之，其免除的是该特定债务人的债务，则该债务人实际承担了全部债务，可以援用《民法典》第519条第2款，就超出自己份额的部分，向其他债务人追偿并相应享有债权人的权利。如果债权人的目的在于免除全体债务人的债务，则实际承担全部债务的是全体债务人，作为免除意思表示受领人的某一债务人不能据此主张其实际承担全部债务并据此行使追偿权和代位权。

6. 混同的绝对效力

混同，是指债权和债务同归于一人的客观情况。《民法典》第576条规定，“债权和债务同归于一人的，债权债务终止，但是损害第三人利益的除外”。这就明确了混同原则上系债的消灭事由。

《民法典》第520条第3款规定了混同的绝对效力。值得注意的是，在发生绝对效力的范围上，该款却将混同与免除同等对待，将混同的情况下发生绝对效力的范围限于该债务人应当承担的份额。例如，乙、丙、丁对甲负有300万元的连带债务，现甲去世，乙为其唯一继承人。则依据《民法典》第520条第3款，因混同而消灭的仅是乙的份额，乙仍然可以作为债权人向丙、丁就余下200万元主张债权，丙、丁也应当就该200万元承担连带债务。这种做法更有利于保护因混同而享有债权的债务人，因为其并未因混同而丧失向丙、丁主张连带责任的权利；但这种做法，却可能导致丙承担剩余200万元债务后另行向丁追偿的情况，从而使得法律关系更为复杂。考虑到《民法典》中连带债务适用的范围较广，不真正连带债务也被纳入连带债务而规定，从而可能导致连带债务人中大量存在最终责任人的情形，《民法典》这种做法显然更为妥当。

在免除和混同的情况下，虽然发生绝对效力，但其效力范围仅及于相关债务人所应当承担的份额，在这一点上与清偿、抵销、提存显然不同，故而对这两项事项也不妨称为限制绝对效力事项。

7. 受领迟延的绝对效力

《民法典》第520条第4款是对债权人受领迟延绝对效力的规定。依据该款，某一连带债务人向债权人提出履行，该债权人受领迟延时，对其他债务人也发生迟延受领的效力。之所以如此，是因为连带债务中，各债务人均负有履行全部债务的义务，既然一个连带债务人的给付能够使其他债务人免责，那么债权人不受领给付，自然也应当使其他债务人享受利益。[①] 换言之，在债权人对其中一个债务人的履行迟延受领的情况下，其他债务人不能因该债务人的清偿而消灭自己的债务。自然其他债务人也可以就债权人受领迟延主张相应的法律效果，例如因债权人无正当理由拒绝受领而提存、不可归责于双方当事人的原因导致标的物毁损灭失时的风险负担转移、因受领迟延而发生的费用承担等，故而，承认迟延受领的绝对效力是有必要的。

（四）连带债权的内、外部关系

1. 连带债权人的内部份额及其确定

连带债权本质上是复数之债，多数债权人之间的债权仍然是各自独立的。虽然在对外关系上，任一债权人都有权要求债务人向自己为全部给付。但就其内部而言，多数债权人仍然应当按照各自的份额享有债权。相应地，部分连带债权人向法院起诉要求债务人承担全部债务的，法院也无须通知其他连带债权人必须参加诉讼。

《民法典》第521条第1款是对连带债权人之间份额的推定性规范。依据该款，连带债权人之间的份额难以确定的，视为份额相同。这里所言的“确定”，在方法上与《民法典》第519条第1款相同，是指按照法律的直接规定来确认份额或者由全体债权

① 杜景林，卢谌.德国民法典评注：总则·债法·物权.北京：法律出版社，2011：210.

人共同约定相互之间的份额。例如，依据《民法典》第932条，在转委托情况下，委托人与受托人对次受托人就委托事务的履行享有连带债权，但结合第927条关于“受托人处理委托事务取得的财产，应当转交给委托人”的规定来看，在其内部份额划分上，显然委托人应当为全部而受托人则为零，对于此种情形，自然应当依据法律规定来确定份额。基于私法自治原则，全体债权人也可以就其内部份额的承担作出约定；鉴于法律、行政法规并未对其提出书面形式的要求，该约定不以书面为必要。

2. 债权人之间的返还请求权

任何一个连带债权人都有权要求债务人向自己为全部给付，在债务人对其以清偿或者以其他方式消灭债权债务的情况下，债的消灭的效力及于其他债权人。其他债权人自然不能就已经消灭的部分再行向债务人请求，而只能向实际受领超出自己份额的债权人请求返还。而在各连带债权人之间，仍然要按照一定的份额享有权利或者保有利益，故而，对于因清偿或者其他事由而获得超出自己份额的利益，实际受领的债权人应当按比例返还给其他债权人。《民法典》第521条第2款对此进行了规定，“实际受领债权的连带债权人，应当按比例向其他连带债权人返还”。对于此句的理解，需要注意以下几个方面。

第一，此处所言的“实际受领”，应当理解为例示性规定。除了实际受领债务人的清偿，其他消灭债权债务关系的事由如抵销、领取提存物等，也应当属于实际受领的范畴。

第二，此处所言的“按比例”，强调的是，就连带债权人的内部关系而言，其他债权人对实际受领的债权人享有的是按份债权。其只能在自己的份额内，向实际受领的债权人提出请求；而不能就超出实际受领人份额的剩余全部债权一并提出请求。各其他债权人之间既然是按份债权，故任一债权人的任何行为均不能对其他债权人发生效力。

第三，对于超出实际受领人份额的部分，其他债权人应当按照各自份额的比例向实际受领人请求返还。申言之，实际受领人在受领了全部给付的情况下，其他债权人自然可以向其主张各自的全部份额；如果实际受领人受领的只是部分给付，其他债权人只能就该部分给付超出实际受领人份额的部分，按照自己份额占各其他债权人总份额的比例提出请求。例如，甲、乙、丙、丁、戊对已享有总额为500万元的连带债权，且其相互之间的份额相同。如果甲受领了全部500万元的给付，则乙、丙、丁、戊各自有权按照其份额就其份额内的债权也就是各100万元的债权向甲提出请求。但是，如果甲只受领了400万元的给付，那么就甲超出其份额受领的300万元，乙、丙、丁、戊有权提出请求，但其只能按各自份额占其他债权人总份额的比例就自己75万元的债权向甲提出请求。

第四，在某一连带债权人将其债权让与第三人的情况下，如果受让人实际受领了债务人的给付且超出了其份额，则应当由受让人和转让人共同承担此项返还义务。其他连带债权人就各自份额内应当返还的部分，有权要求受让人和转让人中的任何一个承担全部返还义务。

3. 连带债权中的绝对效力事项

在对外关系中，连带债务人之一所发生的事项，对其他连带债权人发生影响的，即绝对效力事项。连带债权作为复数债权，本质上，债权人其中之一发生的事项，不影响其他债权人。但在特定情形下，法律仍然允许其发生绝对效力。鉴于法律确定绝对效力事项时考量因素的一致性，从比较法来看，连带债权中的绝对效力事项与连带债务中发生绝对效力的事项基本上是一致的，只不过从债权受领、债务清偿的角度分别来看，具体表述或者角度有所不同。《民法典》第 521 条第 3 款也是如此，其明确强调，“连带债权参照适用本章连带债务的有关规定”。这就是说，要参照连带债务中发生绝对效力事项的规定来合理确定连带债权中发生绝对效力的事项。结合《民法典》第 520 条来看，连带债权发生绝对效力的事项主要包括如下情形：

（1）清偿。

各连带债权人均有权请求债务人履行全部债务，各债权人也都有权受领债务人的清偿。只要构成清偿，不论是连带债权人中的一人或数人受领，还是全体债权人共同受领，在清偿的范围内债权债务即已消灭。故而清偿系发生绝对效力的事项，任意连带债权人的受领均对其他债权人发生效力。任何一个债权人受领债务人的全部清偿，其他债权人的债权也就同时消灭。

（2）抵销。

抵销系清偿的替代方式，与清偿同为债的消灭原因。在某一债权人对债务人负有债务且符合抵销条件时，双方均可向对方主张抵销，在抵销范围内，债权债务消灭。债的消灭意味着债的目的已经实现，自然该消灭的效力与清偿一样，及于其他债权人。故而，抵销系连带债权中发生绝对效力的事项。

值得讨论的是：抵销的范围究竟仅限于某一债权人应当享有的份额，还是及于全部债权呢？我们认为，既然任一连带债权人均有权要求债务人向其履行全部债务，故其自然有权就全部债权向债务人主张抵销；债务人也同样向对其负有债务的任一债权人就连带债权的全部行使抵销权。

（3）提存。

债务人依法进行提存，是《民法典》明文规定的债的消灭事由。在债务人依法提存标的物的情况下，债权债务消灭，该债权消灭的效力及于全体债权人，故而其也应当是发生绝对效力的事由。

唯须注意的是：其一，提存以因受领权人的原因债务人难以履行其到期债务为前提。在连带债权的情况下，任一债权人均有就全部给付的受领权，故而在提存条件上，也要求在全体债权人均有《民法典》第 570 条所列债权人无正当理由拒绝受领、债权人下落不明、债权人死亡未确定继承人、遗产管理人或者丧失民事行为能力未确定监护人等情形之一时，方可提存。其二，完成提存后，债务人与债权人之间的债权债务消灭，但标的物的所有权已转移给债权人，债权人与提存部门之间实际上形成了保管合同关系，债权人对提存部门享有提存物领取权，依据《民法典》第 574 条，债权人可以随时向提存部门主张领取提存物。债权人对提存部门的此种债权系原先的连带债权转化而成，故各连带债权人的此项权利也系连带债权。任一债权人都可以向提存部门主张领取全部提存物；实际领取提存物，则其他债权人对提存部门的领取请求权均消灭。实际领取提存物超出自己份额的债权人，应当依《民法典》第 521 条第 2 款对其他债权人承担返还义务。

(4) 免除。

免除系债的消灭事由，任一连带债权人免除债务人的债务，均对其他债权人发生绝对效力。但与连带债务相同，免除发生绝对效力的范围限于该连带债权人的份额，这主要是考虑到，一方面，免除系单方的无偿行为，基于连带债权作为复数当事人债权的本质，各债权人原则上仅能就自己的份额予以处分，故而法律作出这一推定，符合免除他人债务的债权人的本意，也有利于保护各债权人的利益；另一方面，如此处理，就意味着免除他人债务的债权人实际受领了该份额的给付，其既不能向其他债权人再行主张返还，也无须对其他债权人承担返还义务，从而简化了法律关系。

(5) 混同。

依据《民法典》第 521 条第 3 款，在连带债权中，混同自然也应当发生绝对效力。当某一连带债权人的债权与债务发生混同时，如债务人取得某一连带债权人的债权，或者某一连带债权人承受债务人的债务的情况，也对其他连带债权人发生效力。唯须注意的是，在发生绝对效力的范围上，《民法典》第 520 条第 3 款将混同发生绝对效力的范围限于该债务人应当承担的份额。既然连带债权的绝对效力事项应当参照连带债务，故而在连带债权上混同发生绝对效力的范围，也应当限于发生混同的债权人应当承担的份额。

(6) 受领迟延。

债务人向债权人提出履行，该连带债权人受领迟延时，对其他连带债权人也发生迟延受领的效力。换言之，全体债权人应当就该债权人的受领迟延，承担相应的法律效果。唯须指出的是，这里所言的受领迟延的效力，主要是指由此发生的费用承担、风险负担等效果。但与在连带债务中债权人受领迟延符合无正当理由拒绝受领的情况下，其他债务人可以提存不同，考虑到连带债权中受领权人并不仅限于某一债权人，即便其受领迟延构成无正当理由拒绝受领，债务人也不能径直提存，而应当向其他债权人提出给付。

(7) 关于债务人的提出给付。

比较法上将债务人的提出给付明确规定为绝对效力事项。《民法典》对连带债权绝对效力事项并未如比较法上作详细列举，《民法典》第 521 条第 3 款只是泛泛规定“连带债权参照适用本章连带债务的有关规定”，其性质为引致性规范，而《民法典》第 520 条也并未提及债务人提出给付的问题，故而单纯从文义来看，应当认为提出给付并非绝对效力事项。

但问题在于，从《民法典》第 518 条对连带债权的规定来看，连带债权的本质特点在于，任一债权人均有权请求债务人履行全部债务。通常认为，既然其有权请求，当然对债务人的给付有权受领；只有基于特定事由而受领权受限制的情况下，方影响其受领权能。既然任一债权人都有受领权，相应地，在没有债权人向债务人提出给付请求的情况下，债务人自然也有权向任一债权人提出给付。该债权人受领迟延，依据《民法典》第 520 条会对其他债权人发生绝对效力。故而，我们认为，依当然解释，在《民法典》第 520 条明确承认受领迟延的绝对效力的情况下，作为受领迟延前提条件的债务人提出给付，亦应当发生绝对效力。此外，从清偿等各类债的消灭事由均能发生绝对效力来看，尤其是提存，也应当认为债务人向任一债权人提出给付请求，应当发生绝对效力。

## 第五节　债的受领主体与履行主体

### 一、债的受领主体

《民法典》第118条第2款规定："债权是因合同、侵权行为、无因管理、不当得利以及法律的其他规定，权利人请求特定义务人为或者不为一定行为的权利。"据此，债权人享有请求给付的权利，当然也应当由其自行受领给付。故而，给付请求权与给付受领权都是债权给付效力的重要内容。既然受领为债权人的权利，债务的履行，原则上应当由债权人受领。在连带债权中，各债权人都有受领权。债权人死亡后其继承人，债权人发生分立、合并等事项后的权利义务承受人，以及债权让与后的受让人，作为新的债权人也当然享有受领权。债务人按照约定履行，债权人及时受领，则构成清偿，债的关系消灭。但依法有权受领的未必仅限于债权人，这主要包括债权人受领权依法受到限制而由他人依法享有受领权的情形以及依据债权人意思由第三人代为受领的情形。

（一）债权人受领权的限制

在特殊情况下，法律对债权人的受领权进行了限制。此种情况下，债权人一般不得为受领主体，而应当由当事人之外的第三人进行受领。这主要包括以下几种情形：

第一，人民法院裁定受理破产申请的，应当同时指定管理人。被申请破产的债权人同时丧失了受领权，不能亲自受领其债权。其债务人应当向管理人清偿债务。如果债务人故意向债权人清偿债务，则不能发生清偿的效果。

第二，被执行人未按执行通知履行法律文书确定的义务，法院有权扣押、冻结、划拨、变价被执行人的财产，扣留、提取被执行人应当履行义务部分的收入。一方面，在收到扣押、冻结、扣留的协助执行通知书后，债权人的受领权已经受到了限制，其债务人（被执行人所在单位、银行、信用合作社和其他有储蓄业务的单位等）不得再向其作出给付。另一方面，在收到划拨、变价、提取的协助执行通知书后，债务人必须依法协助执行，将该款项交付给法院。否则，作为协助执行义务人的债务人不能构成清偿，不仅仍然要履行协助义务，且可能受到罚款乃至拘留的处罚。

第三，对于以汇票、支票、本票、债券、存款单、仓单、提单等表征的债权设定的权利质权，汇票、支票、本票、债券、存款单、仓单、提单的兑现日期或者提货日期先于债务履行期的，质权人可以在债务履行期届满前兑现或者提货，并与出质人协议将兑现的价款或者提取的货物用于提前清偿所担保的债权，或者向与出质人约定的第三人提存；其兑现日期或者提货日期后于债务履行期的，质权人只能在兑现或者提货日期届满时兑现款项或者提货。可见，对于此种债权，因其受到质权的限制，应当由质权人受领。

第四，债务人怠于行使其债权以及与该债权有关的从权利，影响债权人的到期债权实现的，其可以向人民法院请求以自己的名义代位行使债务人对相对人的权利。人民法院认定代位权成立的，由债务人的相对人向债权人履行义务。故而，在债权人代位权成立的情况下，债务人对相对人的债权的受领权已转移给债权人。

（二）其他有受领权的人

从《民法典》相关规定来看，债权人之外的如下人员依法享有受领权：其一，债权人丧失民事行为能力的情况下，基于监护人代理被监护人实施民事法律行为，保护被监护人的人身权利、财产权利以及其他合法权益等的职责，其债务人的给付应当由其监护人受领；其二，债权人死亡的情况下，确定遗产管理人的，其债务人的给付应当由遗产管理人受领；其三，债权人失踪的，应当由其财产代管人受领给付。

根据合同自由原则，当事人也可以自由约定由合同外的第三人代债权人受领给付，该第三人当然也具有受领的权利。此外，如下文所讨论的，第三人也可以仅凭债权人的意思而代为受领。

（三）法律后果

债务人向受领权人全面、适当履行债务，并经依法受领的，则发生清偿的效力，合同关系终止。如果受领人没有受领权，原则上债务人的履行不能构成清偿，债务人仍然应当履行其合同义务，债务人可基于物权请求权或不当得利请求权请求受领人返还。

没有受领权而受领的，在下列情况下，也可以构成清偿：第一，受领人的受领经过债权人的追认或事后取得受领权的。债权人的追认，溯及受领时发生效力，此时，受领权的欠缺已被补正，该受领为有权受领。受领人事后取得受领权的，其受领也成为有权受领。第二，受领人为债权的准占有人，债务人履行时为善意的。所谓准占有人，是指虽非债权人，但以自己的意思在事实上行使债权，且依照一般交易观念，足以使人相信其为债权人的人。例如，持有他人银行存折和预留的印鉴，到银行取款的人。债务人向债权准占有人履行时，如果其不知对方没有受领权，则基于对债务人善意的保护，该履行可以构成清偿。但如果第三人持有的权利凭证是伪造的，则该受领不应受到保护。第三，受领人并无受领权，但债权人从中得到了其受领给付的部分或全部。此时，无论债务人履行时主观上是否为善意，在债权人所受利益的限度内，债务人的履行可以发生清偿的效力。债权人的受有利益，既可以是直接由受领人将所受领的给付交付给债权人；也可以是以其他形式，只要其受有利益与债务人的履行之间存在因果关系即可。[①]

向不具有受领权的人进行的清偿，学理上称为非债清偿。非债清偿主要是由债务人的认识错误造成的，其实际上是向受领人履行了根本不存在的债务。由于受领人缺乏受领权，从而对所受领的给付没有给付保持力，因此，债务人可以基于不当得利请求权要求受领人返还其接受的履行。当然，在物的给付的情况下，其也有可能行使物权请求权要求对方返还原物。

## 二、第三人代为受领的一般规则

《民法典》第 522 条第 1 款是对第三人代为受领一般规则的规定。在当事人特别约定由第三人代为受领的情况下，债务人的义务与债权人自行受领并无不同，其应当根据

① 黄立.民法债编总论.北京：中国政法大学出版社，2002：654.

合同的约定或者法律的规定向第三人全面、适当履行其债务。但当事人对第三人受领的约定并非债权让与，其并未改变债的关系的当事人，第三人并未因此取得债权成为债的关系的当事人，债权人也仍然是债权人。

唯须指出的是，《民法典》第 522 条第 1 款在表述上似乎将第三人代为受领的情形限制于当事人约定。但这种认识恐怕不妥，受领系债权人的权利，除非债权性质不适合代为受领或者法律有禁止性规定，债权人当然可以依其单方意思委托第三人代为受领，这并不以当事人的特别约定为前提。故而，《民法典》第 522 条第 1 款在解释上应当理解为提示性规范，在没有相反法律规定、当事人约定且代为受领不违反债权性质的情况下，仅凭债权人的意思即可使第三人享有受领权。债务人原则上不能仅以没有双方约定为由，拒绝向债权人指定的第三人作出给付。

代为受领的第三人依照当事人的意思享有受领权，债务人对其的给付不会构成非债清偿，第三人的受领可以发生清偿的效力。但第三人只是依据当事人的约定或者债权人的意思而代为受领，其并非合同当事人，因此，基于债的相对性，在债务人未向第三人履行债务或者履行债务不符合约定时，仍然应当由债权人向债务人主张承担违约责任。

## 三、利他合同的履行

根据订约人订立合同的目的是否为自己谋取利益，学理上将合同分成为自己利益合同和利他合同或者说为第三人利益合同。《合同法》并未承认为第三人利益订立的合同。但利他合同的承认，有利于充分实现合同当事人尤其是债权人的意志和利益。债权人直接通过其与债务人之间的合同，向第三人提供某种利益，直接由债务人向第三人作出履行，而不是通过与债务人与第三人分别订立合同或分别作出履行的方式来完成。这就可以缩短给付过程、简化给付关系、减少交易费用，从而更好地实现债权人的意志和利益。相应地，也能减轻讼累，避免不允许第三人对债务人起诉导致的第三人只能对债权人起诉、再由债权人对债务人起诉的问题。因此，《民法典》第 522 条特别增设第 2 款，对第 1 款作出了例外性规定，明确承认了为第三人利益合同。此种合同中，当事人双方约定由债务人向第三方履行义务，第三人由此取得直接请求债务人履行义务的权利。利他合同具有如下特点：

（一）利他合同以法律的特别规定或者当事人的特别约定为前提

1. 关于法律的特别规定和当事人的特别约定

第三人的给付请求权的取得，以法律的特别规定或者当事人的特别约定为前提。为自己利益合同是合同的常态，利他合同需要法律的特别规定或者当事人的特别约定方可成立。基于契约自由，当事人可以将债权人的给付请求权通过特别约定而赋予第三人。但比较法上对利他合同的规定均未提及法律特别规定第三人享有直接给付请求权的情形，而《民法典》第 522 条则明确规定，第三人对债务人的给付请求权，可以依据合同约定以及法律的特别规定而取得。

法律对第三人享有给付请求权的特别规定，是指法律明确规定某一类债的关系当事人之外的第三人有权直接向债务人请求给付。例如，依据《保险法》第 10 条，投保人和保险人是保险合同的双方当事人。而该法第 12 条第 5 款则规定，“被保险人是指其财产或者人身受保险合同保障，享有保险金请求权的人。投保人可以为被保险人”。换言之，当投保人本身并非被保险人的情况下，被保险人显然是保险合同当事人之外的第三人，但其依据《保险法》第12条第5款可以直接向保险人主张保险金请求权。

2. 当事人的特别约定只能给第三人设定权利，而不得为其设定义务

根据私法自治的原理，任何人未经他人同意，不应为他人设定义务，擅自为第三人设定义务的合同，相关内容都不能对第三人发生拘束力。正是因为这一点，此类合同被称为“第三人利益合同”“利他合同”，第三人也常常被称为“受益人”“利益第三人”。当然，这并不意味着利他合同中第三人不承担任何义务，第三人在取得一定利益时，可能还需要履行一定的义务，例如在运输合同中，托运人为了收货人的利益而与承运人订立运输合同，但收货人在受领货物时也需要履行一定的义务，不过这种义务通常是与权利或利益的取得相关联的。

3. 第三人在利他合同中的身份

第三人不是利他合同的当事人，其不必参与缔约磋商、不必在缔约过程中作出意思表示、不必在合同书上签字。其给付请求权是依据利他合同中双方当事人的意思而取得的。为第三人设定利益的当事人也并非第三人的代理人，无须适用代理规则，也无须退出合同关系。

（二）第三人给付请求权的内涵

1. “直接请求”的内涵

《民法典》第522条第2款强调，利他合同的本质特点在于“第三人可以直接请求债务人向其履行债务”。这里所言的“直接请求”，就意味着第三人无须如行纪合同那样，先由债权人请求并受领之后，间接给付给自己；第三人在行使请求权时，也无须使用债权人的名义而是以自己的名义独立请求。但第三人毕竟不是合同当事人，其虽然享有给付请求权和受领权，可以独立行使权利，却其并不享有撤销、变更合同的权利。

2. 诉讼上的请求

既然第三人依据法律规定或者合同约定享有给付请求权，故在第三人接受权利以后，其享有独立的请求权，有权以自己的名义请求债务人向自己进行给付。而在债务人未向第三人履行或者对第三人的履行不符合约定的情况下，享有给付请求权的第三人自然可以以自己名义通过诉讼方式来行使给付请求权，换言之，由给付请求权转化而成的违约责任请求权自然也应当由第三人享有。故《民法典》第522条第2款明定，第三人可以请求债务人承担违约责任。

3. 第三人不仅有权请求给付，还有权受领给付

第三人既然享有给付请求权，也当然享有给付受领权。换言之，在第三人代为受领的情况下，第三人仅依据债权人的意思获得给付受领权，而并没有给付请求权；而在利他合同中，第三人依据法律的特别规定或者当事人的特别约定，获得的不仅是给付受领权，还有对债务人的给付请求权。

（三）第三人的拒绝权

1. 第三人接受与拒绝的权利

利他合同的订立，事先无须通知或征得第三人的同意，合同一经成立，该第三人如

不拒绝，便可获得给付请求权和给付受领权。合同当事人虽可以为第三人设定权利，但不应强迫该第三人接受此权利；对第三人设定的权利，该第三人可以接受，也可以拒绝。

2. 接受与拒绝的意思表示

第三人接受或者拒绝应当通过意思表示的方式为之。一般而言，意思表示的方式，可以是明示的，也可以是默示的。但鉴于利他合同系为第三人设定权利，法律推定当事人对此是乐于接受的，故而《民法典》第522条第2款强调，只要“第三人未在合理期限内明确拒绝”，就意味着其对该合同的接受。这是法律对于沉默视为意思表示的规定，换言之，第三人在合理期限内的沉默被法律推定为接受的意思表示。而如果第三人拒绝接受，则依据《民法典》第522条第2款，需要第三人的“明确拒绝”，理解上，拒绝的意思表示应当是明示的，且其拒绝的意思应当是明确的。

3. 接受或者拒绝意思表示的相对人

接受或者拒绝的意思表示应当对谁作出，《民法典》第522条未予规定。我们认为，债的关系的债权人，实际上是意欲将自己的债权请求权允许第三人行使的当事人，第三人无论是愿意接受还是不愿意接受，其向作为施惠人的债权人作出此种意思表示都是合乎情理的；而债务人则是将向第三人作出给付的一方，第三人直接对其作出接受或者拒绝的意思表示，有利于其履行，也是符合诚信原则的。尤其是《民法典》直接将第三人的沉默视为接受，这一推定对债的关系的双方当事人都是成立的，我们认为，这就意味着债的关系任何一方都能够成为接受或者拒绝的意思表示的相对人。

4. 拒绝的效力

如果第三人拒绝接受权利，其法律后果如何，《民法典》第522条第2款并未明言。我们认为，在第三人明确拒绝的情况下，第三人应当是自始没有取得该权利，鉴于给付请求权本身系由债权人所享有，解释上应当认为合同为第三人所设定的权利继续由为第三人利益订约的债权人自己享有。

（四）债务人对第三人的抗辩

既然第三人的给付请求权来自债权人，债务人基于该利他合同对债权人的抗辩，均可向第三人主张，故《民法典》第522条第2款明确规定，“债务人对债权人的抗辩，可以向第三人主张”。

值得注意的是，债务人此种抗辩的具体范围如何。债务人对于债权人的抗辩，内涵比较丰富，包括债的关系不成立（合同不成立、无效、被撤销、不生效）、履行期尚未届满的抗辩、双务合同履行中的抗辩权、诉讼时效届满的抗辩等。第三人虽然享有给付请求权和受领权，但其毕竟不是合同当事人，因此，债务人对第三人的抗辩，应当限于第三人基于利他合同而享有的请求权的抗辩，例如履行期尚未届满的抗辩、同时履行等双务合同履行中的抗辩权、时效抗辩等。如果要主张撤销权，或者要求确认合同不成立、无效、不生效，债务人应当向债权人而非第三人主张。

就债的关系已经消灭的抗辩，由于第三人享有给付受领权，且在第三人接受的情况下债权人不再享有受领权，故而债务人不能以已向债权人清偿、抵销或者提存为由来主张抗辩。混同的情况下，虽然债务人取得了债权，但其不享有给付请求权和受领权，故亦不宜向第三人就此提出抗辩。同样，债务人也不得以自己对债权人的债权与第三人依据该合同而享有的权利进行抵销。

## 四、第三人代为清偿

### （一）履行主体与债务人

在一般情况下，债务是由债务人履行的，即通常情况下，债务人为履行主体。在连带之债和不可分之债中，各债务人均有义务履行全部合同债务，均可成为履行主体。但在特殊情况下，如合同当事人约定由第三人向债权人履行债务时，则按照合同约定第三人为合同义务的履行主体。《民法典》第523条规定，在当事人有特别约定时，可以由第三人向债权人进行履行。这也明确了对于第三人代为履行的认可态度。

合同主体为债的当事人，债的关系具有相对性，原则上仅在当事人之间发生效力。在此情况下，由于第三人并非合同主体，因此其并不受合同的拘束，其履行与否完全由其自愿。在债务人将其合同义务交由第三人代为履行的情况下，就第三人履行行为的后果，也应当由债务人负责。因此，在第三人不履行、不完全履行或迟延履行的情况下，应当由债务人向债权人承担违约责任。

唯须注意的是，《民法典》第523条的规定旨在强调债的相对性，其所言的“当事人约定”仅为例示性规定，不能据此认为第三人代为履行仅以合同当事人特别约定由债务人向第三人履行债务为限。这是因为合同履行之目的在于实现当事人的缔约目的。就债权人而言，无论是由债务人本人履行还是第三人履行，只要能够实现其合同债权，原则上对其并无损害。甚至在特定情况下，由第三人履行可能对于债务人更为有利。因此，允许第三人按照债务人的意思代为履行是比较法上的一般原则。在当事人未就由第三人向债权人履行债务进行约定的情况下，仅凭债务人的意思而将其合同义务交由第三人代为履行也未尝不可。只要存在债务人的意思，且该债务并非根据债务性质、按照当事人约定或者依照法律规定只能由债务人履行的债务，就应当认可第三人代为履行的效力，并依据《民法典》第523条由债务人向债权人承担违约责任。

### （二）第三人代为清偿的要件和效果

实践中可能存在第三人并未受债务人委托甚至违背债务人意思，但是其基于某种考虑，自己主动代债务人进行履行的情形。我国既往法律对在这种情况下是否允许第三人的履行未作规定。而《民法典》特设第524条对此进行了规定。

1. 代为清偿的条件

依据《民法典》第524条，第三人在违背债务人意思的情况下，主动代债务人履行，能够构成清偿的，需要具备如下条件：

第一，债务人不履行债务。依据《民法典》第524条第1款，清偿代位必须以债务人不履行债务为前提，解释上，这里的不履行包括拒绝履行、默示拒绝履行（催告后于合理期限仍然不履行）以及虽然履行但根本违约的情形。换言之，我国法中的清偿代位本质上是在债务人违约的情况下，对债务履行具有合法利益的第三人为简化法律关系而享有的一种救济手段。

第二，第三人对债务履行具有合法利益。对债务履行具有合法利益，在比较法上表述为就债务履行有利害关系。债的关系发生于债权人和债务人之间，第三人代为履行有悖债务人意思的情况，显然不当干预了债务人的私法自治，而且可能会损害债务人的利益，故法律将第三人对债务履行具有合法利益作为代为清偿的条件或者说正当性基础。

对债务履行具有合法利益的第三人，是指对合同因履行而消灭当然受有法律上的利益的人，主要包括债务人的保证人；物上保证人（债务人之外为债务设立担保物权的人）；该债务的担保财产的受让人、用益物权人、合法占有人以及担保财产的后顺位担保权人；对债务人的财产享有合法权益且该权益将因财产被强制执行而丧失的第三人。在上述主体之外，《民法典合同编通则解释》第30条第1款还规定以下主体是具有合法利益的第三人：债务人为法人或者非法人组织的，其出资人或者设立人；债务人为自然人的，其近亲属。该款还设置了兜底性规定，允许人民法院在个案中具体认定具有合法利益的第三人。需要注意的是，普通第三人自愿代为清偿债务的，一般应通过当事人之间达成债务承担、债务加入等合意，圆满解决如何清偿债务的问题。在具有合法利益的第三人主动代为履行时，不在乎债务人是否同意，债权人也不得随意拒绝，否则其将陷入受领迟延。换言之，第三人代为履行制度对债权人、债务人的意思均不予考虑，对合同相对性的突破甚为明显，故而不宜过度扩张具有“合法利益的第三人”的范围。

第三，不属于不得代为清偿的情形。依据《民法典》第524条第1款但书，第三人不得代为清偿的债务主要包括以下几种。

其一，根据债务性质只能由债务人履行的债务。这主要是指一些基于债务人的特殊技能、经验、声望，当事人之间因特定的人身信赖关系等而订立的合同，所发生的债务，《民法典》合同编所规定的各类以提供劳务为内容的典型合同，基本上属于此类情形。例如委托开发合同中的研究开发人，技术咨询合同中的受托人，授课、演出等提供劳务的合同中的劳务提供人，都不能将其合同义务交由第三人代为履行。当然，第三人可以在这些合同中，在债务人领导和负责下从事一些辅助性的工作。例如，承揽合同中，承揽人可以将其承揽的辅助工作交由第三人完成，但承揽人应就第三人的工作向债权人负责。

其二，按照当事人约定只能由债务人亲自履行的债务。如果当事人在合同中特别约定债务人亲自履行，合同必须严守，自然不得由他人代为履行。

其三，依照法律规定只能由债务人亲自履行的债务。法律也会基于某些合同特定的人身信赖关系，明确规定其在没有当事人特别约定的情况下，不得由第三人代为履行。例如，承揽合同中承揽人应当以自己的设备、技术和劳力，完成主要工作，当事人另有约定的除外。如果承揽人未经定作人同意擅自将其承揽的主要工作交由第三人完成，定作人也可以解除合同并追究承揽人的违约责任（《民法典》第772条）。委托合同中受托人应当亲自处理委托事务，转委托必须经委托人同意或者追认，在紧急情况下受托人为维护委托人的利益而进行转委托的除外（《民法典》第923条）。当然，前述规定通常不涉及第三人利益或者公共利益，可以由当事人通过相反的约定来加以排除。

对于法律对债务人亲自履行作出强制性规定的情形，即便当事人特别约定或者债权人同意，第三人也不能代为履行。例如建设工程承包合同中，由于涉及人身、财产安全，法律对债务人亲自履行有强制性规定。虽然总承包人或者勘察、设计、施工承包人经发包人同意，可以将自己承包的部分工作交由第三人完成，但第三人就其完成的工作成果与总承包人或者勘察、设计、施工承包人向发包人承担连带责任。但建设工程主体结构的施工必须由承包人自行完成，承包人不得将工程肢解后分包或者转包。禁止承包人将工程分包给不具备相应资质条件的单位。禁止分包单位将其承包的工程再分包。这些内容系法律的强制性规定，当事人不能以特别约定加以排除。

在以上情形下，除非当事人特别约定或者债权人同意，否则第三人代为履行不能构成清偿，债权人也有权以履行主体不适格为由拒绝第三人的代为履行。

2. 第三人的代位权

债权人接受第三人的履行，就意味着第三人全面、适当地代为履行了债务，债权人也进行了受领。故成立第三人的代为清偿，债权消灭，债权人不得再向债务人提出请求。

在第三人代为清偿之后，第三人直接取得债权人对债务人享有的债权，但是不得损害债权人的利益。《民法典》第 524 条第 2 款并未对债权转移的通知加以规定，解释上应当认为此系法律对债权转移的直接规定。换言之，除非债务人和第三人另有约定，否则第三人代为清偿之后，依据《民法典》第 524 条第 2 款的规定，第三人就取得了债权人对债务人的债权，而无须依据《民法典》第 546 条进行债权让与通知。相应地，从属于该债权的权利，如保证债权、担保物权等，也一并转移。既然该权利已经由第三人所取得，那么第三人应当以自己的名义行使权利。既然第三人所取得的是债权人对债务人所享有的债权，而非追偿权，那么，该权利的诉讼时效仍然应当按照债权人原有的权利来判断，而不能自取得权利之日起重新起算。

3. 债务人与第三人的例外约定

《民法典》第 524 条第 2 款对清偿代位效果的规定上，以债务人与第三人的约定为例外。所谓的债务人与第三人的约定，是指债务人与第三人之间是否存在赠与等相反约定。从常理来看，第三人代为履行债务，是因为其对债务的履行有合法利益，债务迟迟不能得到清偿，将严重影响第三人的利益。例如，第三人作为抵押人，如果债权一直存在，那就意味着其抵押物上的抵押权无法得到涤除，虽然《民法典》允许抵押人转让抵押物，但抵押权的存在，势必形成风险折价，影响抵押物的转让价格，从而不利于抵押物交换价值的实现。但是第三人清偿债务之后，按照常理，自然应当将由于第三人清偿而使债务人获得的利益转移给第三人，因此法律特别规定了清偿代位制度，由第三人直接取得债权人对债务人的债权。但是，基于私法自治的原则，法律也不禁止第三人以赠与的意思代为履行，或者基于其他考虑拒绝取得对债务人的债权。此种情形下，第三人不能再依据《民法典》第 524 条第 2 款取得债权人的债权而向债务人提出请求。需要注意的是，这种相反的约定并非市场经济条件下交易的常态，因此债务人与第三人之间的约定中，应当明确表示出放弃取得对债务人的债权的意思。

4. 关于债权人接受第三人的履行

《民法典》第 524 条第 2 款对第三人代位权的取得的规定，明确以债权人接受第三人的履行为前提。我们认为，原则上，债权人不得拒绝第三人的履行，因为《民法典》第 524 条第 1 款明确规定，在符合法定条件的情况下第三人有权向债权人代为履行，这就意味着法律明确此种情况下的第三人是清偿的适格主体。

何种情况下债权人可以拒绝第三人的代为履行？我们认为，这包括第三人的履行不符合约定的情形，以及第三人清偿代位可能损害其利益的情形。第三人的履行不符合约定，债权人当然有权拒绝。清偿代位可能损害债权人利益的情形主要是指债权附有物的担保的情形。第三人对履行债务的合法利益未必及于全部债务，其代为履行可能仅为部分履行。此种情况下，基于法定的债权转移，担保物权也随之转移给第三人，基于担保物权的不可分性，债权人和第三人均享有担保物权，反而可能不利于债权人。这种情况下，债权人有权拒绝第三人的代为履行。

## 第六节 双务合同履行中的抗辩权

### 一、抗辩与抗辩权

所谓抗辩，是指一切用以对抗对方请求的防御手段。在债的关系中，针对债权人的给付请求，债务人可以主张合同不成立、无效、被撤销或者不生效以及债的关系已经消灭等来否认对方权利的存在，也可依据合同的约定或者法律的规定主张免责，还可依据法律的规定通过行使抗辩权来对抗对方的请求权。这些主张都能够对抗对方的请求，都属于抗辩的范畴。

民法中的抗辩权是债务人依法享有的对抗债权人请求权的权利。抗辩权以债权人请求权的有效存在为前提，因此否认对方权利存在的抗辩不属于抗辩权。例如，在合同中，债权人请求债务人履行其合同义务，债务人则主张该合同内容违反法律的强制性规定，因此合同无效。此时债务人提出的抗辩实际上就是否认对方债权存在的抗辩。此种抗辩并非在主张抗辩权，而是在主张自己根本没有给付义务。因此，抗辩权不同于抗辩，只是抗辩的下位概念。

抗辩权是民事实体法所规定的权利。申言之，抗辩权必须基于法律的规定而产生。基于合同自由原则，在合同中双方当事人有权约定一定的抗辩事由，当事人依据此种约定产生的权利仍然属于合同权利，而不能认为是抗辩权。[①] 例如，双方当事人在买卖合同中约定，因出卖人所在地区限制用电，无法完成标的物生产的，出卖人有权延期履行，则履行期限届满，买受人请求交付的，出卖人有权主张延期交付。此时出卖人固然有对抗买受人债权请求权的权利，但该权利并非抗辩权。

抗辩因其效力可以分为消灭的抗辩和延期的抗辩。前者能够消灭对方的请求权，例如债的关系已经消灭的抗辩；后者则不能消灭对方的请求权，而只能使其效力延缓行使，如我国双务合同履行中的同时履行抗辩权、后履行抗辩权和不安抗辩权。由于这三种抗辩权的行使能够依法对抗相对人的请求权，因此在行使抗辩权的情况下，虽然未按照合同约定的时间履行给付义务，但其并不构成违约。在同时享有消灭的抗辩的情况下，宜主张消灭的抗辩而非延期的抗辩。

基于私法自治的原理，无论是抗辩还是抗辩权，都应当由当事人自行主张，而不能因构成要件的成就而自动发生对抗请求权的效力。法院或仲裁机构不得依职权主动适用抗辩

① 王利明.合同法研究：第2卷.3版.北京：中国人民大学出版社，2015：70.

权，并以之作为判断一方当事人免责的事由。例如，即便当事人有权行使同时履行抗辩权，但却并未对该权利加以主张，则其客观上陷入履行迟延时，仍应就该迟延承担责任。

还应当注意的是，抗辩不同于否认。主张某种抗辩的当事人，应当就其抗辩承担举证责任；而其对诉讼请求所依据的事实单纯地否认，并不承担举证责任。在民事诉讼中举证责任的分配上，《民事诉讼法》第67条第1款重申了“谁主张谁举证”的原则，明确规定“当事人对自己提出的主张，有责任提供证据”。《民事诉讼法解释》第90条则对此进行了进一步细化，依据该条第1款：“当事人对自己提出的诉讼请求所依据的事实或者反驳对方诉讼请求所依据的事实，应当提供证据加以证明，但法律另有规定的除外。”该解释第91条则规定：“人民法院应当依照下列原则确定举证证明责任的承担，但法律另有规定的除外：（一）主张法律关系存在的当事人，应当对产生该法律关系的基本事实承担举证证明责任；（二）主张法律关系变更、消灭或者权利受到妨害的当事人，应当对该法律关系变更、消灭或者权利受到妨害的基本事实承担举证证明责任。”显然，上述第90条第1款所说的“自己提出的诉讼请求”，就给付之诉而言，自然应当以实体法上的请求权为基础，其主要涉及的是债权是否成立以及物权请求权能否发生等情形。形成之诉则以实体法规定的形成权的存在且其行使必须通过法院或者仲裁机构为前提，因为如果该形成权能够通过意思表示来行使，则意思表示到达就已经发生了法律关系变动的效果，即便对方当事人不认可，也只能发生确认之诉而非形成之诉。确认之诉，则是围绕法律关系或者说权利是否存在或者不存在来展开的。无论是哪一类诉讼请求，主张该诉讼请求的当事人都应当围绕相关法律关系以及相应的法律事实进行举证，并承担未能提供证据或者证据不足以证明其事实主张所带来的不利后果。相应地，所谓“反驳对方诉讼请求”就是诉讼法意义上的抗辩，其范围较之于民法中的抗辩更为宽泛，既包括在各类诉讼中基于实体法而发生的抗辩，也包括基于程序法而提出的各类抗辩，例如，对对方所举证据形式上存在瑕疵的抗辩、超越举证期限的抗辩。基于实体法的各类抗辩中，包括了在给付之诉、形成之诉和确认之诉中对对方诉讼请求的抗辩；而给付之诉中的抗辩，其范围大致等同于民法中的抗辩。

《民事诉讼法解释》第90条第1款的规定，在明确当事人对自己的诉讼请求和抗辩应当承担举证责任的同时，实际上也明确了被告对其对方诉讼请求及其依据的事实的单纯的否认并不负举证责任。例如：甲公司起诉乙公司，要求其按照合同约定继续履行债务。如果乙公司主张其与甲公司之间根本没有该合同关系，则乙公司此时只是在否认存在合同关系，其无须对该合同关系不存在承担举证责任，而要由甲公司就该合同的成立承担举证责任。但如果乙公司主张其已经完成了清偿，则意味着其在主张债的关系消灭的抗辩，需要就其清偿的主张承担举证责任。

## 二、双务合同的特殊效力

### （一）双务合同的判断

双务合同是指当事人双方互负对待给付义务的合同，即一方当事人负担义务，旨在使他方当事人因此负有对待给付的义务。换言之，双务合同中双方当事人既是债权人也是债务人，一方当事人所享有的权利，即为他方当事人所负有的义务，双方当事人负有的债务互为对价，构成对待给付。双务合同是典型的交易形式，市场经济条件下，合同以双务为原则。

关于一方当事人的给付与对方当事人的对待给付是否需要等值的问题，学界主要有两种观点：一为客观说，即要求以市场标准或者理性人标准判断，认为给付与对待给付之间应该等值；二为主观说，即只要当事人之间的合同是基于真实、自由的意思，主观上愿意以自己的给付换取对方的给付，即为公平合理，至于客观上是否等值，在所不问。我国合同法律中长期奉行等价有偿的原则，但从私法自治角度观之，对于给付是否公平、价格如何形成，应当尊重当事人的意思，故《合同法》删去了《民法通则》《经济合同法》等明确规定的等价有偿原则，《民法典》亦未再提及等价有偿，可见我国法律实质上采纳了主观说，即“契约即公正”，给付与对待给付在价值上不需要等值，如果当事人自由意志受到侵害而导致意思表示不真实或者缔约人无法作出自由选择，则应当由当事人通过行使撤销权来获得救济。一般认为，买卖、租赁、互易、承揽、雇佣、和解等合同属于双务合同。合伙合同虽为双务合同，在合伙人只有二人时，各合伙人的出资义务构成对待给付，可以行使同时履行抗辩权，但当合伙人为二人以上时，则不得行使同时履行抗辩权。[①]

（二）双务合同的牵连性

双务合同中，双方当事人互负的对待给付，互为因果，互为对价，缺少任何一方，都会导致合同权利义务关系的失衡。这就说明了双务合同的牵连性以及由此发生的特殊效力。双务合同的牵连性是指在双务合同中，一方的权利与另一方的义务之间具有相互依存、互为因果的关系。

通常认为，双务合同的牵连性主要表现在以下几个方面。

一是发生上的牵连性或者说是在合同成立与效力评价上的牵连性。双方当事人的给付义务互为条件、同时产生，一方的给付义务不成立、无效或被撤销，另一方的给付义务也发生这样的效果。如果一方当事人例如买卖合同中的出卖人，所承担的债务因标的物违法而无效，则买受人的给付价款的义务也当然随之无效。

二是履行上的牵连性。在双务合同有效成立后，原则上双方当事人应当同时履行各自的给付义务，一方所负的给付义务以他方负担给付义务为前提。因此，一方不履行自己的义务，将使对方的权利不能实现，对方对自己所负的给付义务的履行也受到影响。这就发生了双务合同履行中的抗辩权，包括同时履行抗辩权、后履行抗辩权以及不安抗辩权。根据对方的履行情况以及将来的可能给付的情况、双方的先后履行顺序，在对方未为对待履行或可能丧失履行能力的情况下，自然可以将自己的履行暂时中止，而拒绝对方的履行请求，甚至在构成预期违约的情况下进而解除合同。这也是双务合同基于其牵连性而发生的特殊效力。法律规定这些抗辩权，其目的在于维持双务合同当事人之间在利益关系上的平衡。

三是存续上的牵连性。如果因不可归责于双方当事人的原因，合同一方当事人不能履行其义务，即便有另一方当事人尚能履行，但其也可基于对方的履行不能而拒绝对方

① 王泽鉴. 民法学说与判例研究：第6册. 北京：中国政法大学出版社，1998：142.

的履行请求。这是因为，双务合同中当事人互负对待给付义务。在对方不能履行的情况下，合同目的不能实现，自然可以解除合同。当然，此种情况下涉及风险负担，尤其是价金风险如何承担的问题。风险负担规则也是双务合同存续上之牵连性的重要体现，是双务合同的特殊效力之一。①

双务合同履行中抗辩权规则普遍适用于各类双务合同，故《民法典》在合同编“通则”中对之加以规定。

（三）对待给付的判断

双务合同中，双方当事人的主给付义务之间构成对待给付；主给付义务与从给付义务之间原则上不构成对待给付，但从给付义务直接影响当事人订约目的的实现时，应当认为从给付义务与相对人的给付构成对待给付。附随义务不能与对方当事人的给付义务构成对待给付。

有些合同中，双方当事人虽然也各负债务，但其不构成对待给付，此即所谓不完全双务合同。② 例如，无偿委托合同中，受托人的主给付义务是处理委托人事务，而委托人则负有预付必要费用的义务，但此义务之间并非对待给付，因此此类合同为不完全双务合同。当事人被要求履行所负债务时不能援引双务合同履行中的抗辩权。

对于利他合同，第三人可以按照法律的规定或者合同的约定直接请求债务人向其履行债务。按照《民法典》第522条第2款，债务人对债权人的抗辩，可以向第三人主张，故如果债权人与债务人之间互负对待给付义务，那么债务人可以向第三人主张相关抗辩权。但这一抗辩权的特点在于，债务人可以债权人没有进行对待给付为由拒绝向第三人进行给付，但其不能要求第三人向自己进行对待给付。

双务合同履行中的抗辩权基于合同而产生，也应随着合同终止而消灭。如果合同并未消灭，而只是合同主体或内容发生变更，如债权让与或债务承担、债权债务继承移转导致的合同主体变更、原债务转化为违约损害赔偿导致的内容变更，此种情况下，债的关系并未失去同一性，双务合同履行中的抗辩权仍然存在。③

## 三、同时履行抗辩权

（一）同时履行抗辩权的概念

同时履行抗辩权，是指在没有先后履行顺序的双务合同中，当事人一方在他方未对待给付时，可以拒绝自己为给付的权利。《民法典》第525条对同时履行抗辩权进行了规定。

（二）同时履行抗辩权的构成

依据《民法典》第525条，同时履行抗辩权的产生，应当具备下列条件：

第一，双方当事人基于同一合同互负对待给付义务。这就是说，同时履行抗辩权的行使，以基于同一双务合同为前提。如果双方当事人所负债务并非基于同一合同发生，

① 邱聪智.新订民法债编通则：上.北京：中国人民大学出版社，2003：367－368.

② 王泽鉴.债法原理.北京：北京大学出版社，2009：145.

③ 黄立.民法债编总论.北京：中国政法大学出版社，2002：546.

即便这些债务之间具有很密切的关系，也不能行使同时履行抗辩权。

第二，产生双方给付义务的合同已生效。同时履行抗辩权的机能在于一方拒绝履行可迫使他方履行合同，从而促使对方同时履行其债务。因此，抗辩权以相对人请求权的有效存在为前提，如果合同不成立、无效、被撤销或者确定不生效，则应主张权利不存在的抗辩，而不发生同时履行抗辩权的问题。

第三，合同中双方当事人的义务没有先后履行顺序。如果合同中约定了先后履行顺序，或者从合同对履行期限的约定中能够确定其先后履行顺序，则不能适用同时履行抗辩权的规定。如果合同中没有约定履行顺序，则应当依据《民法典》第510条的规定，由当事人协议补充，不能达成补充协议的，按照合同有关条款、合同性质、合同目的或者交易习惯确定。在依照《民法典》第510条的规定仍然不能确定履行顺序的情况下，则应当按照该法第525条第一句，由当事人同时履行。正是由于没有先后履行顺序，基于双务合同中双方义务的牵连性以及维持当事人之间利益均衡的考量，法律才规定双方应当同时履行。

第四，须双方给付义务的履行期限已经届满。债权请求权虽然在债的关系成立之时即已发生，但只有履行期限届满，方有债务人履行义务的实际承担。如果履行期限尚未届满，则双方当事人均可针对对方的履行请求，提出履行期限尚未届满的抗辩。此种情况下，没有必要主张同时履行抗辩权。

第五，须对方未履行债务或者履行债务不符合约定。如果提出请求的一方不履行，相对人得就自己之给付义务的全部拒绝履行；如果其仅是部分履行，则只能就相应的部分拒绝履行。

### （三）同时履行抗辩权的效力

关于同时履行抗辩权的效力，《民法典》第525条明定为，“有权拒绝其相应的履行请求”。同时履行抗辩权的行使，并未使对方当事人的请求权归于消灭，而仅阻碍其效力的发生，因此属于延期的抗辩权，抗辩权人可以拒绝对方相应的履行请求。当事人因行使同时履行抗辩权而逾期履行的，不承担违约责任。但是，对方的请求权并没有因抗辩权的行使而消灭，其仍然存在。对方可以先行给付或者是提出同时给付，或者提供担保要求抗辩权人先行给付，从而打破可能的履行中的僵局。在同时享有消灭的抗辩的情况下，宜主张消灭的抗辩而非延期的抗辩。例如：如果被请求履行的一方对合同享有撤销权，则其行使撤销权时，自然不能也无须行使同时履行抗辩权；其主张同时履行抗辩权，就意味着以其行为抛弃了撤销权。因不可抗力一方当事人不能履行的，则另一方可以依合同目的不能实现而解除合同，而没有必要行使同时履行抗辩权。系可归责于一方当事人的事由致其不能履行的，则另一方有权解除合同，并追究对方的违约责任，而不必主张同时履行抗辩权。

同时履行抗辩权的效力需当事人主张方可发生，法院或者仲裁机构不得主动援用。因此，当事人行使同时履行抗辩权时，只要能够证明双方没有履行先后顺序且对方没有履行或履行不符合约定，就可以拒绝进行相应的给付。一方当事人在请求对方进行给付时，也无须证明自己没有先为给付的义务或者已经履行其在先给付义务。

值得注意的是，关于同时履行抗辩权的效力，《民法典》第525条强调“拒绝其相应的履行请求”。这里的“相应”，具体来说，在一方尚未履行的情况下，自然对方有权拒绝自己的履行。但在一方作出了一定的给付，但是构成不完全履行的情况下，则要结合债的标的依据诚信原则对此加以具体分析。申言之，如果其不完全履行，包括部分履行、瑕疵履行导致合同目的不能实现，则效果上相当于没有履行，相对人可以拒绝自己的履行；如果并没有导致合同目的不能实现，则相对人还是应当作出对应的给付。但是，如果对方虽然只是部分给付，而自己拒绝履行或者拒绝全部债务的履行有悖诚信原则，例如在相对人未为履行的部分对权利人的影响微乎其微时，则权利人不应拒绝履行。

依据《民法典合同编通则解释》第 31 条第 2 款，当事人一方起诉请求对方履行债务，被告依据《民法典》第 525 条的规定主张双方同时履行的抗辩且抗辩成立，被告未提起反诉的，人民法院应当判决被告在原告履行债务的同时履行自己的债务，并在判项中明确原告申请强制执行的，人民法院应当在原告履行自己的债务后对被告采取执行行为；被告提起反诉的，人民法院应当判决双方同时履行自己的债务，并在判项中明确任何一方申请强制执行的，人民法院应当在该当事人履行自己的债务后对对方采取执行行为。该款规定的判决属于“同时履行的判决”，又称“交换给付的判决”。在被告行使同时履行抗辩权时，如果仅仅判决驳回原告的诉讼请求，相当于判决原告败诉并负担诉讼费用，这不利于纠纷的真正解决。“同时履行的判决”制度符合诉讼经济原则，有助于通过一次诉讼解决纠纷。①

在不符合同时履行抗辩权构成要件的情况下，以行使所谓同时履行抗辩权为由拒绝自己相应的给付，则可能构成双方违约，应当按照《民法典》第 592 条第 1 款的规定各自承担相应的责任。例如，以对方没有履行通知义务为由，拒绝履行自己的主给付义务，造成履行迟延的，此时因主给付义务与通知义务这一附随义务之间并不构成对待给付，不能认为是在行使同时履行抗辩权，应由其就其迟延履行承担违约责任，而对方亦应就其怠于履行通知义务所造成的损失承担违约损害赔偿责任。

#### （四）同时履行抗辩权与相关概念的区别

##### 1. 同时履行抗辩权与留置权

二者的行使都可以导致一方拒绝履行一定给付的结果且均无须对此承担责任。但二者区别十分明显：

第一，权利目的和性质不同。留置权为担保物权，目的是担保主债务履行，留置权人得直接支配物的交换价值，能够依法直接拍卖变卖留置物并以其价款优先受偿。而同时履行抗辩权的发生和行使的主要目的不在于担保债务履行，而在于谋求双方同时履行，以维护利益的公平。同时履行抗辩权为双务合同的效力，其依附于债权而存在。其仅能对抗合同另一方当事人的请求权。

第二，权利的构成要件不同。留置权的产生以依法占有对方的财产为前提，且除企业之间留置之外，留置的动产应当与被担保的债权属于同一法律关系，仅对方不履行或不按照约定履行义务，不能发生留置权。同时履行抗辩权产生的基础则在于双方互负债

① 韩世远．合同法总论．4 版．北京：法律出版社，2018：402－403.

务的牵连性。

第三，所涉标的不同。同时履行抗辩权适用于各类双务合同，其合同标的既可以是物的给付，也可以是劳务的给付、无形财产的移转。留置权仅限于对动产的留置。

第四，权利的行使后果不同。留置权发生后，在当事人约定或留置权人依法指定的履行期限内债务人仍然不履行债务的，留置权人可以通过对留置物协议折价或者拍卖、变卖留置物而依法实现其留置权。同时履行抗辩权的行使，仅在于对抗对方履行债务的请求。

2. 同时履行抗辩权与合同解除

二者在外观上虽然都表现为一方当事人拒绝履行其义务，但二者存在较大差异：

其一，发生条件不同。合同解除的条件由法律规定或当事人约定，同时履行抗辩权作为双务合同的效力，其发生条件由法律规定。在具体构成上，二者也是不同的。

其二，法律效果不同。同时履行抗辩权的行使并未使合同关系消灭，也并未免除自己的给付义务，只是促使对方与自己同时履行给付义务，故其只是延期的抗辩。而合同解除则是合同权利义务关系终止的原因。

同时履行抗辩权以合同债权的有效存在为前提，当事人如果已经解除合同，则不能再享有此项权利。因此，在一方不履行或不按照约定履行已导致根本违约时，另一方有权解除合同，而不必主张同时履行抗辩权。但对于解除导致的相互返还的义务，解释上认为可以行使同时履行抗辩权。

## 四、后履行抗辩权

### （一）后履行抗辩权的概念

在双务合同履行过程中，负有先履行义务的一方在履行期限届满后不履行或履行其给付义务不符合约定时，基于双务合同的牵连性，后履行一方自然有权拒绝履行相应的对待给付义务。此种抗辩权为后履行一方所享有的抗辩权，故称为后履行抗辩权，也有人称为顺序抗辩权。《民法典》第526条对后履行抗辩权进行了规定。

双务合同中，既然在双方应当同时履行时尚能拒绝对待给付，在负有先履行义务的一方不履行义务时，后履行一方自然更有理由拒绝对待给付。因此，在规定同时履行抗辩权的情况下，后履行一方有权提出类似的抗辩自无异议。

从比较法来看，大陆法系国家民法一般只规定同时履行抗辩权，而不直接规定后履行抗辩权。但其对同时履行抗辩权的规定，实际上包含了后履行抗辩权。考虑到我国过去司法实践中常常将后履行一方行使此种抗辩权的行为认定为构成双方违约，事实上鼓励了负有先履行义务一方的违约行为，从而严重损害了合同必须严守的基本准则，因此我国法律借鉴《国际商事合同通则》规定了后履行抗辩权。

### （二）后履行抗辩权的构成

根据《民法典》第526条的规定，构成后履行抗辩权应当具备下列条件：

（1）双方当事人基于同一合同互负对待给付义务。

（2）产生双方给付义务的合同已生效。

（3）主张抗辩权的一方给付义务的履行期限已经届满。

（4）一方当事人有先为履行的义务。双方当事人义务的先后履行顺序，可以基于当事人的约定，也可以依据法律的规定、合同性质以及交易习惯来确定。

（5）须先履行一方未履行债务或者履行债务不符合约定。如果先履行一方不履行其全部对待给付义务，相对人得就自己之给付义务的全部拒绝履行。如果仅部分履行，则其只能就相应的部分拒绝履行，但依诚信原则，在相对人未为履行的部分对权利人的影响微乎其微时，权利人不应拒绝履行。在瑕疵履行时，权利人只能在该瑕疵导致根本违约的情况下，才可以拒绝相应的给付。

（三）后履行抗辩权的效力

后履行抗辩权属于延期的抗辩权，其效力在于阻碍先履行一方请求权效力的发生，因此《民法典》第526条规定，后履行的一方有权拒绝其相应的履行请求。因行使后履行抗辩权后履行一方逾期履行的，后履行一方不承担违约责任。

后履行抗辩权不得由法院或仲裁机构主动援用，其效力需当事人主张方可发生。当事人行使后履行抗辩权时，只要能够证明对方没有履行或履行不符合约定，就可以拒绝进行相应的给付。而在不具备行使条件的情况下，以行使后履行抗辩权为由拒绝自己进行相应的给付，则可能构成双方违约，应当按照《民法典》第592条的规定各自承担相应的责任。

## 五、不安抗辩权

（一）不安抗辩权的概念

不安抗辩权是指负有在先给付义务的一方当事人，在有确切证据证明对方当事人已经丧失或可能丧失履行债务能力，或者到期后将不履行合同的情况下，中止履行并在法定条件下依法定程序解除合同的权利。

基于双务合同的牵连性，在一方当事人应当先履行的情况下，后履行一方有难为对待给付之虞或可能不愿为对待给付时，法律仍然要求先履行一方继续进行履行，显然不利于当事人之间利益的平衡，也与双务合同履行上的牵连性不符，有悖公平。故《民法典》第527条和第528条分别对不安抗辩权的构成要件和法律效果进行了规定。

（二）不安抗辩权的构成要件

不安抗辩权的行使，应当具备下列几个条件。

（1）双方当事人基于同一合同互负对待给付义务。

（2）产生双方给付义务的合同已生效。

（3）主张不安抗辩权的一方负有先履行债务的义务。如果并无履行顺序，则只能主张同时履行抗辩权而非不安抗辩权；如果存在先后履行顺序，后履行的一方应当主张后履行抗辩权。这也是不安抗辩权与另外两种双务合同履行过程中抗辩权的区别之处。当事人先为给付的义务因当事人的约定、法律的规定以及交易习惯而发生，例如：在饭馆用餐时，通常的交易习惯是先吃饭后交钱；在旅店住宿时，先住宿后结账；在乘出租车时，待运输完成再交费。

（4）先履行一方的履行期限已经届满。如果履行期限尚未届满，则其可以主张履行期限尚未届满的抗辩，而不必主张不安抗辩权。

（5）先履行一方有证据证明对方当事人已经丧失或可能丧失履行债务能力，或者到期后可能将不履行合同。对方当事人的此种状况，使先履行一方在履行其给付义务后，可能无法获得对待给付，因此法律特设不安抗辩权以维持当事人之间的利益均衡。

《民法典》第527条对于丧失或可能丧失履行债务能力的情形进行了具体列举，包括：1）经营状况严重恶化。例如，后履行的一方大量应收账款已成无法收回的坏账，其已陷入资不抵债；对后履行方的破产申请已经被法院受理等。2）转移财产、抽逃资金，以逃避债务。这表明后履行一方在其履行期限到来后，将很可能不会履行其对待给付义务。3）丧失商业信誉。如已经发现后履行一方对他人进行合同欺诈，或赖账不还已被纳入“失信被执行人名单”等，这也表明后履行一方已经丧失商业信誉，到期后很可能不履行合同。4）有丧失或者可能丧失履行债务能力的其他情形。传统大陆法系国家民法一般认为，可能丧失履行债务能力是指后履行一方财产状况严重恶化。《民法典》第527条第1项和第2项所列举的也是发生在当事人负有财产给付义务的情况下，丧失或者可能丧失履行债务能力的表现，其也只能适用于对方当事人负有财产给付义务的情形。但当事人所负的给付义务并不以财产给付为限。例如，对于承揽、演出等提供劳务的合同，劳务提供人可能因为患病、受伤等而丧失提供劳务的能力，这就需要通过《民法典》第527条第4项这一兜底条款来解决。

不安抗辩权的行使，不以后履行一方对上述情势的发生有过错为前提，只要客观上发生上述情事即可。此外，如果后履行一方已经为其债务提供了物的担保，则即便发生上述情事，也不能认为其已经或可能丧失偿债能力。但在该担保形式为保证时，如果先履行一方有确切证据证明保证人也有上述情势的发生，则应当允许当事人行使不安抗辩权。

还要注意的是，这些情势的发生时间应当在合同订立以后。当事人在明知对方已经丧失或可能丧失履行债务能力的情况下，仍然与之订立自己先为履行的合同且未要求对方予以担保，就意味着其自愿承担此种风险，或者是对自己利益未尽谨慎注意义务，法律自然不宜对其再予以特别保护。

### （三）中止履行与举证责任

在符合《民法典》第527条构成要件的情况下，负有在先履行义务的一方有权中止履行。换言之，其可以主张延期的抗辩权，暂时不履行自己的在先给付义务。因行使不安抗辩权而造成在先履行一方逾期履行的，不承担违约责任。

为避免当事人滥用不安抗辩权借以逃避履行给付义务，《民法典》第527条强调，主张不安抗辩权的一方应当就对方当事人已经丧失或可能丧失履行债务能力，或者到期后可能将不履行合同的情事用证据加以证明。当事人如果没有证据就行使不安抗辩权而中止履行，则应当承担相应的违约责任。

### （四）不安抗辩权的行使

在符合《民法典》第527条规定的构成要件的情况下，先履行一方可以行使不安抗辩权，中止其本应当先进行的履行。

不安抗辩权不得由法院或仲裁机构主动援用，其效力需经当事人主张方可发生。不安抗辩权人在行使不安抗辩权、依法中止履行的情况下，应当就其行使不安抗辩权的原因以及中止履行的事实向相对人作出通知，并要求对方当事人提供适当的担保。这是因为，虽然不安抗辩权的行使不以对方的同意为必要，但行使此项权利将导致先履行一方中止履行的后果，不及时通知对方，可能造成对方的损失，如丧失进行履行准备的费用等。及时通知也使后履行一方有可能及时提供担保或恢复履行能力，以使先履行一方恢复履行，避免合同解除的效果。此外，由于不安抗辩权人负有在先给付的义务，在履行期限届满的情况下，其不履行合同义务很容易被误认为构成履行迟延，造成不必要的纠纷，因此，基于诚信原则，《民法典》第528条要求先履行一方行使不安抗辩权时，应当及时通知对方。如果未作出通知或没有及时作出通知，而在先履行一方又没有按照约定的期限履行，则应当认为其构成违约。

（五）不安抗辩权的效力

不安抗辩权的效力表现为：先履行一方中止自己的履行。中止履行的情况下，先履行一方的给付义务并未消灭，合同权利义务关系也未中止，只是先履行一方暂停履行其给付义务。一旦另一方提供了适当的担保或恢复履行能力，先履行一方应当恢复履行。这里的适当担保，既包括物的担保，也包括保证。其是否适当，应当根据合同的标的以及担保物的价格等综合考虑，只要主合同不履行时能够承担相应的担保责任即可。

（六）不安抗辩权与预期违约的衔接

大陆法系国家传统民法中，将不安抗辩权的法律后果规定为延期的抗辩，即在对方未为对待给付或提出担保前，抗辩权人有权拒绝自己的给付。英美法系国家民法上，则规定了预期违约制度，允许在合同履行期限到来前，一方当事人无正当理由明确表示或者以自己的行为表明其在合同履行期限到来后将不履行合同义务的情况下，非违约方有权解除合同并提前追究违约责任。我国法律同时继受了这两项制度，在合同履行一章中规定了不安抗辩权，在违约责任一章中规定了预期违约制度。

《民法典》第528条对不安抗辩权与预期违约制度进行了合理的衔接，将“中止履行后，对方在合理期限内未恢复履行能力且未提供适当担保”的后果规定为“视为以自己的行为表明不履行主要债务”。这就意味着，在行使不安抗辩权中止履行之后，对方当事人在接到通知的情况下，其应当及时地恢复履行能力或者提供适当的担保。如果其没有作出前述行为，其这种不作为将被法律推定为“以自己的行为表明不履行主要债务”，从而构成预期违约。按照《民法典》第578条的规定：“当事人一方明确表示或者以自己的行为表明不履行合同义务的，对方可以在履行期限届满前请求其承担违约责任。”《民法典》第528条新增的规定，实现了不安抗辩权与预期违约的有效衔接。该条所推定的，实际上就是《民法典》第578条所规定的默示毁约的情形。不安抗辩权人可以据此依据《民法典》第578条的规定，在对方当事人的履行期尚未届满的情况下，解除合同并请求其承担违约责任。

值得注意的是，虽然《民法典》规定了继续履行、采取补救措施、违约损害赔偿、支付违约金以及违约定金等违约责任承担方式，但是，在按照预期违约主张违约责任的情况下，由于违约方仍然享有履行期限尚未届满的抗辩，非违约方应当解除合同并要求对方承担违约责任。这也就意味着，在具体违约责任方式的选择上，非违约方只能主张违约损害赔偿、支付违约金以及违约定金，而不能请求继续履行或者采取补救措施。因为后二者本身仍然是对原有合同权利义务的履行，在合同已经因为解除而权利义务终止的情况下，自然不能再行适用。如果非违约方希望对方承担继续履行的责任，则其只能行使不安抗辩权中止履行，等待履行期限届满后再行主张继续履行。

从预期违约制度的完善而言，《民法典》第 578 条并未对当事人一方“以自己的行为表明不履行合同义务”的具体情形作出规定。但从《民法典》第 528 条的规定来看，在履行期限届满之前，如果一方当事人有证据证明对方当事人存在《民法典》第 527 条规定的丧失或者可能丧失履行能力的情形，并催告对方提供适当的担保，而对方当事人在合理期限内没有恢复履行能力也没有提供适当的担保，就应当认定构成当事人一方“以自己的行为表明不履行主要债务”。

当然，当事人也可以仅行使不安抗辩权或其他双务合同履行中的抗辩权来暂不进行自己的对待给付，等待对方履行期限到来后，视对方的履行情况而依据实际违约的规则请求其承担相应的违约责任。但是，此种做法的风险将是很大的。因为默示毁约往往意味着债务人已经丧失了履行能力，即便债权人的违约请求得到法院支持，也可能难以得到执行。

## 第七节　情势变更

### 一、情势变更的概念

情势变更是指合同依法成立后，作为合同赖以成立的客观基础或者环境发生了当事人在订立合同时无法预见的、不属于商业风险的重大变化，再继续履行合同对当事人一方明显不公平，而双方又不能协议变更的情况下，当事人请求法院或者仲裁机构变更或者解除合同的制度。

我国合同法律浸润着商事合同法的深刻烙印，历来强调契约必守，在违约责任上更是以严格责任为原则，对于履行中的风险，当事人应当在合同中通过免责条款予以事先约定。一旦发生违约，又没有不可抗力或者约定免责事由，违约责任不可避免。但基于公平和诚实信用的考虑，《民法典》第 533 条还是例外地允许在情势变更的情况下，当事人如不能合意变更合同内容，则可以请求法院或者仲裁机构变更或者解除合同。该规定属于强制性规定，当事人不得通过约定予以排除适用。

### 二、情势变更的构成

构成情势变更需要具备以下要件：

（一）合同的基础条件发生了重大变化

合同的基础条件，即所谓情势，是指构成合同赖以成立的客观基础或环境。情势既可以是交易或经济环境，包括土地、原材料、劳动力等各类生产成本价格，利息等融资成本，作为结算标准的货币的币值，最终商品或服务的市场需求等，也可以是非经济事实，包括市场主体正常生产、经营所依赖的社会经济环境、法律政策环境等，例如国家法律变化，经济、环保政策的重大调整，技术跃升、产业升级换代等。

既然基础条件称为“基础”，就意味着相关情势应当构成订立合同、确定合同价格的重要考量因素或者说前提。虽然合同当事人在订立合同时并未对其有清楚的预见或者说并未直接加以特别考量或者特别关注，但是正是基于该条件的存在，当事人才完成了合同的磋商并确定了合同中双方的权利义务关系，而这种条件的变化，则会导致合同权利义务的显著失衡。

合同基础条件必须是客观的。对于只是当事人主观上认定存在但实际不存在、主观上认定为真实但实际上不真实、认为将来应该发生但并没有发生的所谓主观情势，即便当事人以之作为订立合同的基础，也不能构成合同基础条件，相关的纠纷应当按照意思表示瑕疵的相关规则来处理。而只有作为当事人确定合同权利义务或者直接影响合同目的的客观情势，方可构成合同基础条件。

依据《民法典合同编通则解释》第 32 条第 1 款，合同成立后，因政策调整或者市场供求关系异常变动等原因价格发生当事人在订立合同时无法预见的、不属于商业风险的涨跌，继续履行合同对于当事人一方明显不公平的，人民法院应当认定合同的基础条件发生了《民法典》第 533 条第 1 款规定的“重大变化”。但是，合同涉及市场属性活跃、长期以来价格波动较大的大宗商品以及股票、期货等风险投资型金融产品的除外。可见，对于价格波动较大的大宗商品、风险投资型金融产品，即使发生十分剧烈的价格涨跌，也不构成情势变更，因为价格的相对稳定根本不是这类交易中的基础条件，而且当事人也应当考虑到这类交易中价格剧烈波动的风险。

（二）情势变更发生在合同成立之后、履行完毕之前

变更是指合同成立后情势发生的重大变化。合同基础条件的重大变化应当发生在合同成立后。

关于合同成立时点的判断，应当以《民法典》合同编“通则”第二章关于合同订立的规则来确定。在合同成立之前，合同尚不具有法律拘束力，如果发生基础条件的变化，当事人在订约时应当认识到这一事实的存在，当事人仍然可以通过发出反要约来重新调整合同条款。如果当事人基于已变更的情势而订约，显然成立的合同是以变化后的事实为基础的，当事人已经充分考虑了该情势变化可能带来的风险并自愿承受相应的不利后果，自然不能再主张情势变更。如果当事人对合同成立之前基础条件的重大变化不知悉，则其仍然应当履行合同义务，即便存在不公平，也只能通过显失公平制度来解决，而没有情势变更的适用。合同成立时间原则上也是合同生效时间，但在法律特别规定需经批准等合同生效要件或者当事人约定了生效时间或者生效条件的情况下，合同生效时间是迟于成立时间的。但在此种情况下，即便合同成立后、生效之前发生了情势变更，由于合同已经成立，当事人已经不能再行随意调整合同，故而也有情势变更规则的适用。

通常认为，情势变更必须发生在合同履行完毕以前，如果在履行完毕以后发生情势变更，因为债的关系已经因清偿而消灭，合同基础条件的变化对双方的利益不再产生任何影响，更不会造成对一方明显不公的问题，显然没有必要再适用情势变更原则。即便

该履行不符合约定，由于债务人已经完成了履行行为，也不存在再因情势变更调整当事人权利义务关系的必要；此时违约责任已经发生，应当按照违约责任处理，债务人不能借口情势变更再来主张变更或者解除合同。情势变更如果发生在履行过程中，尤其是对于继续性合同而言，则不应当影响情势变更的构成，但是在考虑相关后果时，对于情势变更之前的履行及对价，应当承认其效力，而只是对尚未履行部分考虑相应的变更或解除。

值得讨论的是，如果一方当事人延迟履行后发生情势变更，是否可以适用情势变更规则。我们认为，虽然《民法典》第533条并未明言情势变更是否以当事人对情势变更的发生没有过错为前提，但从“无法预见”“不属于商业风险”的要求来看，其显然是以当事人对情势变更的发生没有过错为前提的。尤其是情势变更系基于诚信原则而发生的，一方迟延履行将本可以规避但可归责于己的风险以所谓情势变更为由转嫁给对方分担，显然有悖诚信原则。相应地，如果是一方迟延履行后发生情势变更导致另一方受到损害，其当然有权主张情势变更。

（三）该重大变化是当事人在订立合同时无法预见的

这里所言的“订立合同时”，是指合同的订立过程中，也就是合同成立之前，故而《民法典》第533条要求该变化须发生在合同成立之后。如果在合同订立过程中发生，就不存在无法预见的问题。如果当事人在订约时已经预见而仍然订立合同，则这表明当事人自愿承担情势变更所发生的风险或者说其认为合同对价已经能够涵盖此种风险，因而不能适用情势变更。如果当事人应当预见而没有预见，则可以考虑通过意思表示瑕疵规则处理，而非适用情势变更。

所谓“无法预见”，不是当事人没有预见，而是订立合同时不能预见。申言之，如果订约时当事人预见将来要发生情势变更，而当事人仍以现在的客观情况为基础订约，这表明当事人愿意承担风险，应使当事人自负后果，不应适用情势变更原则。如果当事人应当预见将要发生情势变更而未预见，说明其主观上具有过错，也不能适用情势变更原则。

关于能否预见的判断，《民法典》第533条同时从反面进行了强调，即“不属于商业风险”。换言之，商业风险与能否预见，是一个问题的两个方面。我们认为，商业风险的判断，实际上划定了当事人预见能力的客观标准，当事人的预见能力原则上应当依据客观标准判断。申言之，对于某一合同，应当按照其合同内容，结合交易发生的领域、行业以及合同性质、标的额等因素，判断相关变化是否属于正常的商业风险，或者说该变化是否在该领域、行业通常从业者合理的预见范围之内。在不同的行业、不同的产业发展阶段，其价格波动范围等基础条件变化幅度是不同的，必须要充分考虑这些因素来判断相关情事变化是否属于商业风险的范围。如果变化属于正常的商业风险，这就意味着该变化在当事人预见能力之内。

对可预见性的判断，仅凭客观标准或者说商业风险标准是不够的，还应当结合主观标准来判断当事人的预见能力。当事人主张因情势变更受到损害的一方应当具有更强预见能力的，则要考虑其经营范围、既往交易状况甚至该方当事人既往从事其他行业、领域经营的情况等因素，予以具体判断。这一点在一方是经营者，另一方是消费者，而经营者主张情势变更时，尤为重要。

从“无法预见”的表述来看，《民法典》第533条所言的合同基础条件的变化应当以不可归因于双方当事人为前提。也就是说，由于不可归责于当事人的事由发生情势变更。不可归责于当事人表明当事人主观上没有过错，对情势变更的发生无法预见也无法克服。如果由于可归责于当事人的事由发生情势变更，当事人应自负其责。

（四）继续履行合同对于当事人一方明显不公平

情势变更发生以后，经常造成当事人之间严重的利益失衡，继续按原合同规定履行义务，将会对当事人一方明显有失公平，从而违背诚信原则。当事人之间的权利义务是建立在对于合同基础条件的认识的基础上的，对于原材料等各类生产成本的价格、融资成本、币值以及最终商品或服务市场价格等市场涨跌变化之类的合同基础条件，当事人应当有着合理的预期，并在此基础上结合自身履约能力等议定合同权利义务。所谓契约即公正，也就是这个意思。对于当事人基于真实意思而形成的合意，法律应当予以保护，契约必须严守。但是随着基础条件的重大变化，订立之初的当事人的此种预期被打破，当事人之间的权利义务就会发生一定的失衡。这种失衡达到明显不公平的地步后，基于诚信原则，就需要通过当事人的协商或者公权力的介入，重新调整当事人的权利义务关系或者解除合同，以实现实质上的公平。对于是否构成明显不公平的判断，应当依据该合同的具体内容和继续履行的结果，结合合同目的、具体行业、交易类型、合同类型等因素来判断，实践中表现为履行过于艰难或必须付出高昂的代价以及不能履行等情形。如果情势变更对双方当事人之间的利益关系影响轻微，则不应适用情势变更原则。

就文义来看，“继续履行合同对于当事人一方明显不公平”似乎意味着情势变更应当以合同能够继续履行为前提，只是继续履行将导致对一方显失公平，即履行过于艰难或必须付出高昂的代价。而在合同不能履行的情况下，则只能通过不可抗力来主张合同解除从而获得救济。但考虑到《民法典》第533条在情势变更的效果上不仅规定了变更，而且规定了解除，结合该条的整体表述，对此应当作扩张解释，由情势的变化导致合同不能履行，也应当纳入情势变更的范围。

## 三、情势变更的效果

（一）重新协商

在发生情势变更的情况下，《民法典》第533条要求当事人负有再协商的义务。这就是说，受到不利影响的一方当事人可以请求与对方重新协商，根据变化了的情势对原有合同权利义务协议变更。申言之，重新协商是一项法定的前置条件。在完成这一条件之前，当事人不能直接向法院或者仲裁机构请求变更或者解除合同。

之所以规定再协商义务，主要还是考虑到情势变更规则本身就是诚实信用原则的体现，合同关系一经成立，双方即处于“法锁”之中，应当对对方负有更高的协助义务。在情势变更的情况下，通过当事人的再协商，排除合同履行中的非根本性障碍，重新实现新的合同基础条件下的利益均衡，对于双方继续推进合同履行，从而保障交易的顺利进行，最终实现合同目的，具有积极意义。此外，再协商意味着当事人可以通过协商达成变更协议，从而实现鼓励交易的目的。

《民法典》第533条只是基于诚信原则课加了当事人再协商的义务。在一方认为已经发生情势变更且自己履行合同可能受到严重损害的情况下，其应当及时向对方提出变更的请求，提出调整合同权利义务的具体方案并说明提出请求的合理理由。对方当事人也要基于诚信、善意，根据自己对于合同基础条件变化及其对合同权利义务的影响的认识，对是否构成情势变更予以及时回应；在认可情势变更的情况下，应当认真研判对方提出的方案，并及时就相关内容与对方进行磋商。

违反本义务的一方应当承担一定的不利后果，申言之，受到损害一方当事人未向对方及时提出再协商的请求，或者径行起诉被驳回，则应当自行承担因延误而受到的损失；接到对方再协商的请求后，没有正当理由径行拒绝协商或者不予回复、恶意拖延的，应当认为协商破裂、再协商已经完成，受到损害一方当事人可以请求法院或者仲裁机构变更或者解除合同；一方在再协商过程中漫天要价、有悖诚信的，法院或仲裁机构在变更合同，确定具体权利义务时应当予以考虑。

（二）请求变更或者解除合同

1. 以诉讼或者仲裁方式提出

再协商不能久拖不决，在合理期限内协商不成的，就应当由第三方介入实现利益平衡。故《民法典》第533条规定，在合理期限内协商不成的，当事人可以请求人民法院或者仲裁机构变更或者解除合同。这就是说，情势变更的情况下，变更或者解除应当通过诉讼或者仲裁方式进行，当事人不能直接以意思表示来解除合同。

2. 法院及仲裁机构的处理

依据《民法典》第533条第2款，法院或者仲裁机构应当结合案件的实际情况，根据公平原则变更或者解除合同。对此应当作如下理解：

其一，合同能否变更或解除，取决于法院或仲裁机构的裁决。如果法院或仲裁机构驳回了当事人的请求，则该当事人仍应继续履行义务，不能发生合同变更或解除的后果；如果法院或仲裁机构裁判变更或解除合同，则发生原合同变更或解除的后果。

其二，究竟是变更还是解除，需要由法院或仲裁机构结合案件的实际情况，根据公平原则判断。《民法典》第533条明确赋予了法院或者仲裁机构的变更权，这表明立法者在情势变更的情形下对诚信原则和公平原则的坚守。我们认为，基于鼓励交易的考虑，法院或仲裁机构原则上应当通过变更合同来解决问题，即通过增减履行标的物的数量、变更同种类给付、调整价款金额、将履行期延期或将一次履行变为分批履行、将先履行变为后履行、改变付款方式等方式来变更原合同的内容，使原合同能够在公平的基础上得到履行。[①] 法院和仲裁机构在行使合同变更权时，应当切实遵循立法意旨，结合案件实际情况，公平调整合同权利义务关系。《民法典合同编通则解释》第32条规定：在出现情势变更后，当事人请求变更合同的，人民法院不得解除合同；当事人一方请求变更合同，对方请求解除合同的，或者当事人一方请求解除合同，对方请求变更合同的，人民法院应当结合案件的实际情况，根据公平原则判决变更或者解除合同。人民法院应当综合考虑合同基础条件发生重大变化的时间、当事人重新协商的情况以及因合同

① 史尚宽．债法总论．北京：中国政法大学出版社，2000：456.

变更或者解除给当事人造成的损失等因素，在判项中明确合同变更或者解除的时间。

其三，在合同履行已经于事实上不能或者法律上不能，或者合同履行经济上显著不合理，或者其他通过变更合同的方式不能消除显失公平的后果或变更有悖缔约目的的情况下，则已经无法通过变更来解决问题，法院或仲裁机构应判决或裁决解除合同。

3. 关于解除的溯及力

在判决或者裁决解除的情况下，应当根据《民法典》第566条的规定，应当根据合同性质是否是继续性合同、已经完成的给付能否返还等因素，来具体确定其效力是单纯地向将来消灭还是溯及既往地消灭。如果当事人对此存在约定，则应当根据当事人的约定来决定是向将来消灭还是溯及既往地消灭。对于诸如租赁合同等继续性合同，即便判决或者裁决合同解除，也应当只向将来发生效力，因为就情势变更发生之前已经履行完毕的部分，其债的目的已经实现，而且也没有受到情势变更的影响，没有理由再行干涉其效力。

需要注意的是，因情势变更的解除，即便发生溯及效力，但其也应当有所限制。即便能够恢复原状，解除的效力也只能溯及情势变更发生之时，而不能溯及合同成立时。因为在情势变更发生之前，合同的约定及其履行都应当是有效的。

4. 关于解除后的损害赔偿

从《民法典》第533条的规定来看，其并未提及赔偿损失的问题。我们认为，在变更的情况下，法院或者仲裁机构变更判决或者裁决中，已经充分体现了依据公平原则对当事人权利义务的调整，故而没有赔偿损失的问题。但是在解除的情况下，一方当事人因此而免于合同的拘束，或者说因此而免于因情势变更而受到的损失。但另一方的合同利益原则上应当受到保护，这就是说，因情势变更而不能履行合同的一方，应当赔偿对方因此受到的损失，该赔偿应当使对方的财产状态达到若未发生情势变更、合同得到圆满履行的状态。换言之，在计算对方的履行利益时，应当依据情势变化达到区分商业风险与情势变更“临界状态”时的市场状况来确定。当然，如果该情势变更系不可抗力所致，其可就不可抗力导致的不能履行的部分来主张免责。

## 四、情势变更与不可抗力

不可抗力是指不能预见、不能避免、不能克服的客观情况。《民法典》在总则编中对不可抗力进行了规定，依据该法第180条，“因不可抗力不能履行民事义务的，不承担民事责任。法律另有规定的，依照其规定”。显然，在没有法律特别规定其不能免责的情况下，不可抗力为各类民事责任的法定免责事由。就违约责任而言，《民法典》第590条明确规定，“当事人一方因不可抗力不能履行合同的，根据不可抗力的影响，部分或者全部免除责任，但是法律另有规定的除外。因不可抗力不能履行合同的，应当及时通知对方，以减轻可能给对方造成的损失，并应当在合理期限内提供证明”。此外，依据《民法典》第563条第1款第1项，“……不可抗力致使不能实现合同目的”的，当事人可以解除合同。

据此，我们可以看到，情势变更与不可抗力都是合同法律中的重要制度。二者的主要区别体现在：第一，制度功能上，不可抗力属于法定免责事由，可适用于违约责任与侵权责任。在社会生活中，一方当事人致对方损害或违约的，如果是基于不可抗力，该当事人将免于承担民事责任。而情势变更原则属于合同履行的原则，其功能在于指导合同的履行。根据该原则，在合同履行的过程中若发生了情势变更，当事人继续履行义务将显失公平，有悖诚信原则，从而应允许合同变更或解除。第二，适用情形上，不可抗力的发生并不必然导致情势变更，如未引起当事人利益严重失衡，就不能适用情势变更原则。引起情势变更的事由也并非仅限于不可抗力，如意外事件也可能引起情势变更。第三，解除效果的发生上，不可抗力的效力本质上体现在免除责任问题上。不可抗力的免责，以不可抗力与不能履行之间存在因果关系为前提，根据不可抗力的影响来免除相应的责任。在不可抗力导致合同目的不能实现的情况下，方有法定解除权的发生。而情势变更的后果，则是重新协商变更合同，通过诉讼或者仲裁变更或解除合同。第四，法律效果上，不可抗力是法定免责事由，因不可抗力不履行合同，不承担任何责任；而情势变更原则的目的在于恢复当事人之间的利益平衡，对情势变更的后果，合同双方当事人应当风险共担。第五，主张方式上，发生了不可抗力以后，当事人只要依法取得确切的证据，履行诸如通知、防止损失扩大等有关义务，即可免于承担违约责任。而发生了情势变更的事由以后，当事人需要先进行重新协商，协商不成方可向法院或仲裁机构提出请求，只有在法院或仲裁机构作出合同变更或解除的裁判以后，才发生合同变更或解除的效果。

不可抗力与情势变更是两个不同的制度。在不可抗力构成情势变更的情况下，当事人完全可以根据自己的利益，来选择主张不可抗力免责以及满足根本违约条件时的解除；也可以按照情势变更规则来主张再协商，通过诉讼或者仲裁来变更或者解除合同。甚至在依据情势变更解除合同的情况下，就相关赔偿通过不可抗力来寻求豁免。究竟是按照不可抗力还是情势变更来处理，有赖于当事人的主张。法院或者仲裁机构则按照当事人的主张分别依照不可抗力和情势变更的规范进行审理和裁判。

# 第五章
# 合同的保全

## 第一节　概　述

### 一、合同保全的概念

保全是债的对外效力之一，也称责任财产的保全，基于此种效力，在债务人责任财产不当减少或应增加而不增加而损害债权时，债权人可以行使代位权或者撤销权以保障其债权实现。债的保全不仅包括对合同之债的保全，也包括对其他类型的债的保全。

《民法典》合同编第五章虽名为“合同的保全”，但在该章的具体行文中，使用“债权”“债权人”“债务人”等表述，完全没有提及合同。之所以如此，是因为该章所规范的实为债的保全。该章的规范可以普遍适用于各类债的关系，因此，《民法典》合同编第五章是对债的保全制度的规定。

### 二、债的保全效力的意义

当债务人不履行其债务时，如果该债务无其他担保，法律可给予的救济方法就是对债务人财产进行强制执行。强制执行无论采用何种方式，最后都必须落实到债务人的一般财产之上。因此，债务人的一般财产是债权实现的根本保障。换言之，债务人的一般财产并未分别担保各个单独的债权，而是构成了债务人的全体债权人债权实现的根本保障。这项财产在法律学说上被称为“责任财产”。市场经济条件下，当事人在订立标的额较大的合同，尤其是负有在先履行义务时，通常会对交易相对人的资信状况进行调查。其目的也在于充分了解相对人的责任财产状况，以确保自身债权的实现。而在相对人责任财产不足、信用状况不良的情况下，则要通过担保等手段加以增信。因此，责任财产对债权的实现具有根本性的意义。

虽然作为债权一般担保的责任财产的增减变动与债权人的利益关系极大，然而，在市场经济条件下，其正常的增加或者减少也是债权人应当承担的市场风险，法律没有特别干预的必要。但是，这种减少如果超出了合理的范围，就打破了债权人正常的预期。责任财产的减少，有些是由债务人的消极行为造成的，例如债务人对第三人享有不当得利返还请求权却怠于行使；有些是由债务人的积极行为引起的，例如将房屋赠与第三人。这些都是债务人主观上存有故意乃至恶意的情形，其导致的责任财产的减少超出了债权人的合理预期，因此是一种不正当的减少。而债权仅仅是债权人向债务人请求为特定行为的权利，债权人对债务人的责任财产没有直接加以支配的权利，债务人如何处理其责任财产，只取决于债务人的自由意思。因此，为了保护债权人的利益不受损害，使其债权能够顺利获偿，法律确立了债的保全制度，特别赋予债权人两种权利，即代位权（代位行使债务人的权利，用以维持债务人的责任财产）与撤销权（撤销债务人所为的法律行为，用以回复债务人的责任财产）。

代位权与撤销权都是债权人行使债权的法律上的效果，它们不但直接对债务人的财产发生效力，对债务人以外的第三人也直接产生法律上的效力，故而债的保全效力属于债的对外效力。

## 第二节　债权人代位权

### 一、债权人代位权的概念

债权人代位权是指债务人怠于行使其债权或者与该债权有关的从权利，影响债权人到期债权实现的，债权人可以通过向法院提起诉讼的方式行使代位权，请求以自己的名义代位行使债务人对相对人的权利，从而保持债务人的责任财产，以保障其债权的实现。《民法典》合同编对债权人代位权作出了规定，其作为债权保全的一种重要方式，主要功能在于维持债务人的责任财产，并督促债务人及时履行债务。

债权人代位权具有法定性。从《民法典》第535条的规定来看，只要符合该条所规定的债权人代位权的行使条件，债权人即可行使该权利，因此，债权人代位权是债权的一项法定权能，并不需要当事人对此作出约定。同时，债权人代位权是债权的一项权能，而不是一项独立的权利，其实际上是一项债权人通过行使他人权利以保全自己债权的权能。①

### 二、债权人代位权行使的条件

关于债权人代位权的行使条件，《民法典》第535条第1款规定："因债务人怠于行使其债权或者与该债权有关的从权利，影响债权人的到期债权实现的，债权人可以向人民法院请求以自己的名义代位行使债务人对相对人的权利，但是该权利专属于债务人自身的除外。"依据这一规定，债权人代位权的行使应当具备如下条件：

（一）债权人对债务人的债权必须合法

所谓债权人对债务人的债权合法，是指债权人与债务人之间的债权债务关系必须合法，这是代位权行使的首要条件。如果债权人与债务人之间的债权关系不合法，如因赌博而产生的"债"的关系，或者因买卖婚姻而产生的"债"的关系，则债权人代位权就

① 崔建远.合同法.修订本.北京：法律出版社，1998：126.

失去了合法的基础，此时，即便具备债权人代位权行使的其他条件，债权人也无法行使债权人代位权。同时，如果当事人之间债的关系并不存在，则债权人代位权也不可能产生。不过，即便当事人之间的合同无效或者被撤销，如果债权人对债务人享有返还请求权、赔偿请求权等债权请求权，在具备债权人代位权行使的其他条件时，其也应当有权行使债权人代位权。[①] 此外，《民法典》第535条并没有对债权人债权发生的原因作出限定，这意味着，不论是基于合同而产生的意定之债，还是基于侵权、无因管理、不当得利等产生的法定之债，债权人均可依法享有债权人代位权。

债权人对债务人的债权应当是有效的，但不必事先经过法院或者仲裁机构确认。依据《民法典合同编通则解释》第40条第2款，债务人的相对人仅以债权人提起代位权诉讼时债权人与债务人之间的债权债务关系未经生效法律文书确认为由，主张债权人提起的诉讼不符合代位权行使条件的，人民法院不予支持。换言之，债权人提起代位权诉讼，不须先经过法院或仲裁机构确认其债权。依据《民法典合同编通则解释》第37条第1款，债务人是代位权诉讼中应当追加的第三人，如果债务人就债权的内容、效力等存在异议，则其在诉讼中可以就债权人的代位权全部或者部分不成立加以主张。人民法院在认定债权人代位权不成立后，便会驳回债权人的诉讼请求。

在代位权诉讼中，不要求债务人与相对人等主体之间的权利义务关系确定。在我国司法实践中，有观点认为，在债务人与相对人之间的权利义务关系不明的情形下，债权人也无权行使代位权。我们认为，如果债务人与相对人等主体之间的权利义务关系不确定，则在债权人向债务人的相对人提出请求时，相对人可以提出抗辩。同时，由于债权人只是对其与债务人之间债的关系较为了解，对债务人与相对人之间的权利义务关系可能并不十分了解，将债务人与相对人之间的权利义务关系确定作为债权人代位权的行使条件，可能会不当限制债权人代位权的行使，甚至使债权人客观上难以行使代位权。[②]

### （二）债权人对债务人的债权已经到期

从《民法典》第535条规定来看，债权人对债务人的债权已经到期也是债权人代位权行使的条件之一。也就是说，只有在债权人的债权到期之后，债务人未按期履行债务时，债权人才能行使债权人代位权，其不同于《民法典》第536条所规定的保存行为，在债权人出于保存债务人财产的目的而行使代位权时，其可以在债权到期前行使代位权。依据《民法典》第535条的规定，债权人代位权应该在债权到期后行使，因为代位权针对的是债务人消极损害债权的行为，债权人只有在自己的债权到期以后，才能确定债务人怠于主张权利的行为是否有害于其债权，在此之前，债权人的债权能否实现是难以预料的。若债权人的债权尚未到期，仅债务人可以行使对相对人的权利，债权人无权行使代位权而要求债务人的相对人向其清偿债务，否则债权人和债务人之间的债务被强制性提前履行，这将过分干涉债务人的经济活动自由。

---

① 庞景玉，何志.最高人民法院合同法司法解释精释精解.北京：中国法制出版社，2016：302.

② 王利明.合同法研究：第2卷.3版.北京：中国人民大学出版社，2015：99.

### （三）债务人怠于行使其债权以及与该债权有关的从权利，影响债权人到期债权的实现

1. 债务人怠于行使其债权及与该债权有关的从权利

债务人怠于行使其权利是债权人利益受损的原因，即债务人怠于行使其权利，将导致其无法获得应获得的利益，并可能影响债权人债权的实现。问题在于：何谓“怠于行使”？学理上存在不同观点。一种观点认为，“怠于行使”是指应当行使而且能够行使权利却不行使，如债务人不主张权利或迟延主张权利。① 另一种观点认为，“怠于行使”是指债务人能够通过诉讼或仲裁的方式主张权利，但一直未主张权利。这两种观点的主要区别在于，“怠于行使”的认定是否仅限于债务人在其债权期限届满后，未通过诉讼或仲裁的方式主张权利。换言之，如果债务人在诉讼和仲裁之外，以私力救济等方式主张过权利，是否其就不构成“怠于行使”权利？对此，依据《民法典合同编通则解释》第33条的规定，债务人不履行其对债权人的到期债务，又不以诉讼或者仲裁方式向相对人主张其享有的债权或者与该债权有关的从权利，致使债权人的到期债权未能实现的，人民法院可以认定为《民法典》第535条规定的“债务人怠于行使其债权或者与该债权有关的从权利，影响债权人的到期债权实现”。该规定有利于防止债务人与相对人之间达成通谋，即双方通过证明债务人已经向相对人主张过权利来对抗债权人的代位权，这可能导致债权人代位权形同虚设。因此，“怠于行使”应当仅限于债务人在其权利到期后，能够通过诉讼或仲裁的方式主张权利，但一直未通过诉讼或仲裁的方式主张权利的行为。

同时，从《民法典》第535条的规定来看，债务人怠于行使的权利为其债权以及与该债权有关的从权利，“与该债权有关的从权利”指债务人享有的与该债权有关的抵押权、质权、保证债权以及违约金债权、利息债权等，但如果该从权利专属于债务人自身，债权人无权向债务人的相对人主张。债权人之所以能够在代位权诉讼中对债务人债权的从权利加以行使，是因为从权利对主债权有依附性，其目的是保障主债权的实现，因此，当债权人向相对人主张权利时，其也应当有权主张附属于该债权的相关从权利。需要指出的是，如果债务人对相对人的权利已经消灭，债务人的相对人不再对债务人负担义务，债权人也无法再对债务人的相对人行使债权人代位权。

2. 债务人怠于行使权利影响债权人到期债权的实现

只有在债务人怠于行使其债权或者与该债权有关的从权利从而影响债权人到期债权的实现时，债权人才能行使债权人代位权。这也意味着，在债务人怠于行使权利并不影响债权人债权的实现时，例如，债务人的责任财产足以清偿其债务时，债务人有选择是否主张其权利的自由，债权人不得行使债权人代位权。所谓影响债权人到期债权的实现，是指债务人的责任财产不足以保障债权人到期债权的完全实现。也就是说，虽然债务人有一定的责任财产，但该责任财产不足以清偿对债权人的全部债务。例如，虽然债务人有一定的责任财产，但其有多个债权人，其责任财产不足以清偿全部债务时，债务人怠于行使权利即会影响债权人到期债权的实现。

① 江平主编. 中华人民共和国合同法精解. 北京：中国政法大学出版社，1999：61.

（四）债务人对相对人所享有的权利不是专属于债务人的权利

如果债务人对相对人所享有的权利是专属于债务人自身的权利，则该权利不得成为债权人代位权行使的对象。关于哪些权利属于专属于债务人的权利，《民法典》第535条并没有作出明确规定。依据《民法典合同编通则解释》第34条，下列权利，人民法院可以认定为《民法典》第535条第1款规定的专属于债务人自身的权利：（1）抚养费、赡养费或者扶养费请求权；（2）人身损害赔偿请求权；（3）劳动报酬请求权，但是超过债务人及其所扶养家属的生活必需费用的部分除外；（4）请求支付基本养老保险金、失业保险金、最低生活保障金等保障当事人基本生活的权利；（5）其他专属于债务人自身的权利。在上述请求权中，第一项和第二项中的请求权的人身专属性强，无论其给付数额高低均不可代位行使；第三项中的劳动报酬请求权的人身专属性弱，故只有在债务人及其所扶养家属生活所必需的费用范围内不可代位行使；第四项中的请求权不仅具有较强人身专属性，而且用于保障当事人的基本生活，故不可代位行使。

在一些情况下，债务人债权的从权利专属于债务人自身，与债务人有不可分离的关系，此类从权利可基于法律的直接规定或者债务人与相对人之间合同的约定而存在。① 在代位权法律关系中，此类专属于债务人自身的债权的从权利也不得成为代位权的客体。

## 三、债权人代位权行使的方式

依据《民法典》第535条的规定，债权人应当以自己的名义通过向法院提起诉讼的方式行使代位权。该条要求债务人应当以自己的名义行使代位权，即债权人在行使代位权时，应当以自己的名义作为原告向相对人主张，而不需要以债务人的名义向相对人主张权利。如果债务人有多个债权人，各个债权人在符合代位权构成要件的情况下均得以向法院申请对相对人行使代位权。②

同时，债权人应当通过向法院提起诉讼的方式行使代位权。从《民法典》第535条的规定来看，债权人行使代位权必须要向法院提起诉讼，请求法院保全其债权。因此代位权的行使必须通过诉讼的方式进行，而不能通过仲裁等诉讼外的其他方式。值得注意的是，这一规定并不意味着代位权是一种诉权。代位权是《民法典》所规定的由债权人所享有的一种债权的特殊权能，依附于债权人的债权并且与债权不可分割，是一种实体法上的权利，而非程序法上的权利。

依据《民法典合同编通则解释》第41条，债权人提起代位权诉讼后，债务人无正当理由减免相对人的债务或者延长相对人的履行期限，相对人以此向债权人抗辩的，人民法院不予支持。

## 四、债权人代位权行使的范围和费用负担

（一）债权人代位权行使的范围以债权人的到期债权为限

所谓债权人代位权行使的范围，是指债权人可以在多大范围内行使代位权。从

① 中国法制出版社编. 中华人民共和国合同法配套解读与案例注释. 2版. 北京：中国法制出版社，2015：137.

② 王利明. 合同法研究：第2卷. 3版. 北京：中国人民大学出版社，2015：114.

《民法典》第535条第2款的规定来看，“代位权的行使范围以债权人的到期债权为限”，这也意味着，一方面，债权人仅能在其到期债权的范围内行使代位权，如果债权人对债务人享有多项债权，未到期的债权不属于代位权的行使范围。另一方面，债权人在对债务人的相对人主张权利时，其权利主张的范围也限于到期债权的范围，如果债权人向债务人的相对人主张一项权利，即可保障其债权实现，则其不得再代位行使其他权利。

（二）债权人代位权行使的必要费用由债务人承担

债权人行使代位权可能会产生律师代理费、差旅费、诉讼费等必要费用，这些必要费用应当由债务人承担。既然行使代位权只是债的保全的一种措施，那么产生的费用可视为债务人清偿债务的必要费用，由债务人负担该费用是合理的。[①]

## 五、债务人的相对人的抗辩权

《民法典》第535条第3款规定：“相对人对债务人的抗辩，可以向债权人主张。”这意味着，债权人在行使代位权时，相对人不仅可以向债权人主张其自身所享有的抗辩，也可以对债权人主张其对债务人的抗辩。相对人之所以可以向债权人主张其对债务人的抗辩，是因为债权人行使代位权，并没有改变相对人与债务人之间债的内容，因此，相对人可以对债务人主张的抗辩，也可以向债权人主张。一般而言，相对人对债务人所享有的抗辩包括权利不发生或消灭之抗辩、债权未到期的抗辩等。在代位权诉讼中，允许相对人向债权人主张其对债务人的抗辩的同时，应当注意债务人对债权人依然享有抗辩权。

需要指出的是，相对人不能以其与债权人之间无债的关系为由提出抗辩，因为代位权制度作为债的保全制度之一，已经在一定程度上突破了债的关系的相对性，相对人不得以其与债权人之间无债的关系为由提出抗辩。

## 六、债权人出于保存目的而行使代位权

（一）债权人可以在债权到期前出于保存目的行使代位权

传统民法认为，在特殊情况下，债权人出于保存债务人权利之目的，也可以在其债权未到期时行使代位权。债权人专为保存债务人权利的行为称为保存行为。在《民法典》颁行之前，有学者主张，确立债权到期前的债权人代位权是十分必要的，专为保存债务人权利的行为，如中断时效、申请登记、申报破产债权等，都可以代位行使，无须要求债务人陷于迟延。[②]

《民法典》第536条对债权人出于保存目的行使代位权的规则作出了规定，该条规定：“债权人的债权到期前，债务人的债权或者与该债权有关的从权利存在诉讼时效期间即将届满或者未及时申报破产债权等情形，影响债权人的债权实现的，债权人可以代位向债务人的相对人请求其向债务人履行、向破产管理人申报或者作出其他必要的行为。”该条之所以允许债权人实施保存行为，主要是因为：一方面，在一些特殊情况下，

① 王利明.合同法研究：第2卷.3版.北京：中国人民大学出版社，2015：110.

② 史尚宽.债法总论.北京：中国政法大学出版社，2000：467.

如果要求债权人必须等到履行期届满以后才能主张代位权，可能难以实现债权保全的目的。例如，在债权人的债权到期后，债务人债权的诉讼时效可能已经届满，在债权人行使代位权时，相对人可能会提出时效抗辩，此时，债权保全的目的将难以实现。另一方面，保存行为是有利于债务人的行为，不构成对债务人行为的干涉，债权人从事保存债务人权利的行为，目的在于防止债务人的权利消灭，而非代位请求第三人向债务人履行清偿义务，故可不受债权履行期限届满条件的限制。[①] 因此，在例外情况下，应允许债权人在履行期届满前基于保存的需要而行使代位权。

（二）债权人出于保存目的行使代位权的情形

从《民法典》第536条的规定来看，允许债权人在债权到期前主张代位权主要有两种情形：

一是债务人的债权或者与该债权有关的从权利的诉讼时效期间即将届满，债务人难以主张权利，影响债权人债权实现的。在此情况下，债权人为了中断诉讼时效，不需要等到其债权到期就可以行使代位权。从《民法典》第536条规定来看，不仅在债务人的债权存在诉讼时效期间即将届满的情形下，债权人可以出于保存目的行使代位权，而且在与债务人债权有关的从权利存在诉讼时效期间即将届满的情形下，债权人同样可以出于保存目的行使代位权。需要指出的是，债权人在出于保存目的行使代位权，要求债务人未及时主张权利必须影响债权人债权的实现，此时债权人才能行使代位权。同时，债权人在此种情形下行使代位权只需要向相对人提出请求、主张债务人的债权，即可达到中断诉讼时效的效果，而不要求债权人必须通过人民法院以诉讼的方式行使代位权。

二是在相对人破产时，债务人应当在人民法院确定的债权申报期限内及时申报债权，因为破产程序作为一种概括性的集体清偿程序，在破产程序终结后，未受清偿的债权不再清偿，所以债务人在人民法院确定的债权申报期限内如果未能及时申报债权，可能会影响债权人债权的实现。此时，债权人应当有权代位向破产管理人申报债权，而不需要等到其债权到期后债务人构成迟延履行时再行使权利。

从《民法典》第536条的规定来看，其在规定债权人出于保存目的行使代位权的情形时，使用了“等情形”这一表述，表明债权人出于保存目的行使代位权的情形并不限于上述两种情形。因此，债务人的权利存在其他与上述两种情形相类似的情形，在可能影响债权人债权实现的情形下，债权人也可以在债权期限届满前代位行使债务人对相对人的权利。

（三）债权人出于保存目的而行使代位权的特殊性

债权人行使代位权的，无论是在债权到期前行使的代位权，还是保存行为的代位权，实质上都突破了债务人与其相对人之间的合同相对性。相较于《民法典》第535条关于债权人在其债权到期后行使代位权的规定，债权人出于保存的目的在债权到期前行使代位权有一定的特殊性，主要体现为以下几个方面。

第一，债权人在债权到期前行使代位权，不要求以诉讼的方式向人民法院提出请求。从《民法典》第535条规定来看，债权人在其债权到期后行使代位权时，需要通过

① 最高人民法院经济审判庭编著.合同法释解与适用：下册.北京：新华出版社，1999：314.

诉讼的方式，而《民法典》第536条在规定债权人在出于保存目的行使代位权时，并未要求债权人以诉讼的方式，债权人可以直接代位向债务人的相对人请求其向债务人履行、向破产管理人申报或作出其他必要行为。该条作出此种规定的原因在于，债权人向债务人的相对人主张权利可直接产生诉讼时效中断的效果，而不需要以诉讼的方式；同时，债权人向破产管理人申报债权也不需要通过诉讼的方式，因此，《民法典》第536条并没有要求债权人必须通过诉讼的方式行使代位权。

第二，债务人的债权或者与该债权有关的从权利诉讼时效期间即将届满，影响债权人的债权实现的，债权人可以在债权到期前代位向债务人的相对人主张权利，这既导致债权人与债务人之间债权诉讼时效中断，也会导致债务人与相对人之间债权诉讼时效中断。当然，从《民法典》第536条的规定来看，债权人在债权到期前向债务人的相对人主张权利的，其只能请求债务人的相对人向债务人履行清偿义务，而不能请求债务人的相对人向自己履行债务。

第三，债务人的相对人破产时，债务人未及时申报破产债权、影响债权人的债权实现的，债权人可以在债权到期前代位向破产管理人申报，产生债务人向破产管理人申报破产债权的效果。债务人未及时申报债权的情形不要求债务人对相对人的权利已经到期，因为在相对人破产的场合中，根据《企业破产法》第46条第1款的规定，“未到期的债权，在破产申请受理时视为到期”。因此，债权人当然可以代位申报加入破产债权。

## 七、债权人代位权行使的法律效果

关于债权人行使代位权的法律效果，《民法典》第537条规定：“人民法院认定代位权成立的，由债务人的相对人向债权人履行义务，债权人接受履行后，债权人与债务人、债务人与相对人之间相应的权利义务终止。债务人对相对人的债权或者与该债权有关的从权利被采取保全、执行措施，或者债务人破产的，依照相关法律的规定处理。”依据该条规定，可以从如下几方面理解债权人行使代位权的法律效果。

### （一）代位权行使的效果原则上直接归于债权人

关于债权人代位权行使的效果，理论上存在不同主张，具体而言：一是“入库规则”说。此种观点认为，在债权人行使代位权的情形下，相对人应当向债务人作出清偿，相对人所作出的给付直接归入债务人的责任财产，然后再按照债的清偿规则清偿各个债权人的债权。二是债权人平均分配说。此种观点认为，在债权人行使代位权的情形下，相对人所作出的给付应当由法院保管，然后在债务人的债权人之间平均分配。三是行使代位权的债权人优先受偿说。此种观点认为，在债权人行使代位权的情形下，对债务人的相对人所作出的给付，债权人享有优先受偿的权利。

从《民法典》第537条的规定来看，在债务人的相对人向债权人履行义务后，债权人与债务人以及债务人与相对人之间的权利义务关系终止，其显然是采纳了上述“行使代位权的债权人优先受偿说”。采纳此种立场的合理性主要在于：一方面，此种方案较为公平。在债权人行使代位权的情形下，在债务人的相对人作出给付后，如果将该给付在各个债权人之间平均分配，则无异于允许其他债权人免费共享债权人行使代位权的成果，有失公平，而行使代位权的债权人优先受偿，则更为公平。另一方面，此种方案也有利于鼓励债权人积极通过代位权保全其债权，从而更好地实现债权人代位权的制度目的。既然债权人代位权的行使效果原则上直接归属于债权人，那么债务人的相对人就应当直接向债权人履行债务，不得再向债务人履行债务。

（二）债务人的相对人向债权人履行义务后，债权人与债务人、债务人与相对人之间相应的权利义务关系终止

依据《民法典》第537条，在债务人的相对人向债权人履行义务后，将产生债权人与债务人以及债务人与相对人之间权利义务关系终止的效力。如前所述，所谓产生债权人与债务人之间权利义务关系终止的效力，实际上是赋予主张债权人代位权的债权人优先受偿的权利。当然，在债务人的相对人向债权人履行义务后，也只是使债权人与债务人之间"相应的"权利义务终止，这也意味着，如果债务人的相对人向债权人履行义务使债权人的债权获得了全部清偿，则债权人与债务人之间的债权债务关系将因此消灭；如果债务人的相对人向债权人履行义务只是使债权人的债权获得部分清偿，则就未获得清偿的部分债权，债权人仍有权向债务人主张。

所谓债务人与相对人之间相应的权利义务终止，是指在债务人的相对人向债权人履行义务后，将使债务人与相对人之间的权利义务关系在该履行义务的范围内消灭。也就是说，债务人的相对人向债权人履行义务，不仅导致债权人与债务人的权利义务关系相应地终止，债务人的相对人在履行义务后，在该履行义务的范围内，其与债务人的权利义务关系也随之终止，即债务人的相对人向债权人履行义务的行为将产生与其向债务人履行义务相同的法律效果。

（三）债务人对相对人的权利被采取保全、执行措施，或者债务人破产的，依照相关法律的规定处理

依据《民法典》第537条，如果债务人对相对人的权利已经被采取保全执行措施的，则应当依据保全、执行的相关规定处理。从该条规定来看，在出现上述情形时，即便债权人主张代位权，也并不当然享有优先受偿的权利，法律作出此种规定的主要原因在于：在债权人主张代位权的情形下，之所以赋予其优先受偿的权利，主要是为了防止其他没有采取任何措施的债权人"搭便车"，借助主张代位权的债权人的行为而获得受偿。在其他债权人没有采取任何主张债权的措施时，赋予主张代位权的债权人优先受偿的权利具有一定的合理性。而在其他债权人已经对相对人的权利采取了保全措施，甚至已经进入执行阶段的情况下，债务人的其他债权人并不是消极地不主张权利，此时，债权人即便主张代位权，也不应当享有优先于其他已经采取保全等措施的债权人受偿的权利。

同时，从该条规定来看，如果债务人破产，则应当依据破产的法律规则处理。例如，根据《企业破产法》第113条，在企业破产清算程序中，破产费用、共益债务、职工工资、税款等以及对特定财产享有担保权的权利人都应优先于普通债权人受偿。依据这一规定，即便债权人行使代位权，上述债权也应当优先于债权人的债权而受偿。因此，《民法典》第537条规定，在债务人破产的情形下，应当依据破产法的相关规则解决债务人财产的分配问题，而不能当然认定主张代位权的债权人享有优先受偿权。

# 第三节　债权人撤销权

## 一、债权人撤销权的概念

所谓债权人撤销权，是指在债务人实施放弃债权、放弃债权担保、无偿转让财产等无偿处分财产的行为，或者实施低价处分财产的行为，影响债权人的债权实现时，债权人有权依法请求法院撤销债务人实施的行为。

债权人撤销权针对的是债务人不当处分财产的积极行为，其旨在撤销债务人与第三人之间的民事行为，从而恢复债务人的责任财产，以保障债权人的债权的实现。[①] 在债务人不当处分财产的情形下，只有在有害于债权人债权的实现时，债权人才能行使撤销权。也就是说，只有在债务人不当处分财产，不当减少其责任财产，从而无法满足向债权人履行债务的要求，影响债权人债权的实现时，债权人才能依法撤销债务人的行为。[②] 债务人的行为可以分为无偿行为和有偿行为，《民法典》第 538 条和第 539 条分别对其作出了规定。债权人撤销权作为债权的一项权能，它是由法律规定所产生的，但其在性质上并非独立的民事权利，而只是债权的一项权能。[③]

作为债权保全制度，债权人撤销权是保障债务的履行、保护债权人利益的重要措施，防止债务人实施各种不正当的行为以逃避债务。《民法典》在《合同法》及相关司法解释的基础上，完善并强化了债的保全制度，对充分保护债权人的利益具有重要意义。

## 二、债务人无偿处分财产、恶意延长其债权履行期限时债权人撤销权的行使条件

从《民法典》合同编的规定来看，其在规定债权人撤销权时，区分了债务人无偿处分财产、恶意延长其债权履行期限的情形（《民法典》第 538 条）以及债务人有偿不当处分财产的情形（《民法典》第 539 条），并分别规定了其行使条件。

关于债务人无偿处分财产、恶意延长其债权履行期限时，债权人撤销权的行使条件，《民法典》第 538 条规定："债务人以放弃其债权、放弃债权担保、无偿转让财产等方式无偿处分财产权益，或者恶意延长其到期债权的履行期限，影响债权人的债权实现的，债权人可以请求人民法院撤销债务人的行为。"依据该条规定，此种情形下，债权人行使撤销权应当具备如下条件：

### （一）债权人对债务人享有有效的债权

债权人对债务人享有合法、有效的债权是债权人撤销权成立的基本前提。如果债权人与债务人之间债的关系不成立，或者无效，则无法成立债权人撤销权。例如，在当事

---

① ［日］我妻荣．新订债权总论．王燚，译．北京：中国法制出版社，2008：154.

② 匡爱民．合同法学．北京：中央民族大学出版社，2012：220.

③ 王利明．合同法研究：第 2 卷．3 版．北京：中国人民大学出版社，2015：121.

人之间的合同无效，合同债权也消灭时，也就不存在为保全该合同债权的债权人撤销权。当然，从《民法典》第538条的规定来看，债权人撤销权所要保全的债权不限于合同债权，其他债的关系中的债权人也可以依法行使撤销权，这也是《民法典》合同编“通则”发挥债法总则功能的一种体现。

从该条规定来看，在债务人无偿处分财产的情形下，债权人在行使撤销权时，并不要求其债权已经到期。债务人无偿处分其财产的行为将直接导致其债务履行能力的降低，一概要求债权人的债权必须到期才能行使撤销权，不利于及时制止债务人无偿处分财产的行为，以恢复债务人的责任承担能力。因此，只要债务人实施了该条所规定的无偿处分财产的行为，影响债权人债权实现，债权人即可主张债权人撤销权，而不以债权人的债权已届清偿期为必要。

（二）债务人实施了无偿处分财产的行为

从该条规定来看，债务人所实施的无偿处分财产的行为主要有如下几种：

1. 债务人放弃债权

债务人放弃债权将直接导致其责任财产减少，因此，如果该行为影响债权人债权的实现，则债权人有权行使债权人撤销权，以恢复债务人的责任财产。同时，从《民法典》第538条规定来看，只要债务人放弃其债权，不论是放弃到期债权，还是未到期债权，债权人都有权请求撤销，因为不论债务人放弃到期债权还是未到期债权，其责任财产都会减少。此时，允许债权人行使撤销权，能够更好地保护债权人的利益，防止债务人为了逃避债务而做出有损债权人利益的行为。

2. 债务人放弃债权担保

如果债务人与第三人的债权附有担保，则在相对人无法履行债务时，债务人可以从担保人处获得清偿。在债务人放弃债权担保的情形下，债务人虽然没有放弃其债权，但债务人放弃债权担保可能使债务人对相对人的债权失去保障，在相对人无法履行债务时，债务人放弃债权担保的行为也会在客观上减少债务人的责任财产，影响债权人债权的实现，此时，债权人依法享有撤销权。

3. 债务人无偿转让财产

债务人无偿主要是指将财产赠与他人。在债务人无偿转让财产的情形下，债务人向第三人转让财产，但并没有获得对价，该行为将直接导致债务人责任财产的减少，如果该行为影响债权人债权的实现，则债权人即有权行使撤销权，以恢复债务人的责任承担能力。

4. 债务人以其他方式无偿处分财产权益

除上述几种情形外，《民法典》第538条还使用了“等方式无偿处分财产权益”这一兜底性的表述，这也表明，债务人无偿处分其财产的行为并不限于放弃其债权、放弃债权担保、无偿转让财产这三种方式，这也意味着，只要债务人无偿处分其财产，影响债权人债权实现的，债权人均可以行使撤销权。关于如何划定债务人无偿处分财产行为的范围，《合同法》第74条和《合同法解释（二）》第18条在列举了债权人撤销权的情形后均未使用“等”字作为兜底，《民法典》为顺应社会经济的发展和交易行为多样化的发展趋势，并未在条文中穷尽债务人无偿处分财产的情形，给法律解释留下了空间。

所谓债务人以其他方式无偿处分财产权益，是指债务人以与放弃权利或无偿转让相类似的其他方式减少其责任财产，使第三人纯获利益。例如，债务人通过假离婚或签订离婚协议等方式，不分配财产或者分得少量财产，影响债权人债权实现的，即应当属于该条所规定的以其他方式无偿处分财产权益。[①] 不论债务人采取何种方式，只要其行为构成无偿处分财产权益，影响债权人债权实现的，债权人均可以行使撤销权。

5. 债务人恶意延长其到期债权的履行期限

所谓债务人恶意延长其到期债权的履行期，是指在债务人对相对人的债权到期后，债务人恶意延长该债务的履行期限。债务人恶意延长其到期债权的履行期限，虽然在形式上并未减少债务人的责任财产，但该行为会使债务人无法按时获得其本应获得的清偿利益，这也会影响其责任承担能力，构成积极诈害债权，在影响债权人债权实现时，债权人也有权行使撤销权。从该条规定来看，债务人恶意延长其到期债权的履行期限的成立需要具备如下条件：

一是债务人的债权已经到期。依据《民法典》第538条的规定，只有在债务人恶意延长其到期债权的履行期限时，债权人才能行使撤销权。这意味着，如果债务人对相对人的债权尚未届清偿期，则债权人原则上无权请求撤销债务人延长其债权履行期限的行为。当然，从债权人权利实现的角度而言，即便债务人的债权未届清偿期，但如果债务人恶意延长其债权履行期，也可能影响债权人债权的实现。例如，在债务人对相对人的债权即将到期时，债务人恶意延长该债权的履行期，也可能使债务人无法取得相关的利益，从而导致债权人的债权难以实现。该行为与债务人恶意延长到期债权履行期限的效果并无区别，应当同等对待。因此，应当从广义上理解债务人延长其到期债权履行期限的行为，即债务人恶意延长其到期债权的行为并不限于其债权到期后实施延长债权履行期限的行为，也应当包括债务人在其债权履行期限届满前恶意延长债权履行期限，并影响债权人权利实现的行为。

二是债务人恶意延长其到期债权的履行期限。从该条规定来看，只有在债务人对延长其到期债权的履行期限具有恶意时，债权人才能行使撤销权。例如，债务人考虑到相对人客观上存在履行困难，或者债务人与相对人之间存在一定的身份关联，此种情形下，债务人延长其债权履行期限并不当然构成恶意延长债权履行期限的行为。从该条规定来看，在债务人无偿处分财产时，债权人行使撤销权并不要求债务人具有恶意，而在债务人延长其债权履行期限时，则要求债务人必须具有“恶意”，该条作出此种区分的主要原因在于，债务人无偿处分其财产，将直接导致其责任财产减少，而债务人延长其债权履行期限，并不会导致其债权消灭，该行为在形式上并没有减少债务人的责任财产，因此，在认定该行为构成积极诈害债权时，应当遵循更为严格的标准，即要求债务人主观上必须具有恶意逃避债务的故意。

在债务人延长其债权履行期限的情形下，债务人主观上是否具有逃避债务的“恶意”，往往难以判断，可以通过债务人的客观行为予以判断，即在债务人延长其到期债权的履行期限，影响债权人债权的实现时，如果债务人延长其债权履行期没有正当理

① 陆青.离婚协议中的“赠与子女财产”条款研究.法学研究，2018（1）：87.

由，则应当认定债务人的行为属于恶意延长债权履行期限的行为。

（三）债务人无偿处分财产或恶意延长债权履行期限的行为影响债权人债权的实现

从该条规定来看，不论是债务人无偿处分财产的行为，还是恶意延长其到期债权履行期限的行为，只有在影响债权人债权的实现时，债权人才能行使撤销权。如果债务人实施上述行为并不影响债权人债权的实现，则应当尊重债务人处分其财产的自由，债权人不得行使撤销权。所谓影响债权人债权的实现，是指债务人无偿处分财产的行为或者恶意延长其到期债权履行期限的行为，将在实质上降低债务人履行债务的能力，从而影响债权人债权的实现。当然，债权人行使撤销权，并不要求其债权已经到期，这也意味着，如果债务人实施上述行为，将使债权人的债权到期后无法获得完全清偿，即应当认定债务人的行为将影响债权人债权的实现。

此外，从《民法典》第538条的规定来看，在债务人实施无偿处分财产或者恶意延长其到期债权履行期限的行为时，“债权人可以请求人民法院撤销债务人的行为”，这也意味着，债权人只能通过向人民法院提起诉讼的方式行使债权人撤销权。该条要求债权人以诉讼的方式行使债权人撤销权具有一定的合理性，因为一方面，不论是债务人无偿处分财产，还是恶意延长其债权履行期限，该行为是否当然会影响债权人债权的实现，往往难以确定，需要人民法院予以判断。另一方面，债权人撤销权一旦行使，将导致债务人所实施的处分财产的行为以及延长债权履行期限的行为归于无效，涉及此类民事法律行为效力的认定问题，应当由人民法院予以认定，而不能由债权人单方予以判断。

## 三、债务人有偿不当处分财产时债权人行使撤销权的条件

除债务人无偿处分财产或者恶意延长债权履行期限外，债务人实施有偿不当处分财产的行为，同样可能影响债权人债权的实现。例如，在债务人以不合理的低价转让财产时，债务人所获得的对价远低于其所转让的财产的价值，这在实质上将减少债务人责任财产的数额，如果因此影响债权人债权的实现，债权人也应当有权行使撤销权，撤销债务人不当处分财产的行为，以恢复债务人的责任财产，从而实现保全债权的目的。因此，《民法典》第539条规定：“债务人以明显不合理的低价转让财产、以明显不合理的高价受让他人财产或者为他人的债务提供担保，影响债权人的债权实现，债务人的相对人知道或者应当知道该情形的，债权人可以请求人民法院撤销债务人的行为。”该条对债务人有偿不当处分财产时，债权人的撤销权规则作出了规定，该条与《民法典》第538条一起，共同构成了债权人撤销权的完整体系。

依据《民法典》第539条的规定，在债务人有偿不当处分财产时，债权人撤销权的行使应当具备如下条件：

（一）债权人对债务人享有合法的债权

在债务人不当处分财产的情形下，债权人行使撤销权的前提是其对债务人享有合法的债权，如果债权人对债务人所享有的债权不合法，如基于赌博行为而产生的“债权”，则该“债权”不受法律保护，债权人无权请求债务人履行，此时，即便债务人处分财产的行为导致其责任财产减少，债权人也无权行使债权人撤销权。同时，如果债务人在实施处分财产的行为时，债权并未有效成立，则不能认为债务人处分财产的行为损害了债

权人的债权，债权人也无权行使撤销权。

从该条规定来看，该条在规定债权人撤销权时，并没有对债权人债权发生的原因作出限制，这也意味着，不论是基于合同而产生的意定之债，还是基于不当得利、无因管理、侵权行为等原因而产生的法定之债，在符合法律规定的情形下，债权人均可以行使债权人撤销权。例如，债权人与债务人之间的合同无效或者被撤销的，如果债务人对合同无效或者被撤销具有过错，需要对债权人承担缔约过失责任，此时，在债务人不当处分财产的行为影响债权人因债务人缔约过失而产生的债权的实现时，债权人也有权依法行使债权人撤销权。该条规定将债权人撤销权的适用范围扩张于所有债权，而不限于合同债权，也是《民法典》合同编“通则”发挥债法总则功能的体现。

此外，从该条规定来看，其在规定债权人撤销权时，并没有要求债权人的债权已经到期，即不论债权人的债权是否已经到期，只要符合该条所规定的债权人撤销权的行使条件，债权人均可以行使债权人撤销权。因为债务人不当处分财产，其责任财产将减少，影响其清偿能力，如果一概要求债权人必须在其债权到期时才能行使撤销权，将难以有效制止债务人不当处分财产的行为，也难以实现债权保全的目的。

（二）债务人实施了有偿不当处分财产的行为

从《民法典》第539条的规定来看，必须在债务人实施了有偿不当处分财产的行为时，债权人才能行使撤销权。当然，此处债务人处分财产的行为限于对财产进行法律上的处分[①]，而不包括事实上的处分，因为事实上的处分，如债务人毁坏自己的房屋、机器设备等，在客观上无法撤销。依据《民法典》第539条的规定，此处不当处分财产的行为包括如下几种：

一是债务人以明显不合理的低价转让财产。债务人以明显不合理的低价转让财产，客观上会减少其责任财产的数额，这可能影响债权人债权的实现，在符合其他条件的情形下，债权人应当有权撤销该行为。关于债务人转让财产的价格达到何种标准时，构成不合理的低价，《民法典》第539条并没有作出细化规定，《民法典合同编通则解释》第42条对此作出详细规定。其一，对于所谓“明显不合理”的低价，人民法院应当按照交易当地一般经营者的判断，并参考交易时交易地的市场交易价或者物价部门指导价予以认定。其二，转让价格未达到交易时交易地的市场交易价或者指导价70%的，一般可以认定为“明显不合理的低价”。债务人与相对人存在亲属关系、关联关系的，不受该70%的限制。不过，这类交易仍然要满足客观上不公平的要件。如果债务人与相对人之间的交易是客观上公平、合理的交易，那便不属于债务人不当处分财产。由于债务人的责任财产并没有因此减少，所以不符合债权人撤销权的成立要件。

二是债务人以明显不合理的高价受让他人财产。与以明显不合理的低价转让财产类似，债务人以明显不合理的高价受让他人财产，也会导致债务人责任财产的减少，从而可能影响债权人债权的实现，在符合其他条件的情形下，债权人也有权行使债权人撤销权，请求人民法院撤销该行为。依据《民法典合同编通则解释》第42条，对于所谓“明显不合理”的高价，人民法院应当按照交易当地一般经营者的判断，并参考交易时

---

① 王泽鉴. 民法学说与判例研究：第4册. 台北：自版，1979：129.

交易地的市场交易价或者物价部门指导价予以认定。受让价格高于交易时交易地的市场交易价或者指导价30%的，一般可以认定为“明显不合理的高价”。债务人与相对人存在亲属关系、关联关系的，不受该30%的限制。

三是债务人为他人的债务提供担保。提供担保的行为通常是一种无偿行为，在担保法律关系中，担保人在提供担保时通常不会从主债务人处获得收益，而且在主债务人不履行到期债务或者发生当事人约定的情形时，担保人可能需要对债务人的债务承担责任。虽然担保人在承担担保责任后有权向主债务人追偿，但在主债务人并无财产或者财产不足以履行债务时，担保人的追偿权在客观上也难以实现。因此，债务人为他人的债务提供担保，可能导致其责任财产的减少，从而影响债权人债权的实现，债权人有权依法行使债权人撤销权。例如，债务人在其财产上为其他债务人提供抵押担保的，在主债务人无法履行到期债务时，其他债务人的债权人可以要求对该抵押财产进行变价，用于实现债权，该行为可能使债务人的责任财产减少，并影响债务人的债权人债权的实现，故债权人可以行使撤销权。从《民法典》第539条的规定来看，其只是规定债务人为他人的债务提供担保时，债权人有权依法行使债权人撤销权，而没有对债务人为他人债务提供担保的方式作出限定，这也意味着，不论债务人是为他人的债务提供人保（保证）、物保（担保物权），还是其他担保方式，只要符合债权人撤销权行使的其他条件，债权人均可请求人民法院撤销该行为。

需要指出的是，在债务人实施上述行为时，只有当上述行为已经发生法律效力时，债权人才能行使撤销权，如果债务人的上述行为并未发生效力，则这并不会导致其责任财产的减少，债权人也无权行使撤销权。

债务人不当处分财产的行为，不局限于买卖标的物以及转让标的物所有权。依据《民法典合同编通则解释》第43条，债务人以明显不合理的价格，实施互易财产、以物抵债、出租或者承租财产、知识产权许可使用等行为，影响债权人的债权实现的，亦可适用债权人撤销权。

（三）债务人有偿不当处分财产的行为影响债权人债权的实现

依据《民法典》第539条的规定，只有当债务人不当处分财产的行为影响债权人债权的实现时，债权人才有权请求人民法院撤销债务人的行为，所谓债务人不当处分财产的行为影响债权人债权的实现，是指债务人不当处分其财产，导致其责任财产减少，减少后的责任财产不足以保障债权人债权的完全实现。如果债务人处分财产后，其责任财产足以保障债权人债权的实现，则即便相关的交易行为客观上是显失公平的，也属于债务人的自由，债权人无权请求人民法院予以撤销。

（四）债务人的相对人主观上是恶意的

在债务人有偿不当处分财产的情况下，还要求债务人的相对人主观上是恶意的，债权人才能请求撤销该行为。从《民法典》第539条的规定来看，此处的恶意是指债务人的相对人知道或者应当知道。关于债务人的相对人知道或者应当知道的内容，该条并没有作出细化规定，在债务人有偿不当处分财产的情形下，其可以有如下两种解释：一是债务人的相对人知道债务人处分财产的行为是不当的，即该行为属于以明显不合理的低价转让财产、以明显不合理的高价受让他人财产或者为他人的债务提供担保；二是债务人的相对人知道债务人有偿不当处分财产的行为，且该行为影响债权人债权的实现。从《民法典》第 539 条规定来看，应当采第二种解释，因为从《民法典》第 539 条的文义来看，债务人的相对人知道或者应当知道的“该情形”显然包括了“影响债权人的债权实现”这一内容。当然，债权人在主张债务人的相对人存在恶意时，其应当对此负担举证义务。

此外，从《民法典》第 539 条的规定来看，在债务人不当处分财产的情形下，如果符合债权人撤销权的行使条件，债权人可以请求人民法院撤销债务人的行为。这就限定了债权人行使撤销权的方式，即债权人只能通过诉讼的方式，请求人民法院撤销债务人的行为。此种规定具有合理性，因为：一方面，在债务人有偿不当处分财产的情形下，其是否符合法律有关债权人撤销权行使条件的规定，需要由人民法院予以判断，而不能由债权人或者债务人、债务人的相对人予以判断；另一方面，债权人撤销权的行使涉及有关民事法律行为效力的认定，即债权人撤销权一旦成立，便可导致债务人与相对人之间的民事法律行为无效，判断民事法律行为的效力也应当由人民法院依据法律规定进行，而不能依据当事人单方面的主张予以认定。

## 四、债权人撤销权的行使范围和费用负担

### （一）债权人撤销权的行使范围

债权人撤销权制度赋予债权人请求撤销债务人处分财产行为的效力，构成对债务人行为的限制，但此种限制应当有一定的限度，不能完全剥夺债务人从事交易行为的自由。也就是说，债权人撤销权的制度功能在于保全债权人的债权，其既不能放任债务人不当处分财产，影响债权人债权的实现，但也不能不当妨碍债务人处分财产的自由。《民法典》第 540 条对债权人撤销权的行使范围作出规定，即“撤销权的行使范围以债权人的债权为限”，其目的也在于妥当平衡债权人与债务人之间的关系。

依据《民法典》第 540 条规定，债权人撤销权的行使范围以债权人的债权为限。关于如何理解债权人撤销权中债权的范围，有观点认为，债权人行使撤销权的目的在于保障一般债权人的全体利益，而非各个债权人的个别利益。① 按照此种观点，债权人撤销权中的债权人泛指一切债权人，也就是说，债权人撤销权的范围不限于撤销权人享有的债权额，而应为全体债权人的债权。② 关于《民法典》第 540 条第一句所规定的“债权人的债权”的范围，《民法典》第 540 条并没有作出细化规定，我们认为，应当将其解释为行使撤销权的债权人的债权，而不宜理解为全部债权人的债权，主要理由在于以下几点。

一方面，按照目的解释，债权人撤销权的立法目的在于保护特定债权人的债权。债权人撤销权并非独立的权利类型，而属于债权的保全权能，也就是说，债权人仅能基于自己债权保全的需要而行使撤销权，将债权人撤销权所保全的债权范围扩张于所有债权人的债权，并不符合债权保全制度的目的。

① ［日］我妻荣. 新订债权总论. 王燚，译. 北京：中国法制出版社，2008：172-173.

② 王家福. 中国民法学：民法债权. 北京：法律出版社，1991：186.

另一方面，债权是一项相对权，通常并不需要对外公示，他人也难以确定债权的存在及其真实性，因此，如果将债权人撤销权的范围界定为所有债权人的债权，则债权人在行使撤销权时，往往难以确定所有债权的范围，此时，交由特定债权人判断债务人处分财产的行为是否会影响所有债权的实现，在客观上也较为困难。也正是因为债权是一种相对权，除债的关系当事人以外，其他主体对债权债务的内容和数额并不了解，因此，债权人仅能根据自己债权受到损害的程度来确定能否行使撤销权，否则撤销权行使的范围可能会过大，影响正常的市场交易秩序，也会过度干预债务人正常处分自己财产的自由。

此外，从债权人撤销权的行使方式来看，债权人在行使撤销权时，是以自己的名义提起诉讼，其行使范围也应当限于其债权范围。也就是说，债权人行使撤销权是其行使债权权能的一种方式，如果将债权人撤销权中债权的范围界定为包括所有债权，则无异于允许债权人为他人保全债权，也显然不当扩张了债权的效力，也不符合私法自治原则，因为其他债权人的债权是否有保全的必要（如有的债权已经有担保，能否保障债权的实现），以及债权人是否有意保全其债权，均难以确定。

将债权人撤销权的行使范围限于其债权范围也意味着，如果债务人实施了多个不当处分财产的行为或者所实施的一个行为具有可分性，债权人仅能在其受影响的债权范围内行使撤销权，对于其受影响的债权范围之外的部分，债权人无权请求撤销。当然，如果债务人所实施的不当处分财产的行为具有不可分性，则即便该行为所涉及的财产数额大于债权人债权的数额，债权人也有权请求撤销该行为。[①] 依据《民法典合同编通则解释》第 45 条第 1 款，债权人撤销权诉讼中，被撤销行为的标的可分，当事人主张在受影响的债权范围内撤销债务人的行为的，人民法院应予支持；被撤销行为的标的不可分，债权人主张将债务人的行为全部撤销的，人民法院应予支持。

当然，将债权人撤销权的范围仅限于该债权人债权的范围，也存在一定的问题，因为债权的效力具有平等性，而且依据《民法典》第 542 条的规定，在债权人行使撤销权之后，债务人的行为自始没有约束力，相对人应当将相关财产返还债务人，而该条并没有规定债权人享有优先受偿权，因此，债权人撤销权的法律效果采取的是“入库规则”，即在债权人行使撤销权后，相关的财产应当返还债务人，行使撤销权的债权人并不优先受偿的权利，将债权人撤销权的范围限于特定债权人的债权，可能导致该债权人行使撤销权后，仅能从债务人特定的财产中获得部分清偿，这显然无法实现债权保全的目的。例如，甲对乙、丙、丁三人分别负债 6 万元，甲仅有一辆价值 9 万元的汽车和价值 6 万元的复印机，并无其他责任财产，后甲将其汽车和复印机分别以 1 万元的价格卖给 A、B 两人，乙发现后，请求撤销甲的相关行为。此种情形下，如果将乙行使撤销权的范围限于其债权范围，则其仅能请求撤销复印机买卖合同，无权请求撤销汽车买卖合同，而在乙行使撤销权之后，仅能恢复甲 6 万元的责任财产，由于乙并无优先受偿权，在丙、丁二人对甲主张债权的情形下，乙仅能获得 2 万元的清偿，这显然无法实现债权保全的目的。因此，适当扩张债权人撤销权中债权人债权的范围，也具有合理性。

---

① 黄薇主编.中华人民共和国民法典合同编解读：上册.北京：中国法制出版社，2020：271.

（二）债权人行使撤销权的必要费用由债务人负担

依据《民法典》第540条第二句的规定，债权人行使撤销权的必要费用，应当由债务人负担。所谓债权人行使撤销权的必要费用，是指债权人为行使撤销权而负担的必要支出。依据《民法典合同编通则解释》第45条第2款，债权人行使撤销权的必要费用主要包括债权人行使撤销权所支付的律师代理费、差旅费等必要费用。当然，从《民法典》第540条的规定来看，债权人行使撤销权的必要费用并不限于律师代理费、差旅费，只要是其支出的合理费用，均有权请求债务人负担。

《民法典》第540条规定由债务人负担债权人行使撤销权的必要费用，主要是基于如下原因：一方面，从该费用产生的原因来看，其虽然是因债权保全而产生的，但债权保全的原因是债务人实施了积极诈害债权的行为，也就是说，从根源上看，此类费用是因债务人积极诈害债权的行为而产生的，由其负担该费用符合公平原则。另一方面，从债权人撤销权的法律后果来看，依据《民法典》第542条的规定，在债权人行使撤销权后，债务人的行为自始没有法律约束力，即第三人应当将相关财产返还给债务人，而债权人对该部分财产并不享有优先受偿权，而且在其债权到期前，其也无权请求债务人履行债务，其为行使撤销权所支出的必要费用也无法从债务人或者债务人的相对人处直接受偿，因此，法律规定由债务人负担债权人行使撤销权所支出的必要费用是合理的。

## 五、债权人撤销权的行使期限

（一）债权人撤销权的行使期限概述

依据《民法典》第542条规定，债务人影响债权人的债权实现的行为一旦被撤销，则自始没有法律约束力，也就是说，债务人与相对人之间的合同关系将自始无效，应当在当事人之间产生恢复原状的法律效果。因此，在符合债权人撤销权行使条件的情形下，如果不对债权人撤销权的行使期间进行限制，则可能使债务人与相对人之间的法律关系长期处于不确定状态，这既不利于保护当事人的合理信赖，也不利于维护交易安全和交易秩序，因此，有必要明确规定债权人行使撤销权的期间。

关于债权人撤销权的行使期限，《民法典》第541条规定："撤销权自债权人知道或者应当知道撤销事由之日起一年内行使。自债务人的行为发生之日起五年内没有行使撤销权的，该撤销权消灭。"该条所规定的债权人撤销权的行使期限也是其存续期限，也就是说，《民法典》第541条所规定的撤销权的行使期间在性质上属于除斥期间，即在该期间内，债权人不行使撤销权的，该撤销权消灭。债权人撤销权的行使期间在性质上属于除斥期间，也意味着该期间属于不变期间，不因任何事由而发生中断、中止或者延长。除斥期间是形成权的存续期间，但严格地说，债权人撤销权在性质上具有债权保全的权能，不是独立的民事权利，因此，其并不属于形成权，但由于债权人撤销权行使的法律后果是使债务人与相对人的权利义务关系消灭，其法律效果与形成权的行使效果相同，因此，可以将《民法典》第541条所规定的债权人撤销权的行使期间界定为除斥期间。

（二）债权人撤销权行使期限的确定

依据《民法典》第541条之规定，债权人撤销权的行使期限按照如下规则确定：

1. 撤销权自债权人知道或者应当知道撤销事由之日起 1 年内行使

《民法典》第 541 条第一句对债权人撤销权的行使期间作出了规定，依据该规定，债权人撤销权的行使期间为自债权人知道或者应当知道撤销事由之日起 1 年。所谓债权人知道或者应当知道撤销事由，是指债权人知道或者应当知道债务人实施积极诈害债权的行为。在债务人实施无偿处分财产的行为时，是指债权人知道或者应当知道债务人实施无偿处分财产的行为。在债务人实施有偿不当处分财产的行为时，是指债权人知道或者应当知道债务人实施该行为时。债权人知道或者应当知道是指债权人明知债务人实施了上述行为，或者根据客观情况能够知道债务人实施上述行为。例如，根据当事人之间的交易关系、债务人所处分财产的特点等因素，债权人客观上能够知道债务人实施了上述行为。

债权人撤销权行使期间为自债权人知道或者应当知道撤销事由之日起 1 年，如前所述，该期间在性质上属于除斥期间，属于不变期间，不因任何原因而发生中断、中止或者延长，而且一旦该期间经过，则债权人撤销权即消灭。在债权人请求撤销债务人的行为时，如果债务人或者债务人的相对人主张债权人的撤销权行使期间已经经过，则其应当对债权人知道或者应当知道撤销事由满 1 年的情形负担举证义务。

2. 自债务人的行为发生之日起 5 年内没有行使撤销权的，该撤销权消灭

依据《民法典》第 541 条第二句之规定，债权人自债务人行为发生之日起 5 年内没有行使撤销权的，该撤销权消灭，这就确立了债权人撤销权的最长期间，即自债务人的行为发生之日起 5 年。法律之所以就债权人撤销权设置最长期间，主要是为了维持法律关系的稳定，因为按照《民法典》第 541 条第一句的规定，债权人撤销权的行使期间为自债权人知道或者应当知道撤销事由之日起 1 年，如果不设置最长期间，则可能使有关的法律关系长期处于不确定状态，因为债权人可能对债务人所实施的行为长期不知情，或者即便债权人知情，但其并不积极行使撤销权，而债务人和相对人可能无法证明债权人对此知道或者应当知道，这就可能使当事人之间的法律关系长期处于不确定状态，因此，为维护财产秩序的稳定，保护当事人的合理信赖，法律有必要对债权人撤销权的行使设置最长期限。

从《民法典》第 541 条的规定来看，债权人撤销权最长期限的起算点为债务人的行为发生之日，而非该行为完成之日，也就是说，只要债务人实施有关行为，不论该行为是否已经完成，均开始起算该最长期限。例如，债务人将其财产以不合理的低价转让给相对人时，当事人可能约定在合同订立后一段时间才交付财产，此种情形下，债权人撤销权最长期限应当自债务人与相对人之间买卖合同生效时起算，而不是实际交付财产、完成交易之时。

《民法典》第 541 条所规定的债权人撤销权的最长期限为不变期间，不因任何事由发生中断、中止或者延长。在此需要明确，《民法典》第 541 条第一句与第二句之间的关系，《民法典》第 541 条第一句规定的是债权人撤销权行使期限的一般规则，而《民法典》第 541 条第二句规定的是债权人撤销权的最长期限，也就是说，只要该最长期限经过，不论债权人撤销权的行使期限按照第一句的规则是否经过，该权利均消灭。例如，债权人在债务人实施相关行为 4 年零 6 个月后才知道或者应当知道该行为，则其应

当在6个月内行使撤销权，否则该撤销权消灭。

从《民法典》第541条第二句规定来看，在债权人撤销权的最长行使期限经过后，将产生“该撤销权消灭”的法律效果，因此，该最长期限不仅是债权人撤销权的行使期限，也是其存续期限，一旦该最长期限经过，债权人撤销权即消灭，此时，在债权人主张撤销债务人的相关行为时，不论债务人是否提出抗辩，法官均应当依据职权驳回债权人的主张。

## 六、债权人撤销权行使的法律效果

关于债权人撤销权行使的法律效果，《民法典》第542条规定：“债务人影响债权人的债权实现的行为被撤销的，自始没有法律约束力。”从该条规定来看，在债权人行使撤销权后，债务人所实施的影响债权人债权实现的行为自始没有法律约束力。所谓“自始没有法律约束力”，是指被撤销的债务人的行为自始无效，可见，虽然债权人撤销权不同于合同效力瑕疵中的撤销权，但两者法律效果具有相似之处。债务人的行为被撤销，将对债务人、债务人的相对人、行使撤销权的债权人以及其他债权人产生一定的效力。

### （一）对债务人的效力

在债务人所实施的影响债权人债权实现的行为被撤销后，该行为将自始无效，而且该行为应当是绝对无效。在债务人无偿处分财产的情形下，该行为被撤销后，将自始无效。例如，在债务人放弃债权，或者放弃债权担保的情形下，该行为被撤销后，债务人放弃债权以及放弃债权担保的行为无效，债务人的债务人或者债务人债权的担保人仍应当对债务人负担债务。在债务人有偿不当处分财产的情形下，该行为被撤销后，该处分财产的行为无效，债务人应当将其所受领的对价返还给相对人。在债务人与其相对人之间的合同关系被撤销后，如果符合缔约过失责任的构成要件，则相对人有权请求债务人承担缔约过失责任。

在债务人影响债权人债权实现的行为被撤销后，如果其对债权人所负担的债务尚未到期，则债务人并不负有提前清偿债务的义务，也就是说，债权人撤销权的目的在于保全债务人的责任财产，撤销其不当处分财产的行为，恢复其责任财产，其并不具有加速债权到期的效力。

### （二）对债务人的相对人的效力

在债务人影响债权人债权实现的行为被撤销后，债务人与相对人之间的行为将自始无效、绝对无效，当事人负有恢复原状的义务。也就是说，债务人的相对人应当将其因债务人不当处分财产所受领的利益返还给债务人。如果债务人的相对人已经将所受领的财产再次转让，无法返还，则应当向债务人返还该财产的价值。如果债务人将其不动产转让给相对人，且已经办理变更登记，则相对人负有办理变更登记的义务。当然，如果债务人的相对人在交易中向债务人支付了一定的价款，则其也有权请求债务人返还该价款。如果债务人的相对人因债务人的行为被撤销而遭受一定的信赖利益损失，符合缔约过失责任构成条件的，则其有权依法请求债务人承担缔约过失责任。

（三）对行使撤销权的债权人的效力

依据《民法典》第542条的规定，在债务人所实施的不当处分财产的行为被撤销后，该行为自始无效，也就是说，其将在债务人与相对人之间产生恢复原状的效力。从《民法典》第542条的规定来看，债权人在行使撤销权之后，其对债务人的相对人所返还的财产并不享有优先受偿的效力。可见，债权人撤销权的法律效果不同于债权人代位权，其采纳的是“入库规则”，即债务人的相对人应当将相关财产返还债务人，成为债务人的责任财产，而债权人对此不享有优先受偿权。[①]

问题在于：在债务人的相对人未向债务人返还相关财产时，债权人能否请求债务人的相对人向自己返还相关财产？从《民法典》第542条的规定来看，债权人行使撤销权，所产生的法律效果为债务人所实施的相关行为无效，其法律效果主要在债务人与相对人之间产生，而且在债务人与相对人之间的法律行为无效后，也只是在当事人之间产生恢复原状的义务。因此，对债权人而言，债权人撤销权所产生的效果主要是保全债务人的责任财产，以保障其债权的实现，债权人并不对相关财产享有优先受偿的权利；对债务人的相对人而言，其仅负有向债务人返还财产的义务，而不负有向债权人交付财产、清偿债务的义务。

（四）对其他债权人的效力

在债权人行使撤销权之后，债务人的相关行为将自始无效，债务人的相对人也应当将因此取得的财产返还给债务人，成为债务人的责任财产，该责任财产应当是各个债权人债权实现的共同保障，在没有其他担保方式的情形下，各个债权人应当按照其债权在债务人债权总额中的比例分得债务人的责任财产。也就是说，在某一债权人通过行使撤销权而保全其债权的情形下，由于其并没有优先受偿的权利，其行为在客观上也会起到保全所有债权人债权的效果。

① 韩世远. 合同法总论. 4版. 北京：法律出版社，2018：326.

# 第六章
# 合同的变更和转让

## 第一节 合同的变更

《民法典》合同编“通则”第六章名为“合同的变更与转让”，但一方面，其所言的合同变更，并不仅限于合同，而是包括了通过合意对各类债的关系的变更。另一方面，该章涉及合同转让各条的具体行文中，则完全使用“债权”“债权人”“债务人”等表述，完全没有提及合同，其规范实际上是包括合同之债在内的各类债权的转让、债务的承担以及债权债务的概括转移。因此，合同编“通则”第六章也是债法总则的内容，是对债的变更和转让制度的规定。

### 一、合同变更的概念和特征

合同变更是指不改变合同主体的情况下对合同内容进行的改变。《民法典》第543条规定：“当事人协商一致，可以变更合同。”这是对合意变更的规定。除通过当事人合意进行变更外，《民法典》还允许在情势变更的情况下，法院或仲裁机构可以应当事人的请求，结合案件的实际情况，根据公平原则对合同的内容进行变更或者解除。

《民法典》第543条虽然将变更的内容界定为合同，但严格地讲，当事人不仅可以通过合意对已经存在的合同的内容进行变更，也可以通过合意对因其他原因产生的债的关系进行变更。例如，甲误以为乙是其债权人而进行了清偿，而乙没有保持该给付的权利，因此构成不当得利。但双方可以通过合意约定乙不再返还该给付，而是直接给付一定的价款。这一折价补偿的合意即通过合意对不当得利之债进行的变更。之所以如此，是因为债的关系具有相对性，原则上仅在当事人之间发生效力，故而各类债的关系，均可由其当事人通过协议就债的内容，即当事人之间的权利义务关系进行变更。达成协议，即发生变更债的内容的效力。申言之，《民法典》第543条和第544条是对债的当事人通过协议变更债的关系的规定。合同变更是债的变更的下位概念。所以，为严谨起见，以下均称为债的变更。

债的变更具有下列特征：

第一，债的变更是债的内容的变更。学理上债的变更有广义和狭义之分。狭义的债的变更是指债的内容的改变。广义的债的变更是指债的主体或内容的变化，也就是说，除狭义的债的变更之外，还包括不改变债的内容而对债的主体的变化，即债的转让。《民法典》合同编对变更和转让予以分别规定，可见其采纳了狭义的债的变更概念。

第二，债的变更应当经过当事人协商一致。依据合同自由原则，当事人有权以合同的形式变更其相互之间的民事法律关系，其自然可以通过协商，以合意的形式对其相互之间既有的债的关系进行变更。

第三，债的变更是原合同关系的相对消灭。在债的变更的情况下，原债的关系中未被变更的内容，仍然继续发生效力；而对于被变更的部分，双方应当按照变更后的内容加以履行。违约发生后双方协议变更，未对违约责任进行明确约定的，协议变更不影响非违约方主张违约责任。

有观点认为，如果合同全部内容或者合同的标的等主要内容发生了变化，则合同已经失去了连续性，此时应当认为双方当事人协议解除了旧合同而另外订立了一个新的合同，属于合同的更新，而不能再认为是合同的变更。这种区分对概念的周延是有一定意义的，但更新和变更的区分，在实务上并无太大意义。双方当事人通过协商对合同主要内容进行修改，也应适用合意变更的规则。因此《民法典》并未采纳这一概念，而是直接分别规定了变更和转让。这就是说，我国法律中合同的变更应当不限于对合同非主要内容进行变更。

## 二、合同变更与合同解除的区别

合同变更和合同解除虽然均规定在《民法典》合同编“通则”中，但二者存在明显区别，主要表现在以下几点。

第一，从适用范围来看，变更严格地讲是对债的关系的变更，相关规则并不仅限于合同之债；而合同解除则仅限于合同。

第二，从性质上看，合同变更是在原合同基础上对原合同内容进行的改变，未变更的部分继续有效，变更的部分应当按照变更后的内容发生效力；而解除则使原合同关系一并消灭，而且不建立新的合同关系，因此《民法典》将其规定在“合同的权利义务终止”一章。

第三，从方式上看，变更主要通过当事人的协议完成，特殊情况下也只能由法院或仲裁机构来进行；而解除不仅可以通过协商实现，而且可以由依照法律或合同约定而享有解除权的当事人直接以意思表示来进行。

第四，从构成上看，合同的法定解除权往往因违约而发生，解除是违约救济的方式之一，所以，在因违约而解除合同的情况下，非违约方还可以请求违约损害赔偿；而变更通常不能作为违约救济的方式，因此一般也不存在变更后的损害赔偿问题。

第五，从法律后果上看，变更一般是对合同尚未履行部分的变更，其效力不溯及变更前已履行的部分；而合同的解除可能使合同关系溯及合同成立时消灭。

## 三、合意变更的条件

《民法典》规定了合意变更以及通过法院或仲裁机构变更两种形式。后者适用于情势变更的情况，且仅适用于合同之债。通过合意变更债的关系，应当具备下列条件：

第一，债的变更以债的关系的存在为前提。债的变更是对债的内容的改变，因此，债的变更以存在债的关系为前提。如果各类法定之债尚未发生，合同尚未成立或者因解除、清偿等原因而终止，则自然没有变更的问题。如果合同虽已成立但属于无效合同，则其自始没有法律约束力，双方当事人协议对其中违法的部分进行改变的，属于合同的补正而非变更。如果合同已经被撤销，则也不能再行变更。但可撤销合同尚未被撤销的，当事人也可以合意变更。

第二，债的变更应当经过当事人协商一致。债的当事人以变更债的关系为目的而达成的协议也称为变更协议，性质上属于《民法典》合同编调整的合同的范畴。变更协议的订立、效力等问题也应适用《民法典》总则编和合同编的有关规定，如果变更协议内容违法，或者存在当事人的意思表示瑕疵，其自然可以依法被确认无效或者应当事人的请求而被撤销。变更协议一经依法成立，则发生变更原合同关系的效力。

第三，当事人变更协议的内容应当明确。变更协议是对原债的关系的变更，如果变更协议对债的变更的内容约定不明确，从当事人的意思来看，即意味着其不愿对该方面的内容进行变更，因此，《民法典》第 544 条规定："当事人对合同变更的内容约定不明确的，推定为未变更。"申言之，当事人对债的变更的内容约定不明确的，首先应当依据《民法典》第 142 条有相对人的意思表示规则进行解释，如果仍然不能明确，则应当依据该特别规定推定为未变更，而不能适用合同漏洞补充规则予以填补。

第四，合同的变更必须具备法定的形式要件。各类法定之债的变更协议并无形式要求，口头、书面均可。但就特定合同的变更，形式上可能存在法律、行政法规的特别规定。《民法典》第 502 条第 3 款规定："依照法律、行政法规的规定，合同的变更、转让、解除等情形应当办理批准等手续的，适用前款规定。"这就是说，如果法律、行政法规对合同的变更规定了批准等形式要件，则应当遵循这些规定并履行这些手续。当事人协议变更时未依法履行特定的形式要件的，一方面，如果法律、行政法规规定合同变更应当办理批准手续，或者办理其他手续才生效，在一审法庭辩论终结前，当事人仍未办理批准或者其他手续的，应当认定该变更协议未生效，合同不发生变更的效力，原合同继续有效；另一方面，应当办理申请批准等手续的当事人未履行前述义务的，对方可以请求其承担违反该义务的责任。

## 第二节　债权转让

### 一、债的转移与债权转让

债的转移是指在不改变债的内容的情况下债的主体的变更，包括债权人的变更、债务人的变更以及一方当事人的变更。

（一）因法律的直接规定而发生的债的转移

债的转移可能基于法律的直接规定而发生，主要包括以下几种情形：

1. 因法人、非法人组织合并、分立而发生的债的转移

《民法典》第67条规定："法人合并的，其权利和义务由合并后的法人享有和承担。法人分立的，其权利和义务由分立后的法人享有连带债权，承担连带债务，但是债权人和债务人另有约定的除外。"《民法典》第108条规定："非法人组织除适用本章规定外，参照适用本编第三章第一节的有关规定。"可见，非法人组织的合并、分立也应当参照适用《民法典》第67条的规定。

据此，在债的关系发生后，作为一方当事人的法人或者非法人组织合并，则当然发生债的主体变更，其作为债的当事人的地位由合并后的法人或者非法人组织承受。无论是采取吸收合并还是新设合并，被合并的法人或者非法人组织享有的债权、承担的债务或债权债务都由合并后的法人或者非法人组织享有或者承担。

在债的关系发生后，作为一方当事人的法人或者非法人组织分立的，亦当然发生债的主体变更，其作为债的主体的地位由分立后的法人或者非法人组织共同承受。原则上，就其享有的债权，分立后的法人或者非法人组织享有连带债权；就其承担的债务，分立后的法人或者非法人组织，承担连带债务。但是，如果分立后的各法人或者非法人组织与债的另一方当事人共同约定其按照一定份额来享有债权、承担债务，则应当从其约定。

2. 因继承而发生的债的转移

《民法典》第1122条第1款规定："遗产是自然人死亡时遗留的个人合法财产。"被继承人享有的债权显然系其合法财产，属于遗产的范畴。继承发生后，相关债权自然转移给继承人共同共有。第1161条规定："继承人以所得遗产实际价值为限清偿被继承人依法应当缴纳的税款和债务。超过遗产实际价值部分，继承人自愿偿还的不在此限。继承人放弃继承的，对被继承人依法应当缴纳的税款和债务可以不负清偿责任。"这就是说，继承一经发生，被继承人的债务也自动转移给继承人承担。当然，继承人可以通过放弃继承而免于承担清偿责任。

3. 因租赁物所有权变动而发生的债的转移

《民法典》第725条规定："租赁物在承租人按照租赁合同占有期限内发生所有权变动的，不影响租赁合同的效力。"这就是说，租赁合同生效后，在租赁物已经按照租赁合同的约定交付承租人占有的情况下，租赁物所有权发生变动，新的所有权人自动成为新的出租人，享有出租人在租赁合同中的债权、承担出租人在租赁合同中的债务。这里的所有权变动不仅包括出租人死亡、租赁物被其继承人继承的情形，还包括出租人通过法律行为将租赁物转让、出资等转移所有权的情况。

此外，依据《民法典》第524条，债务人不履行债务，对履行该债务具有合法利益的第三人向债权人代为履行，债权人接受的，亦发生债权转移的后果。

从相关规定来看，前述情形只要符合法律规定的构成要件，就直接发生债的转移的后果，而无须依据《民法典》合同编第六章的规定，即征得债的关系另一方当事人的同意或者通知另一方当事人。

（二）因法律行为而发生的债的转移

债的转移也可以基于法律行为而发生，即通过债的关系的一方当事人与第三人的协

议，将债权、债务或者债权债务一并转移给第三人。此种情形可以称为债的转让。

《民法典》合同编第六章实际上就是对债的转移的规定。债的转移包括债权转让、债务承担和债权债务概括转移三种情形。

## 二、债权转让的概念与特征

### （一）债权转让的概念

债权转让，也称债权让与，是指不改变债权内容，而由债权人与第三人通过协议将其债权全部或部分转让给第三人。从主体方面来看，债权让与是对债权人的变更。

### （二）债权转让的特征

债权转让具有下列特征：

第一，债权转让是对债权人的变更。通过债权转让，原债权人将其全部或部分权利转移给第三人，该第三人进入合同关系而成为新的债权人。因此，债权转让意味着债权人的变更。

第二，债权转让的标的是债权。《民法典》未设债法总则编，但依据该法第468条，合同编“通则”事实上发挥了债法总则的作用。合同编“通则”对于债权转让的规定可以普遍适用于各种之债。《民法典》合同编所规范的，不仅包括合同之债的债权的转让，还包括合同之外的其他各种债权的转让。

《民法典》在保理合同中明确肯认了将有的应收账款转让（《民法典》第761条），亦允许以将有的应收账款出质（《民法典》第440条），故而，债权转让的标的债权不仅可以是现有的债权，还包括将有的债权。

需要指出的是，《民法典》合同编所规范的只是普通债权的转让，证券化的债权之让与应当优先适用商事特别法的规定或者《民法典》物权编中动产交付的规定。

第三，债权转让既可以是债权的全部转让，也可以是部分转让。在全部转让时，受让人将完全取代转让人的地位而成为新的债权人。如果只是部分转让，则原债权人并不完全退出债的关系，原债权人和受让人均为债权人，除双方另有约定外，受让人与原债权人按份享有债权。

第四，债权转让是通过法律行为对债权进行的转移。债权转移的原因包括法律行为以及法律的直接规定。《民法典》合同编第六章虽然标题为“合同的变更和转让”，但其规范的是通过法律行为进行的债权转移，即债权转让。进行债权移转的约定称为债权转让协议或者债权让与协议。

### （三）债权转让协议

债权转让协议的当事人是债权人和第三人，债务人尽管在得到债权转让通知后受该债权转让协议的拘束，但其并非该债权转让协议的当事人。

债权转让协议通常约定一方向另一方转让其债权，另一方向其支付一定价款。由于《民法典》把买卖合同的标的限于所有权的转移，所以，债权转让协议并非买卖合同，其性质为准买卖合同。而在原债权人无偿转让其债权的情况下，其性质为赠与合同。就其成立与效力，应当适用《民法典》合同编“通则”的一般规定。唯须注意的是，就标的债权的可转让性，《民法典》第545条第1款作出明确限制。违反该款第1项和第3项的，债权让与协议无效。

依据《民法典》的规定，债权转让协议依法成立后，受让人只是有权请求让与人将该债权转移给自己，让与人亦负有此种给付义务；并不能直接发生债权由让与人转让给受让人的效果。故而债权转让协议性质上是一种债权合同。因此，如果标的债权不存在，虽构成无权处分、不能通过债权人的通知径行发生债权转移的效果，但这并不影响债权转让协议的效力。受让人可以依据债权让与协议向转让人主张违约责任。

在让与人向债务人作出债权让与通知之后，债权转让协议不成立、无效、被撤销或者确定不发生效力的，债权让与是否一并归于无效？对此，存在不同意见。依据《民法典合同编通则解释》第49条第1款，债务人接到债权转让通知后，让与人以债权转让合同不成立、无效、被撤销或者确定不发生效力为由请求债务人向其履行的，人民法院不予支持。但是，该债权转让通知被依法撤销的除外。该规定实际上确立了债权让与的无因原则，在债务人接到债权转让通知之后，即使作为债权合同的债权转让协议归于无效，债权让与原则上仍然有效，除非债权转让通知本身被依法撤销。债权转让通知的撤销需要让与人与受让人之间达成合意，或者让与人请求法院以判决代替受让人的意思表示，进而撤销债权转让通知。上述规定是为了保护债务人的信赖，毕竟债务人难以了解让与人与受让人之间债权合同的瑕疵，仅凭让与人单方意思表示即可撤销债权让与，难免会给债务人带来很大的不确定性，严重损害交易安全。

## 三、标的债权的范围

债权作为一种财产权、私权，现代各国民法承认其在债权性质许可且不侵害社会公共利益和第三人利益的情况下，可以自由进入市场流转。根据《民法典》第545条，原则上债权具有可转让性，可以自由转让，债权人既可以将其债权全部转让，也可以进行部分转让。但下列债权不得转让：

### （一）根据债权性质不得转让的债权

通常认为，基于债权性质不得转让的债权主要包括下列情形：

第一，基于特定人身信赖关系而发生的合同债权。承揽合同、劳务合同、委托合同等提供劳务的合同，以特定当事人之间的人身信赖为基础，如果接受劳务一方转移其债权，则新的债权人与债务人之间可能没有相应的信赖关系，从而使合同失去存在的基础。租赁合同中的租赁权以及附义务的赠与合同中受赠人享有的债权，也可能存在类似问题。

第二，不作为的债权。例如，根据合同，一方得请求对方在特定时间段不得演奏乐器，通常认为该债权不得转让。

第三，作为从权利的债权。从权利不能脱离主权利而单独移转。如保证合同中债权人对保证人的权利性质上属于主债权的从权利，亦不能脱离主债权而单独转让。

第四，其他基于债权性质不得转让的债权。

如果债权人就此种债权与他人签订转让协议，该协议应当因违法而无效。

值得注意的是，基于特定人格和身份关系所发生的债权[1]，虽然具有专属性，只能由权利人自己行使，不得代位行使，不得被抵销，但通常认为，此类权利一经行使，即转换为普通金钱债权，不再具有专属性。而债权让与协议以及让与通知显然系债权人行使权利的方式，故我们认为，以之为债权让与协议的标的债权，并无不可。

（二）按照当事人约定不得转让

当事人在合同中明确约定禁止转让某一债权，是合同当事人选择缔约相对人的自由题中应有之义。基于合同自由原则，如果当事人在债权让与之前依法进行了此类约定，则债权人不得违反约定对债权加以转让。

问题在于，债权原则上可以自由转让，对于性质上可以转让且法律并未禁止转让的债权，第三人并非其当事人，通常并不知悉当事人在合同中对债权禁止转让的约定。为了保护第三人的合理信赖，当事人的此类约定不能对抗善意第三人。换言之，债权转移后，债务人不得基于其与债权人不得转让的约定拒绝向善意的受让人履行。

需要指出的是，金钱是一般等价物，金钱债权具有更强的可流通性。故《民法典》第 545 条特别规定，当事人约定金钱债权不得转让的，不得对抗第三人。这就是说，就金钱债权不得转让的约定，仅在当事人内部发生效力。即便第三人明知存在此种约定，债权转移后，债务人也不得基于该约定拒绝向受让人履行。

债权人违反合同约定向第三人转让债权，债务人不能以此约定对抗第三人的，债权人与第三人之间的债权转让合同的效力并不因此而受到影响；债务人应当依据相关约定向原债权人主张违约责任。

（三）依照法律规定不得转让

法律可能基于社会公共利益的考虑，禁止或限制某些债权的自由流转，则进行合同权利转让时应当遵守这些规定。例如，《文物保护法》第 25 条规定："非国有不可移动文物不得转让、抵押给外国人。"相应地，我国公民也不得将文物买卖合同中取得不可移动文物的债权转让给外国人。

如果债权人就此种债权与他人签订转让协议，该协议应当因违法而无效。

## 四、债权转让的条件

（一）债权转让的不同立法例

对债权转让协议依法成立后还需要具备何种条件才能发生债权转移的效力，比较法上存在不同的做法。法国民法采意思主义的物权变动模式，债权转让协议作为买卖合同的特殊形式，适用与物权变动相同的权利移转模式。因此，在当事人达成债权让与协议后，作为合同标的的债权即移转给受让人。德国民法奉行区分原则，债权转让协议性质上为准物权合同。据此，在让与人通过买卖或赠与等合同关系（原因行为）将其债权转让给受让人的同时，让与人与受让人之间又达成了一个合意，即债权让与协议，该协议相对于其原因行为而独立，且为无因契约，即便原因行为无效或被撤销，该协议仍然有

---

① 前者主要包括请求支付基本养老保险金、失业保险金、最低生活保障金等保障当事人基本生活的权利，抚恤金请求权，人身伤害赔偿请求权等权利。后者主要是指基于扶养关系、抚养关系、赡养关系产生的给付请求权。

效。债权转让协议一经达成，即发生债权移转的效果，受让人取得标的债权。尽管受让人已经取得了债权，但其取得的债权除非已通知债务人，否则不能约束债务人。

《民法通则》曾要求在债权让与协议依法成立后，还需要经过债务人的同意方能发生债权实际移转的效力。这种做法的问题在于，一般情况下债权人的个人素质、信用等方面的因素对债务人来说并不重要，何人为债权人并不直接影响债务人的利益，因此原则上债权的转让并不影响债务人的利益。要求以债务人的同意为债权的转让的条件，只会不恰当地限制债权进入市场流转。故《合同法》以及《民法典》均不再要求取得债务人的同意。

（二）债权让与通知及其效力

《民法典》第 546 条第 1 款规定："债权人转让债权，未通知债务人的，该转让对债务人不发生效力。"这就是说，债权人转让债权时，只需将其转让债权的情况及时通知债务人，而不必征得债务人的同意。一旦通知到达债务人，则债权发生实际的转移，在债权全部转让时，原债权人退出合同，受让人成为合同的债权人；在债权部分转让时，原债权人与受让人共同享有合同债权。在通知尚未到达债务人的情况下，标的债权并未实际移转，受让人并未成为标的债权的债权人，基于合同的相对性，受让人自然不能向债务人提出履行请求，债务人仍然有权向原债权人进行清偿。

正是基于通知的此项意义，《民法典》第 546 条第 2 款强调："债权转让的通知不得撤销，但经受让人同意的除外。"这是因为，撤销该通知即意味着将已经移转给受让人的债权重新移转回让与人。债权人进行通知之后，其已经失去了该债权，受让人则已经取得该债权，让与人自然没有权利收回已经移转给受让人享有的债权。因此，除非受让人同意，其不能撤销该通知。

基于私法自治，两个人之间的合意只能在其二者之间发生效力。债权转让协议依法成立，所发生的只能是拘束让与人与受让人的债的效力。依此合同，受让人有权请求让与人将该债权转移给自己，让与人亦负有此种给付义务。但其作为特定当事人之间的合同，基于债的相对性，原则上不能约束合同外的第三人，故而不能当然发生拘束债务人的效力，受让人不能直接依据债权让与协议的有效成立而获得请求债务人给付的权利。

债权让与协议成立后，要使标的债权发生实际移转，则需要让与人的履行行为。由于债权为相对权，其效力仅及于债权人和债务人，这就需要也仅需要通过让与人（标的债权的原债权人）通知标的债权的债务人，从而使债务人知悉该债权让与协议的存在并受其拘束，继而发生标的债权移转的效力。可见，在债权让与问题上，我们应当区分债权让与协议所设立的债权和标的债权，而通知实际上是债权让与协议所设立债权的履行行为的一部分（其他还包括交付受让人相应的证明债权的文件，告知受让人关于主张该债权所必要的一切情形等），只有通过债权人的通知，才能发生标的债权的移转。

就通知这一履行行为的性质，多数学者主张其为观念通知或曰准法律行为。我们认为，债权让与通知在性质上是债权人对其债权单方的处分行为。申言之，债权让与协议中让与人只是表达了其承受移转标的债权的债务的意思，而并不包含移转债权的意思。故而该协议的生效也只是令让与人负有移转标的债权的债务，但该债务的履行仍然要通过让与人的通知。而这一通知的内容并非单纯告知债务人债权让与协议的存在，更非告知债务人债权已经移转的事实（因为在通知之前，债权人根本没有作出债权移转的意思表示，所以债权尚未移转），而是让与人实际移转标的债权的意思。这一意思表示到达债务人，方可发生债权移转的效果。①

在债权人就其债权与数个受让人分别签订了债权让与协议的情况下，该债权应当由哪个受让人取得，存在争议。我们认为，由于通知方能实际移转债权，因此应当依据债权人向债务人进行的通知的先后来确定该债权的归属。债权人向债务人通知其已将债权转让给某个受让人的，该受让人已经取得了该债权。其后债权人所作的通知都因债权已经移转而不能再发生债权移转的效力。其他受让人只能依据其债权让与协议，要求让与人承担违约责任，而无法取得该标的债权。当然，如果标的债权是应收账款，考虑到应收账款登记制度已经建立且有一定公示效果，则应当参照适用《民法典》第768条（已经登记的先于未登记的取得应收账款；均已经登记的，按照登记时间的先后顺序取得应收账款；最后再适用通知优先规则）。

（三）债权让与通知的主体

关于债权让与通知的主体，是限于原债权人，还是也包括受让人，存在争议。应当指出的是，债权让与通知的主体与债权的归属之间有密切的联系。在德、法等国的民法上，一旦债权让与协议有效成立，即发生债权实际移转的效果。在这种情况下，受让人已经取得了债权，只是尚不能对抗债务人而已。因此，受让人作为债权人进行通知是理所当然的。

我们认为，债权让与通知的主体仅限于原债权人，而不能包括受让人。这是因为，第一，从我国立法来看，《民法典》只规定了债权人让与其债权时应当通知债务人，并没有对受让人是否有权通知以及该通知的效力如何作出规定。但在相关立法过程中，曾经规定过受让人的通知，但该规定最终未纳入立法。这就表明立法者的本意是受让人无权进行这种通知的。第二，从法理而言，债权让与协议不能直接发生标的债权实际移转的效力。即便债权让与协议已经有效成立，受让人也不能直接取得债权，其自然不能以实际债权人的身份进行通知。第三，从保护债务人利益的角度出发，也不应承认受让人通知的效力。债权转让协议是合同，具有相对性或者说是封闭性，合同外的当事人很难对合同是否存在、成立抑或生效有真正的了解。让与人的通知本质上是让与人对自己债权的处分，即便出现债权转让协议根本不存在、不成立或无效、被撤销等情况，善意的债务人依据债权人的通知履行了其给付义务，即发生了债权因清偿而消灭的后果，因此而造成的损失自然也应由债权人来承担，债务人无须为此承担责任。但在受让人通知的情况下，债务人依据通知进行履行，则如果债权让与协议根本不存在、不成立或无效、被撤销，则债权并未实际发生移转，债务人实际上是进行了错误的履行，原债务并未消灭，债权人仍然有权要求债务人履行债务。尽管此时债务人可以依据不当得利来请求受让人返还，但显然这对债务人是十分不利的，也是对社会资源的浪费。

当然，在受让人通知的情况下，如果让与人予以追认或者法院以判决代替让与人进行追认，自然也可以使债权发生实际的移转。依据《民法典合同编通则解释》第48条

① 详细的论证，参见尹飞. 论债权让与中债权移转的依据. 法学家，2015（4）。

第 2 款，在让与人未通知债务人的情况下，受让人可以直接起诉债务人请求履行。人民法院经审理确认债权转让事实的，应当认定债权转让自起诉状副本送达时对债务人发生效力。债务人主张因未通知而给其增加的费用或者造成的损失从认定的债权数额中扣除的，人民法院依法予以支持。

（四）受让人的提示

受让人将让与人所立之让与字据提示于债务人的，具有与让与人通知同样的效力。因为，让与字据是让与人单方订立的书面材料，其表达的是让与人处分其债权，将其债权让于受让人的意思。此时，受让人将该字据提示于债务人，所转达的不过是让与人的意思，自然应当发生与让与人通知同样的效力。也就是说，这种情况下，仍然是让与人进行了通知，受让人在其中充当的只不过是使者的角色。

但是，应当注意，这里所说的让与字据是让与人单方订立的书面材料，而非让与人与受让人的债权让与协议的合同书。合同书反映的是合同双方当事人的合意。由于合同的相对性，即使合同书为合同外第三人所见到且与该第三人有关联，除非符合法定条件，该合同也不能对该第三人发生效力。因此，受让人仅向债务人出示债权让与协议的合同书的，不能发生债权人通知的效力。

（五）形式要件

《民法典》第 502 条第 3 款规定："依照法律、行政法规的规定，合同的变更、转让、解除等情形应当办理批准等手续的，适用前款规定。"这就是说，如果法律、行政法规对债权转让要求办理批准等手续，则应当遵循这些规定并履行这些手续。否则，即便债权人进行了通知，也不能发生债权转移的效力。

## 五、债权转让的效力

在债权让与通知到达债务人后，合同权利发生实际的移转，从而在让与人、受让人以及债务人之间发生一定的法律效果。在让与人和受让人之间所发生的效果，为债权转让的对内效力；在他们与债务人之间产生的效果，为债权转让的对外效力。

（一）债权转让的对内效力

债权发生实际移转之后，在让与人、受让人之间发生下列效果：

第一，债权由让与人转移给受让人。如果是全部转让，则让与人将脱离原债的关系，受让人将成为新的债权人。如果是部分转让，则受让人将加入合同关系，与让与人共同充任债权人，除非另有约定，否则应当是按份享有债权。

第二，与债权有关的从权利一并转移给受让人。这些从权利包括抵押权、利息债权、定金债权、违约金债权及损害赔偿请求权等。但根据《民法典》第 547 条第 1 款的规定，该从权利专属于债权人自身的，不能随主债权而移转。受让人取得从权利系基于债权的转移这一法律事实，而从权利的一并转移系基于法律的直接规定而非法律行为，故并不适用《民法典》物权编的不动产登记、动产交付的物权变动规则。实践中对此存在争议，故《民法典》第 547 条第 2 款特别明确规定，"受让人取得从权利不因该从权利未办理转移登记手续或者未转移占有而受到影响"。

第三，在债权让与存在对价的情况下，让与人应参照《民法典》关于买卖合同的规定，就标的债权的效力瑕疵承担瑕疵担保责任。例如，被转让的合同债权因意思表示瑕疵而依债务人的请求被宣告撤销，而受让人对此是善意的情况下，其有权追究让与人的违约责任。如果让与人将该债权赠与受让人，则应当适用《民法典》关于赠与合同的规定。

第四，因债权转让增加的履行费用，由让与人负担。债权的转让不得损害债务人的利益，在履行地点的确定上，虽然我国法律以往取债务为原则，但并不排除当事人约定在接受履行一方所在地履行。故而债权人的变化，可能导致履行费用的增加。故《民法典》第550条强调，因债权转让增加的履行费用，由让与人负担。这与《民法典》第511条第6项后半句“因债权人原因增加的履行费用，由债权人负担”的规定也是一致的。

（二）债权转让的对外效力

债权发生实际移转之后，受让人进入债的关系，与债务人成为债的关系的当事人，因此，债权转让对债务人发生下列效力：

第一，债务人应当向受让人履行债务。让与人已退出债的关系，债务人不能再向其履行债务，否则将构成非债清偿、不能消灭债务，受让人仍然有权要求其履行债务。让与人接受此种履行则构成不当得利，债务人可依不当得利之规定请求其返还。

即便让与人与受让人之间的债权让与协议无效或被撤销，债务人依据债权人的通知而向受让人进行的履行仍然能够发生清偿的效果。

第二，债权的转让不得损害债务人的利益，因此，在债权发生实际移转前，债务人已经依法享有的对抗原债权人的抗辩，如合同不成立的抗辩、合同无效的抗辩、履行期限尚未届满的抗辩、同时履行抗辩权、后履行抗辩权、债权已经消灭的抗辩、时效完成的抗辩等，自然应当能够向新的债权人主张。

第三，债务人享有抵销权。《民法典》第549条赋予了债务人两项特殊的抵销权。这是法律为了保护债务人的利益而作的特别规定。

就《民法典》第549条第1项所言的抵销权而言，如果债务人在债权实际移转之前已经对让与人（原债权人）享有债权，该债权先于转让的债权到期或者同时到期，且符合抵销条件的，则债务人本来可以通过行使抵销权实现其债权。但债权移转后，根据通常的抵销规则，债务人无法向受让人主张抵销，其只能向受让人履行债务，同时向原债权人主张权利。这样，债务人就失去了转让前所具有的债权实现的现实性。为此，法律赋予了债务人对受让人的抵销权。

就《民法典》第549条第2项所言的抵销权而言，只要债务人的债权与标的债权是基于同一合同产生的，则在符合抵销条件的情况下，债务人即可以其债权对受让人取得的标的债权主张抵销。例如，出卖人将其买卖合同项下取得价款的债权转让给第三人，买受人因其标的物质量瑕疵而享有违约损害赔偿请求权。同样，其本可以该请求权对出卖人的价款请求权进行抵销。但债权移转后，根据通常的抵销规则，买受人无法向受让人主张抵销，其只能向受让人履行债务，同时向出卖人另行主张违约责任。这显然对买受人是不利的。故法律特别赋予了其对受让人的抵销权。

如果债务人对受让人主张了此项抵销权，从而使受让人的利益受到了损害，受让人可依瑕疵担保责任的规定请求让与人承担违约责任。

债权也可能发生二重让与，此时既需要考虑两个受让人之间的关系，又需要考虑债务人保护的问题。《民法典合同编通则解释》第50条规定了以下内容：其一，债务人应该按照债权转让通知到达的先后顺序，向最先通知的受让人履行债务；如果恶意的债务人向其他受让人履行债务，则不发生债务清偿的效果，最先通知的受让人可以要求恶意的债务人向自己履行债务。所谓最先通知的受让人，是指最先到达债务人的转让通知中载明的受让人。所谓恶意的债务人，是指明知受领给付的受让人并非最先通知的受让人的人。其二，在债权二重让与场合，如果最先通知的受让人因债权二重让与未获清偿，其有权要求让与人承担违约责任。其三，在不同受让人之间，最先通知的受让人可以要求恶意的受让人向其返还所接受的财产。所谓恶意的受让人，是指明知让与人系无权让与的受让人。按照《民法典合同编通则解释》第50条第2款，当事人之间对债权转让通知到达时间有争议的，人民法院应当结合通知的方式等因素综合判断，而不能仅根据债务人认可的通知时间或者通知记载的时间予以认定。当事人采用邮寄、通讯电子系统等方式发出通知的，人民法院应当以邮戳时间或者通讯电子系统记载的时间等作为认定通知到达时间的依据。

## 第三节　债务承担

### 一、债务承担的概念与特征

债务承担是指不改变债的内容，而通过当事人的约定对债务人进行的变更。债务承担具有下列特征：第一，债务承担并不改变债的内容，而只是对债务人进行变更。第二，《民法典》合同编第六章规定的债务承担是通过当事人的约定而对债务人进行的变更。第三，被移转的应当是有效存在的债务，如果该债务尚不存在，自然不能发生债务承担的效力。

债务承担的规则不仅适用于合同债务，还可以适用于因其他债的发生原因而产生的各类债务。

债务承担包括由第三人承受债务人的地位，以及第三人加入合同关系与债务人共同承担债务两种情形。前者称为免责的债务承担，后者称为并存的债务承担或者债务加入。《合同法》只规定了免责的债务承担，而《民法典》对二者都进行了规定。

### 二、免责的债务承担

#### （一）免责的债务承担的成立

免责的债务承担是指债的关系之外的第三人取代原债务人而承受其债务，原债务人脱离相应债的关系的债务承担。免责的债务承担的成立，可以通过债权人与第三人之间的协议或者债务人与第三人之间的协议来实现。

1. 债务人与第三人之间的协议

债务人与第三人就免责的债务承担进行约定时，双方当事人达成合意，该债务承担协议成立。但是，由于债务人的信用、资力等因素直接影响债权人债权的实现，因此《民法典》明确规定，经债权人同意，该协议方能发生债务移转的效力。

就债务人与第三人之间的协议的性质，学界存在争论，主要有两种意见：其一为无权处分说，即认为债务人与第三人的协议实际上是对债权人债权的处分，因此应当依据无权处分的规定，须债权人追认方能生效。此说为德国民法学界之通说。其二为要约说，即债务人与第三人达成的协议实际上是对债务承担所作出的要约，而债权人的承认则构成承诺。我们认为，尽管该协议是对债务人债务的规定，但债务人的变更直接影响债权的实现，认定其为无权处分较为可采。如果债权人未予追认，该协议不发生效力。

债权人的同意应当以意思表示为之，既可明示也可默示，既可以采书面形式，也可以采口头形式。例如，债权人虽未明确表示同意，但其已将第三人作为债务人并请求其履行的，则债权人已经默示同意。

为避免债权人久拖不决，《民法典》第 551 条赋予了债务人以及第三人催告权。债务人或者第三人可以催告债权人在合理期限内予以同意，债权人未作表示的，视为不同意。这也是法律对债权人沉默作为意思表示的特别规定。

2. 债权人与第三人之间的协议

《民法典》合同编“通则”仅规定了债务人与第三人的债务承担协议应当经过债权人的同意，并未提及债权人与第三人协议进行免责的债务承担。我们认为，该协议一经依法成立，即发生债务移转的效力。第三人作为承担人将取代原债务人在合同中的地位，原债务人则被免除债务。此种情况下，第三人自愿承受债务，债权人认可第三人的履行，债务人亦因此而免除债务，不涉及对任何一方利益的侵害，对其效力自然应当予以肯定。

对于债权人与第三人之间的债务承担协议是否需要债务人的同意，存在争议。我们认为，债务人同意与否并不影响债权人与第三人之间协议的效力。因为此种协议本质上是对其债务的免除，通常是符合债务人利益的，债务人也不会反对。如果债务人不愿享受该协议给自己带来的利益，明确反对债务承担，其仍然可以向债权人进行清偿，但债权人也不妨依据债务承担协议请求第三人承担债务。[①] 当然，债务人如果能够证明该协议系债权人与第三人恶意串通以损害自己的利益，也可以此为由请求宣告该合同无效。

（二）免责的债务承担的效力

根据《民法典》第 553、554 条的规定，免责的债务承担发生下列效力：

第一，就移转出去的债务，债务人脱离原债的关系，承担人成为新债务人。免责的债务承担，可以是全部债务的转移，也可以是部分债务的转移。但就转移出去的全部或者部分债务，债权人不得再向原债务人请求履行；就新债务人的履行，债权人也不得追究原债务人的违约责任。在部分债务转移的情况下，原债务人与新债务人各自承担按份债务。

---

① 黄立. 民法债编总论. 台北：元照出版有限公司，2006：628.

第二，原债务人基于债的关系而享有的对债权人的抗辩，新债务人都可以向债权人主张。

第三，原债务人对债权人享有债权的，新债务人不得向债权人主张抵销。因为新债务人所承受的只是债务，而未一并取得原债务人的债权，其自然也不能以他人的债权为新承担的债务作抵销。

第四，与主债务有关的从债务，除该从债务专属于原债务人自身的以外，都应当由新债务人承担。这些从债务包括主债务产生的利息债务、当事人约定的因债务人违约而发生的违约金等。从债务与主债务是密切联系在一起，不能与主债务相互分离而单独存在。所以当主债务发生移转以后，从债务也要发生转移，新债务人应当承担与主债务有关的从债务。但如果该从债务具有专属性，则不能由新债务人承担。

由第三人就债权提供的担保，在债务移转时，若担保人未明确表示继续承担担保责任，则担保责任将因债务移转而消灭。这是因为第三人提供担保是以债务人的资力、信用为基础的，债务人的变更可能使债务不履行的风险加大，可能损害担保人的利益，故而需要担保人的书面同意方可。因此，《民法典》第 391 条规定："第三人提供担保，未经其书面同意，债权人允许债务人转移全部或者部分债务的，担保人不再承担相应的担保责任。"

## 三、债务加入

### （一）概念与特征

并存的债务承担又称债务加入，是指承担人加入现有的债的关系，与债务人共同向债权人承担连带责任的债务承担。其特点在于：第一，现有债务人并不脱离债的关系，仍然对全部债务负责。这与免责的债务承担形成鲜明的对比。第二，承担人加入债的关系，与债务人共同对债权人承担连带责任，因此此种债务承担称为并存的债务承担。这种情况下，在既有债务人的责任财产之外，又增加了第三人的责任财产作为债权实现的保障。第三，在并存的债务承担中，债的内容虽未变化，但债务人发生了一定的变更，由通常的单一债务人变为多数债务人。从这一意义上看，其也属于债的主体的变更。

就效果来看，债务加入与连带保证较为相似，均为二人以上对外承担连带责任，但二者有着本质性区别，主要表现在：第一，连带保证中，保证人并非主合同当事人，保证债务具有从属性，债权人要求保证人承担保证责任应当以债务人的履行迟延为前提；并存的债务承担中，原债务人和债务承担人都是合同当事人，债权人可以直接要求承担人履行合同义务，而无须等待债务人的迟延。第二，保证有保证期间的限制，而并存的债务承担则不存在此限制。第三，保证必须采用书面形式，而并存的债务承担是非要式的。

### （二）债务加入的成立

1. 债务人与第三人之间的协议

依据《民法典》第 552 条，债务加入可以通过债务人与第三人之间的协议来完成。该协议一经生效，即发生债务加入的效力，债务人与第三人共同对债权人承担连带债务。这种做法实际上增加了第三人的责任财产作为债权实现的保障，有利于债权人债权的实现，因此也无须取得债权人的同意。但为方便债权人行使权利，故债务人或第三人应当通知债权人债务加入的事实。

2. 债权人与第三人之间的协议

债务加入也可以通过第三人单方的债务加入意思表示来完成。债务加入的情况下，债务人与第三人共同对债权人承担连带债务。就第三人而言，其额外承担了连带债务的负担，故而必需其有债务加入的意思表示。作为有相对人的意思表示，其应当由第三人向债权人作出。由于债务加入对于债权人来说是有利的，故只要债权人未在合理期限内明确拒绝，法律即认可其以沉默的方式同意债务加入，径行发生债务加入的效果。换言之，此种情形实质上是债权人与第三人通过协议来完成债务加入。这也意味着如果债权人与第三人直接达成协议，也可以实现债务加入。债务加入实际上减轻了债务人的履行负担，且债务人并未退出债的关系，因此不会损害债务人的利益，故而无须债务人的同意。

依据《民法典》第 685 条第 2 款，保证可以由第三人单方以书面形式向债权人作出，债权人接收且未提出异议的，保证合同成立。在第三人单方以书面形式作出意思表示的情况下，其表示的究竟是债务加入的意思还是保证的意思，需要按照意思表示解释规则进行判断。依据《民法典担保制度解释》第 36 条第 2、3 款，第三人向债权人提供的承诺文件，具有加入债务或者与债务人共同承担债务等意思表示的，人民法院应当认定为债务加入。第三人提供的承诺文件难以确定是保证还是债务加入的，人民法院应当将其认定为保证。这主要是为了减轻第三人的负担，因为就保证而言，对保证责任方式没有约定或者约定不明确的，按照一般保证承担保证责任，且保证责任受到保证期间的限制。

（三）债务加入的效力

债务加入可以是全部加入，也可以是部分加入，具体承担债务的范围应当依据第三人加入债务的意思表示来确定。债务加入发生后，第三人加入债的关系，在其愿意承担的债务范围内与债务人共同向债权人承担连带债务。

相应地，原债务人基于债的关系而享有的对债权人的抗辩，新债务人都可以向债权人主张。原债务人对债权人享有债权的，新债务人不得向债权人主张抵销。与主债务有关的从债务，除该从债务专属于原债务人自身的以外，都应当由新债务人与原债务人共同承担。

需要指出的是，《民法典》第 697 条第 2 款规定，“第三人加入债务的，保证人的保证责任不受影响”。这就是说，在债务加入的情况下，债务人并未脱离债的关系，并未增加保证人承担保证责任的风险，因此保证人对债权提供的担保，即便债务加入未经保证人同意，也仍然继续有效。基于同样的理由，其他第三人的担保责任，也不受债务加入的影响。

## 第四节　债权债务概括转移

### 一、债权债务概括转移的概念与特征

债权债务概括移转，是指债的一方当事人通过约定，不改变债权债务的内容而将其债权债务一并移转给第三人，由第三人概括地继受这些债权债务。

债权债务概括移转具有下列特征：

第一，债权债务概括移转以债的一方当事人既享有债权、又承担债务为前提，多发生在双务合同当中。如果其仅享有债权或者仅承担债务，则应当适用债权转让或者债务承担的规则。

第二，债权债务概括转移并不改变债的内容，而只是对债的一方当事人进行变更。概括转移既可以对一方当事人的全部债权债务进行概括移转，也可以对其部分债权债务进行概括移转。概括转移完成后，一方当事人在概括转移的范围内退出原债的关系，第三人则成为新的当事人。

第三，《民法典》合同编第六章规定的债权债务概括移转是指通过当事人的约定而对债的一方当事人的变更。其不仅适用于合同之债，也适用于其他各种债的类型。

## 二、债权债务概括转移的成立

《民法典》第555条规定："当事人一方经对方同意，可以将自己在合同中的权利和义务一并转让给第三人。"这是对债权债务概括转移成立条件的特别规定。申言之，债权债务的概括转移，一方面，需要当事人一方与第三人的合意，因为第三人不仅要取得债权，还要承受债务，故而需要其概括承受债权债务的意思。另一方面，还需要取得另一方当事人的同意，因为原债的关系中，一方当事人将在概括转移范围内完全退出该债的关系，第三人将完全取代其成为债的一方当事人。故而概括转移将直接影响另一方当事人的利益，需要经过另一方当事人的同意。换言之，只有债的双方当事人和第三人就此达成合意，方可发生概括转移的效力。

《民法典》第556条规定："合同的权利和义务一并转让的，适用债权转让、债务转移的有关规定。"据此，根据债权性质不得转让或依照法律规定不得转让的债权，不能转让，自然也不得对其进行概括转移。根据当事人的约定不能转让的债权由于当事人又作出了新的约定，故而不妨碍概括转移。

法律、行政法规规定转让权利或者转移义务应当办理批准等手续的，在债权债务概括转移时，也应依照其规定。

## 三、债权债务概括转移的效力

债权债务概括转移发生后，一方当事人在概括转移的范围内退出原债的关系，第三人则成为新的当事人，享有债权、承担债务；在取得主债权、主债务的同时，也取得了与主债权有关的从权利，并应当承担与主债务有关的从债务，但从权利、从债务专属于原当事人的除外。

此外，第三人还取得原当事人对另一方当事人所享有的抗辩权，如同时履行抗辩、时效完成的抗辩、债权业已消灭的抗辩、债权从未发生的抗辩、债权无效的抗辩等。另一方当事人对原当事人享有债权，并且其债权先于转让的债权到期或同时到期，或者该债权与被转让的债权基于同一合同产生时，另一方当事人可以向承担人主张抵销。

因债权债务概括转移增加的费用，应当由原当事人承担。

## 四、关于债的加入

《民法典》第555条关于债权债务概括转移的规定，是以一方当事人在概括转移的范围内退出原债的关系、第三人成为新的当事人为基础的，故而其要求债的双方当事人和第三人存在合意。考虑到《民法典》第552条承认了债务加入，也存在另一种债权债务概括转移的可能，即一方当事人与第三人约定，由第三人加入债的关系，在其愿意承受的范围内享有连带债权，承担连带债务。此种情况可以称为债的加入。由于原当事人并未退出债的关系，而是与第三人享有连带债权，承担连带债务，故对另一方当事人的利益并无影响。此种情况下无须另一方当事人的同意。但为方便其行使债权、履行债务，应当向其进行通知。

# 第七章 合同的权利义务终止

## 第一节 债的消灭与合同的权利义务终止

### 一、债的消灭概述

债的消灭也称债的终止、债权债务终止，是指债的关系因目的达到或者没有必要继续存在而不复存在。已故民法大师谢怀栻教授曾言，“债的发生就是为了消灭的”。发生债的关系、取得债权，并非当事人设立债权债务关系本身的目的。只有通过债的履行以实现物、无形财产的移转或者劳务的提供，才能真正实现当事人的目的，从而将债的关系消灭。当然，特定情况下，债的关系已经没有必要继续存在，也会导致债的消灭。

由于债的目的已经实现或者没有必要继续存在，故而不会因债务不履行而将原先的债的关系转化为损害赔偿之债。

依据《民法典》第 557 条，债的消灭原因包括清偿、抵销、提存、免除、混同。这些情形具有普适性，并不仅限于合同之债，而是普遍适用于各种债的关系，在各类债的关系中一经发生，即产生债的消灭的效果。

法律也可能基于各种给付的性质或者特定政策考量而在相关典型合同中单独确定合同之债消灭的事由，例如：除当事人另有约定或根据委托事务的性质不宜终止的外，委托人死亡、终止，或者受托人死亡、丧失民事行为能力、终止的，委托合同终止（《民法典》第 934 条）；建设单位依法与物业服务人订立的前期物业服务合同约定的服务期限届满前，业主委员会或者业主与新物业服务人订立的物业服务合同生效的，前期物业服务合同终止（《民法典》第 940 条）；除合伙合同另有约定或者根据合伙事务的性质不宜终止的外，合伙人死亡、丧失民事行为能力或者终止的，合伙合同终止（《民法典》第 977 条）；合伙协议约定的合伙目的已经实现的，合伙企业解散、合伙协议终止（《合伙企业法》第 85 条）；等等。

债是特定当事人之间的权利义务关系，故而基于私法自治，当事人在合同中也可自由约定终止情形，于约定情形出现，合同终止，例如：于附条件的合同，当事人约定的解除条件成就；于附期限的合同，终止期限届满；等等。此外，当事人之间也可以签订解除协议，消灭相互之间的债权债务关系。

## 二、债的消灭的效力

债的消灭的情况下，债权债务关系到此终结。而且消灭的效力仅向后发生，不发生溯及既往的效力。此外，债的消灭还发生下列效力：

（一）从权利消灭

《民法典》第559条规定："债权债务终止时，债权的从权利同时消灭，但是法律另有规定或者当事人另有约定的除外。"从权利系为维护债权的实现所设，故而其具有从属性，通常以主债权的发生为成立的前提，随主债权的移转而移转，随主债权的消灭而消灭。在债的消灭的情况下，债的关系彻底归于消灭，不仅原给付义务消灭，而且并未转化为损害赔偿之债。此时，债权要么已经实现或达到与实现相似的效果，要么因当事人放弃的意思而消灭，债权人的利益已经得到了充分维护。为债权设定的抵押权、质权、保证等担保，合同中约定的利息债权或违约金等，自无继续存在的必要，基于其从属性，也应当一并随之消灭。在此情况下，担保物权人应当就其担保物权办理注销登记或者返还担保物。

对于从权利的从属性，法律也可能作出特别规定。例如最高额抵押权、最高额质权、最高额保证，通常认为从属于其基础关系而非特定的主债权，在被担保的债权依法确定前，并不因某一项主债权的消灭而消灭。

（二）负债字据的返还

负债字据是债权债务关系的证明。一方面，如果债已经消灭，而债权人仍然持有该字据，则一旦发生纠纷，债权人可以再轻易主张债权的存在，而债务人就可能因无法举证证明自己已经清偿或通过其他途径使债已经消灭而蒙受再度清偿的风险。另一方面，在第三人持有并提示负债字据的情况下，这实际上意味着其已被授予代为受领的权利。因此，如果在债消灭后负债字据并未归还，则善意的债务人和第三人可能会蒙受损失。故而，债权全部消灭的，债务人有权请求返还或涂销全部负债字据。如该字据已灭失而无法返还，则其应出具债务消灭的证明给债务人。债权部分消灭的，债务人有权请求债权人将消灭事由记入字据。如果债权人无法进行此项记载，债务人可以要求出具该部分债务已经消灭的其他书面证明。负债字据已经返还的，应当推定债的关系消灭。

（三）后合同义务的发生

《民法典》第558条规定："债权债务终止后，当事人应当遵循诚信等原则，根据交易习惯履行通知、协助、保密、旧物回收等义务。"该条确定了所谓后合同义务，即在债的关系消灭后，当事人应当遵循诚信原则而负有通知、协助、保密、旧物回收等义务。违反此种义务也要承担责任。

关于后合同义务的适用，应当注意如下问题：

第一，该义务的发生以债消灭为前提。由于债的关系已经消灭，当事人依据债的关系而发生的主给付义务、从给付义务、附随义务等都已经彻底消灭，依据诚信原则的要求，法律才为原债的关系当事人规定了后合同义务。故而，标的物交付后的交付血统证明、发票等从给付义务，物的瑕疵担保义务和权利瑕疵担保义务等，都不能认为构成后合同义务。

第二，该义务系法定义务。这种义务不是依据债的关系，尤其不是依据合同之债中当事人的约定而产生的，而是法律依据诚信原则的要求直接进行的规定。如果当事人在合同中就债权债务终止后的相关事项，如竞业禁止、保密等义务以及相应的违约责任明确进行了约定，则其显然系合同义务而非后合同义务。

第三，该义务的内容应当遵循诚信等原则，根据交易习惯来确定。具体义务主要是通知、协助、保密和旧物回收等义务。申言之，这些义务的内容并不以法律列举的相关义务为限，需要依据诚信等原则，根据交易习惯具体确定。关于交易习惯的界定，请见相关章节的讨论。

需要指出的是，《民法典》在此新增了旧物回收的列举式规定，这是对《民法典》第9条关于"民事主体从事民事活动，应当有利于节约资源、保护生态环境"之规定的具体落实。此外，在买卖合同中，《民法典》第625条也规定："依照法律、行政法规的规定或者按照当事人的约定，标的物在有效使用年限届满后应予回收的，出卖人负有自行或者委托第三人对标的物予以回收的义务。"这里的旧物，不仅包括合同标的物，还应当包括履行后包装材料、装修垃圾等垃圾、废料等。

违反后合同义务的责任方式，法律并未明确规定。我们认为，尽管违反后合同义务本质上也是对诚信原则的违反，但此种义务的违反是在不存在有效的合同关系的情况下一方违反义务造成的，因此对该行为不能适用违约责任。从这方面看，其与缔约过失责任具有相似之处。但是，从缔约过失的本来含义来理解，其不应当适用于后合同阶段，而只能适用于合同订立阶段，将缔约过失责任扩张适用于后合同阶段是不妥当的。具体而言：一方面，缔约过失的本来含义是指发生在缔约阶段的过错，而不包括合同终止以后的情况。另一方面，在赔偿的范围方面，违反后合同义务与缔约过失不完全相同。因为违反后合同义务造成的是实际利益的损失，而不是信赖利益的损失。因此，我们认为，在后合同阶段，一方违反诚信原则造成另一方的损害的，不应当适用缔约过失责任，而应当适用侵权损害赔偿责任。受害人提起侵权之诉更有利于保护其利益。此外，对于回收旧物，也不妨要求继续履行。

## 三、合同的权利义务终止内涵与效力

### （一）合同的权利义务终止的内涵

合同的权利义务终止，是指已经生效的合同因一定的法律事实的发生而不复存在，因合同而发生的权利义务关系亦随之而终止，不再拘束双方当事人。

《民法典》合同编第七章规定了合同的权利义务终止。合同是一个动态的法律关系，表现了动态的财产流转的过程。《民法典》合同编"通则"也正是按照合同成立、生效、履行、终止的动态过程来构建的，从而实现对合同关系全生命周期的调整。此种做法，有利于根据合同发生、发展的时间先后来理解、把握和适用合同法规则，从而比较便于处理合同纠纷。

合同的权利义务终止不同于中止履行。在合同履行过程中，基于抗辩权的行使，债务人可以中止履行。但其只是对合同履行的暂时中止，当事人依据合同所负的权利义务关系并未消灭，合同关系依然对合同当事人产生拘束力。一旦导致中止履行的事由消灭，债务人还要恢复履行。

（二）合同的权利义务终止与债的消灭

《民法典》合同编第七章使用了“合同的权利义务终止”作为章名，而在《民法典》第 557 条第 1 款规定了债权债务终止（债的消灭）的事由，该条第 2 款特别强调“合同解除的，该合同的权利义务关系终止”。这就刻意区分了合同权利义务终止与债的消灭。二者的区别在于以下几点：

第一，二者的适用范围不同。债的消灭普遍适用于各种债权债务关系，而合同的权利义务终止，顾名思义，仅适用于合同之债。

第二，就合同之债而言，合同的权利义务终止是合同之债消灭的上位概念。合同之债消灭，则因合同而发生的各项权利义务自然终止。但合同的权利义务终止，未必导致债的消灭。在合同解除的情况下，由于合同已被解除，合同的权利义务自然也已终止，“尚未履行的，终止履行”；但是，在因违约解除的情况下，当事人还有权请求对方承担违约责任。换言之，原先的合同之债转化为违约损害赔偿等债务，债的同一性并未变化，原先的债的关系并未消灭。《民法典》第 557 条第 2 款刻意将解除的效果规定为“合同的权利义务关系终止”而非该条第 1 款的“债权债务终止”，也正是基于这个原因。

第三，由于债的消灭与合同的权利义务终止并不能等同，二者的效力也存在一定差别，例如从债务的消灭、负债字据的返还等虽为债的消灭的效力，但并非合同权利义务终止的效力。《合同法》中仅规定了合同权利义务终止而未规定债的消灭，故而也没有对从债务的消灭、负债字据的返还加以规定，其理由也正在于此。此外，如下文所述，合同的权利义务终止也有其独特的效力。

（三）合同的权利义务终止的效力

如前所述，从债务的消灭、负债字据的返还系债的消灭的效力，而不能认为是合同的权利义务终止的效力，因为在合同违约解除的情况下，虽然合同的权利义务终止，但债的关系并未消灭，各种担保仍然继续存在，负债字据自然也不能返还。

合同的权利义务终止的情况下，其不仅与债的消灭一样产生后合同义务，还有其独特的效力。例如，根据《民法典》第 567 条，“合同的权利义务关系终止，不影响合同中结算和清理条款的效力”。这就是说，当事人在合同中就合同所涉及的金钱或其他财产约定了清理或结算的方法，如提供劳务合同终止后双方就报酬的结算方式的约定、就合同解除后费用负担的约定、就补救措施的约定等，都仍然继续有效。其适用的范围并不仅限于债的消灭事由，还包括因合同解除合同的权利义务终止的情形。

再如，根据《民法典》第 507 条，“合同不生效、无效、被撤销或者终止的，不影响合同中有关解决争议方法的条款的效力”。解决争议方法的条款主要是指仲裁条款、对管辖法院的选择条款、涉外合同关系中对准据法的选择条款等。合同当事人依法自由约定合同纠纷的解决方法是合同自由原则的题中应有之义。这种条款具有独立性，不因合同终止而影响其效力。这一规定也并不仅适用于债的消灭，而且适用于各种合同终止的情形。

## 第二节　债的消灭事由

### 一、清　偿

（一）清偿的内涵

清偿表述的是债的双方当事人全面、适当履行其债务之后的客观状态。结合《民法典》对全面履行、适当履行、诚信履行等各方面的要求，该法第557条第1款第1项“债务已经履行”所指的就是清偿。清偿不仅需要债务人全面、适当履行其给付义务，还需要债权人全面、适当履行其受领义务，因此清偿意味着债权人合同目的的实现，自然使当事人之间债的关系归于消灭。所以，清偿是最通常、最典型的债的消灭原因。

在完成清偿后，清偿人有权要求受领清偿人给予书面受领证书（收据）。如果清偿人因法律上的利益需要以其他方式开具收据，可以要求按该方式开具。除非当事人另有约定或另有交易习惯，开具收据的费用应当由债务人负担。

在给付利息或清偿其他定期给付时，如果债权人给予了受领其中一期给付的证书，而清偿人未保留其他各期的受领证书，应当推定其以前各期的给付已经清偿。如果债权人给予了受领原物的证书，推定其利息亦已受领。[①]

（二）清偿抵充

清偿抵充，是指债务人对同一债权人负有数项相同种类给付的债务，债务人的给付不足以清偿全部债务时，该项给付应当优先用于清偿哪些债务的规则。

清偿抵充必须具备下列条件：第一，必须是同一债务人对同一债权人负有债务。如果多个债务人分别对同一债权人承担债务，或者同一债务人对多个债权人负有债务，则应当分别清偿，而不发生抵充问题。第二，必须是负担数项债务。如果仅仅负担一项债务，则只是部分履行的问题，而不发生抵充。第三，数项债务给付的种类相同。给付包括物的给付、劳务的给付和权利的给付等，如果数宗债务给付的种类不同，则从给付的种类就可确定该给付清偿的是哪些债务，没有抵充规则适用的必要。第四，债务人的给付不足以清偿全部债务。如果足以清偿全部债务，则各项债务都因清偿而消灭，无须判断哪些债务应当优先清偿。

依据《民法典》第560条，清偿抵充应当适用下列规则：

如果当事人就各项债务的先后顺序予以特别约定，应当遵守该约定。约定优先是合同自由原则的本质要求，于清偿抵充也应适用。这种约定既可以在清偿前作出，也可以在清偿时进行。

如果当事人不存在约定，则应当由债务人指定其履行的债务。这是因为，清偿消灭的是债务人的义务，而在负担数项债务的情况下，不同的债务，其违约责任可能是不同的。此时，应当由债务人依据自己的利益作出判断。债务人的指定应当在履行前或履行时，以意思表示为之。

---

① 《德国民法典》第368、369条。

债务人没有进行指定的，则应当依据下列规则处理：第一，如果到期的债务和未到期的债务并存，应当先抵充已届清偿期的债务。第二，几项债务均到期，应当先抵充对债权人缺乏担保或者担保数额最少的债务。这是基于保护债权人的利益而作出的规定。没有担保的债务，或者各项债务虽然都有担保，但担保数额越少，债权人面临的债权不能实现的风险就越大，该项债务应当优先抵充。第三，均无担保或者担保数额相同的，应当先抵充债务人负担较重或者说债务人因清偿而获益最多的债务。例如，数项债务中有的利息较高，有的利息较低，则应当优先抵充利息较高的债务。第四，负担相同的，应当先抵充到期时间最早的债务。也就是说，按照债务到期的先后顺序抵充。第五，到期时间相同的，按照债务比例进行抵充。

依据《民法典》第561条，债务人在主债务之外还应当支付利息和实现债权的有关费用，当其给付不足以清偿全部债务时，首先应当由当事人约定；没有约定的，应当按照下列顺序抵充：(1) 实现债权的有关费用；(2) 利息；(3) 主债务。这就是说，在此情况下，为了避免债务人的指定损害债权人的利益，法律不允许由债务人指定抵充顺序，而是直接规定了抵充顺序。即便债务人进行了指定，该指定也无效，此时应当依据法定顺序加以抵充。

## 二、抵　销

抵销是双方当事人互负同种类债务时，使各自债务在相等数额内一并归于消灭的法律制度。抵销本质上为双方当事人向对方同时清偿，故与清偿一样为合同目的的实现方式，系债的消灭原因。抵销依其发生依据的不同，分为法定抵销和约定抵销，《民法典》第568条和第569条分别对其进行了规定。

### （一）法定抵销

#### 1. 法定抵销的构成要件

法定抵销是在符合法律明确规定的构成要件时，依当事人一方的意思表示而发生的抵销。法定抵销的构成，需要具备下列条件：

(1) 当事人互负债务。

当事人互负债务是构成抵销的前提。

第一，双方享有的债权都应当是依法成立的债权。对于合同债权，则要求该合同应当是有效成立的。主张抵销的一方对另一方的债权称为主动债权，另一方对主张抵销一方所享有而被抵销的债权称为被动债权。主动债权和被动债权的区分，对于判断是否可以抵销具有重要意义。

第二，双方当事人互负债务。双方互负债务，也就是互享债权。在此情况下，才存在一方以自己的债权来抵销对方债权的问题。当事人不能以自己对第三人的债权来主张对对方当事人债权的抵销。即便是保证人或物上保证人，也不得就债务人对债权人的债权与债务人对债权人的债务（被担保的债务）主张抵销。[1]

第三，与双务合同中合同双方基于同一合同互负债务不同，抵销中双方所负的债务

---

① 邱聪智．新订民法债编通则：下．北京：中国人民大学出版社，2004：360.

并非基于同一合同，甚至可能并非基于同一种债的发生原因。例如：甲因买卖合同欠乙2万元货款；乙因甲对其事务的无因管理行为而应当支付甲1万元的管理费用，此种情况下亦为互负债务。抵销并不要求双方享有的债权的数额相同。

当事人互负债务意味着当事人的债权无瑕疵。但严格地讲，这一条件对主动债权和被动债权的要求是不同的。对于主动债权，其必须是完全有效，对方不享有抗辩权而且可以依法强制实现。否则，主动债权的债权人尚不能以其他方式主张其权利，自然也不能用来主张抵销。[①]

因此，效力未定的合同债权、生效条件尚未成就的合同债权不能作为主动债权。对方享有同时履行抗辩权等履行中的抗辩权的债权，也不能作为主动债权，否则无异于剥夺对方的抗辩权。基于可撤销合同发生的债权或者对方享有解除权的债权，也不能作为主动债权，否则就剥夺了对方的撤销权或者解除权。如果被动债权可以被撤销或解除，抵销权人明知该效力瑕疵而仍然主张抵销的，则意味着其抛弃了撤销权或解除权，该抵销有效。如果抵销权人不知，则其仍然可以行使撤销权或解除权，从而使抵销无效。[②]诉讼时效期间届满的债权不能作为主动债权，否则无异于剥夺了对方的时效抗辩权。但其可以作为被动债权来抵销，此时视为抵销权人放弃了自己的时效利益。《民法典合同编通则解释》第58条规定：当事人互负债务，一方以其诉讼时效期间已经届满的债权通知对方主张抵销，对方提出诉讼时效抗辩的，人民法院对该抗辩应予支持。一方的债权诉讼时效期间已经届满，对方主张抵销的，人民法院应予支持。

对于被动债权，则限制较少。基于可撤销合同发生的债权或者对方享有解除权的合同债权、附解除条件的合同债权、对方享有抗辩权的债权、诉讼时效期间已经届满的债权均可以作为被动债权而被抵销。但被动债权仍然以债权存在为前提，无效合同、生效条件尚未成就的合同债权，不得作为被动债权而抵销。即便被主张抵销，该抵销也无效，因为此时债权尚不存在，主动债权并未被使用。[③]

（2）对方的债务已到期。

抵销是替代清偿的合同权利义务终止方式，一般情况下双方债务都已届履行期。但如果主动债权已到期而被动债权尚未到期，换言之，债务未到期的一方主张以其债务与对方已到期的债务进行抵销，则实际上意味着其抛弃了自己的期限利益，法律上自然应当允许。《民法典》第568条第1款规定："当事人互负债务，该债务的标的物种类、品质相同的，任何一方可以将自己的债务与对方的到期债务抵销；但是，根据债务性质、按照当事人约定或者依照法律规定不得抵销的除外。"上述规定中有关"自己的债务"和"对方的到期债务"的表述意味着，法定抵销的要件只包括主动债权到期，不包括被动债权到期。

此外，根据《企业破产法》第40条，"债权人在破产申请受理前对债务人负有债务的，可以向管理人主张抵销"。可见，在债务人宣告破产的情况下，其债权人的债权即便尚未到期，也可以主张抵销。

---

① 黄立.民法债编总论.台北：元照出版有限公司，2006：709.

② 邱聪智.新订民法债编通则：下.北京：中国人民大学出版社，2004：362.

③ 黄立.民法债编总论.台北：元照出版有限公司，2006：710.

(3) 双方互负的债务的标的物种类、品质相同。

这就是说，双方互负的债务限于以物的交付为给付内容，其标的物都应当是种类物或者金钱。

种类相同，就是指作为种类物的标的物，其类型是同一的，例如，同为钢材、同为面粉；或者作为货币的标的物属于同种货币，例如两个金钱之债都是以人民币为支付方式。如果两项债权的标的物是两种不同的货币，则要依据相关外汇管制的法律规定来确定能否抵销。此外，一方为金钱，另一方为无记名的有价证券的，也可认为属于种类相同。有无担保对确定标的物是否属于同类并无影响。

品质相同，是指标的物的质量是相同的。例如，一级大米与二级大米之间尽管种类相同，但品质是不同的，因此，原则上不得抵销。但是如果主动债权的品质优于被动债权，则应当允许抵销。

双方互负的债务的标的物种类、品质相同，并不要求债务的履行期、履行地等相同。但如果相对人因抵销而无法在特定地点获得给付，对其受到的损害，通常认为抵销人应当予以补偿。①

(4) 双方债务可以用于抵销。

不能用于法定抵销的债务主要包括以下几种：

第一，依债务的性质不得抵销的。如果根据债务的性质，需要通过清偿方能实现债权的目的，则必须相互清偿，而不能予以抵销。否则，合同目的就不能实现。一般认为，单纯地提供劳务的债务、不作为的债务、标的物为特定物的债务等属于性质上不得抵销的债务。基于特定人格和身份关系所发生的债权②，具有人身性质，不得作为被动债权被抵销。但如果其系主动债权，则抵销本身就是权利人在行使权利，自无不可。

第二，法律规定不能抵销的。依据《民法典合同编通则解释》第 57 条，因侵害自然人人身权益，或者故意、重大过失侵害他人财产权益产生的损害赔偿债务，侵权人不得主张抵销。通常认为，标的物被查封、冻结的债权，因债权人的权利受到限制而不得抵销；第三人利益合同中，债务人不得以自己对债权人的债权与第三人依据该合同而享有的权利进行抵销。

此外，基于合同自由原则，在当事人特别约定该合同债务不得抵销时，该债务不能抵销。依照当事人缔约目的不能抵销的债务，也不能抵销。当然，当事人的约定不得对抗善意第三人。

2. 法定抵销权的行使

《民法典》第 568 条第 2 款规定："当事人主张抵销的，应当通知对方。通知自到达对方时生效。"这就是说，在符合法定抵销构成要件的情况下，当事人享有抵销权。当事人可以根据自己的意志和利益判断是否行使该权利。但如果其未行使该权利，而是采取了履行、代物清偿等方式来清偿其债务，则抵销的条件已经不复存在，其不能再主张

---

① 黄立. 民法债编总论. 台北：元照出版有限公司，2006：708.

② 前者主要包括请求支付基本养老保险金、失业保险金、最低生活保障金等保障当事人基本生活的权利，抚恤金请求权，人身伤害赔偿请求权等权利。后者主要是指基于扶养关系、抚养关系、赡养关系产生的给付请求权。

抵销。对于因不知有抵销的机会而进行的给付，也不能以不当得利为由请求返还。[①]

该权利的行使应当以意思表示为之，一经到达对方即发生抵销的效果。因此，抵销权在性质上为形成权。抵销权的行使不以书面形式为必要，抵销人也可以口头通知对方，但该意思表示必须明示作出。

抵销权作为形成权，一经行使即发生债的关系消灭的效果，因此其不能附条件或者附期限。否则，不能发生抵销的效果。

3. 法定抵销权行使的效力

法定抵销权的行使，即意味着抵销的发生，具体而言，其具有下列效力。

（1）双方债务按照抵销数额消灭

这里所言的债务，包括双方互负的包括主债务、利息、违约金或者损害赔偿金等在内的债务。如果双方债权数额相同，则二者同归于消灭。如果债权数额不同，则数额较小的债权消灭，数额较大的债权在同等数额内部分消灭。其剩余债权仍然存在，但因抵销权的行使，其诉讼时效发生中断。

（2）抵销权的行使不具有溯及力

依据《民法典合同编通则解释》第 55 条，抵销权成立的，抵销通知到达对方时双方互负的主债务、利息、违约金或者损害赔偿金等债务在同等数额内消灭。该规定否认了抵销权具有溯及力。

比较法上就抵销的溯及力，存在溯及既往和不溯及既往两种做法。前者即溯及最初得为抵销时发生抵销的效力，后者则认为自通知到达时发生抵销的效力。有溯及力的优点在于，能够使当事人之间更简洁、高效地处理其相互之间错综复杂的债权债务关系。否则，如果从抵销权行使才发生该效果，则利息债务应当负担到抵销权行使之时；在此期间如果一方迟延履行，则对方有权要求其承担迟延履行违约金或者违约损害赔偿责任。这将使双方之间的权利义务关系较为复杂。债务一旦抵销，从抵销权产生之时起即发生债的关系消灭的效果，作为从义务的利息债务、一方迟延履行发生的损害赔偿之债以及违约金债务等都不再继续计算。[②] 无溯及力的优点在于，能够更加尊重当事人的意思自治，在当事人之间约定了迟延履行的违约金或者损害赔偿计算方法的场合，如果将基于这类约定产生的债权排除在抵销范围之外，恐怕有违当事人的真实意思，也可能给非违约方带来不公平的结果。

抵销性质上为双方互为清偿。行使抵销权的一方负担数项种类相同的债务，但享有的债权不足以抵销全部债务，或者行使抵销权的一方享有的债权不足以抵销其负担的包括主债务、利息、实现债权的有关费用以及违约金或者损害赔偿金等在内的全部债务的，依据《民法典合同编通则解释》第 56 条，应当参照清偿抵充规则处理。

（二）约定抵销

在当事人互负债务，但并不具备法定抵销的构成要件时，基于合同自由原则，当事人也可以通过协商对其互负的债务在一定范围内进行抵销，此即约定抵销。

---

① 黄立. 民法债编总论. 台北：元照出版有限公司，2006：716.

② 王利明. 合同法研究：第 2 卷. 3 版. 北京：中国人民大学出版社，2015：376.

约定抵销可以适用于下列情况：第一，双方互负债务，但债务都未到期。第二，双方互负债务，仅一方债务到期，而到期债务的债务人希望抵销。如果是未到期债务的债务人希望抵销，且符合其他法定抵销构成要件，则其可以抛弃期限利益而行使法定抵销权。第三，双方债务的标的物种类不同。第四，双方债务的标的物种类虽相同，但品质不同。在这些情况下，由于不符合法定抵销构成要件，当事人不能直接行使抵销权进行抵销。如果双方达成了抵销合意，则自合意成立时起，双方债务在合意抵销的范围内消灭。这有利于简化当事人之间的法律关系，节约交易成本，避免了未来履行中可能出现的纠纷。

在约定抵销的情况下，当事人通过抵销方式来迅速实现债权，避免了因一方当事人负债严重而可能丧失履行能力的风险。但如果一方已被宣告破产，则无约定抵销的适用，否则，无异于双方通过合意创设一种优先于担保物权的权利，有损破产人的其他债权人的利益。

## 三、提　存

### （一）提存的概念和特点

提存是指因债权人的原因债务人难以履行其到期债务的，债务人依法将合同标的物交付给提存部门保管，从而消灭自己债务的制度。

清偿应当以受领权人的受领为前提。《民法典》第 509 条第 1 款强调，当事人应当按照合同约定全面履行其义务。这就要求债权人也应当按照合同约定和诚信原则的要求履行其受领给付的义务。如果受领权人的原因致使债务人难以履行其债务，则债务人无法完成清偿从而消灭债的关系。这种久拖不决的状态对于债务人是十分不利的，而且这种状况的发生也不能归责于债务人。因此，需要法律为债务人提供一种途径以使其及时终止合同义务。《民法典》规定债务人在此情况下有权通过提存消灭其债务，或者在特殊情况下，允许债务人自助出卖标的物，而就所得的价款进行提存。

提存的主要特点在于：

第一，因债权人的原因债务人难以履行其到期债务。如果非因债权人的原因而使债务人难以履行，则除非有法定或约定免责事由出现，其仍然应当负有履行义务，如果违反该义务则承担违约责任。正是因为债务人的难以履行是由债权人的原因造成的，法律才特设这一合同的权利义务终止的途径。对于不须受领或者无须债权人协助即可完成的给付，如不作为的债务，则不存在提存的问题。

第二，债务人依法以消灭债务为目的将标的物交付给提存部门。这就是说，一方面，交付标的物并转移所有权是债务人的主给付义务，债务人虽因债权人的原因难以履行其到期债务，但不能以此免除其给付义务，否则对债权人亦有失公平，且为债务人随意否认合同效力大开方便之门。因此，法律并未免除债务人的给付义务，同时又允许其通过提存消灭自己的债务，从而维护了合同双方当事人的利益均衡。另一方面，提存系债务人以消灭债务为目的主动向提存部门交付其应当交付的标的物。但提存并非债务人的义务，提存部门不得主动要求债务人进行提存。

第三，债务人提存后，其债务消灭。债务人的给付虽未经债权人受领，但依然因替代清偿而发生债务消灭的效力。这就避免了债务人因债权人的原因而无法及时清偿的问题，从而使债务人从债的束缚中及时解脱出来。

提存系债的消灭原因，但在双务合同中仅是消灭了提存方的债务，而对方当事人的对待给付义务并未因此而消灭，因此，并非合同的权利义务终止的原因。双务合同一方当事人通过提存消灭了自己的债务后，仍有权要求对方履行其合同义务。

（二）提存的性质

就提存的性质而言，一种观点认为提存是私法上的保管合同。提存以将标的物最终交由债权人领取为目的，因此，其属于为第三人利益的合同：债务人为要约人，提存部门处于债务人的地位，而债权人则为利益第三人。另一种观点认为提存为公法上的法律关系，债务人进行提存的程序完全属于公法上的程序，其中并无债务人和提存部门之间私法上的合意。在提存部门不发还提存物时，债权人不能对提存部门提出民事诉讼。[①]从《提存公证规则》的规定来看，提存应当为公法上的关系。在办理提存时，提存部门并无意思自由的空间，只能依照法定的条件、程序来判断是否受理、是否办理提存、是否给付等问题，提存部门办理提存也很难认为属于对债务人要约的承诺，对债务人或债权人的救济也是通过行政程序来进行的。

尽管提存为公法上的法律关系，但其也可以作为民法上的法律事实，引发一定的民事法律关系变动的法律后果。依据法律规定，提存发生类似清偿的效果，导致债的消灭。而且，提存关系建立后，其权利义务关系很大程度上与民法中的保管合同类似：债务人将标的物交付给提存机关后，其与提存机关之间形成保管合同关系；提存机关受领提存物以后，负有妥善保管标的物的义务。债务人提存的目的并不在于使自己取得返还请求权，而是为了债权人的利益，使债权人取得返还请求权。在标的物被提存以后，债权人可以随时请求返还提存物。因此，提存也具有类似第三人利益合同的内容。

（三）提存的条件

提存并非清偿，并未使合同目的得到实现，但却发生与清偿同样的债的消灭的后果，因此，对其适用条件，法律进行了严格的限制。

根据《民法典》第570条的规定，下列情形导致难以履行债务的，债务人可以将标的物提存：

1. 债权人无正当理由拒绝受领

拒绝受领的正当理由，主要包括债务人交付的标的物数量、质量、地点、方式等不符合约定，债务人提出部分履行，提前履行且有损债权人利益等。因此，提存须以债务已届履行期为前提。债权人提出正当理由而拒绝受领的，债务人自然无权提存。债权人不履行受领义务并不导致合同目的不能实现，债务人不能仅以债权人拒绝受领为由而解除合同。

提存只是在无法实现清偿时的替代做法，是对债务人愿意进行清偿而难以清偿的补救措施，因此，构成无正当理由拒绝受领，须以债务人提出给付为前提。对于债务人的提出给付，《民法典》未作明确的规定。学理上一般认为，债务人提出给付原则上要求

① 黄立. 民法债编总论. 台北：元照出版有限公司，2006：696.

债务人应当进行实际的履行，且其给付的标的物的数量、质量、规格、品种、包装质量，履行时间、履行地点、履行方式等应当符合合同的约定，从而使债权人处于即可受领的状态。但在债权人预先已经表示拒绝受领或者债务人的履行需要债权人协助的情况下，债务人完成履行准备并通知债权人，即可认为提出了给付。在债务人没有提出给付的情况下，自然不能发生债权人拒绝的问题。[①]

拒绝受领并不以明示的拒绝为限，如果债务人提出给付，而债权人负有协助的义务而逾期不予协助，也可认为构成无正当理由拒绝受领。

债权人的受领是债的效力的一部分，违反该义务则发生债务人有权提存的效力，从而使债权人蒙受一定的不利益（如提存费用的承担、风险负担的转移等）。此外，如果债务人因债权人的拒绝受领而受到损害，比如，为此多支付了保管、运输等费用，其可以要求债权人赔偿损失（《民法典》第 589 条第 1 款）。

2. 债权人下落不明

债权人下落不明的情况下，如果造成债务人难以向债权人进行清偿，且债务人对无法清偿并没有可归责性，法律允许债务人以提存代替清偿。如果债权人下落不明是债务人的原因造成的，例如，债务人的雇员或辅助人将债权人绑架或藏匿，导致债权人下落不明，则债务人不能提存。[②]

下落不明并不限于债权人被宣告失踪，只要债权人离开自己的住所、不知去向，或者地址不详、无法查找，即可构成。《民法典》第 529 条规定的债权人分立、合并或者变更住所而没有通知债务人，也属于债权人下落不明的情况。

只有债权人下落不明债务人难以履行或者履行债务发生困难的，债务人才可以进行提存。在债权人下落不明但尚有其他受领权人的情况下，如债权人有代理人，债权人被宣告失踪后法院指定了财产代管人等，债务人的履行并不因债权人下落不明而发生困难，其不得进行提存。

3. 债权人死亡时未确定继承人、遗产管理人，或者其丧失民事行为能力未确定监护人

债权人死亡或者丧失民事行为能力，并不必然导致合同权利义务的终止。债权人死亡的，如果其继承人继承了其债权或者有遗产管理人的，债务人应向其作出清偿。但在债权人的继承人、遗产管理人尚未确定的情况下，债务人无法确切知悉谁有受领权，轻率履行可能导致非债清偿。债权人丧失民事行为能力的，为维护其利益，其债权的受领权能应当由其监护人代行。在债权人丧失民事行为能力而尚未确定监护人时，债务人也无法确切知悉谁有受领权。

这两种情形下，债务人并无可归责性，法律没有理由强迫债务人承担非债清偿的风险，因此允许其以提存代替清偿，消灭其债务。

4. 法律规定的其他情形

例如，《提存公证规则》第 5 条第 2 项规定，债权人不在债务履行地又不能到履行

① 邱聪智. 新订民法债编通则：下. 北京：中国人民大学出版社，2004：476.

② 王利明. 合同法研究：第 2 卷. 3 版. 北京：中国人民大学出版社，2015：337.

地受领的，债务人可以提存。此种情况属于学理上通常所言的不能受领的情况，即给付可能，但因债权人的原因而不能受领。再如，依《提存公证规则》第5条第3项，债权人不清亦可作为债务人提存的原因。实践中债权人不清的情况，除《民法典》第570条规定的情形之外，不当得利或者侵权行为的受害人不明也属于债权人不清。

此外，如果合同双方当事人在合同中约定以提存方式进行给付的，债务人也可以进行提存（《提存公证规则》第6条）。

（四）提存的标的物

《民法典》第570条第2款规定："标的物不适于提存或者提存费用过高的，债务人依法可以拍卖或者变卖标的物，提存所得的价款。"据此，对于不适于提存或者提存费用过高的标的物，则应当对标的物依法拍卖或者变卖，提存所得的价款。

1. 适于提存的标的物

按照《民法典》第570条第2款的规定，债务人进行提存时，其交付的标的物应当适于提存。《提存公证规则》第7条规定："下列标的物可以提存：（一）货币；（二）有价证券、票据、提单、权利证书；（三）贵重物品；（四）担保物（金）或其替代物；（五）其他适宜提存的标的物。"这一规定可资参照。

对于不动产是否属于适合提存的标的物，学界存在争论。《提存公证规则》第15条规定："对提存的贵重物品、有价证券、不动产或其他物品的价值难以确定的，公证处可以聘请专业机构或人员进行估价。"这实际上承认了不动产可以作为提存的标的物。

2. 不适于提存的标的物

标的物不适于提存的情况主要包括：标的物有毁损灭失可能的，如易腐易烂易燃易爆物品；标的物的价值具有很强的时间性的，如月饼；以及标的物体积庞大、难以保管的，如大批原木难以存放。此种情况下，不能直接提存该标的物，应当由债务人依法拍卖或者变卖标的物，提存所得的价款。

标的物虽然可以提存但提存费用过高的，如需要特殊设备或者人工照顾的动物等，为保护债权人的利益，也应当照此办理。

（五）提存的成立

《民法典》第571条第1款规定："债务人将标的物或者将标的物依法拍卖、变卖所得价款交付提存部门时，提存成立。"

1. 提存人

提存人是为履行清偿义务而向提存部门申请提存的人。《民法典》第570条仅规定债务人为提存人，但解释上认为依法代为履行的第三人也可以成为提存的主体。[①] 根据《提存公证规则》，提存人应当具有行为能力。

2. 提存部门

提存部门是指依照法定条件和程序，对债务人为债权人的利益而交付的债之标的物或担保物（含担保物的替代物）进行寄托、保管，并在条件成就时交付债权人的机构。《民法典》未对提存部门作出明确的规定，《提存公证规则》规定公证处为提存部门。但

① 王伯琦.民法债篇总论.台北：台湾编译馆，1985：288.

鉴于提存为债务的消灭原因，对债的当事人的利益影响巨大，应当由法律明确对提存部门作出规定。

3. 向提存部门交付

从提存作为清偿替代手段的本质来看，提存应当在债务履行地进行。

在提存申请人提出提存申请后，提存部门应当对该提存是否符合《民法典》第 570 条规定的条件、提存的标的物是否符合合同约定、提存人是否具有相应的行为能力以及其意思表示是否真实进行审查，并决定是否为其办理提存。提存部门的审查应当是实质性的审查。

（六）提存的效力

提存的法律关系类似于第三人利益合同，涉及债务人（提存人）、提存部门以及债权人（提存受领人）三方当事人。因此，提存成立，在这三方当事人彼此之间都发生一定的法律效力，具体而言，需要注意以下几点：

1. 提存人与提存部门之间的关系

标的物提存以后，提存机关应当采取适当的方法妥善保管提存物，以防毁损、变质。对不宜保存的、债权人到期不领取或超过保管期限的提存物，提存机关可以拍卖，保存其价款。由于提存涉及一定的提存费用，因此此种保管为有偿保管，提存机关的保管义务以及违反此义务的归责原则应当参照《民法典》对有偿保管合同的规定来判断：提存部门应当对提存物尽到善良管理人的注意义务，提存机关因未尽保管义务而致提存物毁损灭失的，应当承担损害赔偿责任。依法领取提存物的提存受领人或者提存人如果拒绝支付提存费用，则提存部门有权留置价值相当的提存标的物。

《民法典》第 574 条第 2 款就提存后提存人能否取回提存物的问题作出如下规定，债权人未履行对债务人的到期债务，或者债权人向提存部门书面表示放弃领取提存物权利的，债务人负担提存费用后有权取回提存物。解释上，如果债务人据以提存的合同无效或者被撤销、解除，或者债务人的债务已经因清偿、免除等原因而消灭，则债务人实际上没有负担合同债务而基于错误进行了提存，或者提存的原因已经消灭，自然也不存在通过提存消灭债务的问题。因此，债务人可以凭相关证明取回其提存物。债务人取回提存物的，视为未提存，因此产生的费用由债务人承担。债务人未支付提存费用前，公证处有权留置价值相当的提存标的物。

2. 债权人和债务人之间的关系

《民法典》第 571 条至第 573 条对提存在债的当事人之间的效力进行了规定。申言之：

第一，债务人的债务消灭。也即在提存范围内发生与清偿相同的法律效果，债务人所负担的债务消灭，债权人不能再向债务人请求履行给付义务。

第二，标的物的所有权转移。债务人提存的情况下，其提存的标的物的数量、质量、包装方式等都应当符合合同约定。其以消灭债务的目的进行提存，将标的物交付给提存部门时，标的物的所有权即已移转给债权人。提存部门对标的物的占有是基于为债权人的利益的保管而非所有，债权人享有随时领取标的物的权利，并有权就标的物的毁损灭失请求提存部门赔偿。

第三，标的物的风险负担转移。提存完成，债务人已经失去对标的物的实际占有，提存部门实际上是为债权人的利益而占有该标的物，因此，该标的物毁损灭失的风险也应当随着债务人完成标的物的交付而被转移给债权人。

第四，标的物的孳息所有权归属转移。提存期间，标的物的孳息归债权人所有。这一规定实际上也是建立在标的物已经交付的基础上的。《民法典》第 630 条规定："标的物在交付之前产生的孳息，归出卖人所有；交付之后产生的孳息，归买受人所有。但是，当事人另有约定的除外。"可见，孳息的所有权原则上随原物的交付一并移转。

第五，利息义务的免除。由于债务人的债务因提存而消灭，其利息债务作为从义务自然也一并消灭。因此，自提存之日起，债务人无须再支付利息。

第六，债务人负有通知义务。提存导致标的物毁损灭失风险的转移以及提存费用的产生，从而对债权人造成一定的不利益，但提存发生时标的物尚未为债权人直接占有，因此债务人应当及时通知债权人或者债权人的继承人、遗产管理人、监护人、财产代管人，以便其尽早领取被提存的标的物。通知的方式主要是指以书面或口头的形式直接通知债权人或者债权人的继承人、遗产管理人、监护人、财产代管人。债权人下落不明时，则应当公告通知。

3. 债权人与提存部门之间的关系

提存发生后，债权人与提存部门之间发生下列权利义务关系：

第一，关于提存物的领取权。

提存是为债权人利益而进行的行为，提存部门对提存物的保管也是为债权人的利益而进行的。因此，债权人有权随时领取提存物。由于提存后标的物的孳息的所有权已经随标的物的所有权一并转移给债务人，因此，债权人的提存物领取权包括了对该孳息的领取。

在债权人和债务人互负对待给付义务的情况下，债务人享有双务合同履行中的抗辩权。此种权利亦延伸到提存当中。在债务人将其标的物提存后，如果债权人对债务人负有到期债务，债务人有权要求债权人履行该债务或者提供担保。在债权人未履行债务或者提供担保之前，债务人有权要求提存部门拒绝其领取提存物；提存部门应当根据债务人的要求拒绝债权人行使提存物领取权。

提存为公法上的关系，债权人的提存物领取权系公法上的权利而非私法上的权利。[①] 如果该权利长期不行使，则使提存部门长期负担返还的义务，且会造成财产的闲置。根据《民法典》第 574 条第 2 款，债权人的提存物领取权自提存之日起 5 年内不行使而消灭，提存物扣除提存费用后归国家所有。该期间性质上为除斥期间。

第二，关于提存费用的负担。

提存的费用是指提存部门为进行提存而支付的费用，包括提存公证费、公告费、邮电费、保管费、评估鉴定费、代管费、拍卖变卖费、保险费，以及为保管、处理、运输提存标的物所支出的其他费用。由于提存是债权人的原因造成的，因此，提存费用应当由债权人承担。在债务人自助出卖的情况下，拍卖或变卖的费用也应当由债权人承担。

---

① 邱聪智. 新订民法债编通则：下. 北京：中国人民大学出版社，2004：354.

第三，关于提存费用的留置权。

提存在内容上类似于保管合同。债权人领取提存物时，如果不支付相应的提存费用，则由于该费用与提存部门的提存活动系基于同一个法律关系而发生，且两者之间存在牵连关系，提存部门应当有权留置价值相当的提存物。

## 四、免　除

### （一）免除的概念、性质与特征

免除，是指债权人向其债务人表示其免除对方部分或全部债务的意思，从而使债的关系部分或全部消灭。从债权人的角度来看，免除是债权人抛弃债权；从债务人的角度来看，免除是其债务的消灭。

免除具有下列法律特征：

第一，免除是一种单方法律行为。免除只需债权人单方的意思表示即可成立，因此为单方法律行为。免除使债务人纯获利益，因此即便接受该意思表示的债务人为无民事行为能力人或限制民事行为能力人，也不影响免除的效力。

当然，尽管债务免除是一种单方行为，但基于合同自由原则，债权人与债务人之间也不妨通过协议来免除部分或全部债务。该免除协议一经依法成立，即发生效力。

第二，免除是一种处分行为。作为单方法律行为，债权人免除的意思一经到达债务人，就发生债权债务消灭的效果，因此，其性质上为处分行为。

第三，免除是一种无因行为。债权人作出免除的，不管其原因和动机如何，都会导致免除的效果。其原因行为无效，不影响免除的效力。例如，双方达成了赠与合同，债权人基于此赠与合同而免除了债务人的债务。即便该赠与合同无效，免除也不因此而无效。

第四，免除能否附条件或附期限，存在争论。通常认为，免除可以附生效条件或始期，例如：债权人甲以乙考上大学为条件而免除乙父欠自己的债务；或者在免除通知中明确规定自通知发出之日起 15 天后，债务免除。附生效条件或者始期的情况，只是影响免除发生的时间，并不影响免除的效力，自然应当允许。但基于免除的性质，我们认为不宜允许免除附解除条件或者终期，否则，将使得免除的效力变得不确定。

### （二）免除的构成要件

1. 债权人应当对其债权享有处分权

免除作为债权人的处分行为，应当以债权人对其债权有处分权为前提。如果债权人已经被宣告破产，或者其债权已被设定质权，则其对债权的处分权受到了限制，此时债权人不得免除债务。

2. 免除应当以意思表示的方式进行

免除只需债权人单方的意思表示即可成立。作为一种有相对人的法律行为，债权人免除的意思表示到达债务人或其代理人，方能生效。

免除的意思表示既可以书面的形式作出，也可以口头的形式作出。此外，免除还可以默示形式作出。例如，债权人在受领之前，将债权证书交还给债务人烧毁，则通常可以认为其具有免除的意思。[①]

3. 债务人未在合理期限内拒绝

虽然免除在绝大多数情况下对债务人是有利的，但不排除个别情况下影响债务人的利益或者有损其尊严，故基于私法自治原则，法律亦允许债务人拒绝。债务人在合理期限内拒绝的，则不能发生债的关系消灭的效果。债务人可以继续履行其债务，如果债权人拒绝受领，则其可以将标的物提存从而消灭自己的债务。

（三）免除的效力

免除一经生效，即发生下列效力：

第一，免除发生债的关系消灭的后果。如果是全部免除，则债务人的债务全部消灭；如果是部分消灭，则在免除的范围内债务消灭。

第二，从属于主债务的从义务，如支付利息、担保义务等，也一并随之消灭。

第三，关于不可分债务、连带债务免除的效力。如果债权人免除了连带债务人中的部分人的债务，则就其份额，免除的效力及于其他债务人。

第四，对将来的债务进行免除，实际上是附生效条件的免除，对其效力也应承认。但对于不得抛弃的债权，则不得免除。例如具有扶养请求权的债权人，不得免除债务人将来的债务。[②]

## 五、混　同

（一）混同的概念和性质

《民法典》第 576 条是对债的混同的规定，所谓债的混同，是指债权和债务同归于一人的客观情况。债是特定的相对人之间得请求为特定给付的关系，债法中双方当事人的利益通常是对立的，在这种情况下，才有法律规则调整双方当事人利益关系的必要。如果债权和债务同归于一人，则某人对自己享有债权、承担债务，此时债的存在在法律上通常是没有意义的。因此，法律规定其为债的消灭原因。混同的成立，只需要债权、债务客观上同时归属于同一个人即可，无须任何意思表示。[③]

除却债的混同，民法上的混同还包括所有权与他物权的混同（权利与权利的混同）、主债务与保证债务的混同（义务与义务的混同）。

混同基于债权、债务的转移而发生，其原因包括债权让与、债务承担以及基于法律规定而导致的债权债务的转移。

（二）混同的效力

在发生混同时，原则上债的关系消灭。与利息、违约金、担保等有关的从权利和从义务也都随之归于消灭。但在损害第三人利益的情况下，则不能发生上述效力。这主要是指该债权为他人权利标的的情况。例如，甲将其在乙银行存款的存单（对乙银行的债权）为丙设定质押，则即使乙银行取得了甲的该笔债权，但该设定了质押的债权并不消

---

① 邱聪智. 新订民法债编通则：下. 北京：中国人民大学出版社，2004：372.

② 黄立. 民法债编总论. 台北：元照出版有限公司，2006：722.

③ 黄立. 民法债编总论. 台北：元照出版有限公司，2006：723.

灭。此外，证券化债权由于可以作为独立的物进行交易，自然也不因混同而消灭。在法律有特别规定的情况下，应当从其规定。

## 第三节　合同解除

### 一、合同解除的概念和特征

合同解除是指因一方当事人行使法定或约定的解除权，或者经双方当事人协议，而使有效存在的合同关系自始消灭或向将来消灭的一种行为。合同解除具有如下特征：

第一，合同的解除，以合同的有效存在为前提。解除的对象限于合同，对于基于不当得利、无因管理等原因而发生的债的关系，并无解除的适用空间。如果合同效力尚处于无效状态，例如无效合同或者未经追认的效力待定合同，或者合同已经因其他原因而终止，则无解除之必要。对于可撤销的合同，如果一方当事人既有撤销权又有解除权，其可以选择其中之一适用。但合同被撤销后仅发生缔约过失责任，而行使解除权即意味着当事人承认合同的效力，其撤销权消灭；因违约而解除后发生违约责任，故而通常行使解除权对权利人更为有利。对于已经有效成立但尚未生效的合同，特殊情况下，当事人也可以行使解除权并追究违约责任。

第二，合同解除必须依法进行。依法成立的合同自成立时即有法律约束力，当事人不得随意变更或解除。《民法典》规定了解除的两种形式，即一方行使解除权以及协议解除；对解除权的发生条件法律也进行了明确的规定。当事人解除合同时必须要遵循这些规定。《民法典》第502条第3款规定："依照法律、行政法规的规定，合同的变更、转让、解除等情形应当办理批准等手续的，适用前款规定。"这就是说，如果法律、行政法规对合同的解除规定了批准等形式要件，则应当遵循这些规定而履行这些手续，否则不能发生解除的效力。

第三，合同的解除必须以一方行使解除权或者双方达成解除协议为前提。有些立法采当然解除主义，即只要符合解除条件，无须当事人的意思表示，合同即自动解除。但我国立法并未采纳这种模式，即便符合法定或约定的解除权发生条件，也只是当事人因此享有解除权。只有解除权人行使解除权，才发生解除的效果。在协议解除时，更需要双方就解除达成合意。

需要注意的是，解除与合同解除条件的成就不同。当事人可以在合同中约定一定的解除条件，条件成就时，无须当事人的意思表示，合同关系即发生终止的效果，但已经履行的，原则上继续有效。

第四，合同解除的效力是使合同关系自始消灭或向将来消灭。《民法典》明确规定解除是合同权利义务终止的事由，因此，合同一经解除，合同权利义务关系即终止。对于解除的效力，应当根据合同性质并结合履行情况来具体判断，从而确定其效力是单纯地向将来消灭还是溯及既往地消灭。

第五，合同的解除具有违约救济的功能。解除虽非违约责任形式，但其通常以一方当事人违约为前提。在对方违约的情况下，当事人解除合同可以使自己免于继续给付，从而避免了因对方违约而造成的更大的损失。而且，在解除的情况下，当事人仍然可以请求对方承担违约责任。因此，合同的解除不仅是合同权利义务终止的原因，实际上也是违约后的一种救济手段。

合同解除不同于清偿、抵销、提存、免除、混同等债的消灭原因：第一，合同解除多因违约而发生，其是违约的救济手段之一，而其他几项则通常不作为违约的救济手段而出现。第二，合同因违约而解除后，基于合同而产生的权利义务关系终止，但非违约方有权请求对方承担违约责任。传统民法上通常认为，此时债的关系并未消灭，而是由合同之债转化为损害赔偿之债，因此解除并非债的消灭原因。而其他几项则使合同目的得到实现或者没有必要继续存在，从而完全消灭债的关系，并无损害赔偿之债的发生。第三，解除仅适用于合同之债，而其他几项则普遍适用于因各种原因而发生的债的关系之中。

## 二、解除权

在合同一方当事人依照法律规定或当事人的约定而享有解除权的情况下，其可以单方通过行使解除权而解除合同。

### （一）解除权的类型

1. 约定解除权

依据《民法典》第 562 条第 2 款，当事人可以在合同中约定在某种事由发生时，当事人享有解除合同的权利。此种解除权称为约定解除权。

约定解除权的特点在于：第一，解除权因双方当事人约定的事由发生而产生。这与法定解除权不同，法定解除权的发生事由是由法律直接规定的。第二，当事人约定的是解除权的发生事由，即某一事由发生，则一方获得解除权。这种约定不能直接导致合同解除。这与《民法典》第 562 条第 1 款规定的协议解除不同，协议解除中，双方当事人协议的内容是直接解除合同，因此一经依法达成协议，即直接发生合同解除的效力。第三，解除的效果须解除权人行使，方能发生。约定事由发生，只是使一方当事人享有解除权，解除权人是否行使解除权由其根据自己的意志和利益来判断，其行使解除权方导致合同解除。这与附解除条件的合同是不同的，后者中条件一经成就即发生解除的效果。

2. 法定解除权

基于合同性质以及法律对合同双方当事人利益关系的调整目的，法律直接规定了某些情况发生时，当事人可以享有解除权。此种解除权称为法定解除权。

### （二）法定解除权的发生事由

《民法典》第 563 条对解除权的发生事由进行了列举式的规定，具体而言包括以下几种情形：

1. 因不可抗力不能实现合同目的

不可抗力是指不能预见、不能避免且不能克服的客观情况。当事人订立合同，旨在通过合同的履行实现其一定的利益。如果不可抗力的发生导致合同目的不能实现，继续维持合同的效力已无意义，法律赋予双方当事人解除权，允许其解除合同。但如果不可抗力的发生只是造成了合同履行的暂时障碍或者只是导致部分内容不能履行，不影响合同目的的实现，则不能产生解除权。

2. 在履行期限届满之前，当事人一方明确表示或者以自己的行为表明不履行主要债务

此即预期违约的情形，一方当事人明确表示不履行主要债务的情形称为明示毁约；一方当事人以自己的行为表明不履行主要债务的情形称为默示毁约。所谓“明确表示”，即一方以书面或者口头形式明确告知对方将不履行主要债务。所谓“以自己的行为表明不履行主要债务”，《民法典》第563条和第578条并未明确予以界定。我们认为，在默示毁约的情况下，如果不对其具体内涵进行严格的限制，就可能纵容当事人借口对方默示毁约而随意解除合同。故对于默示毁约的判断，应当参照《民法典》第528条确定。依据该条，在合同履行期限到来前，一方当事人能够证明对方发生《民法典》第527条规定的“经营状况严重恶化；转移财产、抽逃资金，以逃避债务；丧失商业信誉；有丧失或者可能丧失履行债务能力的其他情形”时，其可以及时通知对方；在此情况下，如果对方在合理期限内未恢复履行能力并且未提供适当担保，则可以认为对方当事人“以自己的行为表明不履行主要债务”，从而可以解除合同。当然，基于默示毁约的解除，其解除权人并不限于负有先履行义务的一方当事人。

在预期违约的情况下，违约方已经根本不愿受合同效力的拘束，非违约方的合同目的已经不可能通过对方的履行而实现，因此法律允许非违约方解除合同从而免除自己的对待给付义务，并依据《民法典》第578条的规定，提前追究对方的违约责任。

3. 当事人一方迟延履行主要债务，经催告后在合理期限内仍未履行

此即默示拒绝的情形。合同约定了明确的履行期限，履行期限届满债务人未作出履行的，即构成履行迟延。合同未约定履行期限的，债权人有权随时要求债务人履行，但应当给予其必要的准备时间。如果该期限届满债务人仍未履行，也构成履行迟延。如果一方迟延履行的是其主要债务，另一方进行催告后，其在合理期限内仍不履行的，则可以认为迟延一方已经无意再为履行，非违约方有权解除合同。换言之，这就意味着迟延一方以其行为拒绝履行主要债务或者曰默示拒绝履行。

是否为主要债务，应当依据合同性质和当事人的缔约目的来判断。同时，这里所言的“合理期限”未必就是债权人催告通知中所确定的期限。催告通知中通常会确定一定的期限，但该期限是否合理，应当根据合同的具体情况来判断，而不能简单依据一方当事人单方指定来确定。

此外，这里所言的当事人的迟延履行应当以不构成根本违约为前提。否则，当事人可以依据《民法典》第563条第1款第4项的规定，无须催告而直接享有解除权。

4. 当事人一方迟延履行债务或者有其他违约行为致使不能实现合同目的

导致不能实现合同目的的，通常称为根本违约。有些合同中一方当事人所负的债务，根据合同性质或当事人的缔约目的，一旦迟延履行，就导致对方当事人合同目的不能实现。例如，就买卖月饼的合同而言，一旦出卖人迟延至农历八月十五之后交付，则显然买受人的合同目的即已落空。对于此种债务，一旦债务人迟延履行，对方当事人就可直接获得解除权，而无须再行催告。

因为当事人的其他违约行为，合同目的不能实现的，非违约方也享有解除权。具体而言，这些情况主要包括以下几种：

第一，不能履行。因可归责于债务人的原因其债务已经不可能履行的，例如特定物买卖中标的物因债务人保管不善而灭失，此时债权人的合同目的已经确定不能实现，则债权人有权解除合同。

第二，瑕疵履行。瑕疵履行是指债务人的履行不符合合同规定的质量要求。不适当履行未必直接导致根本违约。在不同的合同中，质量要求对合同目的的影响是不同的。如果质量要求对合同目的影响不大，买受人可以通过要求减少价款的方式来获得公平的给付，而无须解除合同。标的物质量瑕疵的程度也是不同的，在不适当履行的情况下，如果标的物尚可以通过修补、替换来实现合同目的，则不能适用解除来消灭合同关系。只有在标的物的瑕疵十分严重，以至于无法实现合同目的时，非违约方才享有解除权。

第三，其他不完全履行。在债务人的履行不符合约定的其他情形下，如果该违约行为导致了根本违约，非违约方也有权解除合同。例如，在部分履行，即债务人的履行不符合合同规定的数量要求的情况下，其通常不会影响合同目的的实现，债权人直接要求债务人补足即可获得清偿。但如果无法补足，且不补足时合同目的无法实现，则债权人有权解除合同。因此，《民法典》第 633 条第 2 款规定："出卖人不交付其中一批标的物或者交付不符合约定，致使之后其他各批标的物的交付不能实现合同目的的，买受人可以就该批以及之后其他各批标的物解除。"

5. 不定期合同的解除

以持续履行的债务为内容的合同，如果当事人未对其期限进行约定，或者依据法律规定为不定期，就表明当事人并无通过期限来约束双方当事人的意愿。故而双方均可随时解除合同。但基于诚信原则，考虑到要给对方必要的准备时间，法律要求应当在合理期限之前通知对方。

6. 法律规定的其他情形

《民法典》结合各类合同的特殊性质，对各类有名合同中的解除权进行了规定。其他法律也对所涉及的合同中的解除问题有所规定。在法律有特别规定的情况下，也发生法定解除权。

从《民法典》合同编"典型合同"分编来看，以劳务给付为内容的合同，包括承揽合同、运输合同、保管合同、仓储合同、委托合同、行纪合同、中介合同，其以接受劳务一方对提供劳务一方有人身信赖为基础，故而接受劳务一方对合同均享有任意解除权。

还应当指出的是，在履行期限届满之后，一方当事人明确表示不履行主要债务的，对方当事人也应当有权解除合同。理由在于：《民法典》第 563 条第 1 款第 2 项规定了预期违约中明示毁约的解除权，即在履行期届满前一方明示拒绝履行的，对方享有解除权；《民法典》第 563 条第 1 款第 3 项规定了默示拒绝履行的解除权，"当事人一方迟延履行主要债务，经催告后在合理期限内仍未履行"实际上意味着不履行一方以其行为默示拒绝履行合同。举轻以明重，在履行期限届满之后，当事人一方明确表示不履行主要债务且无正当理由的，对方也应当有权解除合同。

（三）解除权的除斥期间

解除权一经行使，即发生合同解除的效果，使既存的合同权利义务终止。因此，解除权在性质上属于形成权。形成权的存在使法律关系处于不稳定状态，因此法律一般对之规定有一定的除斥期间，解除权也不例外。该期间届满，解除权消灭。

《民法典》第 564 条规定："法律规定或者当事人约定解除权行使期限，期限届满当事人不行使的，该权利消灭。法律没有规定或者当事人没有约定解除权行使期限，自解除权人知道或者应当知道解除事由之日起一年内不行使，或者经对方催告后在合理期限内不行使的，该权利消灭。"这就是说，首先，如果法律对解除权的行使期限有明确的规定或者当事人对之有特别约定，则以该期限为解除权的除斥期间。其次，如果法律没有规定且当事人也未作约定，则另一方当事人可以对解除权人作出催告，经催告后在合理期限内仍然不行使的，解除权消灭。最后，如果另一方没有作出催告，则自解除权人知道或者应当知道解除事由之日起 1 年内不行使的，解除权消灭。

（四）解除权的行使

在当事人因法定或约定条件的发生而享有解除权的情况下，并不直接发生合同解除的效果。法律允许解除权人根据自己的利益和意志，决定是否行使该权利来解除合同。解除权的行使无须对方当事人的同意，由解除权人依单方意思为之。根据《民法典》第 565 条的规定，解除权的行使以通知的方式进行。原则上，解除的通知到达对方当事人，即发生合同解除的效果。解除权人也可在通知中载明，债务人在一定期限内不履行债务，则合同自动解除，债务人在该期限内未履行债务的，合同自通知载明的期限届满时解除。依当然解释，解除权人也可在通知中载明某一期限，该期限届满，则合同解除。

解除权也不同于可撤销合同中撤销权，后者的行使需要经过法院或仲裁机构，而解除权的行使无须通过法院或仲裁机构，可以直接以意思表示来进行。对方有异议的，双方均可以请求人民法院或者仲裁机构确认解除合同的效力。实践中，也存在当事人一方未通知对方，直接以提起诉讼或者申请仲裁的方式来主张解除合同。此种诉讼实际上是确认之诉而非形成之诉。人民法院或者仲裁机构确认合同已经解除的，也应当按照通知规则来确认合同的解除时间，故合同应当自起诉状副本或者仲裁申请书副本送达对方时解除。当事人直接以提起诉讼的方式主张解除合同，撤诉后再次起诉主张解除合同，人民法院经审理支持该主张的，合同自再次起诉的起诉状副本送达对方时解除。但是，当事人一方撤诉后又通知对方解除合同且该通知已经到达对方的除外。

## 三、协议解除

基于合同自由原则，合同双方当事人通过协议而解除既存的合同关系，此即协议解除。解除协议性质上属于无名合同，其成立与效力应当适用《民法典》合同编"通则"的相关规定。该解除协议依法生效，合同解除。

当事人可以在解除协议中对合同解除后的各种事项，如解除的效力仅及于解除后还是溯及合同成立时以及解除之后的违约责任等，进行约定。该约定应当优先于法律规定而适用。违约发生后双方协议解除，未约定违约责任的，协议解除不影响非违约方主张违约责任。

依据《民法典合同编通则解释》第 52 条，当事人就解除合同协商一致时未对合同解除后的违约责任、结算和清理等问题作出处理的，不影响合同的解除。有关违约责任、结算和清理等问题，人民法院应当依据《民法典》第 566 条、第 567 条和有关违约责任的规定处理。

## 四、解除的效力

解除发生下列效力：

（一）原合同权利义务终止

具体而言，对于原合同中尚未履行的部分，不再履行。对于已经履行的部分，《民法典》第 566 条规定："根据履行情况和合同性质，当事人可以请求恢复原状或者采取其他补救措施，并有权请求赔偿损失。"

这就是说，一般情况下，合同解除发生溯及既往的效力，从而使当事人的财产状态恢复到合同订立前的状态。各方当事人应当返还所取得的给付。根据合同履行状况已无法恢复原状或者当事人有约定的，例如，标的物已经毁损无法直接返还的，当事人在清理条款或解除协议中约定采用补救措施的，则可以采取补救措施。在因违约而解除的情况下，非违约方可要求对方赔偿损失。

但是，对于继续性的合同，其合同性质决定了解除的效力只能向将来发生，已经履行的部分应当继续有效。这些合同主要包括：第一，以使用标的物为内容的合同，如租赁合同、借贷合同等，此种合同中对标的物的使用无法恢复原状。第二，提供劳务的合同，对于一方根据合同提供而对方已受领的劳务，根据其性质，也无法返还。第三，合伙合同。第四，继续性供应合同，如长期订阅报纸的合同。[①] 此外，标的物为消耗物的买卖合同虽非继续性合同，但从合同性质来看，其解除亦不能溯及既往发生效力。对于这些合同，当事人可以采取补救措施或者请求损害赔偿。

（二）损害赔偿责任

《民法典》第 566 条允许合同解除与损害赔偿责任的并用。在因违约而解除合同时，原合同之债已经转化为损害赔偿之债，合同解除只是合同权利义务的终止，并不影响损害赔偿责任的承担。当然，当事人也可以约定解除后不再承担损害赔偿责任。

对于损害赔偿的范围存在争论。有学者认为应当依缔约过失责任赔偿当事人的信赖利益损失，也有学者认为应当依违约责任赔偿当事人的履行利益的损失。我们认为，在不可抗力导致合同解除的情况下，双方均无过错，自然无损害赔偿的问题。在因违约而解除时，由于违约行为在解除前已经发生，自然非违约方有权依违约责任请求损害赔偿；如果合同中有定金或者违约金条款，解除不妨碍非违约方主张定金罚则或者违约金责任。

合同解除并非债的消灭事由，在因违约而解除的情况下，合同之债转化为了违约之债，故而除非担保合同另有约定，担保责任并不会因主合同的解除而消灭；担保人对于债务人应当承担的违约责任仍然应当承担担保责任。

① 梁慧星. 合同法的成功与不足. 中外法学，1999 (6).

# 第八章 违约责任

## 第一节 违约责任概述

### 一、违约责任的含义和特点

（一）违约的含义

违约，是指违反合同义务，其中既包括违反合同中的给付义务，又包括违反合同中的附随义务。[1] 依据《民法典》第 577 条，当事人一方不履行合同义务或者履行合同义务不符合约定的，应当承担继续履行、采取补救措施或者赔偿损失等违约责任。该条中的“不履行合同义务或者履行合同义务不符合约定”便是对违约所作的定义。具体地说，违约又可区分为预期违约、迟延履行、不完全履行等不同类型。

（二）违约责任的含义

违约责任是因违反债务而产生的特定民事法律后果。关于债务与责任的关系，通常有两种理解方式，违约责任也相应地有两种不同含义。一是将违约责任理解为违反合同债务的各类民事法律后果，包括《民法典》合同编“通则”违约责任一章所规定的实际履行、损害赔偿、减少价款或者报酬、退货等。[2] 这可称为广义的违约责任。二是将责任理解为附在债务关系上的一种担保或者替代。[3] 债务人应当为给付而不为给付的，应该服从债权人的强制取得，责任对债权的实现具有一种担保作用。[4] 责任与债务未必相结合，有责任未必有债务，有债务也未必有责任。按照后一种理解方式，违约责任主要包括强制实际履行、违约损害赔偿，而不包括解除、减价等，因为只有强制实际履行和违约损害赔偿才可谓构成对债务关系的一种担保或者替代。这可称为狭义的违约责任。

从债权人的角度说，强制实际履行是合同债权效力的固有内容。债权的权能或者效力包括可诉性、可执行性、自力实现、处分权能、给付保持的正当根据等。债权的强制

---

① 王利明.合同法研究：第 2 卷.3 版.北京：中国人民大学出版社，2015：402；王洪亮.债法总论.北京：北京大学出版社，2016：202.

② 韩世远.合同法学.2 版.北京：高等教育出版社，2022：265.

③ 郑玉波.民事责任之分析//郑玉波主编.民法债编论文选辑：上.台北：五南图书出版公司，1984：60－62.

④ 林诚二.论债之本质与责任//郑玉波主编.民法债编论文选辑：上.台北：五南图书出版公司，1984：28.

力属于其中之一。缺乏可强制执行性的债权，被称为不完全债权。债务人的任意履行与不履行责任，是债的效力的两种表现形式。① 违约损害赔偿则是由第一次给付义务转化而来的第二次给付义务，与合同中约定的第一次给付义务具有同一性。

"违约责任"是从追究违约方责任的角度出发采用的概念，反映出违约方应当为违反合同义务承担不利后果；"违约救济"则是从受损害方的角度出发采用的概念，反映出受损害方可以在相对人违约的场合获得保护，其外延比违约责任更广。② 违约救济的概念和体系能够更好地体现合同法作为民事权利保护法的属性。

（三）违约责任的特点

违约责任具有以下特点：

第一，违约责任具有救济受损害方的功能。与其说违约责任是对违约方当事人的制裁，不如说违约责任主要是对受损害方的救济。这与现代民法作为权利保护法、权利救济法的功能定位相契合。具体来说：（1）强制实际履行是以强制力为保障手段，使合同中原定给付义务得到实际履行，其并不包含制裁的意味。（2）违约损害赔偿以填补受损害方的损失为目的，而不是为了制裁违约方。虽然惩罚性赔偿具有预防和制裁不法行为的功能，但是立法者主要是在《民法典》侵权责任编和《消费者权益保护法》等中对侵权行为作出惩罚性赔偿的规定，且局限在故意侵权场合。③ 在违约责任领域，《民法典》并未为违约行为规定惩罚性赔偿。更何况，我国违约损害赔偿责任以无过错责任为原则，债务人对通常事变负责，违约损害赔偿不适宜发挥制裁的作用。（3）赔偿性违约金属于违约损害赔偿的范畴，应以实际损失为基础调整其数额，不产生制裁违约方的效果。"惩罚性违约金"旨在督促债务人严格按照合同履行义务，可用于弥补难以计算的非财产损失，也不是真正意义上的制裁。

第二，违约责任具有相对性。违约责任只能在特定的合同当事人之间发生，合同之外的第三人不承担违约责任，合同当事人原则上也不对第三人承担违约责任。《民法典》第 593 条规定："当事人一方因第三人的原因造成违约的，应当依法向对方承担违约责任。当事人一方和第三人之间的纠纷，依照法律规定或者按照约定处理。"该条便是关于违约责任具有相对性的提示注意规定。例外情况是，在真正的利益第三人合同中，第三人虽然不是合同关系的当事人，但债务人在不履行债务时，应向该第三人承担违约责任。比如，人寿保险合同中的保险人不履行合同的，应向受益人承担违约责任。

第三，违约责任具有一定的任意性。当事人可以在不违反法律强制性规定的前提下对违约责任自由约定。比如，当事人可以预先约定违约行为的类型、违约金的数额、损害赔偿的计算方法、免责事由等。这种自由约定是合同自由原则的体现，也是合同当事人对未来可能出现的风险进行预防和控制的方式。④ 当事人约定惩罚性违约金的，还能

---

① 王家福. 中国民法学：民法债权. 北京：法律出版社，1991：132.

② 韩世远. 合同法学. 2 版. 北京：高等教育出版社，2022：266.

③ 《民法典》第 1185 条规定："故意侵害他人知识产权，情节严重的，被侵权人有权请求相应的惩罚性赔偿。"第 1207 条规定："明知产品存在缺陷仍然生产、销售，或者没有依据前条规定采取有效补救措施，造成他人死亡或者健康严重损害的，被侵权人有权请求相应的惩罚性赔偿。"第 1232 条规定："侵权人违反法律规定故意污染环境、破坏生态造成严重后果的，被侵权人有权请求相应的惩罚性赔偿。"

④ 李开国. 民法典. 北京：法律出版社，2007：156.

发挥督促债务人严格依约履行的效果。不过，当事人关于违约责任的约定不能违反法律、行政法规的效力性强制性规定，也不得违背公序良俗。

第四，违约责任具有补偿性。违约责任的补偿性主要体现为违约损害赔偿的补偿性。违约损害赔偿以填补损失为目的，而非以制裁违约方为目的。在合同法中，原则上不承认惩罚性损害赔偿，因为惩罚性赔偿主要发挥吓阻不法行为的目的，而违约行为经常是当事人商业行动失败后的结果。

## 二、违约的内涵和形态

### （一）违约的内涵

违约是指违反合同义务，也就是不履行合同债务。债务不履行或者违约行为是强制实际履行、违约损害赔偿等违约责任的构成要件之一。根据《民法典》第579条，金钱债务的强制实际履行其实只有一个要件，那就是存在债务不履行；结合《民法典》第580条来解释，非金钱债务的强制实际履行有两个要件：一是存在债务不履行，二是不存在《民法典》第580条第1款规定的除外情形。

对于债务不履行的概念，可以有两种理解方式：第一种理解方式是，债务不履行是指未依照债的本旨履行债务的客观状态；第二种理解方式是，债务不履行是指债务人未依照债的本旨履行债务，且对此缺乏正当事由。按照第一种理解方式，债务不履行作为构成要件的实际意义不大，难以在司法实践中发挥限定违约责任范围的作用。按照第二种理解方式，债务不履行不包括那些属于正当、合法的情形，如当事人行使双务合同中的履行抗辩权。此时，债务不履行作为一项独立构成要件便有助于划定违约责任的适用范围，更有实际意义。正当事由是使不履行具有正当性的事由，其不等于免责事由。免责事由既可能基于约定产生，也可能基于法定产生。比如，当事人在免责条款中约定“销售商因生产商原因而迟延履行的，不向买受人承担损害赔偿责任”，此为约定的免责事由。无论是约定的免责事由，还是法定的免责事由，都只是使债务不履行方免于承担部分或者全部违约损害赔偿责任，而非使该行为具有正当性。就上述例子而言，销售商因生产商原因而迟延交货的，其虽然不承担损害赔偿责任，但是不存在正当事由，否则买受人连行使同时履行抗辩权的余地也不复存在，显然不合理。

总之，债务不履行要件的主要功能是将基于正当事由拒绝履行的行为排除在外。这些正当事由包括双务合同中的履行抗辩权、赠与人的穷困抗辩权、保证人的先诉抗辩权等。

### （二）违约的形态

违约的形态是按照违约行为的性质和特点对其所作的一些分类。[①]《民法典》合同编主要采取“救济”进路。在违约发生时，首要问题是受损害方希望获得何种救济或者行使何种权利。违约究竟属于哪种形态，则是一个相对次要的问题。

《民法典》合同编“通则”违约责任一章包含债法的一般规定，该章不仅包含违约形态，还隐含着意定之债和法定之债共同的债务不履行形态。从债法的层面说，给付不

① 韩松，等编著.合同法学.2版.武汉：武汉大学出版社，2014：126.

能、给付迟延、其他义务违反是最基本的三种债务不履行形态，一些大陆法系国家的债法正是以此“三分法”为出发点，从“原因”进路出发构建履行障碍法的规则和理论体系。《民法典》合同编没有采取原因进路，而是采取“救济”进路。与大陆法系国家传统债法相比，我国合同法上给付不能的地位有所降低，主要作为实际履行的排除事由发挥作用。债务不履行的一般类型主要包括迟延履行、不完全履行。鉴于预期不履行不会发生在侵权之债等场合，其不属于债务不履行的一般类型，而只是违约行为的一种类型。

对于违约的形态，比较常见的分类方法是：先区分预期违约（又称先期违约、期前违约）、届期违约（又称实际违约、即期违约）；然后将届期违约区分为迟延履行、不完全履行；再将迟延履行区分为债务人迟延、债权人迟延，将不完全履行区分为瑕疵给付、加害给付和违反附随义务。上述分类方法具有认识上的价值，对于法院适用法律也有一定帮助。只不过，由于我国合同法上对实际履行、违约损害赔偿和法定解除权均规定了一般条款或者兜底条款，所以无论采取何种划分方法，也无论能否严格区分不同形态，通常都不会影响当事人获得救济。下面介绍几项主要的违约形态。

1. 预期违约

按照违约发生在履行期限届满前抑或届满之后，可以区分预期违约和届期违约。《民法典》第578条规定：“当事人一方明确表示或者以自己的行为表明不履行合同义务的，对方可以在履行期限届满前请求其承担违约责任。”这是关于预期违约类型和法律后果的基本规定。

预期违约包括明示毁约、默示毁约两种类型。明示毁约是指在履行期到来前明确表示不履行合同义务；默示毁约是指在履行期到来前以自己的行为表明不履行合同义务。以言词表明不履行的，该言词的内容必须足够确定，以至于可以合理地将其理解为这种违约将实际发生。① 义务人自愿地积极作为，使其自己在事实上不能履行或者不能完全履行合同的，也构成期前不履行。② 比如，尽管没有任何言词，出卖人将作为标的物的房屋转让给第三人的，便构成期前不履行，这便是默示的预期违约。需要指出的是，如果是经营困难，有不能履行合同的可能性，那便不属于自愿的积极作为，相对人虽然可以此为由行使不安抗辩权，从而中止履行自己的给付义务，但尚不能轻易将此认定为构成预期违约。原则上，只有债务人在合理期限内未恢复履行能力且未提供适当担保，才可视其为默示毁约，债权人可以解除合同或者请求债务人承担违约损害赔偿责任。

从预期违约的发展历史来看，其主要适用于十分严重的违约情形，以致相对人可视其为完全违约。③ 有观点认为，如果被拒绝履行的仅是合同的部分内容，并不妨碍债权人的根本目的，这种拒绝履行并没有使债权期待成为不能，就不构成先期违约。④ 有的则强调预期违反义务的重大性特征。⑤ 根本违约确实是预期违约的主要情形。不过，上述界定主要与预期违约致使合同全部解除有关。如果认为减价也是预期违约的一种法律

① E. 艾伦·范斯沃思. 美国合同法. 葛云松，丁春艳，译. 北京：中国政法大学出版社，2004：602.

② E. 艾伦·范斯沃思. 美国合同法. 葛云松，丁春艳，译. 北京：中国政法大学出版社，2004：604.

③ E. 艾伦·范斯沃思. 美国合同法. 葛云松，丁春艳，译. 北京：中国政法大学出版社，2004：597-601.

④ 韩世远，崔建远. 先期违约与中国合同法. 法学研究，1993 (3)：34.

⑤ 叶金强，我国合同法中的“预期违约”制度. 南京大学学报（哲学·人文科学·社会科学版），2002 (4)：58.

后果，那便不能排除预期不完全履行存在的可能性。

解除合同是预期违约的主要法律后果。非违约方解除合同的，一般应依据《民法典》第 563 条第 1 款第 2 项，即“在履行期限届满前，当事人一方明确表示或者以自己的行为表明不履行主要债务”。换言之，预期违约解除权的法律依据就是有关法定解除权的一般规定。

在预期违约场合，对损害赔偿额的估算与在届期违约中类似。受损害方要证明，假如没有对方的违约行为，那么自己原本会履行合同。在计算赔偿额时，人民法院应当考虑受损害方因为不必再提出给付而避免支出的费用，以及因为利用该部分资源所避免的损失。由于预期违约发生在履行期到来之前，受损害方特别要采取合理措施避免损失的扩大，否则会影响其行使违约损害赔偿请求权或者实际履行请求权的效果。比如，租赁合同中出租人怠于通过替代交易避免损失扩大的，无论是请求承租人赔偿租金损失还是请求承租人继续履行租赁合同，其有权请求的租金数额都会在违反减损义务的范围内减少。

2. 届期违约

在我国，届期违约主要包括迟延履行、不完全履行两种类型。拒绝履行可以分为期前拒绝履行和届期后拒绝履行，两者分别归入预期不履行和迟延履行。

迟延履行可以在两层意义上使用。第一种意义上的迟延履行是指，在债务履行期限届满时能够履行而未履行，是与履行不能相并列的范畴。然而，我国法上的履行不能并非与迟延履行相并列的范畴，对于履行不能场合出现的债务不履行，应当分别交由预期违约、迟延履行等来处理。比如，出卖人甲和买受人乙之间的买卖合同是以某幅不可替代的画为标的物，甲在履行期限届满前故意焚毁该画的，既构成履行不能，也构成预期违约，乙可以根据有关预期违约的规定，在履行期限届满前要求甲承担违约责任。甲在履行期限届满后第十天焚毁该画的，既构成履行不能，也构成迟延履行，乙可以以其迟延履行导致合同目的不能实现为由解除合同，并请求其承担损害赔偿责任。第二种意义上的迟延履行是指，债务人在履行期限届满时未履行债务，而不论债务是否能够履行。笔者主要采后一用法。

履行期是债务人应当履行债务的期限。履行期限包括确定期限和不确定期限。确定期限是通过期日、期间等加以确定的期限，比如，当事人约定于 2022 年 3 月 1 日履行或者于 2022 年 3 月底之前履行，期限届满而未履行的，债务人自动陷入履行迟延。这就是所谓“期限代人催告”。不确定期限是指，以事件的发生作为履行期限，而该事件的发生时间具有不确定性。如果是不确定期限，那么自债权人告知履行期限后，或者自债务人知道或者应当知道期限到来后，债务人陷入迟延；需要合理时间准备的，该期限届满后债务人陷入迟延。履行期限约定不明确的，债权人催告是债务人陷入迟延的必要条件。具言之，债权人催告之后，债务人才陷入迟延；履行债务需要合理时间准备的，该合理期限届满后债务人陷入迟延。而债务人届期拒绝履行的，债权人的催告或者准备时间均无必要，债务人立即陷入迟延。

《民法典》对迟延履行的具体法律效果作出不少专门规定。比如，《民法典》第 563 条第 1 款第 3 项的规定，债务人迟延履行主要债务的，债权人可行使合同解除权。又如，根据《民法典》第 585 条第 3 款的规定，迟延履行的违约金请求权可以与继续履行请求权一并行使。还如，根据《民法典》第 590 条第 2 款的规定，当事人迟延履行后发生不可抗力的，不能免除违约责任。

不完全履行是指债务人虽在届期后履行了债务，但履行在质量、种类、数量、方式等方面不符合债之本旨。《民法典》第 582 条规定：履行不符合约定的，应当按照当事人的约定承担违约责任。对违约责任没有约定或者约定不明确，依据《民法典》第 510 条的规定仍不能确定的，受损害方根据标的的性质以及损失的大小，可以合理选择请求对方承担修理、重作、更换、退货、减少价款或者报酬等违约责任。该条便是关于不完全履行的一般规定。

不完全履行与履行不能的关系，与前述迟延履行与履行不能的关系类似。不完全履行也可以同时构成部分履行不能。比如，出卖人甲和买受人乙之间的买卖合同是以一套不可替代的丛书为标的物，履行期限届满之时因出卖人甲的过失部分书籍灭失，仅交付剩余部分书籍，此时既构成不完全履行，也构成部分履行不能。不完全履行导致合同目的完全不能实现的，债权人可以依据《民法典》第 563 条第 1 款第 4 项解除合同，未导致合同目的完全不能实现的，债权人可以主张减价。

## 第二节　实际履行

### 一、实际履行的内容

实际履行也称强制履行、强制实际履行，是以第三方的强制力为保障的实际履行。在现代社会，这种强制力由国家垄断，强制履行通过强制执行程序得到实现。我国将强制执行的权力赋予司法机关。强制实际履行责任虽然在债务不履行时便已经存在，但只有在债权人获得生效法律文书等执行依据后才能现实发生。法院可能在生效判决中指定履行期间，逾期未履行的，债务人可能要加倍支付迟延履行期间的利息。

实际履行是违约责任的核心内容之一，也是债的效力的主要内容之一。从债务人的角度来说，其应当承担实际履行责任；从债权人的角度来说，其享有实际履行请求权。在我国合同法上，与实际履行对应的概念是继续履行，是指在出现违约之后，要求违约方按照原合同继续履行。①

实际履行的内容是原定给付义务。实际履行既可以针对预期违约，也可针对届期违约；既可针对迟延履行，也可针对不完全履行。

### 二、实际履行的方法

强制履行是债权在实体法上的效力，强制执行程序是确保债权、担保权实现的司法程序。为保障债权实现，强制执行的方法有三种，包括直接强制、代替执行和间接强制。

---

① “继续履行”用语并不严谨，因为其既可以包括强制履行，又可以包括违约当事人自行而非在法院的强制下继续履行，参见郭明瑞，房绍坤主编.合同法学.3 版.上海：复旦大学出版社，2016：182。

（一）直接强制

直接强制是指依靠国家强制力直接实现债权的内容，从而原原本本地实现债权。比如，交付某幅画。对于以交付金钱为标的的债权，直接强制是实现债权的最有效方式，而且不会侵害债务人的人身自由、人格尊严。对于以作为为给付内容的债权，如交付动产，也可以通过直接强制来实现。不过，如果给付内容是提供服务，那么原则上其不适于直接强制，因为直接强制往往会侵害债务人的人身自由、人格尊严；对于不作为债权，通常也不适于直接强制。

（二）代替执行

对于一项债务，如果可以由债务人以外的第三人代为提供给付，从而实现债权，那么司法机关可以决定由债务人承担费用，第三人代履行。这种强制执行方式便是代替执行，在我国法上也称为代履行、替代履行。该强制履行方式在大陆法系国家被普遍适用，这与大陆法系民法对实际履行较为重视有关。由于代替执行基本上不会侵害债务人的人格尊严、人身自由，所以在以作为为债权的标的时，这是一种较为有效的强制执行方式。比如，由第三人代为修理机动车，代为恢复生态环境等。

应当区分民事执行法上的替代履行与民法上的修理费用偿还请求权。两者有以下区别：(1) 性质不同。替代履行是强制执行方式之一，修理费用偿还请求权是一项实体法请求权。(2) 适用条件不同。适用替代履行的条件是债务人不履行生效法律文书中指定的行为义务，其只能产生于法律文书生效之后；适用修理费用偿还请求权的条件是能够修理、修理费用并非过高，且债务人怠于修理，该权利的产生与是否存在执行依据无关。(3) 适用范围不同。替代履行适用于各类具有可替代性的作为义务，修理费用偿还请求权在合同纠纷中主要局限于存在质量瑕疵的场合，原则上只在出卖人、出租人、承揽人怠于修理时才适用。(4) 费用的确定方法不同。替代履行费用由法院酌定。修理费用偿还请求权人委托第三人实施替代行为时，费用的数额原则上取决于当事人之间的约定。(5) 获得费用的程序不同。被执行人不自愿承担替代履行费用的，由法院在执行程序中通过直接强制一并予以处理，债权人不需要经由诉讼程序另行主张；修理费用偿还请求权属于债权人的实体法权利，需要经由诉讼程序予以主张。

《民法典》第 581 条规定了替代履行及其实体法效果。该条规定的实体法效果是，在可以适用替代履行这种执行方式时，不应根据《民法典》第 580 条第 1 款第 2 项排除债权人的实际履行请求权。《民法典》第 581 条与第 580 条第 1 款第 2 项中都包含关于“强制履行”的规定，但是其内涵和法律效果并不相同。《民法典》第 580 条第 1 款第 2 项规定的“债务的标的不适于强制履行”是指人身性给付不能，此时既不得直接强制，又不适于由第三人替代履行，还不适于间接强制，故其法律效果是排除债权人的实际履行请求权。与之不同的是，对于《民法典》第 581 条规定的债务，尽管不得直接强制，仍可通过替代履行的方式予以强制，故不应排除债权人的实际履行请求权。可见，立法者将《民法典》第 581 条置于第 580 条之后，旨在明确规定一种不适用第 580 条第 1 款第 2 项的情形。需要指出的是，如果将《民法典》第 581 条解释为关于替代履行费用偿还请求权的规定，不仅不符合文义、体系等解释标准，还会与代替给付的损害赔偿请求权功能重叠，产生不必要的竞合问题。[1] 在我国合同法上，债权人请求债务人承担修理费用的法律依据是《民法典》第 582 条、第 713 条、第 781 条，以及《买卖合同解释》第 16 条、《商品房买卖合同解释》第 10 条第 2 款等。

（三）间接强制

间接强制是指对债务人施加某种不利益，迫使债务人为一定行为；这种不利益通常表现为罚金。在传统债法上，间接强制是兜底性的执行措施，只有在代替执行不能达到目的的情况下才可适用。[2] 在现代债法上，间接强制的适用范围有扩张的趋势。比如，在不支付抚养费、赡养费的场合，直接强制反而不利于债权的及时实现，而间接强制可能更有助于债权的及时实现。

## 三、实际履行的排除

实际履行责任的成立并不要求具备特别条件，这一点与违约损害赔偿责任不同，因为违约方本就应该按照合同中约定的债务内容提供给付。因此，只要原定给付义务能够履行、适于履行，债权人即可行使该请求权，不须考虑违约方是否存在过错。不过，存在履行不能等事由的，实际履行请求权将被排除。

《民法典》第 579 条和第 580 条区分了金钱之债与非金钱之债，对于金钱之债不必考虑实际履行的排除问题，只有对非金钱之债才需考虑实际履行的排除问题。《民法典》第 579 条规定："当事人一方未支付价款、报酬、租金、利息，或者不履行其他金钱债务的，对方可以请求其支付。"第 580 条第 1 款规定："当事人一方不履行非金钱债务或者履行非金钱债务不符合约定的，对方可以请求履行，但是有下列情形之一的除外：（一）法律上或者事实上不能履行；（二）债务的标的不适于强制履行或者履行费用过高；（三）债权人在合理期限内未请求履行。"上述有关继续履行请求权的排除规定既适用于合同之债，也适用于侵权行为之债、不当得利之债等法定之债。尤需指出的是，无论是迟延履行场合的实际履行请求权，还是不完全履行场合的补正履行请求权，均可适用《民法典》第 580 条第 1 款的规定。

（一）法律上或者事实上不能履行

法律上的给付不能是指基于法律上的原因而不可能提供给付。此时，提供给付要以违反法律的禁止性规定为代价。比如，出卖人必须违反有关活禽买卖的禁止性规定才能销售柴鸡的，便存在法律上的给付不能。法律上的原因是广义的，既可能基于法律、行政法规、地方性法规、自治条例、单行条例的规定，也可能基于国务院部门规章、地方政府规章中的规定。不过，如果合同因违反法律、行政法规的强制性规定而为无效，那么给付义务自始未生效，不存在排除给付义务的问题。事实上的给付不能是指基于自然法则上的原因无法提供给付。比如，一幅不可替代的画已被焚毁，不可能被交付。又如，一幢房屋在被装修之前已被拆除，不可能被装修。

在学理上，给付不能包括以下几种类型：（1）永久不能与一时不能。根据债务履行期

---

① 武腾.《民法典》权利实现规定与司法程序的配置.吉林大学社会科学学报，2022（1）：175-178.

② 我妻荣.新订债权总论.王燚，译.北京：中国法制出版社，2008：82.

限内存在的履行障碍是永久性的，还是仅在某个时间点或时间段存在，可以将给付不能区分为永久不能和一时不能。一幅不可替代的画被焚毁，即为永久不能；因禽流感疫情，政府发布限制活禽交易的命令，出卖人不能按期交付活禽的，便为一时不能。永久不能会导致相对人的履行请求权被永久排除，其与消灭无异；一时不能只有在造成债权目的不能实现，进而相对人行使解除权的情形下，才会导致履行请求权消灭，否则只是在一段时期内产生中止履行请求权的效力。(2) 自始不能与嗣后不能。自始不能是指在债务关系成立时就存在的给付不能，也称原始不能；嗣后不能是指在债务关系成立之后，因一定原因发生的不能。在传统债法上，曾有关于自始不能的合同自始无效的规则，如今该规则已被抛弃。即使是自始不能，也不影响合同的效力。(3) 客观不能与主观不能。客观不能是指任何人都不可能完成给付的情形，如作为标的物的房屋被彻底焚毁；主观不能是指因债务人个人不具备相应条件而陷入不能，如在建造高楼时承包人无合适的建筑资质。①

### （二）标的不适于强制履行

标的不适于强制履行主要是指人身上的给付不能，即必须亲自提供劳务的给付。如果只有对人身施加直接或间接强制才能实现实际履行，而且即使加以强制也可能影响履行的效果，那就不适于强制履行。比如，演员拒绝出席典礼的，尚可通过间接强制方式促使其履行义务；演员拒绝表演一场话剧的，即使通过间接强制方式迫使其履行，也可能影响演出质量。演出对于艺术性要求越高，越不适合通过间接强制方式来迫使债务人履行。

人身上的给付不能有以下几项特点。第一，人身上的给付不能经常发生于需要个人特殊的艺术、科学等方面能力的场合。比如，委托建筑设计师为城市设计一件标志性雕塑或者委托一位画家画一幅肖像画的，该义务便既不能直接强制，也不适合间接强制。第二，人身上的给付不能也经常发生于需要特殊信赖关系的场合。比如，在心理医生与患者之间，心理医生不履行合同义务的，便不适合进行直接强制或者间接强制。又如，在合伙合同中，只有当事人之间密切协作才能维系经营活动，任何一方拒绝进行协作的，都不适合进行直接强制或者间接强制。第三，人身上的给付不能原则上不应适用于企业承担义务的情形。比如，委托建筑设计公司设计房屋的，该公司不能以工程师拒绝设计为由，主张设计义务被排除。

存在人身上的给付不能的，法院不应支持债权人的实际履行请求权，因为其既不适合直接强制，又不适合间接强制，还不适合由第三人替代履行，即使作出支持实际履行请求的判决，也无法通过强制执行程序实现债权。不过，这种给付不能大多与债务人履行合同的主观意愿和努力程度有关。如果债务人决心履行债务，那么只要合同目的尚未不能实现，合同就有继续履行的可能，所以人身上的给付不能不会产生债务自动消灭的结果，而仅产生抗辩权。②

### （三）履行费用过高

履行费用过高也称为经济上的给付不能，是指债权人所获利益与债务人为提供给付

① 刘心稳. 债权法总论. 2版. 北京：中国政法大学出版社，2015：145.

② 王洪亮. 债法总论. 北京：北京大学出版社，2016：217.

所支出的费用或者产生的耗费相比，显著不合比例。如果出现履行费用过高，那么尽管排除给付障碍在理论上是可能的，但即使是一个理性人也无法期待债务人会履行。比如，甲不慎将应交付给乙的戒指落入海中，大海捞针纵然具有事实上的可能性，但会产生极高的费用。在判断履行费用是否过高时，应当依据诚信原则判断是否明显丧失均衡性。换言之，债务人提供给付是否会产生不成比例的耗费。所谓耗费，除金钱上的费用之外，还包括人的作为与努力。这一耗费应当与债权人的利益作比较。[①] 在判断是否不成比例时，需要考虑债务人是否有可归责事由。如果债务人有可归责事由，那么债权人当然会期待债务人以较多的努力来克服障碍。比如，出卖人将标的物转让给第三人时，买受人会期待其以高于市价的价格购回。[②]

在商业实践中，较为典型的履行费用过高情形包括：(1) 债务人修复标的物所要支出的费用，是其重新购置同类标的物所需价款的数倍，而债权人对于该标的物并无特殊利益需要保护。(2) 债权人要求债务人更换的一款标的物已经退出生产线，为更换该标的物可能需要重新调整生产线，造成其他产品的生产受严重影响，债务人为此耗费的时间和金钱成本过高。

履行费用过高产生的是一项抗辩权，而非无须主张的抗辩，因为债务人仍可以以不成比例的耗费去实际履行。只要债务人主张本项抗辩，就溯及既往地排除了给付迟延。[③]

履行费用过高可能与情势变更有关。在合同订立之后、履行完毕之前，如果客观上发生当事人在订立合同时难以预见的重大变化，履行的费用显著增加，那么债权人要求债务人严格按照合同履行原定给付义务，可能违反诚信原则。在这种情况下，陷入履行艰难的当事人可以拒绝履行。不过，对于合同的内容，需要当事人基于诚信原则进行磋商，进而变更或者解除合同。此时，适用有关情势变更的规定。

#### （四）实际履行请求权的失效

实际履行请求权受到时间上的特别限制。一段合理期限经过后，违约方可能产生了对方不再主张实际履行的合理信赖。为保护这种信赖，履行请求权失效。该合理期限应当自债权人知道或者应当知道不履行之日起计算。合理期限的长度与标的物的性质、合同目的紧密关联，给付的内容越具有时效性，实际履行请求权的失效期间越短。比如，对不合格花卉的更换请求，应当在短暂的几日内提出。

需要指出的是，只有经债务人主张，债权人的履行请求权才发生失效的效果。

#### （五）合同僵局与司法终止

《民法典》第 580 条第 2 款规定："有前款规定的除外情形之一，致使不能实现合同目的的，人民法院或者仲裁机构可以根据当事人的请求终止合同权利义务关系，但是不影响违约责任的承担。"其主要用于处理合同僵局问题。该款的目的主要是赋予违约方以请求终止合同权利义务关系的救济，而不是赋予受损害方以给付不能解除权。原因是，在一方出现履行不能等情形导致对方合同目的不能实现时，受损害方可以依据《民

① 黄立. 民法债编总论. 台北：元照出版公司，2006：456-457.

② 黄立. 民法债编总论. 台北：元照出版公司，2006：457.

③ 黄立. 民法债编总论. 台北：元照出版公司，2006：457.

法典》第563条第1款行使解除权，其只需要通知相对人即可解除合同，不需要经由人民法院或者仲裁机构行使解除权。

合同僵局规定的适用需要满足三个条件：(1) 请求终止合同权利义务关系的当事人负有非金钱债务，且存在该标的不能履行、不适于强制履行、履行费用过高等情形；(2) 合同目的不能实现；(3) 经由人民法院或者仲裁机构实现合同权利义务关系的终止。合同僵局规定的主要适用情形是，利益同向型合同的当事人不履行合作义务，致使共同的合同目的不能实现或难以实现。所谓利益同向型合同，主要是指合同中包含共享收益、共担风险之类条款的合同，当事人之间需要长期合作，以便实现收益增加等共同目的。双方当事人都可能存在一定程度的违约行为，致使合作关系破裂、信赖基础丧失，双方被继续束缚在该合同中已无实益，故即使是违约方亦可请求司法机关终止合同权利义务关系。依据《民法典合同编通则解释》第59条，当事人一方依据《民法典》第580条第2款的规定请求终止合同权利义务关系的，人民法院一般应当以起诉状副本送达对方的时间作为合同权利义务关系终止的时间。根据案件的具体情况，以其他时间作为合同权利义务关系终止的时间更加符合公平原则和诚信原则的，人民法院可以以该时间作为合同权利义务关系终止的时间，但是应当在裁判文书中充分说明理由。我们认为，合同僵局情况复杂多样，不能一概将起诉状副本送达对方的时间作为合同权利义务关系终止的时间，人民法院应该充分考虑交易性质、当事人陷入僵局的事由和时间、当事人违约的情况以及过错程度、资源浪费情况等，按照公平原则和诚信原则，妥当认定合同权利义务关系终止的时间，尤其需要查清当事人合作关系彻底破裂的时间。

## 四、实际履行与损害赔偿、解除的关系

### （一）实际履行与损害赔偿的关系

关于实际履行与损害赔偿的关系，在《民法典》第583条中有专门规定。该条对继续履行与损害赔偿可以一并主张作出规定，对于这两项救济之间是否存在优先与劣后的关系，则没有作出规定。《民法典》第577条虽然采用了“继续履行、采取补救措施或者赔偿损失”这样的表述，但这并不意味着在适用该条主张违约责任时必须遵循从前到后的顺序。[①]

在我国法上，在实际履行与代替给付的损害赔偿之间，不存在必须优先适用其中一种救济手段的原则。在德国法上，实际履行相对于代替给付的损害赔偿具有优先适用的地位；在英美法上，一般认为损害赔偿的地位较突出，只要损害赔偿能够充分救济违约方，法院通常便不给予债权人实际履行的救济。[②] 在我国法上，并未规定以实际履行或者损害赔偿为优先的救济手段。在债权人主张实际履行时，法院应结合债务的性质、实际履行的费用等综合判断是否给予债权人实际履行的救济；在债权人主张代替给付的损害赔偿时，法院应结合交易习惯、债务人是否愿意通过及时履行来填补损失、债权人对债务人的信赖是否已经动摇等，综合判断是否给予债权人损害赔偿的救济。

---

① 崔建远. 合同法. 4版. 北京：北京大学出版社，2021：385.

② 江平主编. 中华人民共和国合同法精解. 北京：中国政法大学出版社，1999：92.

### (二) 实际履行与解除的关系

实际履行与解除合同在目的上相反，前者是要求违约方按照合同中约定的内容履行义务，后者是将当事人从合同中原定给付义务的拘束中解放出来，两者无法并存。因此，受损害方一并主张实际履行请求权与解除权的，不可能得到全部支持。

## 五、不完全履行场合的补正履行

根据《民法典》第 582 条规定，在履行不符合约定的场合，受损害方可以根据标的性质和损失的大小，合理选择要求对方承担修理、重作、更换、退货、减少价款或者报酬等违约责任。履行不符合约定即为不完全履行，是指履行不符合合同义务的要求。[①]不完全履行既包括瑕疵给付（不良给付），又包括加害给付。瑕疵给付是指给付不符合合同债务的本旨，但未给债权人的固有利益造成损害。比如，所购买的书籍缺页。加害给付是指给付不仅不符合合同债务的本旨，还进一步造成债权人固有利益受损害。比如，所购买的食品已变质，造成食物中毒。

补正履行，也称采取补救措施，包括修理、重作等方式。这些方式根据合同标的的不同而有多种表现形态，如数量短缺场合的补足、通信网络信号覆盖不足场合的补强。至于对补正履行具体方式之间的合理选择，不能简单适用《民法典》第 580 条第 1 款第 2 项关于履行费用过高的规定，而应该综合考察债权人的请求和债务人的积极补救行为，强调违约方与相对人之间的诚信沟通，在违约方积极提供的补救措施与受损害方主张的补救措施不一致的场合，如果受损害人并无值得保护的特殊利益，那么应该认定违约方积极提供的补救措施具有合理性。[②]

需要指出的是，尽管《民法典》第 577 条列举的违约责任承担方式包括继续履行和采取补救措施，但是两者没有本质差异。采取补救措施，是指修理、重作、更换等，可以被继续履行所涵盖。

退货不属于补正履行的范畴。有观点认为，对退货的性质需要具体问题具体分析，可有合同解除、代物清偿、合同更改等形式。[③] 根据该观点，退货在发展过程中首先分为两种情况：一是合同解除，二是中间或过渡状态。而后者又可以发展为更换、代物清偿、合同更改或者合同解除，演化和发展的情形颇为复杂。还有观点认为，退货是行使拒绝受领权的效果之一，而非合同解除效力的表现。[④] 多数观点认为，退货是解除权行使的表现。[⑤] 买受人要求退货，通常是主张解除合同并请求出卖人返还价款，只有在满足解除权的要件时，买受人才能主张退货。

---

① 刘心稳. 债权法总论. 2 版. 北京：中国政法大学出版社，2015：151－153.

② 对债权人、债务人均有利的瑕疵补正行为，应具有优先地位，参见谢鸿飞. 合同法学的新发展. 北京：中国社会科学出版社，2014：476。进一步分析，参见武腾. 救济进路下不完全履行的定位和效果. 法律科学，2021（3）：153。

③ 崔建远. 退货、减少价款的定性与定位. 法律科学，2012（4）：95.

④ 韩世远. 合同法总论. 4 版. 北京：法律出版社，2018：426.

⑤ 王利明. 合同法研究：第 3 卷. 北京：中国人民大学出版社，2012：112；郭明瑞，房绍坤主编. 合同法学. 上海：复旦大学出版社，2009：261；苏号朋. 合同法教程. 3 版. 北京：中国人民大学出版社，2015：312.

# 第三节　违约损害赔偿

## 一、违约损害赔偿的归责事由

损害赔偿的首要功能是填补民事主体所受到的损害，即补偿功能；其次，损害赔偿也能在一定程度上预防造成损害的行为发生，此为其预防功能。[①] 损害赔偿是债法乃至民法上的核心问题之一。尽管现代责任保险（如机动车交通事故责任强制保险）制度日益发达，在相当程度上有利于填补受损害人的损害，但其仍难以替代损害赔偿法的地位。在传统债法上，对于损害赔偿规定了完全赔偿原则、赔偿方式、与有过失、损益相抵等共通规则，既适用于违约损害赔偿，也适用于侵权损害赔偿。在我国，尽管合同法中的损害赔偿规则与侵权责任法中的损害赔偿规则不乏相同或共通之处，但在损害赔偿的归责原则、限定规则等方面也存在明显差异，需加注意。

归责事由是违约损害赔偿中的基础问题。所谓归责，是指确定某个结果归由某人负责或者某种法律后果归由某人承担的判断过程。归责的法律根据就是归责事由，典型的归责事由是过错。如果某种归责事由是某种归责活动的一般依据，那么往往称之为归责原则；有原则就有例外，同一后果（如损害）在不同的交易中归由债务人承担，可能需要不同的归责事由。所谓违约责任的归责事由，就是违约损害赔偿责任归由某人承担的根据；强制履行责任不需要归责事由，因为给付义务是由当事人约定的，按照约定提供给付是当事人意思自治的结果，不需要另外寻找债务人实际履行的根据。[②]

违约损害赔偿可以是基于风险分配的范围归责，也可以是基于过错归责，两者分别对应着无过错责任和过错责任。无过错责任与过错责任的区分是针对给付义务的违反而言的，附随义务的违反都采用过错责任。结果之债（如买卖合同、承揽合同）中给付义务的不履行，一般实行无过错责任，容易区分债务不履行行为与过错。手段之债（如委托合同）中给付义务的不履行，一般实行过错责任，债务不履行行为与过错通常难以区分，往往只能一并判断。[③] 在具体情形中，无过错责任可能会进一步加重，如债务人迟延履行场合中的绝对责任；过错责任也可能进一步减轻，如无偿合同中的给付义务人仅对故意或重大过失承担责任。

### （一）无过错责任

对《民法典》第 577 条、第 584 条和第 590 条进行解释，可以发现违约损害赔偿责任的成立不以过错为一般要件，反而是以不可抗力为免责事由。因此，违约损害赔偿原则上实行无过错责任。

无过错责任是指不论违约方是否存在过错，只要其存在不履行行为，就应承担损害赔

---

① 王泽鉴. 损害赔偿. 北京：北京大学出版社，2017：35.

② 关于违约责任归责原则的适用范围，参见朱广新. 合同法总则研究：下册. 北京：中国人民大学出版社，2018：648 - 651。

③ 周江洪. 服务合同的类型化及服务瑕疵研究. 中外法学，2008（5）：670.

偿责任，除非存在不可抗力等免责事由。以无过错责任为原则意味着，通常事变的风险归由义务方承担，不可抗力等风险则由双方共同承担。在无过错责任领域，违约损害赔偿责任的成立要件包括：(1) 损害，(2) 债务不履行，(3) 债务不履行与损害之间的因果关系，(4) 无免责事由。在买卖合同、借款合同、租赁合同、承揽合同等典型合同中，当事人不履行主给付义务的，在认定违约损害赔偿责任的成立时，均须满足上述要件。

(二) 过错责任

过错责任是指违约损害赔偿以过错为归责事由。对于实行过错责任的情形，《民法典》合同编“典型合同”分编中已经作出明确规定，这与侵权损害赔偿的情形恰成对比。① 过错的形式包括故意、过失。故意是指积极追求债务不履行或消极放任该后果的出现。过失是指违反应尽的注意义务，导致债务不履行发生。所谓重大过失，是指债务人严重背离普通人应尽的注意义务。

需要指出的是，在买卖合同、承揽合同等结果之债中，给付结果未出现即构成债务不履行，需要独立考察免责事由是否存在。在委托合同等手段之债中，即使当事人期待的目标（如病人被治愈，理财产品获利）未实现，也未必构成债务不履行，只有因债务人的过错期待的目标未实现的，才构成债务不履行，作为客观要件的债务不履行和作为主观要件的过错难以清晰区分。判断债务人是否违反其应尽的注意义务，是判断手段之债中违约损害赔偿是否成立的关键步骤。只要债务人违反其应尽的注意义务，且债权人遭受的损失属于债务人违反该类义务通常造成的损失，那么违约损害赔偿责任便可成立。

在《民法典》合同编中，实行过错责任的情形大致可分为三类：一是以提供服务为标的的若干合同中，《民法典》规定了过错责任为违约损害赔偿责任的归责原则；二是在赠与合同中，鉴于其无偿性，赠与人只有在存在过错的情况下才承担违约损害赔偿责任；三是鉴于附随义务是基于诚信原则而生的，违反附随义务产生的损害赔偿责任均属于过错责任。

## 二、违约损害赔偿的构成要件

根据违约损害赔偿是实行无过错责任还是过错责任，其构成要件有所不同。在实行无过错责任的领域，其构成要件包括：(1) 损害，(2) 债务不履行，(3) 债务不履行与损害之间具有因果关系，(4) 无免责事由。在实行过错责任的领域，违约损害赔偿的构成要件包括：(1) 损害，(2) 债务不履行，(3) 债务不履行与损害之间的因果关系，(4) 过错。两者的不同之处在于前者仅要求无免责事由，后者则要求存在过错这种归责事由，且过错原则上应由受损害方主张和证明。

(一) 损害

只有存在损害，才会有损害赔偿责任。如何界定损害并区分其类型，对于损害赔偿责任的承担具有重要意义。一般认为，损害是指受损害方现在的利益状态与假如损害事件不存在时的利益状态之间的差额。如果前者减去后者得到的是一个负数，那便存在损

① 在《民法典》侵权责任编中，以过错责任为原则，不必作出具体规定；反而是无过错责任，须作出明确规定。

害。损害赔偿请求权的目的是回复到假如损害事件不存在时受损害人所处的状态。在违约场合，是使受损害方处于假如合同得到完全履行，其所应处于的状态。比如，因甲向乙迟延交付钢材，乙的工程建设时间延迟，后者向发包人支付违约金，乙有权要求甲赔偿的损害就包括自身所支付的违约金。

损害的分类包括以下几种：第一，按照《民法典》第584条的规定，损害的类型不仅包括所受损失，还包括所失的可得利益。前者包括财产的积极减少和责任的增加，后者包括因不能向第三人履行合同而丧失的收益。第二，根据损害是否为财产上的损害，可以将其划分为财产损害和非财产损害。第三，根据损害的范围，可以将损害分为迟延损害、填补损害等。第四，在合同债务中，可赔偿的利益可分为履行利益和信赖利益。

（二）债务不履行

债务不履行的概念可在两种意义上被使用：一是事实上的债务不履行，即债务未依债之本旨履行的客观状态；二是债务未依债之本旨履行，且债务不履行方对此缺乏正当事由。后者的实际意义较大，因为通过债务不履行的要件可以排除那些正当的不履行，如债务不履行方行使双务合同中的履行抗辩权。

正当事由是使不履行具有正当性的事由，其不等同于免责事由。免责事由既可能基于约定产生，也可能基于法定产生，后者如不可抗力。无论是约定的免责事由，还是法定的免责事由，仅是使债务不履行方免于承担部分或者全部违约损害赔偿责任，并非使其行为具有正当性。

（三）不可抗力

根据《民法典》第180条的规定，不可抗力是指不能预见、不能避免且不能克服的客观情况。根据《民法典》第590条的规定，因不可抗力不能履行合同的，根据不可抗力的影响，部分或者全部免除违约责任，但法律另有规定的除外。当事人迟延履行后发生不可抗力的，不能免除其违约责任。

关于不可抗力，需注意以下两方面内容。第一，不能预见与不能预测应予区分。所谓不能预见，是指可能预测但无法预见，对于地震、海啸等，虽然可以认知、监测，甚至在一定范围内预测，但在订立合同时对于其发生的具体时间、范围，均无法预见。换言之，即使可以提前预测自然灾害、军事冲突等，对于交易来说通常也缺乏实际意义，这类现象属于典型的不可抗力。第二，所谓不能避免，是指即使尽最大努力也不能采取合理措施予以避免。所谓不能克服，是指尽最大努力也不能克服。至于何种程度的努力可谓最大努力，不能基于当事人的主观标准进行判断。如果采取该合同中当事人的主观标准加以判断，那么不可抗力便会“因人而异”，显然不利于交易安全；相反，应当基于社会生活的通常观念，从普通人的客观标准出发加以判断。一般而言，自然灾害、军事冲突、战争是典型的不可抗力。突发传染病带来的物价波动本身不构成不可抗力，但是为防治突发性传染病而紧急实施的政府命令往往构成不可抗力。

1. 不可抗力对违约责任产生的效果

在不可抗力导致债务不履行的范围内，部分或者全部免除债务人的违约损害赔偿责任。不可抗力导致不能履行合同的，不影响遭受不利影响的一方当事人行使解除权、减价权，因为该两项权利的行使不以不履行方存在可归责事由为前提条件。不可抗力导致不能履行，当事人的合同目的因而无法实现的，该当事人可以依据《民法典》第 563 条第 1 款第 1 项解除合同。

当事人迟延履行后发生不可抗力的，不免除其违约责任。也就是说，在债务人迟延给付后，即使发生不可抗力导致其不能继续履行债务，也不免除其违约损害赔偿责任。《民法典》第 590 条第 2 款可以类推适用于债权人迟延的情形。债权人履行陷入迟延后，发生不可抗力导致其受领不能的，仍然应当按照受领迟延处理，不影响债权人承担不利后果。

需要指出的是，如果不可抗力导致给付不能，那么实际履行责任也不成立。不过，排除实际履行请求权的，并非不可抗力，而是给付不能。质言之，不可抗力是因，给付不能是果，实际履行责任的排除只需考察给付不能的范围，而不必在乎其原因是否为不可抗力。

2. 通知义务和证明的提供

当事人一方因不可抗力不能履行合同的，应当及时通知对方，以减轻可能给对方造成的损失，并应当在合理期限内提供证明。该通知义务是基于诚信原则而生的附随义务。即使不可抗力造成当事人不能履行给付义务，但是当事人之间相互照顾彼此利益的义务并不因此免除。不履行方怠于履行通知义务，给对方造成损失的，应承担违反附随义务的违约责任，如赔偿对方原本可以避免支出的费用。

至于“在合理期限内提供证明”的规定，其规范目的有二：一是为了避免当事人之间产生纠纷，二是为债权人行使保险金请求权或者解决其与第三人之间的纠纷提供协助。

3. 约定的不可抗力条款

对于不可抗力的免责效果，《民法典》第 590 条第 1 款第一句仅规定“但是法律另有规定的除外”，而未规定“当事人另有约定的除外”。可见，只有在法律有特别规定的情况下，才会排除不可抗力的免责效果。这意味着，不可抗力免责之规定属于效力性强制性规定，原因在于，既然是不能预见、不能避免且不能克服的客观情况，如果让受不可抗力影响的一方当事人承担违约损害赔偿的后果，无疑向该方当事人分配了过重的风险，违反无过错责任的规范目的，也有违公平原则。

既然不可抗力免责规定属于效力性强制性规定，当事人便不能概括排除不可抗力免责规定的适用。如果当事人概括排除不可抗力免责规定的适用或者排除了不可抗力的核心内容（如将地震排除在不可抗力外），那么该约定因违反效力性强制性规定而无效。不过，当事人可以在合同中约定不可抗力的具体范围，特别是将处于不确定范围内的事项加以明确。在实践中，当事人可能在所谓的不可抗力免责条款中加入了本不属于不可抗力的事项（如供电中断），这种约定仍然可能生效。只不过，这部分内容其实是当事人约定的普通免责事由，而非不可抗力事由。

（四）过错

违约损害赔偿以无过错责任为原则，以过错责任为例外。在实行过错责任的领域，过错是不履行方承担损害赔偿责任的归责事由。过错的形式包括故意、过失。故意是指对债务不履行的产生知道而积极追求其后果或消极放任该后果的出现。过失是指违反善良管理人的注意义务，导致债务不履行的出现。有的合同中，如有偿委托合同、有偿保管合同，债务人只要存在过错，就应承担损害赔偿责任；而有的合同中，如无偿委托合同、无偿保管合同，无偿提供服务的当事人只有故意或者重大过失导致损害产生，才承担损害赔偿责任。所谓重大过失，是指债务人严重背离同等地位的普通人应尽的注意义务，从而未能预见或者未能避免损害的发生。

（五）因果关系和可预见性

债务不履行与损害之间具有因果关系是损害赔偿责任的要件之一。只有由债务不履行导致的损害，才能予以赔偿。不难理解的是，借助自然科学意义上的因果关系，容易导致损害赔偿责任漫无边际，因此学说上通过规范目的对因果关系进行限制。在各类学说中，最重要的当属相当性理论。根据相当性理论，只有在极不寻常的，甚至对理性人来说也是无法预见的情况下，引起损害的原因才是不重要的。这是基于价值考量而对因果关系进行的限制。在侵权损害赔偿领域，立法并未对因果关系作出更为具体、明确的规定，有关因果关系的学说具有重要意义。在违约损害赔偿领域，立法者明确规定了可预见性规则，用于限制损害赔偿的范围。[①] 对于因果关系和可预见性规则之间的关系，学界存在不同观点，有的认为可预见性规则隶属因果关系，有的倾向于认为可预见性规则独立于因果关系。我们认为，尽管因果关系作为违约损害赔偿责任构成要件的地位仍须予以承认，但实际上发挥限定违约损害赔偿范围功能的，不是真正意义上的因果关系学说，而是可预见性规则及其理论。

依据《民法典》第 584 条的规定，可得利益赔偿的范围不得超过违约方在订立合同时预见到或者应当预见到的范围。在适用可预见性规定时，其要点包括以下几个方面：

其一，预见的主体是违约方以及处于违约方地位的普通理性人，而非合同双方当事人。合同违约方是损害赔偿的债务人，只有将损害赔偿与其预见能力相结合才具有正当性，如果以合同双方当事人共同的预见范围为基础，那便会不当缩小赔偿范围。如果仅以合同违约方实际预见到的内容为准，那也可能不当缩小损害赔偿的范围，因此还应当考虑合同违约方的注意标准，即兼顾一个处于合同违约方地位的普通理性人的立场，合同违约方因重大过失而未尽到一个普通理性人的注意标准，从而未预见到损害的，仍应在该范围内承担损害赔偿责任。[②] 依据《民法典合同编通则解释》第 63 条第 2 款，除合同履行后可以获得的利益外，非违约方主张还有其向第三人承担违约责任应当支出的额外费用等其他因违约所造成的损失，并请求违约方赔偿，经审理认为该损失系违约一方订立合同时预见到或者应当预见到的，人民法院应予支持。

其二，预见的时点是订立合同时而非不履行债务时。合同是当事人通过合意对未来生活或交易风险进行的安排，一个理性人在订立合同时应对未来损害进行预估并在合同中作出适当安排。因此，应当以合同订立之时作为预见的时点。

其三，违约方只需预见到损害的性质和种类，不要求其预见到损害的范围，除非该

① 可预见性规则是违约损害赔偿范围的基本限定规则，参见韩世远. 合同法学. 2 版. 北京：高等教育出版社，2022：286。

② 可预见性标准应兼顾主观标准与客观标准，多数国家都考虑到客观标准和违约人的特质，参见李永军. 合同法. 北京：中国人民大学出版社，2016：230。

范围的变化导致产生一项新的损害类型。可预见性规则的适用具有一定弹性，在涉及故意侵害固有利益的情形时应当从宽解释，在普通商事交易中则要避免将可预见范围解释得过宽。比如，一家保洁公司订购的机械在迟延两个月后才送达，出卖人有义务赔偿买受人在通常情形下使用该机械所能获得的利益，因为出卖人可以预见到该机械将在被送达后立即投入使用；但是，如果保洁公司因此丧失一项利润丰厚的政府订单，那么对于高额的利润部分，出卖人不负责赔偿，因为这超出其应当合理预见的范围。又如，在运输行业中，对于所运输商品的赔偿，需要考虑到托运人在订立合同时对标的物性质和价值的声明，以及承运人在通常交易环境下检视标的物所能认识到的标的物性质和价值。标的物本身损坏的，对于其价值和运费，承运人原则上应予以完全赔偿，除非当事人之间存在有效的限制责任约定。对于由标的物毁损导致的商业机会丧失等损失，承运人原则上不应予以赔偿，但承运人故意损坏标的物的除外。概言之，在普通货运交易中，应对可预见范围作从严解释，防止给运输服务经营者带来过重的负担。

对于当事人来说，可预见性规则具有促使其全面履行披露义务的效果。[①] 如果当事人在订立合同时未将自身与合同有关的重要利害关系加以告知，那么即使是一个理性的相对人也难以预见其可得利益的损失范围。按照可预见性规则，那些基于违约方所不能掌握的事项产生的损失，通常无法被纳入违约损害赔偿的范围之中。

## 三、违约损害赔偿的方法和范围

在传统债法上，损害赔偿的原则是完全赔偿原则，即无论是基于故意，还是基于过失，对于受损害方所遭受的损害均应予以全部赔偿。对于完全赔偿原则，我国合同法和侵权责任法虽未明确予以规定，但学说上基本予以承认。就违约损害赔偿而言，完全赔偿的目的，其实就是对受损害方的履行利益（或称期待利益）进行赔偿。

### （一）违约损害赔偿的方法

在传统民法上，损害赔偿的方法包括回复原状和金钱赔偿，以回复原状为原则。在我国法上，对于恢复原状和赔偿损失分别作出规定。恢复原状在侵权法上以修理、更换等为主要内容。在合同法上，修理、更换是不完全履行场合下进行补正履行的具体方式，故可以纳入实际履行的范畴，难以纳入损害赔偿的范畴。因此，违约损害赔偿的方法就是金钱赔偿。

### （二）违约损害赔偿的范围

损害赔偿请求权的目的是使受损害人回复到假如损害事件不存在时受损害人所处的状态。在违约场合，是使受损害人处于假如合同得到完全履行时，其所应处于的状态。

1. 损害的分类

第一，所受损失和所失利益的区分。按照《民法典》第 584 条的规定，损害赔偿的类型不仅包括所受损失，还包括所失的可得利益。前者包括财产的积极减少和责任的增加。比如，因为不能向第三人履行合同而丧失的定金属于所受损失，因向另一银行获得高利息贷款而多支付的利息也属于所受损失。所失利益包括因不能向第三人履行合同而

① 谢鸿飞. 合同法学的新发展. 北京：中国社会科学出版社，2014：493.

丧失的收益。比如，因演员不能参加演出而向观众退票的，可得票款收益便是所失利益。

第二，根据损害是否为财产上的损害，可以将其划分为财产损害和非财产损害。财产上的损害是指赔偿权利人财产上发生的不利变动，既包括财产的积极减少，也包括财产的消极不增加。非财产上的损害是指财产之外的其他利益损害，主要是精神上的痛苦、不安等。对于非财产上的损害，主要由精神抚慰金来处理，在我国也称之为精神损害赔偿。如果合同是以精神利益的满足为主要目的，那么在服务提供方违约时，原则上允许给予对方精神损害赔偿。

第三，根据损害的范围，可以将损害分为迟延损害、填补损害。迟延损害是因迟延履行而造成的损害。比如，金钱之债迟延履行场合的利息，即为典型的迟延损失。在不完全履行场合中，即使通过追加、补充履行实现完全履行，也存在迟延损害，故继续履行请求权可与迟延损害赔偿请求权一并行使。填补损害也称代替给付的损害，是指在未实际履行的情况下，通过损害赔偿使债权人达到与债务履行时同等的地位。在给付不能或者继续履行失败的情形中，受损害方可以请求代替给付的损害赔偿。比如，在不能返还租赁的礼服时，按照同类礼服的市价进行赔偿。

第四，在合同法中，将可赔偿的利益区分为履行利益和信赖利益。履行利益的损害是指一方当事人因另一方没有履行债务而遭受的损害，对这类利益进行赔偿的目的是使当事人处于假如债务被完全履行时，其所会处于的状态。《民法典》有关违约损害赔偿的规定，肯定了违约损害赔偿应当赔偿履行利益的损失。信赖利益的损害是指一方当事人因信赖法律行为有效而遭受的损害，对这类利益进行赔偿的目的是使当事人处于假如其未曾知道该法律行为时其所会处于的状态。《民法典》第 157 条的规定，民事法律行为被撤销后，有过错的一方应当向对方当事人赔偿损失。这就属于信赖利益的损害赔偿。在合同被解除的场合，由于解除并不使合同溯及既往地归于无效，当事人仍有权要求对履行利益的损害赔偿，只不过需要减去因合同解除后不再履行给付义务而节省的费用。但由于履行利益的损失不易证明，而信赖利益的损失相对容易证明，即使当事人有权请求履行利益的损害赔偿，也可以转而请求赔偿信赖利益的损失。

此外，在合同一方当事人对相对人负有忠实义务的场合，该当事人违反忠实义务获得利益的，经常构成严重的违约行为。相对人主张违约损害赔偿时，如果因为难以确定实际损失和所失利益，便不予赔偿，恐怕有失公允。此时，法院应当综合考虑交易类型、违约方获益情况等因素，允许相对人请求违约方交出所获利益。[①] 依据《民法典合同编通则解释》第 62 条，非违约方在合同履行后可以获得的利益难以根据该解释第 60 条、第 61 条的规定予以确定的，人民法院可以综合考虑违约方因违约获得的利益、违约方的过错程度、其他违约情节等因素，遵循公平原则和诚信原则确定。在司法实践中，违约方所获得的利益是酌定损害赔偿数额时的重要考量因素之一。只不过该规定的适用范围不可随意扩张，应该主要限于违约方负有忠实义务等场合，避免严重冲击损害

① 关于归入利益，参见梅尔文·A.艾森伯格.合同法基础原理.孙良国，王怡聪，译.北京：北京大学出版社，2023：419。

赔偿的功能——填补损失。

2. 违约精神损害的可赔性

传统学说否认违约损害赔偿包括精神损害赔偿。《民法典》生效之后，应当认为违约损害赔偿包括精神损害赔偿。有的合同以当事人精神利益的满足为目的，违反合同义务造成当事人的精神利益无法得到满足的，违约方应当赔偿精神损害。如旅游合同、婚庆服务合同等合同中，服务提供者违反合同的，原则上应当支持服务接受者的精神损害赔偿请求。

合同履行过程中，一方当事人可能给相对方的人身权益造成损害，包括严重的精神损害。此时也应当承认当事人可以通过主张违约责任获得精神损害赔偿。《民法典》第996条规定："因当事人一方的违约行为，损害对方人格权并造成严重精神损害，受损害方选择请求其承担违约责任的，不影响受损害方请求精神损害赔偿。"该损害赔偿责任究竟是侵权损害赔偿，还是违约损害赔偿？对此有两种解释方案：第一种解释方案认为该损害赔偿属于侵权损害赔偿，此时受损害方依据《民法典》第577条、第583条、第584条请求其承担由违约造成的财产损失，同时依据《民法典》第996条、第1165条和第1183条主张精神损害赔偿，这意味着当事人能同时主张违约责任（不包含精神损害赔偿）和侵权责任（包含精神损害赔偿）。第二种解释方案认为该损害赔偿属于违约损害赔偿的内容，依据《民法典》第577条、第583条、第584条以及第996条，受损害方即使主张违约责任，也可包含精神损害赔偿。在第一种解释方案下，当事人实际上同时主张违约责任和侵权责任，而不是"选择请求其承担违约责任"，与《民法典》第186条有关请求权竞合的规定存在矛盾。第二种解释方案与《民法典》第186条不矛盾，只不过按照请求权相互影响说，《民法典》第1183条有关限制精神损害赔偿的规定仍应类推适用。从体系标准进行解释，第二种解释方案更为可取，受损害方选择请求承担违约责任的，可依据《民法典》第577条、第583条和第584条直接获得精神损害赔偿。

## 四、违约损害赔偿的计算

### （一）计算方法

在计算违约损害赔偿的数额时，根据差额说，应当以受损害方现存的利益状态和假如损害事件不存在时受损害方所处的利益状态之间的差额进行计算。依据《民法典合同编通则解释》第60条第1款，人民法院依据《民法典》第584条的规定确定合同履行后可以获得的利益时，可以在扣除非违约方为订立、履行合同支出的费用等合理成本后，按照非违约方能够获得的生产利润、经营利润或者转售利润等计算。上述计算方法符合差额说的立场。比如，在买卖合同中，因出卖人迟延交货，标的物价格下降，买受人以较高的价格转售时可得利润与其以较低价格转售时所得利润之差，即为其损失。又如，在租赁合同中，承租人迟延返还租赁物并按原合同的约定支付租金，出租人因迟延返还而未能再出租的，其在新的租赁合同中可收取的租金与其依据原合同所收取租金之差，即为损失。还如，在承揽合同中，因承揽人迟延完成机动车的修理工作，机动车所有人暂停营业时间延长的，停业延长期间的预期利润即为损失。

在可替代的交易中，受损害方在合理期间内以合理方式订立一项替代性合同的，该合同中的价格与被违反的合同中的价格之差，可被推定为损失。为寻找替代性交易而额外支出的费用亦可包含在损失之中。受损害方未采用替代性交易，而同类交易有市价的，合同中的价格与合同解除时的市价之差，可被推定为损失。为建立替代性交易而产生的合理支出亦可包含在损失之中。依据《民法典合同编通则解释》第 60 条第 2 款和第 3 款，非违约方依法行使合同解除权并实施了替代交易，主张按照替代交易价格与合同价格的差额确定合同履行后可以获得的利益的，人民法院依法予以支持；替代交易价格明显偏离替代交易发生时当地的市场价格，违约方主张按照市场价格与合同价格的差额确定合同履行后可以获得的利益的，人民法院应予支持。非违约方依法行使合同解除权但是未实施替代交易，主张按照违约行为发生后合理期间内合同履行地的市场价格与合同价格的差额确定合同履行后可以获得的利益的，人民法院应予支持。

在计算继续性合同中的违约损害赔偿数额时，寻找替代性交易的合理期限具有重要意义。依据《民法典合同编通则解释》第 61 条，在以持续履行的债务为内容的定期合同解除后，人民法院可以根据当事人的主张，参考合同主体、交易类型、市场价格变化、剩余履行期限等因素确定非违约方寻找替代交易的合理期限，并按照该期限对应的价款、租金等扣除非违约方应当支付的相应履约成本确定合同履行后可以获得的利益。非违约方主张按照合同解除后剩余履行期限相应的价款、租金等扣除履约成本确定合同履行后可以获得的利益的，人民法院不予支持。但是，剩余履行期限少于寻找替代交易的合理期限的除外。

损害的计算方法分为抽象的计算方法和具体的计算方法。抽象的计算方法也称客观的计算方法，是指仅考虑市场中通常的替代性交易价格进行计算；具体的计算方法又称主观的计算方法，着眼于交易的具体情况，根据受损害方具体遭受的损失进行计算。[①] 两种计算方法的主要差异在于是否考虑受损害方的主观的、具体的因素。比如，在出卖人拒不交货的场合，合同中约定价格为 100 元/千克，买受人与第三人订立的转售合同约定价格为 130 元/千克，履行期到来时，履行地的市场价为 150 元/千克。如果按照主观计算方法进行计算，那么考虑到买受人转卖货物的具体因素，损失是 30 元/千克；如果按照客观计算方法进行计算，那么只需要考虑履行地的市场价，而不需要考虑买受人转售时的定价，故实际损失是 50 元/千克。主观计算方法和客观计算方法在各国司法实践中都有所采用，难以简单地说采用何种计算方法更为公平、合理。[②] 在选取计算方法时，既要考虑到当事人证明的难度，也要考虑到对受损害方进行救济的充分性。如果受损害方难以对主观因素进行证明，那便应适用客观计算方法；如果缺少市场中可供比较的替代性交易，那便不妨适用主观计算方法。

（二）损害的确定性

损害必须具有合理程度的确定性。受损害方交易机会的丧失具有可赔性，只要其具

---

① 王利明. 合同法研究：第 2 卷. 3 版. 北京：中国人民大学出版社，2015：648－649；韩世远. 合同法总论. 4 版. 北京：法律出版社，2018：819.

② 王利明. 合同法研究：第 2 卷. 3 版. 北京：中国人民大学出版社，2015：649.

有合理程度的确定性。损害的数额不具有足够程度的确定性时，可由法院酌定。

在适用违约损害赔偿规定判决赔偿可得利益的损失时，实践中的主要困难便是预期可得利益的不确定性。在市场上没有同类交易可供比较时，这种困难尤其突出。比如，甲高校与乙打印店约定，将教学楼一层的一间房屋出租给乙打印店使用，而甲高校实际上只将地下一层的一间房屋出租给乙打印店使用，因为地上一层房间全部用作教室和办公室。由于这种交易是在特定的环境中面向特定的消费者人群，通过替代性交易来计算可得利益损失的难度很高。①

（三）损害的项目准用《民法典》侵权责任编的规定

《民法典》侵权责任编包含有关人身损害赔偿、财产损害赔偿的具体项目的规定，在违约损害赔偿的计算中亦可适用。比如，《民法典》第1179条规定：“侵害他人造成人身损害的，应当赔偿医疗费、护理费、交通费、营养费、住院伙食补助费等为治疗和康复支出的合理费用，以及因误工减少的收入。造成残疾的，还应当赔偿辅助器具费和残疾赔偿金；造成死亡的，还应当赔偿丧葬费和死亡赔偿金。”因违约一方当事人遭受人身损害，受损害方主张违约损害赔偿的，可准用该条有关人身损害赔偿的规定，违约方应赔偿受损害方医疗费、护理费、交通费、营养费、住院伙食补助费等为治疗和康复支出的合理费用，以及因误工减少的收入。

（四）损益相抵规则

损害赔偿不得使受损害方获益。基于禁止得利原则，赔偿的最大范围是受损害方的履行利益，即受损害方不得因违约损害赔偿而处于比假如合同得到完全履行时其所处地位更优越的地位，如果受损害方因损害事件获益，那么其所获利益应从所受损害中减去。比如，甲和乙订立钢材买卖合同，甲迟延交付钢材，乙因为延期而延迟转售钢材，此时钢材价格上涨，乙从中获得的利益即为所得利益。这种利益为积极利益。又如，甲迟延交付作为买卖标的物的奶牛，乙因此节省了饲料等费用。这种利益为消极利益。只要与违约行为之间存在因果关系，那么这些利益就应从损失中扣除。②

《民法典》虽然未在合同编违约责任一章对损益相抵规则进行明确规定，但在计算损失时，应当将因同一赔偿原因事实获取的收益从损失中扣除。此为损害赔偿计算的题中应有之义。依据《民法典合同编通则解释》第63条第3款，在确定违约损失赔偿额时，违约方主张扣除非违约方因违约获得的额外利益或者减少的必要支出的，人民法院依法予以支持。《买卖合同解释》第23条规定：“买卖合同当事人一方因对方违约而获有利益，违约方主张从损失赔偿额中扣除该部分利益的，人民法院应予支持。”上述规定明确了损益相抵规则在违约损害赔偿中的适用。

（五）与有过失规则

基于公平原则，在受损害方自身对损害的发生和扩大有过错时，有必要对完全赔偿原则进行缓和，由此产生与有过失规则。与有过失是指，受损害方对损害的发生和扩大

① 类似案例参见“兰州星达发展有限公司与西北民族大学拍卖合同纠纷案”，最高人民法院（2013）民申字第1452号民事判决书。

② 郭明瑞，房绍坤主编. 合同法学. 3版. 上海：复旦大学出版社，2016：190.

有过错的，应当相应减轻相对方的损害赔偿责任。该规则是违约损害赔偿与侵权损害赔偿的共通规则。

按照《民法典》第591条的规定，当事人一方违约后，对方应当采取适当措施防止损失的扩大；没有采取适当措施致使损失扩大的，不得就扩大的损失请求赔偿。当事人因防止损失扩大而支出的合理费用，由违约方负担。该条规定的是减损义务，又称损害扩大的与有过失规则。减损义务是债权人在债务不履行造成损害之后，采取适当措施避免损失扩大的义务。减损义务属于不真正义务，违反该义务的后果是义务人遭受不利益，即就损失扩大的部分丧失损害赔偿请求权。债权人为防止损失扩大而支出的合理费用，属于损害的范畴。“适当措施”是一个开放的不确定概念，在适用于具体案件时，须由法官作价值补充，使其具体化。①

依据《民法典》第592条第2款的规定，当事人一方违约造成对方损失，对方对损失的发生有过错的，可以减少相应的损失赔偿额。该条规定的是损害发生的与有过失规则。

对于损害发生的与有过失和损害扩大的与有过失，《民法典》在合同编中采取了分立模式，在侵权责任编中则采取了统一模式。② 有鉴于此，与有过失便有广义和狭义之分，广义的与有过失是指受损害方对损失的发生或者扩大有过错，狭义的与有过失仅指受损害方对损失的发生有过错。依据《民法典合同编通则解释》第63条第3款，在确定违约损失赔偿额时，违约方主张扣除非违约方未采取适当措施导致的扩大损失、非违约方也有过错造成的相应损失的，人民法院依法予以支持。该规定中的“非违约方未采取适当措施导致的扩大损失”和“非违约方也有过错造成的相应损失”分别对应的是损失扩大上的与有过失和损失发生上的与有过失。在《民法典》合同编采取分立模式的情况下，人民法院在违约场合适用法律时，原则上应当区分受损害方究竟是对损失的发生存在过错，还是对损失的扩大存在过错，以便精准适用法律规定。不过，两者之间的界限可能不易划分。在不易区分时，人民法院可以通过同时援引《民法典》第591条和第592条第2款来回避这种区分。

## 第四节　违约金

### 一、违约金的分类

对于违约金，必须根据当事人订立违约金条款时的意思区分其类型，一种违约金是赔偿性违约金，即损害赔偿额的预定；另一种违约金是惩罚性违约金或称固有意义上的违约金，其并不旨在对损害赔偿额进行预定，而是以迫使对方严格按照合同履行义务为

① 韩世远. 合同法总论. 4版. 北京：法律出版社，2018：812.

② 按照《民法典》1173条，被侵权人对同一损害的发生或者扩大有过错的，可以减轻侵权人的责任。该条显然一并规定了损害发生场合的与有过失和损害扩大场合的与有过失。

目的，以担保为其主要功能，以填补损害为其次要功能。[①] 赔偿性违约金恰恰不属于固有意义的违约金，而属于损害赔偿责任的范畴。

惩罚性违约金的支付以受损害方值得保护的正当利益受损为前提，该利益损失通常是难以计算、难以预估，甚至是不可赔的。通过下述例子，不难发现赔偿性违约金（损害赔偿额的预定）和惩罚性违约金之间的区别。

**【例 1】** 甲为一图书销售商，乙为一出版社。近两年，甲在 8 月下旬至 9 月上旬开学季的《民法学》教材销售量基本维持在 1 万册左右，净利润约 5 万元。2024 年 6 月，甲与乙约定，乙在 9 月 10 日前须交付 1 万册《民法学》教材，否则数量每短缺 1 000 册，乙须支付 5 000 元违约金。

**【例 2】** 乙为甲公司的高级管理人员，甲与乙在聘任合同中约定，乙在聘任合同终止之后仍对其掌握的甲公司的客户信息负有保密义务，乙如果违反该保密义务，须承担 50 万元的违约金。

**【例 3】** 乙为一演艺人员，甲为一演出经纪公司，甲与乙在演出经纪合同中约定，甲公司为乙提供演出经纪服务，帮助乙提高知名度并获得演出机会，乙在 7 年内不得终止经纪合同或者与其他演出经纪公司订立经纪合同，否则须根据提前终止合同的时间，承担每年 500 万元违约金。

在上述例子中，例 1 中的违约金可以认定为赔偿性违约金，当事人根据其往年经营情况，对可能因发生违约而造成的利润损失进行预估，以此为基础订立违约金条款，可以减轻履行利益损害的证明负担。例 2 和例 3 中的违约金都属于惩罚性违约金。在例 2 中，乙如果泄露甲公司的客户信息，给甲公司造成的损失是难以在订立聘任合同时进行计算和预估的；例 3 中的乙在获得知名度之后提前终止与甲公司的合同的，其给甲造成的利润损失也难以在订立演出经纪合同时进行计算和预估。其实，在订立演出经纪合同时，演员能否成为知名演员都具有很大不确定性。总之，在上述例 2 和例 3 中，甲方在合同中订立违约金条款的目的都是迫使乙方严格按照合同履行义务，违约金的数额并非对违约损害赔偿额的预定；实际上，甲方在订立合同时也很难对违约损害赔偿额进行计算和预估。

违约金在历史上主要作为债务履行的担保工具而存在。为促使债务人履行债务，当事人往往约定较高数额的违约金，以形成一种严格履约的压力。此类违约金的主要目的在于担保履行，而非解决损害赔偿问题。

## 二、违约金的调整

### （一）赔偿性违约金的调整

赔偿性违约金属于损害赔偿额的预定，因此其调整应以实际损失为基础。《民法典》第 585 条第 2 款规定："约定的违约金低于造成的损失的，人民法院或者仲裁机构可以根据当事人的请求予以增加；约定的违约金过分高于造成的损失的，人民法院或者仲裁

① 韩世远. 合同法总论. 4 版. 北京：法律出版社，2018：824；韩强. 违约金担保功能的异化与回归：以对违约金类型的考察为中心. 法学研究. 2015：47；姚明斌. 违约金论. 北京：中国法制出版社，2018：76－87.

机构可以根据当事人的请求予以适当减少。”这实际上只能适用于赔偿性违约金，而不适用于惩罚性违约金，因为后者主要针对的就是难以计算的正当利益损失。

依据《民法典合同编通则解释》第 65 条，当事人主张约定的违约金过分高于违约造成的损失，请求予以适当减少的，人民法院应当以《民法典》第 584 条规定的损失为基础，兼顾合同主体、交易类型、合同的履行情况、当事人的过错程度、履约背景等因素，遵循公平原则和诚信原则进行衡量，并作出裁判。约定的违约金超过造成损失的 30%的，人民法院一般可以认定为过分高于造成的损失。恶意违约的当事人一方请求减少违约金的，人民法院一般不予支持。明确违约金过高的具体判断标准，固然有助于统一裁判尺度，但是应该避免采取较为简单的做法，即仅按照超过造成的损失的 30%的标准来认定违约金过高，并酌减至实际损失的 130%。相反，应该按照根据违约金性质、违约情形、交易类型等，更有针对性地调整违约金数额。

（二）惩罚性违约金的调整

惩罚性违约金是具有担保功能的违约金，旨在督促债务人严格按照合同履行债务，也称为固有意义上的违约金。这种具有担保功能的违约金并非损害赔偿额的预定，而是旨在督促债务人不要给债权人造成难以计算或难以确定的利益损失。对于惩罚性违约金，只有在其担保债务履行的目的与担保手段之间显著不合比例时，才有调整的必要。在前述例 2 中，乙不履行保密义务的，即使未给甲造成实际损失，该违约金也不失合理性，无须调整。因为一旦造成损失，其后果可能难以估量，违约金条款所维护的正当利益具有显而易见的重要性；即使通过高额的违约金迫使乙严格履行保密义务的，担保手段与担保目的之间也并非不合比例。

下面再看一则例子：

**【例 4】**　甲向乙购买两盒月饼，支付 200 元。为督促乙在农历八月十五前交付月饼，甲与乙约定，乙迟延履行的，需支付 800 元违约金。

为使债务人在农历八月十五前按期交付月饼，可以约定违约金。800 元违约金具有担保功能（属于惩罚性违约金），但与债权人于节日期间享受的利益相比恐怕不合比例，有必要予以酌减。此类违约金酌减也应经由司法机关实现。司法机关需要综合考虑违约情形的严重性、受损害方正当利益受损的程度、违约方的主观恶性等因素，而不应以实际损失为标准。就例 4 来说，假设甲不得不临时购买其他月饼作为替代，通常情况下，其会因为月饼价格降低而未遭受实际损失，然而其原本可以食用特定食品的正当利益也已丧失，惩罚性违约金并不缺乏合理性，经调整之后仍应予以支持。

由于人民法院不得依职权主动调整违约金，所以只有在当事人提出请求时，人民法院才能予以调整。在司法实践中，有的当事人可能仅在诉讼中主张合同不成立、无效、被撤销、确定不发生效力、不构成违约等，进而主张自己不应支付违约金，未主张调整过高的违约金，依据《民法典合同编通则解释》第 66 条第 1 款，法院在上述场合有释明义务。

无论是何种类型的违约金，在违反公平原则时都可以调整，故违约金调整规定属于强制性规定。当事人通过约定排除适用违约金调整规定的，该约定无效。

## 三、迟延履行场合的违约金

《民法典》第585条第3款规定："当事人就迟延履行约定违约金的，违约方支付违约金后，还应当履行债务。"对于该款是否规定了惩罚性违约金，学界有不同意见。一般来说，如果将迟延履行违约金作为损害赔偿额的预定，则其构成赔偿性违约金；如果迟延履行违约金旨在迫使债务人按期履行，伴随迟延时间的增加而比例不断增加，那便构成惩罚性违约金。

如果当事人约定的违约金是赔偿性违约金，那么只有在当事人约定的违约金并非代替给付的损害赔偿额的预定时，其才可以与履行请求权并存，否则不得再请求继续履行。如果当事人约定的违约金是惩罚性违约金，那么可直接适用《民法典》第585条第3款的规定。

## 四、押金、质量保证金与惩罚性违约金

在实践中，还存在押金、质量保证金等具有担保功能的工具。比如，在租赁合同中承租人通常需要向出租人支付一个月租金作为押金，在承租人依约返还租赁物时出租人返还押金。又如，在建设工程合同中，发包人常常将工程款的5%至10%作为质量保证金加以扣留，只有在质量保证期间内建设工程未出现质量问题，或者承包人及时有效修复质量问题，发包人才将质量保证金（部分价款）支付。这些担保工具的目的在于给承租人、承包人施加压力，促使其全面履行合同义务。

与惩罚性违约金相同而与违约定金不同的是，押金、质量保证金都不会对双方当事人产生同等的压力，而只会对一方当事人产生压力。① 比如，出租人、发包人即使有违约行为，也不发生所谓双倍返还押金或者双倍支付质量保证金的问题。因此，惩罚性违约金、押金、质量保证金往往是合同中居于强势地位的一方当事人向相对人施加压力的工具。

与惩罚性违约金相比，押金、质量保证金具有以下特点：第一，惩罚性违约金经常用于担保那些难以计算的正当利益免受损失；而押金、质量保证金通常旨在担保合同履行过程中的普通财产利益免受损失，如租赁物不被损坏、建设工程不存在质量瑕疵。第二，惩罚性违约金只有在出现违约行为的时候才产生请求权，押金、质量保证金从一开始便支付给相对人。在实践中，出租人通常连押金的法定孳息也不会返还给承租人，其实际上长期无偿使用该笔资金；发包人扣留的质量保证金可能达到价款的10%，由于部分款项的支付期限延后，承包人获得利润的时间也明显延后。第三，相关部门制定的合同示范文本是押金、质量保证金条款成为市场交易中常见现象的主要推动因素之一，以致其与市场中自生自发的交易习惯难以区分，相关主管部门维护市场秩序的初衷值得理解，但这类条款最终导致合同中处于弱势的一方当事人承受较多负担或较大成本。有鉴于此，押金、质量保证金有可能成为一方当事人向另一方当事人施加过重负担的工

① 柳经纬主编. 债权法. 6版. 厦门：厦门大学出版社，2019：76；刘心稳. 债权法总论. 2版. 北京：中国政法大学出版社，2015：187.

具。无论是否采用合同示范文本，只要当事人在订立合同时采用的押金、质量保证金条款是不可磋商的，就必须依据格式条款相关规定对这些条款的实质合理性进行审查。如果押金数额过高或者质量保证金在价款中所占比例过高，那便构成不合理地加重对方责任，属于无效格式条款。

## 第五节　定　金

依据《民法典》第 586 条的规定，当事人可以约定一方向对方给付定金作为债权的担保。可见，定金属于债权的担保，而不属于违约责任，只不过违约定金具有违约救济的功能。将定金担保规定在违约责任部分，是因为《民法典》对于各种担保制度未进行彻底体系化，而是尽可能在维持《合同法》《物权法》基本框架不变的情况下完善相关规定。鉴于定金相关条文数量较少，立法者决定在违约责任部分对其加以完善。《担保法》和《担保法解释》① 中有关定金的规定被整合起来，在《民法典》合同编“违约责任”章中加以规定。

### 一、定金的概念和性质

定金是指合同当事人为了确保合同的履行，依据法律的规定或者当事人的约定，由当事人一方预先给予的一定金钱或者可替代物。② 由于定金可能出现双倍返还的问题，不可代替物不能作为定金。③

定金和定金合同具有以下性质：

第一，定金属于金钱担保。《民法典》第 586 条第 1 款第一句规定：“当事人可以约定一方向对方给付定金作为债权的担保。”可见，定金属于债权的担保。在支付定金之后，合同履行与否与该特定金额的金钱或者代替物的得失直接相关，给双方当事人产生心理压力，从而促使其严格按照约定履行合同，具有担保作用。与人的担保和物的担保不同，定金属于金钱担保。④

第二，定金合同是实践合同。《民法典》第 586 条第 1 款第二句规定：“定金合同自实际交付定金时成立。”该规定将《担保法》第 90 条中的“生效”改为“成立”，表达更为严谨，意味着定金合同属于实践合同。《民法典》第 586 条第 2 款第二句规定：“实际交付的定金数额多于或者少于约定数额的，视为变更约定的定金数额。”可见，在交付定金之前，双方即使作出支付定金的口头约定，也不受该约定的拘束，当事人实际交付的定金数额仍可多于或者少于约定的数额。在多于或者略少于约定数额的情况下，相对人通常不会提出异议，此时便按照实际交付的定金数额成立定金合同。相对人不同意

---

① 《担保法解释》第 119 条规定：“实际交付的定金数额多于或者少于约定数额，视为变更定金合同；收受定金一方提出异议并拒绝接受定金的，定金合同不生效。”

② 王利明.合同法研究：第 2 卷.3 版.北京：中国人民大学出版社，2015：722.

③ 王利明.合同法研究：第 2 卷.3 版.北京：中国人民大学出版社，2015：722－723.

④ 崔建远.合同法.4 版.北京：北京大学出版社，2021：240.

变更定金数额的，须拒收定金，否则应认为其接受了变更后的定金数额。

第三，定金合同是从合同。与其他担保合同一样，定金合同是从合同，主合同是以定金担保订立、履行的合同。

第四，定金担保为双方互为担保。在定金以外的其他担保方式中，担保措施往往是为一方债权的实现而设定的，因而产生的担保利益仅为一方债权人享有，而定金担保所提供的担保利益是双向的，该效力及于给付定金的一方当事人和收受定金的一方当事人。这是区别定金担保和押金担保的关键。①

## 二、定金的种类

第一，违约定金。违约定金是担保当事人按照约定履行合同，在违约时按照定金罚则弥补相对人损失的定金。结合《民法典》第 587 条、第 588 条来看，违约定金是《民法典》中最为重要的定金类型。依据《民法典合同编通则解释》第 67 条第 1 款，当事人约定了定金，但是未约定定金类型或者约定不明，一方主张为违约定金的，人民法院应予支持。

第二，立约定金。立约定金是指为保证订立合同而交付的定金。这种定金的效力是，交付定金的当事人拒绝订立合同的，丧失定金；接受定金的当事人拒绝订立合同的，应当双倍返还定金。依据《民法典合同编通则解释》第 67 条第 2 款，当事人约定立约定金后，一方拒绝订立合同或者在磋商订立合同时违背诚信原则导致未能订立合同的，适用定金罚则。

第三，解约定金。解约定金是以定金作为保留合同解除权的代价。解约定金规则的核心内容是，将定金的丧失、双倍返还与约定解除权的行使条件相结合。依据《民法典合同编通则解释》第 67 条第 4 款，当事人约定定金性质为解约定金，交付定金的一方主张以丧失定金为代价解除合同的，或者收受定金的一方主张以双倍返还定金为代价解除合同的，人民法院应予支持。在约定解除权的情况下，解除合同自然不属于违约。此时所谓的定金罚则也不具有违约救济的功能，而仅具有补偿功能。

第四，成约定金和证约定金。成约定金是以定金的交付作为合同成立的条件。这种定金的目的在于使合同成立，不具有担保合同履行的功能。应当交付成约定金的一方未交付定金，但是合同主要义务已经履行完毕并为对方所接受的，合同仍然成立。证约定金是以定金作为订立合同的证据。在罗马法上，定金通常有证约的性质。证约定金的功能在于证明合同成立，不适用定金罚则。对于我国法是否承认证约定金，学界存在分歧。鉴于成约定金和证约定金均不具有担保功能，原则上二者不适用定金罚则，不受《民法典》第 587 条规定的调整。

按照《民法典》第 587 条的规定，定金在履行合同之后抵作价款。就此而言，定金与预付款具有一定类似性。不过，两者之间的区别仍然十分明显：第一，预付款是一种支付手段，不具有担保作用；定金是一种担保手段，本身不是履行行为。第二，预付款是合同中约定的付款方式；定金合同一般是从合同，不是主合同中约定的给付义务。第

① 柳经纬主编. 债权法. 6 版. 厦门：厦门大学出版社，2019：76.

三，违约定金、立约定金在出现债务不履行的情况下都具有填补受损害方损失的功能，预付款仅仅是价款，虽然在合同解除的情况下，价款受领方当事人可以以其损害赔偿请求权与相对人的价款返还请求权相抵销，但预付款本身不具有填补损失的功能。

定金也可能被理解为预先交付的违约金。[①] 定金和违约金之间的区别包括：第一，定金是在合同履行之前支付的，定金合同是实践合同；违约金是发生违约行为之后支付的，违约金条款是诺成性的。第二，定金具有违约、解约等不同类型，违约金则分为赔偿性违约金和惩罚性违约金。第三，定金的数额不得超过法定数额，超过部分无效；违约金不存在确定的数额限制，但在过高的场合，当事人可向人民法院或者仲裁机构请求酌减。[②]

## 三、定金数额的限制

《民法典》第 586 条第 2 款第一句规定："定金的数额由当事人约定；但是，不得超过主合同标的额的百分之二十，超过部分不产生定金的效力。"该规定是限制定金数额的规定。定金数额之所以需要限制，原因在于两点：第一，定金具有担保合同履行的功能，如果定金数额过高，便会过分地将当事人束缚在合同之上；第二，违约定金、解约定金分别具有赔偿、补偿的功能，如果定金数额过高，那便脱离了赔偿、补偿的功能，可能使相对人获得超额利益，有违公平原则。

## 四、定金罚则的适用

依据《民法典》第 587 条的规定，债务人履行债务的，定金应当抵作价款或者收回。给付定金的一方不履行债务或者履行债务不符合约定，致使不能实现合同目的的，无权请求返还定金；收受定金的一方不履行债务或者履行债务不符合约定，致使不能实现合同目的的，应当双倍返还定金。该条是关于定金罚则的规定。与《合同法》第 115 条相比，《民法典》第 587 条在适用定金罚则的条件上增加了"或者履行债务不符合约定，致使不能实现合同目的"，从而将适用条件从完全不履行债务一项，扩张到"完全不履行债务"和"履行债务不符合约定，致使不能实现合同目的"两项。此外，《民法典》第 587 条规定的适用范围更为准确，即排除了"履行债务虽然不符合约定，但是不导致合同目的不能实现"的情形。[③]

由于定金罚则的效果严厉，其只能适用于违约造成合同目的不能实现的场合。如果双方当事人均具有致使不能实现合同目的的违约行为，此时支持任何一方的请求适用定金罚则，对另一方都不公平，故此时不得适用定金罚则。不过，当事人一方仅有轻微违约，对方具有致使不能实现合同目的的违约行为，轻微违约方主张适用定金罚则的，自

① 王家福. 中国民法学：民法债权. 北京：法律出版社，1991：127.

② 柳经纬主编. 债权法. 6 版. 厦门：厦门大学出版社，2019：77.

③ 定金罚则只能适用于根本违约情形，如果一旦迟延就要加倍返还定金，或者一旦有瑕疵就要加倍返还定金，这便对债务人过于苛刻，也违背了定金条款的目的。王利明，崔建远. 合同法新论总则. 北京：中国政法大学出版社，2000：696.

应允许。当事人一方已经部分履行合同，对方接受后，可以主张按照未履行部分所占比例适用定金罚则；部分未履行致使不能实现合同目的的，可以按照合同整体适用定金罚则。

定金具有担保功能，旨在迫使当事人严格依约履行债务。只有在可归责于当事人的范围内，定金才能发挥担保功能。在不可抗力致使合同不能履行时，担保功能根本无从体现，所以此时不得适用定金罚则。

《民法典》第587条所规定的定金罚则适用于债务不履行的场合，直接适用于违约定金、立约定金。违约定金具有督促债务人严格依约履行债务的功能，以担保债务履行为目的。立约定金本质上是适用于预约合同的定金，其旨在担保未来订立本约。对于立约定金，也可以直接适用定金罚则。除违约定金、立约定金外，实践中比较常见的还有解约定金。鉴于行使约定解除权不属于“不履行债务”，定金罚则只能类推适用于解约定金，而非直接适用于解约定金。

## 五、定金和违约金、损害赔偿之间的适用关系

依据《民法典》第588条的规定，当事人既约定违约金，又约定定金的，一方违约时，对方可以选择适用违约金或者定金条款。约定的定金不足以弥补一方违约造成的损失的，对方可以请求赔偿超过定金数额的损失。对于定金与违约金、违约损害赔偿之间的关系，需要留意以下两方面内容：

### （一）定金与惩罚性违约金不能一并获得支持

按照《民法典》第588条第1款的规定，定金具有替代违约金的效力。[①] 这种替代必须以功能一致为前提。鉴于违约定金具有担保功能，其所能替代的应当是惩罚性违约金。当事人既约定惩罚性违约金，又约定违约定金的，一方违约时，对方可以选择适用违约金或者定金条款。因为两者都以担保债权实现为主要功能，其功能和效果是重复的。

《民法典》第586条第2款第一句规定：“定金的数额由当事人约定；但是，不得超过主合同标的额的百分之二十，超过部分不产生定金的效力。”这一规定已经对定金的数额进行了限制。因此，定金不需要再类推适用惩罚性违约金的酌减方法。反之，惩罚性违约金的酌减可以类推适用定金的数额限制方案。[②] 特别是在担保财产利益损失时，对同样具有担保功能的惩罚性违约金和违约定金，应当予以同等处理。只不过，惩罚性违约金在实践中适用范围更广，可能适用于非财产利益的损失或者一些难以计算的财产利益损失。在这种情况下，需要回归到惩罚性违约金酌减的一般标准，即担保目的与担保手段之间是否显著不合比例。

赔偿性违约金属于损害赔偿额的预定，其并不具有担保债权实现的功能，如果要求当事人只能在违约定金和损害赔偿额的预定之间选择适用，这无疑会导致违约定金自始无法具有担保债权实现的功能。因此，违约定金和赔偿性违约金可以并存，由受损害方

---

① 李永军主编. 债权法. 北京：北京大学出版社，2016：57-58.

② 韩世远. 合同法总论. 4版. 北京：法律出版社，2018：834-835.

同时主张。只不过，违约定金也具有填补损害这一次要功能，在接受违约定金或者双倍返还违约定金之后，当事人的损失已经得到部分甚至全部填补的，因实际损失较小或者不存在实际损失，有必要对赔偿性违约金进行酌减。

（二）定金与违约损害赔偿可一并获得支持

《民法典》第 588 条在《合同法》第 116 条的基础上增添了第 2 款，即“定金不足以弥补一方违约造成的损失的，对方可以请求赔偿超过定金数额的损失。”这一规定显示出定金的次要功能是填补损失。尽管当事人约定定金通常不是为了预估将来的违约损失并锁定风险，但违约定金具有一定的违约救济功能，解约定金具有一定的补偿功能，故而在适用定金罚则之后，当事人的损失往往可以得到弥补。比如，在商品房买卖场合，合同中约定房屋价款为 600 万元，买受人预先支付 50 万元定金之后，出卖人将房屋转售给第三人的，应当双倍返还定金，即返还 100 万元。如果买受人可以 650 万元买到同一地段的类似房屋，那么买受人便不能再请求损害赔偿，因为加倍返还的50 万元足以填平买受人遭受的损失。不过，如果房屋上涨幅度大，如买受人只有支付 700 万元才能买到同一地段类似的房屋，那么出卖人双倍返还定金之后，还应再向买受人赔偿 50 万元损失。

## 第六节 减 价

### 一、减价权的性质

减价是指减少价款或者报酬，《民法典》第 582 条将其规定为违约责任的承担方式之一。根据通说，减价权属于简单形成权。债务人交付的标的物在质量、数量等方面不符合合同要求的，受损害方可以单方作出减价的意思表示，该意思表示一到达相对方，即发生减价的法律效果。形成权是一种单方面的决定权，在某种程度上具有“支配”的性质，而简单形成权不需要经由司法机关即可行使。因此，将减价权界定为简单形成权，对合同当事人之间的利益平衡影响很大，有必要介绍减价权的行使条件。

### 二、减价权的行使条件

我国关于减价权的通说继受自德国法。减价权在德国法上有特殊的制度功能，其是不考虑不履行方是否存在过错，基于质价均衡的思想赋予受损害方以救济的制度，可以弥补德国债法上实行过错责任的损害赔偿责任之不足。在德国法上，减价权被构造为一种简单形成权也是有特殊前提条件的，即减价权基本上按照解除权的行使条件来行使。在英美法上，减价的制度功能基本被损害赔偿所覆盖，其作为形成权的前提条件也不存在。

根据《民法典》第 582 条的规定，受损害方可以根据标的的性质以及损失的大小，合理选择请求对方承担修理、重作、更换、退货、减少价款或者报酬等违约责任。从逻辑严密的角度出发，如果将减价认定为独立的违约救济手段，让其可在不可抗力场合发挥独特作用，适宜将减价的本质理解为部分解除。对于减价权的行使条件，则有必要加以限制。具言之，履行不符合约定的，除当事人对违约责任另有约定外，受损害方有权根据标的的性质以及损失的大小，合理选择请求对方采取修理、重作、更换等继续履行方式；没有必要继续履行或者在合理期限内履行没有效果的，受损害方才可以主张减少价款或者报酬。

### 三、减价的效果

减价权行使的效果是合同中的价款或者报酬发生减少。对于减少的数额，存在公认的计算方法。设减价额为 $x$，合同中约定的标的物价格为 $a$，交付时符合合同要求的标的物价值为 $b$，交付时当事人实际交付的标的物价值为 $c$。按照质价均衡的原理：

$$\frac{a}{a-x}=\frac{b}{c}$$

经过计算：$x=a-ac/b$。

减价与损害赔偿不同，不受可预见性规则的限制，也不应采取损害赔偿的计算方法。[①] 应该按照上述比例公式计算价款减少的数额，从而实现质价均衡。

## 第七节　违约责任与侵权责任的竞合

违约责任与侵权责任的竞合是指违约损害赔偿责任与侵权损害赔偿责任的竞合，其依据是《民法典》第 186 条的规定：“因当事人一方的违约行为，损害对方人身权益、财产权益的，受损害方有权选择请求其承担违约责任或者侵权责任。”该条将《合同法》第 122 条中的“侵害对方人身、财产权益”改为“损害对方人身权益、财产权益”，从而明确了只有在损害赔偿责任下才能发生竞合。

### 一、违约责任与侵权责任竞合的性质

对于竞合的性质，学说上有法条竞合说、请求权竞合说、请求权规范竞合说。法条竞合说是指对同一事实具有数个规范要件，不同规范之间有位阶关系，仅能适用其中一种规范。该说实际上认为合同规范是侵权规范的特别规范，在同一事实同时符合合同规范的要件和侵权规范的要件时，只能适用合同规范。依据该说，在违约损害赔偿与侵权损害赔偿之间并无真正意义上的并存和竞合关系，只能适用违约责任规范。

请求权竞合说认为，在同一事实同时符合违约责任和侵权责任的要件时，当事人存在两个请求权。两个请求权可以并存，当事人可以择一行使。鉴于违约责任和侵权责任在构成要件、赔偿范围的限制规则、诉讼时效、诉讼管辖等方面存在区别，当事人选择

① 周江洪. 典型合同原理. 北京：法律出版社，2023：42.

何种请求权可能对其利益产生明显差别。在请求权竞合说内部又有自由竞合说和相互影响说。根据自由竞合说，当事人可以任意选择一个请求权加以行使，如果一个请求权已经达到目的而消灭，另一个请求权也消灭；但若一个请求权因除已经达到目的之外的原因而无法行使，如诉讼时效期间届满，则另一请求权仍然存在。当事人也可以分别处分两个请求权。根据相互影响说，两个绝对独立的请求权的理论有违规范目的，在某些情况下应认为其产生相互影响。相互影响说旨在克服在承认两个独立请求权的情况下可能产生的不协调或者矛盾。

请求权规范竞合说认为，如果同一个请求，既可以根据合同责任的规定，也可以根据侵权责任的规定，还可以根据危险责任的规定而提出，这主要是由于存在多种债法上的请求权基础。这时，不应该说是存在多个请求权，进而构成请求权竞合，而应该说是单一的、建立在多种基础上的请求权，应称之为请求权规范竞合。根据该说，当事人提出一个请求时，法院须分别审查其各项请求权基础是否成立。

### 二、请求权竞合的效果和目的

请求权竞合说与我国实在法规定最为契合：(1) 根据我国实在法，当事人有违约请求权和侵权请求权两个请求权的，可以选择行使；(2) 任一请求权目的实现的，另一请求权也消灭；(3) 当事人不得随意分别处分两项请求权，比如自己行使一项请求权，而将另一请求权予以转让。

问题的关键是：基于同一事实而产生损害，当事人基于不同的规范基础获得不同的处理；这种结果究竟肇因于法律上的公平，还是人类理性和法律规范存在局限性的产物？举例来说，在医疗服务中，医疗工作者在手术过程中因过失将纱布遗留在患者体内，患者因此遭受损害，当其主张就医疗费、误工费等费用寻求赔偿时，是否应因其选择的规范基础不同而得到不同的处理？从现实的角度来说，在诉讼过程中原告仅提出赔偿请求，而不选择请求权基础规范的情况较为常见，如果法院不逐一审查当事人各项请求权基础规范，而仅是释明当事人选择，对于缺乏法律专业知识的当事人是否公平？我们认为，对同一事实产生的损害，理想的法律是避免当事人基于不同的规范基础获得不同的处理结果。就《民法典》第 186 条而言，鉴于其明确规定当事人“有权选择主张违约责任或者侵权责任”，在解释论上应采请求权竞合说。但是，为了尽可能减少不同规范基础之间在构成要件、损害赔偿的范围、诉讼时效等方面的矛盾或不协调，应采相互影响说，使当事人尽可能在一次诉讼中就其全部损害获得公平、合理的填补。

## 第八节　债权人迟延

债权人迟延，亦称受领迟延，并非严格意义上的违约责任。不过，可以将债权人受领迟延与债务人履行迟延看作广义的迟延履行。《民法典》第 589 条对债权人受领迟延作出具体规定，下面介绍债权人受领迟延的性质、要件和效果。

## 一、债权人迟延的要件

给付的有权受领人通常为债权人。债权人的受领属于其权利抑或义务，历来存有争论。① 债权人的受领首先是其债权效力的体现。其次，在有的场合债权人负有受领义务，该义务属于协助义务，系基于诚信原则而生。债权人拒绝受领的正当理由是债务人未依债之本旨提供给付。

债权人陷入受领迟延的要件包括：第一，依据《民法典》第 589 条第 1 款的规定，债务人必须按照约定履行债务。如果债务人未履行债务，那么债权人自然没有受领的机会；如果债务人履行债务不符合合同要求，那么债权人有理由予以拒绝。因此，债务人按照合同要求全面履行债务，是受领迟延的首要条件。第二，债权人未按照约定受领给付。第三，债权人缺乏拒绝受领的正当理由。债权人在有正当理由的场合拒绝受领的，其不陷入受领迟延，而债务人提供给付则不构成有效清偿。此时，债务人仍有义务按照合同要求再次提供给付。给付符合合同本旨的，债权人仍应受领。债权人拒绝受领的正当理由可以是约定的，也可以是法定的。在当事人有约定的情况下，优先适用当事人约定的条款；当事人没有约定或者约定不明确，根据《民法典》第 510 条之规定仍不能确定的，在给付有质量瑕疵或者数量瑕疵的场合，应适用《民法典》第 531 条，只要债务人的给付不符合债之本旨，债权人便有权予以拒绝，不需要达到致使合同目的不能实现的地步。

## 二、债权人迟延的效果

债权人陷入受领迟延的，产生不利于债权人的效果。这些效果包括：债务人原则上仅就故意或重大过失负责；给付风险和对待给付风险转移到债权人一侧；债权人对因迟延受领而产生的额外费用负偿还之责；债务人可将标的物提存或抛弃；在双务合同场合债权人不得行使同时履行抗辩权。② 《民法典》第 589 条规定了费用的赔偿、利息的停止，《民法典》第 570 条至第 574 条对提存作出详细规定，《民法典》第 608 条规定了对待给付风险的转移。至于债务人责任的减轻，则是有待填补的法律漏洞。

### （一）费用的赔偿

依据《民法典》第 589 条第 1 款的规定，债务人有权请求债权人赔偿增加的费用。债务人通常会产生以下两方面的费用：第一，保管标的物的费用。尽管债权人迟延受领，债务人的给付义务并不当然消灭。其仍应按照善良管理人的标准妥善保管标的物，由此产生保管标的物的费用。第二，债务人再次提供给付所支出的费用。债务人再次提供给付时，可能需要再次安排运输，由此再次产生清偿费用。与上述活动相关的仓储费、运费、保险费、维护费等均包含在“增加的费用”之内。所谓“增加的费用”，不包括债务人的所失利益，如保管标的物所需空间原本可以出租，债务人丧失了原本可以

① 张广兴，韩世远. 合同法总则：下. 北京：法律出版社，1999：112－113.

② 韩世远. 合同法总论. 4 版. 北京：法律出版社，2018：577－580.

获得的租金。[1]

对上述费用的"赔偿"，是否以债权人存在过错为前提？如果回答是肯定的，那就属于一般损害赔偿责任；如果回答是否定的，那就适宜界定为法定责任。我们认为，该责任不以过错为前提。即使债权人因为不可归责于自身的原因（如不可抗力）陷入受领迟延，债务人为保管标的物和提出给付而支出的费用也应由债权人承担。在债权人和债务人之间，这是一种法定债务关系。

（二）利息的停止

根据《民法典》第 589 条第 2 款，在债权人陷入受领迟延的场合，债务人的利息停止。在债权人迟延中，债务人不需要支付利息之债中的利息。

按照通说，因为债权人受领迟延，债务人的债务并不消灭，其仍应随时准备履行，但已经不能合理期待债务人享受该金钱带来的利益。[2] 这一法律效果主要适用于贷款人迟延受领本金和利息。在有偿借款合同中，利息是使用借款的对价，一般伴随使用时间的延长而不断增加。在债权人受领迟延场合，已经不能合理期待借款人按照一般商业用途使用本金，故即使借款人将所借款项用于经营活动并产生利益，也不需要按照约定支付利息。债权人也不得请求债务人就此返还不当得利。

（三）其他效果

1. 提存

提存是受领迟延的重要效果。《民法典》第 570 条对此作出规定。依据该条第 1 款第 1 项，债权人无正当理由拒绝受领，导致难以履行债务的，债务人可以将标的物提存。依据该条第 2 款，标的物不适于提存或者提存费用过高的，债务人依法可以拍卖或者变卖标的物，提存所得的价款。我国法未明确区分金钱债务的受领迟延和非金钱债务的受领迟延。这种区分不仅在提存方式的选取上有意义，还在是否产生保管费用上具有实际意义。

2. 风险的转移

债权人受领迟延发生后，因不可归责于当事人的原因标的物毁损、灭失的，其风险由债权人承担。在我国法上，关于债权人受领迟延时风险转移的一般规定是《民法典》608 条。根据该条，出卖人按照约定或者依据《民法典》第 603 条第 2 款第 2 项的规定将标的物置于交付地点，买受人违反约定没有收取的，标的物毁损、灭失的风险自违反约定时起由买受人承担。其他以交付标的物为给付内容的有偿合同中发生债权人迟延的，根据《民法典》第 646 条[3]，参照适用《民法典》第 605 条的规定。

3. 孳息的归属与返还

债权人受领迟延期间，可能发生孳息归属的变动与返还范围的缩小。《民法典》第 573 条规定，在提存期间，标的物的孳息归债权人所有。在受领迟延发生之后，提存之前，标的物孳息的归属并不明确。按照《民法典》第 630 条的规定，标的物在交付之前

① 黄立. 民法债编总论. 台北：元照出版公司，2006：491.

② 韩世远. 合同法总论. 4 版. 北京：法律出版社，2018：578；黄立. 民法债编总论. 台北：元照出版公司，2006：490.

③ 该条规定："法律对其他有偿合同有规定的，依照其规定；没有规定的，参照适用买卖合同的有关规定。"

产生的孳息，归出卖人所有；交付之后产生的孳息，归买受人所有。但是，当事人另有约定的除外。由此可见，标的物孳息归属的变动，与标的物风险的转移采取统一标准，即以交付为标准。[①] 这可谓符合利益与风险相一致的原则。换言之，在债权人受领迟延期间，风险转移给债权人承担，孳息原则上也一同归债权人所有。债务人在债权人受领迟延期间收取孳息的，应当向债权人返还孳息。由于债务人此时并不负有收取孳息的义务，故其只对实际收取的孳息负返还之责。

不过，风险转移和孳息归属变动均以标的物特定化为前提条件。[②] 有的合同中，在债权人受领迟延期间，标的物可能并未特定化，故不存在风险转移和孳息归属变动的问题。举例来说，金钱债务的标的物在交付之前原则上不必特定化，在债权人迟延受领金钱给付期间，不必也难以将待支付的金钱从债务人自身所有的金钱中区分出来。即使金钱全部灭失，也只能由债务人承担不利后果。类似地，在债权人迟延受领金钱给付时，标的物所生孳息也只能归债务人所有。

4. 债务人责任的减轻

债权人陷入受领迟延之后，债务人未必立即将标的物提存。在此阶段，债务人不必像给付之前那样对通常事变负责，其责任有所减轻。在传统学说上，在受领迟延场合债务人的注意义务减轻后，债务人仅就故意或者重大过失负责。在违约损害赔偿实行过错责任的法律体系中，该规则具有合理性。然而，我国违约损害赔偿以无过错责任为原则，在债权人迟延场合，债务人的注意义务究竟应减轻到何种程度？是否一概减轻到与无偿合同相当的程度，即对故意或者重大过失负责？我们认为：原则上，债务人只需对故意或者重大过失负责；例外情形下，如债权人是因为不可抗力而无法受领，且债务人知道或者应当知道该事由，那么债务人应该对抽象轻过失负责，即债务人应当按照一个善良管理人的标准来尽其注意义务。其背后的理由是：债务人因不可抗力不履行义务的，不须对债权人承担违约损害赔偿责任，这意味着债权人与债务人在一定程度上分担了不可抗力带来的不利后果；反之，债权人因不可抗力而受领迟延，且债务人知道或应当知道该事由的，债务人也应在一定程度上与债权人分担不可抗力带来的不利后果。只有如此安排，才可谓对同类事物予以同等处理，符合公平原则之要求。

---

① 关于交付的界定，参见刘家安. 民法物权. 北京：中国政法大学出版社，2023：117。

② 《买卖合同解释》第 11 条规定，当事人对风险负担没有约定，标的物为种类物，出卖人未以装运单据、加盖标记、通知买受人等可识别的方式清楚地将标的物特定于买卖合同，买受人主张不负担标的物毁损、灭失的风险的，人民法院应予支持。

**图书在版编目（CIP）数据**

合同法通论/尹飞，武腾，王叶刚著. -- 北京：中国人民大学出版社，2024.8
21世纪普通高等教育法学系列教材
ISBN 978-7-300-32717-4

Ⅰ.①合… Ⅱ.①尹… ②武… ③王… Ⅲ.①合同法-中国-高等学校-教材 Ⅳ.①D923.6

中国国家版本馆CIP数据核字（2024）第068373号

财政部规划教材
21世纪普通高等教育法学系列教材
**合同法通论**
尹　飞　武　腾　王叶刚　著
Hetongfa Tonglun

| | | | |
|---|---|---|---|
| **出版发行** | 中国人民大学出版社 | | |
| **社　　址** | 北京中关村大街31号 | **邮政编码** | 100080 |
| **电　　话** | 010－62511242（总编室） | | 010－62511770（质管部） |
| | 010－82501766（邮购部） | | 010－62514148（门市部） |
| | 010－62515195（发行公司） | | 010－62515275（盗版举报） |
| **网　　址** | http://www.crup.com.cn | | |
| **经　　销** | 新华书店 | | |
| **印　　刷** | 北京市鑫霸印务有限公司 | | |
| **开　　本** | 787 mm×1092 mm　1/16 | **版　　次** | 2024年8月第1版 |
| **印　　张** | 16.5 插页1 | **印　　次** | 2024年8月第1次印刷 |
| **字　　数** | 371 000 | **定　　价** | 49.00元 |

# 《　　　　　　》※任课教师调查问卷

为了能更好地为您提供优秀的教材及良好的服务，也为了进一步提高我社法学教材出版的质量，希望您能协助我们完成本次小问卷，完成后您可以在我社网站中选择与您教学相关的 1 本教材作为今后的备选教材，我们会及时为您邮寄送达！如果您不方便邮寄，也可以申请加入我社的**法学教师 QQ 群：436438859（申请时请注明法学教师）**，然后下载本问卷填写，并发往我们指定的邮箱（cruplaw@163.com）。

邮寄地址：北京市海淀区中关村大街甲 59 号文化大厦中国人民大学出版社 1202 室收

邮　　编：100080

再次感谢您在百忙中抽出时间为我们填写这份调查问卷，您的举手之劳，将使我们获益匪浅！

**基本信息及联系方式：**※

姓名：＿＿＿＿＿＿ 性别：＿＿＿＿＿＿ 课程：＿＿＿＿＿＿＿＿＿＿

任教学校：＿＿＿＿＿＿＿＿＿＿＿＿＿＿ 院系（所）：＿＿＿＿＿＿＿＿

邮寄地址：＿＿＿＿＿＿＿＿＿＿＿＿＿＿ 邮编：＿＿＿＿＿＿＿＿＿＿

电话（办公）：＿＿＿＿＿＿ 手机：＿＿＿＿＿＿ 电子邮件：＿＿＿＿＿＿

**调查问卷：**※

1. 您认为图书的哪类特性对您选用教材最有影响力？（　　）（可多选，按重要性排序）
   A. 各级规划教材、获奖教材　　B. 知名作者教材
   C. 完善的配套资源　　D. 自编教材
   E. 行政命令
2. 在教材配套资源中，您最需要哪些？（　　）（可多选，按重要性排序）
   A. 电子教案　　B. 教学案例
   C. 教学视频　　D. 配套习题、模拟试卷
3. 您对于本书的评价如何？（　　）
   A. 该书目前仍符合教学要求，表现不错将继续采用
   B. 该书的配套资源需要改进，才会继续使用
   C. 该书需要在内容或实例更新再版后才能满足我的教学，才会继续使用
   D. 该书与同类教材差距很大，不准备继续采用了
4. 从您的教学出发，谈谈对本书的改进建议：＿＿＿＿＿＿＿＿＿＿＿＿

＿＿＿＿＿＿＿＿＿＿＿＿＿＿＿＿＿＿＿＿＿＿＿＿＿＿＿＿＿＿＿＿＿＿

＿＿＿＿＿＿＿＿＿＿＿＿＿＿＿＿＿＿＿＿＿＿＿＿＿＿＿＿＿＿＿＿＿＿

**选题征集：**如果您有好的选题或出版需求，欢迎您联系我们：

联系人：黄　强　联系电话：010-62515955

**索取样书：**书名：＿＿＿＿＿＿＿＿＿＿＿＿＿＿＿＿＿＿＿＿＿＿＿＿＿

书号：＿＿＿＿＿＿＿＿＿＿＿＿＿＿＿＿＿＿＿＿＿＿＿＿＿＿＿＿＿＿

**备注：※ 为必填项。**